河出文庫

完本　チャンバラ時代劇講座 2

橋本治

河出書房新社

目次

第四講　チャンバラ映画の流れと、青年の研究　9

終講　あの笑顔、そしてその笑顔　437

完本　チャンバラ時代劇講座2

第四講

チャンバラ映画の流れと、青年の研究

1　「手前ェ達のやることは危っかしくて見ていられねェや」と椿三十郎は言った

黒澤明監督の『椿三十郎』は東宝の創立三十周年記念作品として昭和三十七年の〝お正月〟に公開されました。東宝という会社は、東映が〝チャンバラ映画〟であるのに対して〝サラリーマン喜劇〟であるような会社でした。東宝というのは元々が〝東京宝塚劇場〟という、関西の宝塚少女歌劇の東京進出——その拠点である劇場設立に始まる会社です。だからそもそもが〝現代〟でミュージカルでチャカチャカしているという、時代劇とはどこか相容れない体質を持っていた会社でした。その東宝が創立三十周年に当って二つのオールスター時代劇を作りました。一つが先に出て来た、森繁久彌が宿屋の亭主になって松本幸四郎の大石内蔵助が〝白紙〟を見せて〝情〟を受ける『忠臣蔵』(〝立花左近〟が宿屋の亭主になるというのが如何にも東宝です)、そしてもう一つがこの『椿三十郎』でした。

この『椿三十郎』というのは、黒澤明作品にしては珍しい点がいくつかある作品です。一つは東宝のサラリーマン映画に出て来る〝現代人《サラリーマン》〟を大胆に起用したという点、もう一つは明らさまに二番煎じで明らさまに〝娯楽映画〟であるという点です。明らかに異色です。という訳で、黒澤明監督作品の中で『椿三十郎』というのは大した評価がされていないというところもありますがしかし、私に言わせれば『椿三十郎』というのは、黒澤明監督作品の中では一、二を争う〝幸福な映画〟なんです。大体、〝面白い〟ということは〝ためにならない〟ということに直結しがちで、〝面白くてためになる〟ということになったら知識人階級に鼻の先で「フン！」と笑われるのは覚悟の上ということにもなります。そこら辺をとらまえて〝面白くてためにならない〟なんていう開き直りも出て来る訳ですが、こんなことは間違いですね。〝面白い〟ということは、その中に、育てば〝ためになる〟〝役に立つ〟芽をはらんでいるという重要なことなんですから――それ故にこそ人は「面白い！」と言って喜ぶ訳ですから――これを否定してしまったら、人間というものはもう、そこから先へ伸びて行くことが出来なくなるんです。そして、『椿三十郎』というのは正に、若い人間達にそういうことをチャンと教えようとする〝教育〟をテーマにした映画なんです。私がだから、これを〝幸福な映画だ〟というのは、面白いということが重要な意味を持って、その上にチャンと〝面白い映画〟が出来上っているという、その点を指してです。

『椿三十郎』はその前年のゴールデンウィークに公開された、黒澤明監督としては珍しく肩の力を抜いた痛快娯楽映画『用心棒』の続篇として企画されました。「『用心棒』が大当りしたから、こいつでもう一本！」という会社側の要請に負けたから、その姿勢の上で出来上った『椿三十郎』はどうせロクな映画じゃないという、評論家筋の高級な指摘も、だからありました。『用心棒』というのは、ある意味で絶対の牙城を誇っていた東映の時代劇王国を突き崩すことになってしまったような重大な一作ではありますが（このことは後に触れられます）、『椿三十郎』は、この返す刀が東映ではなく、東宝の現代劇に向いてしまったようなものなのです。

『用心棒』は、上州のある宿場町にフラッと現われた、三船敏郎扮する〝桑畑三十郎――いや、もうすぐ四十郎だな〟という、人を喰った浪人者が、宿場町で対立する二組のヤクザ一家を全滅させてしまうという、一種の〝着物を着た西部劇《ウエスタン》〟のようなものでもあります（後にこれがクリント・イーストウッド主演で『荒野の用心棒』になり、イタリア製の〝マカロニ・ウエスタン〟なる西部劇を誕生させてしまうことになる訳ですから、正に〝西部劇〟ではあります）。

この『用心棒』では〝桑畑三十郎――もうすぐ四十郎〟であったのが、今度は〝椿〟という風雅なる苗字を冠《かむ》って現われるのが『椿三十郎』なのでありますから、こちらは『用心棒』とはガラッと趣きが変ります。『用心棒』が荒れた桑畑の中の西部劇なら、こちらは〝椿屋敷〟に象徴される、典雅で退屈な武家社会の――それはそのままサラリーマン社会であるような、正にそうした時代劇なのであります。

黒澤明という人は〝時代劇〟をやたら撮っている人のようではありますが、しかし絶対に『忠臣蔵』は撮らないような人ですね（東宝製『忠臣蔵』の監督は稲垣浩ですから）。黒澤明の時代劇は『羅生門』『七人の侍』『蜘蛛巣城』から最近作の『乱』に至るまで、一貫して戦国時代という時代劇です。黒澤明が戦国時代の人であるというのは、『蜘蛛巣城』『乱』が能の様式を生かしている、コメディータッチの『虎の尾を踏む男達』が能の『安宅』である――というより歌舞伎の『勧進帳』に対するアンチであるというようなことからも分ります、黒澤明という人は、歌舞伎から尾をひく〝伝統〟と手を切りたいんです。映画の（もしくは他の演劇やテレビもそうですが）時代劇で江戸時代を背景にするものは全部、歌舞伎的な伝統になんらかの形で汚染されている訳ですから、そうした日本的な〝いい加減さ〟と言いますか〝曖昧《あいまい》さ〟と言いますか、もっとはっきり言ってしまえば、「〝サラリーマン〟の東宝でも歌舞伎の幸四郎がいれば『忠臣蔵』が出来る」という薄っぺらな権威主義のようなものと手を切る為に、黒澤明は現代的であり、同時に中世の能的なんですね。そういう前提があって初めて『用心棒』『赤ひげ』（あるいはゴーリキーの翻案である『どん底』も加えましょうか）という、新鮮なる江戸時代がある訳ですね。〝様式化されない江戸時代〟とでも言いましょうか。しかし、武士の社会のお家騒動を中心に持って来た『椿三十郎』は、そういう訳にはいきません。黒澤明にしてみれば、（多分）退屈で淀んだ様式主義の権化であるような江戸の武家社会というのは、すべての黒澤時代劇の対極にあって、『用心棒』の開放された乱暴さ（即ち〝自由さ〟）と対をなす、続篇としては正にうってつけの世界であったのだと思います。髭《ひげ》を生やさず、キチンと月代《さかやき》を剃って羽織袴《はかま》で歩く、いわゆる〝武士〟がこれだけ沢山出て来る映画というのは、黒澤明監督作品の中で、この一作だけなんですね。時代劇の一般常識が〝例外〟として存在するという、その黒澤明は珍しい時代劇作家です。

という訳で『椿三十郎』に出て来る武士達は、ものの見事に普通の時代劇の武士達ではありません。これは、明らさまにも、三船〝用心棒〟と、東宝サラリーマン映画の合体作品なんです。

『用心棒』は、宿場町にはびこる悪が、いわば勝手に全滅する話です。主人公の桑畑三十郎は、敢然と悪に立ち向かう正義の浪人という訳ではなく「面白そうだ」の一言で勝手に割り込んで来る人間ですから、これは単純なる善悪対立の物語ではありません。しかるに一方『椿三十郎』は、藩の汚職を告発せんとする正義の若侍達を「手前ェ達のやることは危っかしくて見ていられねェや」で、椿三十郎が助ける話です。物語は完全にここでは善悪対立です。そして、ここで話が俄然《がぜん》面白くなって来るのは、三船三十郎に「手前ェ達のやることは危っかしくて見ていられねェや」と言われる頼りない正義の若侍が全員、東宝プロパーのサラリーマンスターだからです。
城代家老の甥《おい》で血気の青年達のリーダー格となるのがあの〝若大将〟加山雄三。若大将がいれば当然（?）青大将〝田中邦衛《たなかくにえ》〟もいて、久保明、太刀川寛《たちかわひろし》、土屋嘉雄《つちやよしお》、江原達怡、平田昭彦、東宝の特撮、サラリーマンスターがズラリです。これに、人のいい下級武士で小林桂樹、城代家老の娘で団令子と来たら「一体これのどこが黒澤だ？東宝のサラリーマン喜劇じゃないか？」という顔触れです。これに悪人側として、仲代達矢、志村喬、藤原釜足という黒澤プロパー陣が加わります。

ちなみに『用心棒』に於ける〝東宝的〟な役者は、司葉子と夏木陽介、それに『椿三十郎』にも出て来る太刀川寛の三人だけです。（『七人の侍』に引き続いて女房を盗られる土屋嘉雄というのは、ちょっと異色な〝黒澤・東宝スター〟ですが）後は、東野英治郎、河津清三郎、山田五十鈴、山茶花究《さざんかきゅう》、加東大介、仲代達矢、志村喬、藤原釜足、渡辺篤、沢村いき雄と、腕の立つ役者の勢揃い。「さァ、思いきり腕を振るって精一杯下種《げす》な人間を演じてくれ！」と言われたかのように、楽しそうに悪人達を演じています。『用心棒』の評判が高いのは、この人達の自由奔放なる悪人演技のせいもありましょう。こんなに〝演技することを楽しんでいる〟そして、若さとは無縁の生臭い老人ばっかりの活劇映画というのもちょっとないでしょう。勿論ここにあるのは〝スター演技〟というのとは異質の演技です。

『用心棒』がこうである一方、『椿三十郎』の評価が今一つであるのは、正義の東宝若手陣が生硬なるスター演技を展開すること、そして腕達者の役回りであるべき悪役陣が、やはりどこか生硬で、そして同時に過剰に戯画化《カリカチユアライズ》されているという点でしょう。ところが、この『椿三十郎』というのは、正にそういう前提がなければ成立しない、極めて特殊な（黒澤）映画なのです。

『椿三十郎』は町はずれの神社のお堂の中から始まります。ここに加山雄三を中心とする九人の若者達が集っていて、加山雄三が一味のメンバーに状況説明をしています。そして、この映画の主題はほとんどここで尽きているのです――即ち、この若者のする状況説明は間違っている、と。だから「手前ェ達のやることは危っかしくて見ていられねェや」と言って、三船三十郎が奥からノコノコ現われるという訳なんです。若き城代家老の甥、正義で真面目で好感の持てる加山雄三の語るところはこうです――。

江戸出府の殿様の留守をいいことに次席家老と国許用人が私腹を肥やしている。これをなんとかしなければと伯父の城代家老に意見書を提出したところ、その伯父はニヤニヤ笑って「おい、俺がその汚職の黒幕かもしれないよ」と言った（ちなみに、この映画の中では最後の最後まで顔を見せないい城代家老は、馬面の伊藤雄之助が演じています）。そして「お前達はこの俺を少し薄のろのお人よしだと思ってカカシがわりにかつぎ出すつもりらしいが、人は見かけによらないよ。危い、危い。第一、一番悪いヤツはとんでもないところにいる。危い、危い」と言って、青年達が一生懸命書いた意見書をビリビリと破ってしまった、と。

そこで伯父に愛想をつかして、大目付（役処《やくどころ》でいえば今の警察庁長官ですね）の菊井さんのところへ行った。〝菊井さんはやっぱり話が分る「よろしい、この際あなた達若い人と共に立ちましょう」〟〝菊井さんはやっぱり本物だ〟と。

ここまでで『椿三十郎』のテーマは尽きています。何故かと言えば、〝一番悪いヤツ〟は、青年達に〝やっぱり〟付きで〝本物だ〟と評価されているこの〝菊井さん〟だからです。この〝菊井さん〟には、重厚なる顔付きをした、劇団民藝の清水将夫が扮します。「人は見かけによらないよ」と言っている城代家老がアホ面をして少しぬけたようなことを言っているから、真面目な青年達はその人とその言葉を信じられない――即ち、この作品の最大のテーマとは「青年とはバカなものである」という、そのことです。

ともかく、バカなんだからしようがない。いくら一生懸命考えてもちっとも分らない好青年達を「バカだ」「バカだ」とせせら笑う為に奥から三船三十郎は出て来るのですから。これはそういう〝教育映画〟なんです。大人達がよってたかって「いくら力み返っても、結局お前達はバカなんだ」ということを教えてやろうとする映画なんですから、主人公達はバカじゃなければならない。だから、一生懸命頑張っても結局はバカにしか見えない、生硬な演技というものが必要なんです。

なんとイヤミなんでしょう。という訳で、天下のクロサワは、東宝のサラリーマンスター達に「あんた達は結局、一生懸命頑張っても結局はバカにしか見えない大根だ」というレッテルを貼ったという訳ですね。怒らないで下さい。まず、自分自身の現状を冷静に把握するのが成長の第一歩なんですから。そして、そういうことを正確に教えてくれる人がいるということは、青年にとって、非常に幸福なことなんです。「だからこれは〝教育〟の映画で、幸福な映画だ」と、私は言ってるんですね。

彼等はなんにも分りません。分らないけど、でも真面目だから可愛い。三船三十郎が「手前ェ達のやることは危っかしくて見ていられねェや」と言うのは、結局その為です。

彼等はバカであるけれども、彼等はやはりバカであるが故に可愛い——そのバカさ加減、その一生懸命になっても頓珍漢な方にしか行けないバカさ加減は、やはり評価さるべきであるというその一点で、この青年達はスターなんです。どうしようもないことは事実である、と同時に、それが魅力的であるということも事実である――だから彼等にはスターとしての演技は必要である。という訳で、ここには加山雄三以下の東宝若手スターが起用されなければならないということになるのです。

という訳で、「ホントにあいつらはクロサワ映画に出て大丈夫なのかよ?」という危惧《きぐ》のあった〝彼等〟は見事に〝時代劇〟をこなしました。クロサワの映画に出て時代劇をキチンとこなして、言ってみれば〝資格試験〟にパスした彼等は、続いて秋の〝芸術祭参加作品〟『忠臣蔵』の赤穂浪士となる訳です。加山雄三は浅野内匠頭になりますしね。そして、この『忠臣蔵』の大石内蔵助は、非常に分りやすくペラペラと自分の心中なんかを説明してくれる〝現代人〟になります。

黒澤さんが指摘するように、彼等はバカなんですね。話の分る上司――単純な彼等の世界観、正義感に合致するような分りやすいだけで話をする、そして、人生経験の浅い若者達に「?」と首をひねらせるような含みの多い話を一切排除して、机上の空論的なもっともらしさだけで話を明快に進めて行く上司には、「話が分る!」だけでついて行く優等生的な若者がバカじゃなかったら一体何がバカだというのです。これは〝日本の常識〟です。

『椿三十郎』の中にはこんなシーンが出て来ます。悪役に目をつけられた城代家老の安否を気づかう青年達が、椿三十郎と共に夜の屋敷に忍びこむシーンです。

様子が分らないからというので、三船三十郎と九人の青年達は、庭の植込みの中に姿を隠しています。そして、もうちょっとよく様子が見えるようにと、三船三十郎は、中腰のまま移動を開始します。するとどうでしょう、後に続く九人の青年達も、忠実にその後を、なぞるようにして、一列でついて行きます。ゾロゾロと、真面目な顔して、金魚のウンコです。カメラは、その様子を、しっかりとお客さんに映し出します。もううんざりした三船三十郎は、「金魚のウンコか！」と怒る訳です。

〝大目付の菊井さん〟タイプだったら、これは「金魚のウンコか、バカ野郎！」と怒鳴るのではなく、金魚のウンコという表現をしないで、〝金魚のウンコ〟としか思えないような行動形態を青年達に取ることだけを要求するんですね。

真面目な青年達は、そういう教育を受けたから、金魚のウンコをやっている訳ですし、そういう世界観に合致した人物だけを〝話が分る〟〝本物だ〟と言う訳ですね。

マア、『椿三十郎』の青年達は〝薄のろでお人よし〟の城代家老は、ちゃんとことの本質を見抜いていたんだということを知るんですね。それを見ていた多くの観客達も、そのことをちゃんと知る筈なんですね。でも、伊藤雄之助扮する城代家老が、映画の最後の最後まで姿を現わさないで、事件が全部片付いた途端「あー、やれやれ」

と顔を出すという、その構成の巧みさにさらわれて——ホントにこの城代家老はすごいです、これを「信用しろ」と言われてもちょっと無理というぐらいのスッとぼけぶりです——「アハハハ」と笑ってしまったが為に、この重要な事実をうっかりと見過してしまったんですね。見過して「ただの、よく出来た娯楽だ」と思ってしまったんですね。実に、このスッとぼけた『椿三十郎』の城代家老こそが、〝昼行灯〟と仇名される大石内蔵助の本質に一番近いんだというそのことに気づかなかったら、やっぱりそれは〝バカ〟の向うの黒澤明は「ほんとにお前らは、どうしようもないバカだ」でしょうね。「なるほど、ダテに、江戸の侍社会の時代劇を、黒澤明は作らないでいた訳じゃないんだなァ」と。「結局、忠臣蔵は、黒澤明にとっては喜劇だったのかなァ……」なんてことも、考えられなくはありません。

今まで言わなかった重要なことをこんなところに来て出すというのもなんですが、江戸の『仮名手本忠臣蔵』の大石内蔵助（大星由良之助）のセリフの中にはこういう重要なセリフがあります。言わばこれが肝腎要《かなめ》の大石内蔵助のセリフなんですが、それは〝血気《けっき》に逸《はや》るは匹夫《ひっぷ》の勇。短慮功《こう》をなさずの譬《たと》え。さりとては、まだ御料簡が、若い、若い〟です。

〝料簡《りようけん》（考え）が若い〟——なんともすごいセリフです。「若僧め！」と言ってバカにしている訳ではない。「あなたが実際問題若いかどうかは別として、あなたの考えがまだ熟していないことだけは事実だ」という、そういうセリフです。これがどういうシチュエーションで吐かれるセリフかというと、それは勿論、殿様が切腹して、これから自分達はどうするかと家臣一同が議論をする——そしてそれが過激な方向に傾いてしまったそのことを制する必要が大石内蔵助に生じてしまったその時です。

緊張が絶頂に達し、その緊張を瞬間の内に取っ払わなければ冷静な判断というものは永遠に見失われてしまうという切羽詰ったシチュエーションで吐かれるセリフには、それだけの絶妙さがこめられているというのは、この〝料簡が若い〟の上につけられた、敬語を含む〝御〟の一字です。ここで、大石内蔵助（大星由良之助）は、考えの浅い部下達に対して態々《わざわざ》敬語を使ってるんですね。勿論この〝御〟の一字の敬語は、イヤミスレスレの敬意（丁寧）です。「手前ェ達のやることは危っかしくて見てられねェや」という椿三十郎のセリフは、実にこれと、全くおんなじなんですね。

〝料簡が若い〟ということの内実は、それ以前の〝血気に逸るは匹夫（程度の低い男）の勇（勇気）。短慮功をなさずの譬え〟で言い尽しているのです。血気に逸っている人間達に、冷静な言葉をぶつけても、ただぶつけただけではまだ効いてはこない——だから大石内蔵助は、ここで身を引いて笑ったのです。〝料簡が若い〟の上についた〝御〟の一文字は、敢えて大石内蔵助が示した〝ゆとりの姿勢〟なんです。だから、〝御料簡が、若い、若い〟と繰り返されるのです。歌舞伎のセリフの繰り返しは、ほとんど歌っているようなもんですから、ここで、大石内蔵助は相手に水をぶっかけて笑ったに等しいんですね。椿三十郎のイヤミはこれと全くおんなじです。丁寧なる皮肉が剝き出しの「バカ！」になるのが昭和三十七年（一九六二年）の現代だというだけです。

実に、この大石内蔵助が家臣達に向って〝料簡が若い〟と言ったその実質とはなんだろう、という解釈が出て来るのが明治以後の日本なんです。

大石内蔵助が〝御料簡が若い〟と言えたのは、彼が年長だったからだという、極めて単純な家父長主義がまず来ます。〝大石内蔵助はエライから「御料簡が若い」と家臣一同に言えた〟というのが、明治以降の格調の高さです。残念ながらそれは逆なんですけどね。「〝御料簡が若い」と、家臣一同に言えたという、そのことによって大石内蔵助はエライ〟というのが本当ですね。日本の家父長主義が不必要に強められたのは、四民平等の明治になってからですが、結局〝リーダーは何によって偉大なのかということが分らなかったから、単純に〝リーダーとはエライものなのである〟が罷《まか》り通ってしまったということなんですね。

エラクなってしまった大石内蔵助とは、〝御料簡〟の〝御〟の一文字の重要性が忘れられた、ただの薄っぺらな権威ですね。家長の冷静なる威力は一家を鎮《しず》めうる、という力信仰がここにはあって、それが結構、長く尾をひいていたんです。えらそうなら本物、もっともらしければ本物という〝血気に逸った匹夫〟のロクでもない頭を利用するのが大目付の〝菊井さん〟タイプの悪人なんですね。

　大石内蔵助は「御料簡が、若い、若い」と言う、それにふさわしい表情を持つことによってそれらしいもっともらしさを明治以降獲得して行きましたが、それがいつの間にか、〝結局は大石内蔵助らしい表情で納得させればすべてが通る〟に変ってしまったのですね。だから大石内蔵助の「御料簡が若い」というセリフは、昭和三十七年、椿三十郎に「バカか、手前ェら」と置き換えられたんです。

　昭和三十七年というのは「世は正に無責任」へとなだれこもうとするような、そんな年です。自分達が〝無責任〟という形で〝自由〟へなだれこもうとする、そんな時にはかえって、「他人には〝本物〟らしくあってほしい」なんていうことになるんですね(〝本物〟が何かなんて知りもしないで)。

「自分達の身にしみないものが本物である」という、間違った〝本物志向〟はここら辺で定着しちゃったんでしょうね。でも、「自分達の身にしみる本物はつらい」という〝無責任〟がすべての元凶であるとなったら〝無責任〟とか〝いい加減〟という言葉で表現される〝自由〟がなくなってつらくなります。結局みんな若かったんですね。血気に逸る青年達が若かったのは勿論だけど、それに対して「バカか、手前ェら」という、乱暴な口のきき方しか出来なかった当の椿三十郎だって、まだまだ若かったんですね。〝三十郎、もうすぐ四十郎〟のくせして。

怒鳴るしかないゆとりのなさがやっぱり肝腎なことをピンと来させなかった――そういう限界だって、彼にはあったんですね。何故かといえば、青年達に〝人は見かけによらない〟ということを教えた椿三十郎は、そんなことどうでもいいやと言わぬばかりの顔をして、再び旅に出てしまうのですから（青年達を置きざりにして）。こっから先は、そうしたさまよえる青年達の（多分）話です――。

2　鞘のない刀と、残酷への道

昭和三十七年（一九六二年）の『椿三十郎』には、〝人は見かけによらないよ〟というテーマの他に、もう一つのテーマがありました。それは、教育される青年達の問題ではなく、〝教育する側〟の問題です。こちらの方は、「人は見かけによらないよ。危い、危い」と言った、スッとぼけた馬面の城代家老の奥さん――丸ぽちゃでどこか抜けたところがある（言ってみれば〝夫唱婦随〟、〝鬼の女房にゃ鬼神がなる〟の善人版でしょうか）お人好しの女性（入江たか子）の方から発せられます。

悪の頭目、大目付の手によって城代家老は誘拐され、奥さんと娘だけが見張り付きで監禁されている——それが椿三十郎と九人の青年達が（金魚のウンコになって）忍びこんだ屋敷のありさまでした。青年達はその奥さんと娘（団令子）を救い出します。そしてその奥さんは、命の恩人でもある椿三十郎に不思議なことを言います——「あなたは、なんだかギラギラしすぎてますね」「あなたは、鞘《さや》のない刀みたいな人。よく切れます。でも、ホントにいい刀は、鞘に入っているもんですよ」と。

これはある意味で、『椿三十郎』を作った黒澤明による、三船敏郎論、黒澤明論でもあるようなものです。

「ホントにいい刀は鞘に入っている」——でも、〝ホントにいい刀〟の入るべき〝鞘〟がどこにもなかったら？　というような話です——。

『椿三十郎』のラスト、それは有名な、三船敏郎と仲代達矢の〝対決シーン〟です。大目付の配下の切れ者室戸《むろと》半兵衛《はんべえ》に扮した仲代達矢を、三船敏郎がバサッと斬って捨てる——すると仲代達矢の胸からドバッと血が噴き出す。『椿三十郎』というのは、実は、〝人は見かけによらない〟というユーモラスな〝教育〟でもなく、又〝ホントにいい刀は鞘に入っている〟というその〝青年達の行く末〟ででもなく、一般にはこの流血シーンで有名になった〝残酷映画〟ではあるんですね。

まァ、〝残酷〟というのは、見失われた幕末以来の〝猟奇〟の現代的な復活でもある訳ですが、そちらの方へは追々行くとして、それでは何故『椿三十郎』で三船敏郎の椿三十郎と仲代達矢の室戸半兵衛は決闘したのかということになると、そちらは存外〝？〟です。

一体何故でしょう？　何故、室戸半兵衛と椿三十郎は最後に斬り合いをしなければならなかったのか？　こちらを突ついて行くと、また『椿三十郎』の知られざる一面――〝ホントにいい刀〟の方へとつながって行きます。

『椿三十郎』のラスト――事件は落着し、無事救出された城代家老の家では、青年達と椿三十郎の為の〝慰労会〟が開かれています。浪人椿三十郎は、今度の活躍で仕官の途が開けた――そのお祝いの席でもありますが、しかし当然のことながら、彼の姿はどこにも見えません。あわてふためく一同に向かって、とぼけた城代家老は「ありがたいことに、あの男は戻って来やしないよ」と言います。

〝鞘に入っていない刀〟を預《あず》かるのは荷が重い――それが城代家老の気持です。〝ロクでもない鞘に入るのはいやだ〟――それが〝ギラギラしすぎている〟浪人・椿三十郎（もうすぐ四十郎）の気持です。

青年達はそんなことは知らず、彼を連れ戻す為に町はずれまで追って行きます。そしてそこには、睨《にら》み合っている椿三十郎と室戸半兵衛がいた、という訳です。「どうしてもやるのか?」と椿三十郎は言います。「やる」と室戸半兵衛は言います。そして「貴様みたいにひどい奴はない」と室戸半兵衛が言うのが、鮮血ドバッ! の対決シーンの理由なんです。

善人と悪人の決闘ではないんです。これは、学生時代の友人同士の意地の張り合いによる喧嘩なんです。「貴様みたいにひどい奴はない」――それは、「俺の友情を裏切って、その上に――」というニュアンスをこめたセリフですね。

仲代達矢扮する室戸半兵衛も、実は大目付の〝懐《ふとこ》ろ刀〟になる以前は素姓の知れない浪人者です。自分はどこかうさん臭い人間であるということを、この室戸半兵衛は知っています。そういう自分を平気で使っている大目付というのも、だからロクでもない人間だということを、この室戸半兵衛は知って、使われています。この室戸半兵衛が椿三十郎に何を感じるのか? それがラストの対決シーンの意味へとつながって行きますが、これが実に〝親近感〟なんです。

『椿三十郎』の冒頭で、加山雄三以下の青年達が古い神社のお堂に集っているのは何故かというと、「よろしい、この際あなた達、若い人と共に立ちましょう」と言った〝やっぱり本物〟の大目付が、彼等を一網打尽にする為に「集れ」と言ったからですね。お堂の中で、椿三十郎と青年達が、大目付と城代家老とどちらが信用出来るかという論争をしている間に、辺りは大目付の配下に取り囲まれています。この指図をするのが室戸半兵衛。

「どうしよう?」「斬り死にだ!」とうろたえる青年達を床下に匿《かく》まって、三十郎一人がこの討手の相手をする。「人の寝ぐらに土足で踏みこむ奴があるか!」と、青年達を探してお堂の中に入り込む討手を切り倒す、とてつもなく強い素浪人——その椿三十郎の腕を見込んで、「仕官をしたいのなら俺を訪ねて来い」というのが、事情を知らない室戸半兵衛。彼には、三十郎という浪人者は、自分と同じようなうさん臭さを持った人間だと思える。

室戸半兵衛は、淋《さび》しいんです。

殿様の留守中、藩の上層部は二つに割れて、悪人達は善玉の城代家老追い落しを計画している。実際に汚職で私腹を肥やしているのは次席家老と国許用人の二人だけれども、それを操っているのは、室戸半兵衛の上司でもある大目付の〝菊井さん〟。だから、城代家老を葬ってしまえば、藩の実権は大目付へ移る——ここまで読んでいるから〝一番悪いヤツ〟はその大目付であるということになるのだけれども、しかしその配下である室戸半兵衛は、その先まで読んでいる。即ち、藩の実権は大目付へ移るだろうが、その大目付という人は〝人望がない〟。

だから――。

彼を訪ねて来た三十郎に向かって、室戸半兵衛はその先を続けます――「貴公と俺とでよろしくやる」と。

大目付に〝人望がない〟ということを見抜いている室戸半兵衛に、更にその先を見る気があったのか、なかったのか？　それはよく分りません。でも、自分と同じような〝匂い〟を持った浪人椿三十郎に自分の野望を打ち明けた室戸半兵衛には、その瞬間、それは分った筈です。「大目付には人望がない、だからそれを追い落すことは出来る――だがしかし、それをする自分には、〝人望〟どころか〝味方〟がいない」大目付に拾われた室戸半兵衛は、藩の中では孤立無援の新参者ですからね。だから、彼は椿三十郎を求めたんです。

そして、その椿三十郎はなんの為に室戸半兵衛を訪れたか？　勿論「手前ェ達のやることは危っかしくて見てられねェや」で青年達の方についた彼は、敵の裏をかく為に、敵である室戸半兵衛のところを訪れた訳ですね。

室戸半兵衛はまだそれを知らない。そして、彼がそのすべてを知る時も来る。

城代家老は、椿三十郎と青年達によって無事救出される。万事休すと悟った大目付は、裁きを待つ迄もなく自害して果てる。そして勿論、元は素浪人である室戸半兵衛にはその後を追う義理も理由もない。室戸半兵衛は姿を隠す。

そして、椿三十郎も又、騒動の収まった城下町を後にしてフラリと放浪の旅へと向かう。「こんなひどいことがあるか！」と、室戸半兵衛が目を剝《む》いて怒る理由はよく分ります。

もしも、椿三十郎が仕官目当てで青年達の後押しをしたのなら——その為に自分の敵に回ったのなら、それなら分るし、許せる。何故ならば、職のない浪人者が就職口を得る為に汚いことをするのは、それはそれで浪人の宿命のようなものだから。室戸半兵衛だって、どんな手蔓《てづる》で大目付に拾われたのかはよく分りません。仕官の為に汚い手を使うのは、言ってみれば〝野良犬浪人の根本哲学〟のようなもので、それは許せるのです。「あいつだって、俺と似たようなものさ」と、負け犬は自分の負けを正当化することは出来る。

ところが、この椿三十郎はそうではない。

ほとんど、室戸半兵衛には理解出来ないような理由で、彼を見込んで心を許した（と少なくとも自分ではそう思っている）室戸半兵衛が拠って立つ生活基盤——つまり大目付の一味——をただいたずらに叩き潰して、それですました顔で城下を出て来る。室戸半兵衛が許せないのはそこでしょう。当然同じ途を目指す筈の友人が、平気で矛盾したことをする——そのことによって、意味もなく自分の世界観が崩される。

室戸半兵衛が椿三十郎に持ちかけたのは、〝藩を喰い物にすること〟だったんですね。「大目付を追い落して、二人で出世をしよう」ではなかったんですね。ここにあるものは、〝追われてしまったものの持つ復讐心――その美学〟です。

「俺もお前も同じ浪人だ。俺は今仕官をしているけれども、この〝藩〟という小さな平穏無事な社会の存在なんか認める気はない。それはお前だって同じだろう。だから、二人してこの小さな人間社会を喰い物にして、俺達を浪人という境涯に落した〝社会〟というものに復讐をしてやろう」――これが室戸半兵衛の心中であろうと思われます。そして、椿三十郎もこれに「うん」とうなずいたと思ったんです、この室戸半兵衛は。

「その〝うん〟は、どこかはっきりしないところはあったような気が、今となってはする。結局俺を騙《だま》す気でいたのだから、その〝うん〟に力がなかったのかもしれないというような気もするけれども、しかし俺があの時感じたものはそんなものではなかった（と思う）。あの、気のない〝うん〟は、自分の心の中を窺《うかが》って〝お前がそう言う気持はよく分る〟と思って言ったその結果の〝うん〟ではなかったのか？」――室戸半兵衛が怒るのだったら、多分その心境はこうでしょう。

深読みにすぎるかと思われるかもしれませんが、そうでもなければ室戸半兵衛の「貴様みたいにひどい奴はない」という、複雑なセリフの出て来る理由は分りません。

又、そうでなければ、室戸半兵衛を倒した後で椿三十郎を襲う〝不機嫌〟の正体というのもよく分りません。

室戸半兵衛を叩き斬った椿三十郎は、息を呑んで突っ立っている青年達に向かって「こいつは俺にそっくりだ」と言います。

但しその前に「気をつけろ、俺は機嫌が悪いんだぞ!」というセリフが入ります。そして、なんでそんなセリフが入るのかというと、青年達の見守る前で、一刀の下に室戸半兵衛を叩き斬った椿三十郎に対して、青年達のリーダー、優等生の加山雄三が一人歩み出て、「お見事」と、しゃっちょこ張ったセリフを言うからです。

自分達の目の前で、二人いて一人が倒れた。しかもその倒れた方はドバッと血を吹き出すという、とてつもない倒れ方をした。青年達にとって、その光景は耐え難いものでした。自分達の稚さ《おさな》がうっかり露呈してしまうような。だから、態々《わざわざ》小生意気にも「お見事」なんていう、大人の真似をしたいっぱしを口にしなければならなかったのですね。

「お見事」と言われて、椿三十郎は「バカヤロウ! きいた風なことをぬかすな!!」と、本気で初めて怒ります。この時の彼には、自分の心を許せる人間が「お見事」と称賛する味方の青年達ではなく、自分が叩き斬った〝敵〟の室戸半兵衛であったということは明らかだからです。

この映画が非常に苦《にが》い映画であるというのは、青年達を愛した主人公に対して、「なんでそんなことをする理由があるんだ?」という〝猜疑《さいぎ》〟が〝同類〟であるような人間から飛んで来るからです。

加山雄三以下東宝サラリーマン世界のスター達の扮する青年武士と、黒澤映画のスター三船敏郎扮する浪人とでは、二重に異質です。そして映画『椿三十郎』に於ける〝教育〟、あるいは〝幸福〟というものは、この〝異質〟が同じ地点に並び立ってこそ可能になりました。それは、〝鞘のない刀〟と〝鞘の外に一度も出たことのない刀〟との対比のようなものです。鞘の外に一度も出たことのない、一度も鞘から抜かれたことのなかった青年達には、自分達が本当に〝刀〟であるのかどうかがよく分りません。分らないからこそ、頓珍漢なことをしでかして、〝鞘のない刀〟椿三十郎に「バァカ!」と言われていたのです。そして、その「バァカ!」と言われることによって、青年達は、自分達があのまんまでいたら、本当に〝鞘の中〟で〝刀〟であることを失ってしまっていたのかもしれないということを知るのです。それが〝教育〟です。

椿三十郎は、「気をつけろ、俺は機嫌が悪いんだぞ！」と言って、青年達に背中を向けます。もし、このまんまこの映画が終っていたら、本当にこの椿三十郎という人物は、世界の映画の歴史上で一、二を争う〝カッコいいヒーロー〟になっていたことでしょう。

敵味方を超えた、同じ〝匂い〟を持つ男同士の決闘。一方は倒れる。世間知らずの青年は「お見事！」とバカなことを言う。「バカヤロウ、男の気持も知らねェで」と言わぬばかりに、その主人公は去って行く——その時に残されるセリフが「気をつけろ！　俺は機嫌が悪いんだぞ！」——音楽盛り上って〝終〟。こんなにカッコいい〝男性映画〟はちょっとありません。

でも、『椿三十郎』はそんな終り方をしません。「気をつけろ、俺は機嫌が悪いんだぞ！」と言って背中を向けた三十郎に、青年達は走り寄る。青年達を従えた椿三十郎は、室戸半兵衛の死体を見下して、「こいつは俺にそっくりだ。抜き身だ」と言う。「本当にいい刀は、あの奥方の言う通り、鞘に入ってるもんだ。お前達もおとなしく鞘に入ってろよ」と言う。そして、それでも青年達は寄って来る。それに対して、椿三十郎は「来るな！　ついて来やがると叩っ斬るぞ！」と言う。

青年達が〝ついて行く〟つもりだったかどうかは分らない。ただ反射的に足を進めただけかもしれない。ただ、別れ難くて「もう少し……」と、足を進めただけかもしれない。それでも、三十郎は「ついて来やがると」と言う。

勿論、青年達はついて行きたかったんですよね。「本当にいい刀は鞘に入ってる――だからお前達も鞘に入れ」と言われた時、青年達は一体どちらに〝自分の鞘〟を見たのか？　自分達が走って来た、そのお城のある世界にか、それとも、これから自分達が向かって行こうとする、椿三十郎のいる世界なのか？

青年達を〝いい刀〟にする為の〝鞘〟は、勿論、椿三十郎という〝先生〟です。これがあったればこそ、青年達は、自分達がそのまま、一度も抜かれない刀、鞘の中で〝刀〟であることを忘れられてしまう刀の名に値しない刀になってしまっていたかもしれないということを悟ったのですから。

「本当にいい刀は鞘に入ってるもんだ！」ということを教えてやったのなら、それは、「お前達の入るべき鞘は、この俺だ」と言ってることに等しいんです。

でも、そう言う椿三十郎は〝鞘のない刀〟だ。「そのお前がどうして、俺よりもあいつらを選んだのだ」――室戸半兵衛が突きつけた問いというのはこれですね。だから、浪人椿三十郎は不機嫌にならざるをえなかったんですね。

〝鞘のない刀〟――それは、異質であることを露わにしてしまった、黒澤明のことでもありましょう。椿三十郎（もうすぐ四十郎）のことでもありましょう。三船敏郎でも、仲代達矢のことでもありましょう。それは、少なくとも加山雄三に代表されるようなものではない。鞘から抜け出ることによって刀となり、そして、刀となることによって、入るべき〝鞘〟を見失ってしまった〝青年の末路〟が、この青年達を拒む〝椿三十郎〟ですね。〝三十郎、もうすぐ四十郎だな〟というその年齢は、だから、微妙ですね。

もうすぐ〝哀れ〟になるかもしれない。でも、まだ〝自由〟でいられるかもしれない。今なら、鞘に収まることが出来るかもしれない。でも、ひょっとしたらもう鞘に収まることが出来なくなってしまっている刀かもしれない。多分、その間の曖昧さ、もしくは猶予感（お馴染み〝モラトリアム〟です）が、椿三十郎をして、室戸半兵衛より青年達を選ばせた。そして、室戸半兵衛の死の前で青年達を怒鳴りつけた、という結末になるんでしょうね。

勿論、この椿三十郎だって、〝青年〟だったんですよね。〝もうすぐ四十郎〟でありながらも、この人はまだ青年だったんですよね。だから、〝鞘〟に関して、この人は決めかねたんですね。

〝鞘〟に関しての答は二つあるんです——というよりあったんです。

椿三十郎は「ついて来やがると叩っ斬るぞ！」と青年達に言ったけれども、でも、青年達は平気でついていついていついて来てしまった――そういう可能性だって、あったってよかったんですよ。

もしも『椿三十郎』が本当の意味で〝通俗娯楽映画〟だったら、そこで「チェッ、手前ェらにも困ったもんだな」とか言って、青年達を連れて、そのまんま旅に出ちゃったでしょうね。それが東宝の黒澤明じゃなくて、東映の沢島忠《さわしまただし》監督の映画だったら、絶対に、この得体の知れない素浪人と青年達は、「ワーイ！」という、明るい喚声を残して、そのまんま旅に出ちゃったでしょうね。戦前から戦後の東映映画に受け継がれる、日本のチャンバラ映画の世界観はそういうものでしたけどね、第一その方が、伊藤雄之助の城代家老だって納得したと思いますよ。「困ったヤツらだ。だがまァ、それもヤツらのタメにはなるだろう」とか言って、その隣りにいる入江たか子の奥方だって、「若いんですものねェ」とか言ってニッコリ笑って、それでメデタシメデタシになる話だって、本当はあったんですけどね。

勿論、黒澤映画はそんな終り方はしません。「来るな！」と言われて青年達は立ち止まる。立ち止まって、道の上に手をついて〝師〟であった三十郎に対して頭を下げる。「あばよ」と一言、椿三十郎は去って行く――がしかし（しかし私もしぶとい）、このラストが実に微妙！

「あばよ！」の一言で去って行く――勿論これが、カッコいい男の映画の終り方（の一つではある）。それならば、果してこの『椿三十郎』は、チャンと〝カッコいい男の映画の終り方〟をして、見事、〝現代感覚を持ったクロサワの通俗娯楽映画〟になっているか？　という、しつこい検証をいたします。

　青年達は見送っている。三十郎は去って行く。その後ろ姿――画面は背中の上半身、これが歩いて行くのなら、この後ろ姿は、青年達の前でドンドン小さくなって行く。映画の常道で行くなら、〝青年達はいつまでもいつまでも見送っていました〟で、椿三十郎のその去って行く後ろ姿は、一本道の向うに点のように小さくなって行く筈。

　そうじゃなきゃ、客は承知しませんよ。青年達だって承知しませんよ――「そんなに僕達に見送られるのがいやなんですか？」ぐらいのことは言いましょうねェ。

『椿三十郎』はどうだったんでしょう？

　三歩、五歩、六歩、音楽は高まって「あとワンコーラス分ぐらい音楽あるかなァ……」と思えるようなところで、突然〝終り〟です。

　私は、ヘンなイチャモンをつけているのかもしれません。主人公の三十郎の後ろ姿が点のように小さくはならないところで〝終り〟というのは、前作の『用心棒』も同じなんですから。

ところで（私もしつこいですが）この『用心棒』と『椿三十郎』の終りの比較をしましょう。『用心棒』で主人公が去って行くのは、突き当って右へ折れるような町並み――このようにセットの組んである、宿場町の中。一方『椿三十郎』は、行く手にはなんにもない、大空の下の一本道。『用心棒』で「あばよ」と言う桑畑三十郎を見送るのは、悪人共が全滅した町の中であっけにとられている爺さん二人（と番太一人）。一方の『椿三十郎』では、名残りを惜しんでいる、九人の青年達。

どうです？　これだけの違いがあって、それでも、『椿三十郎』は桑畑三十郎と同じようなサバサバで済みましょうか？

『椿三十郎』の主人公は、明らかに、ふっ切れてなかったんですね。青年達にズーッと自分の後ろ姿を追わせるだけの余裕が、椿三十郎と黒澤明には、なかったんですね。

この、バカかもしれないけど人なつっこい青年達と、椿三十郎は、ホントのこと言ったら、別れたくなかったんですよ。

だって、考えてみたら分ります。城代家老の奥方は「あなたはなんだか、ギラギラしすぎてますね」って言ったんですね。「ホントにいい刀は鞘に入ってる」って。椿三十郎が〝ホントにいい刀〟であって〝鞘〟に入ったらどうなるのかといえば、〝ギラギラしすぎる〟のがなくなる訳ですね。勿体ぶらずに言えば、青年達が〝ホントにいい刀〟になる為の〝鞘〟が椿三十郎であるならば、椿三十郎が〝ホントにいい刀〟

になる為の〝鞘〟は、その〝バカかもしれないけど、決してギラギラしすぎることのない青年達〟なんですよ。

ホントにいい刀は鞘に入ってるという。だとしたら〝ホントにいい刀〟かもしれない椿三十郎は、どうして鞘に入ろうとはしないのか？　入る努力をしてみようとは思わないのか？　〝ホントにいい刀〟というのは〝どんな鞘にでも収まる〟のか、それとも〝ホントにいい鞘〟を求めるのか？

椿三十郎にとって、仕官をすることが〝いい鞘〟ではなかったことだけは確かですね。だから彼は旅に出た。と同時に、青年達も捨てた。

青年達が彼を求めていることは知っていたけれども、自分が青年達を求めていることに彼は気がつかなかった。彼にとって〝鞘〟というものは、自分とは決して相容れない〝社会〟というもの以外には考えられなかった。その点で、社会を〝喰いもの〟にしようとした、室戸半兵衛と椿三十郎は、全く同じ種類の人間なんですね。〝社会は彼を受け容れない〟二人の元・青年（もしくは現・青年）は、同じ前提に立っている。違うのは、一方はそれを喰い物にし、一方は別にそんなことは考えたくないとだけ思っているということ。

前に私は、日本の近代は父子の断絶だと言いました。そして、その最後は、父になれない男と〝父〟との断絶だと。〝父になれない男〟とは、青年のまま〝三十郎――

もうすぐ四十郎だな〟という男です。一九六二年当時、既に日本には、〝父子の断絶〟と表現されてもいいような、世代の違った二種類の〝青年〟がいたということなんです。一方は〝ギラギラしすぎて〟一方はノホホンとしている。

一方は一方を求め、そして一方は一方を拒んだ——拒まざるをえなかった。それは何故か？　ギラギラしすぎていて、鞘に入っていないことを自覚してしまったものは、その〝ギラギラしすぎている〟と非難されるような〝自分〟から離れられない〝理由〟というものがあったからです。

日本の場合悲劇というのは、極端なものはうっかりと、純粋に極端であるということですね。反社会的なものは、どこまでも反社会的で、柔順なものは、どこまでも社会に柔順である、と。ホントは、青年というのは、そういう矛盾が一つになっているものである筈なのに、ですね。

青年のジレンマを突っつき回して、そういう教条主義的な考え方をするヤツはバカだぜと言った椿三十郎も、やはりどこかで硬直した教条主義者ではあったんでしょうね。

青年を斥《しりぞ》けた椿三十郎は、やがて再び青年の前に姿を現わします。今度は明確に〝教育〟という目的を携えて。それが、黒澤明監督、三船敏郎・加山雄三主演の『赤ひげ』です。加山雄三扮する青年医師・保本登《やすもとのぼる》に〝赤ひげ〟と仇名《あだな》される老医師が、今度はマン・ツー・マンで〝人間とは何か〟を教える、冗談のカケラもない作品がこの『赤ひげ』です。やっぱり、そういう教え方しか出来ないんでしょうかね？　〝娯楽映画〟である『椿三十郎』は、〝名作〟である『赤ひげ』にあったような、そういう格調の高い教え方はしなかったんですね。

私は、『椿三十郎と九人の侍』という、『椿三十郎』の続篇があったってよかったんじゃないかと思うんですよね。〝旅とは修行である〟という考え方もあったんですから、椿三十郎が九人の青年達を連れて日本中歩き回ったってよかったのにね、とも思うんですよ。東宝名物〝椿三十郎シリーズ〟になってね。そっちの方がズーッと、とは言いません、同じぐらい〝教育〟としては重要なものだったと思うんですね。

でも、ギラギラしすぎる〝青年〟は、若いノホホンとした青年を斥ける──自分の中のギラギラしすぎるものを、彼は自分でもてあましているから、そうせざるをえないんですね。それが〝青年〟だったんですね。江戸が終って明治になって、そして今迄ズーッと続いている〝近代〟の──。

3　『用心棒』と残酷時代劇

一九六一年（昭和三十六年）の黒澤明監督作品『用心棒』で一番画期的だったこと

は、剣とは〝悪を斃《たお》す〟以前に〝人を斬る〟ものであるという、いとも単純なことを画面に映し出してしまったことでした。勿論、刀は刃物ですから、手を切れば手は落ちる、首を切れば首が飛ぶ訳ですが、意外や意外、それ以前のチャンバラ映画というのは、そういうものではありませんでした。チャンバラ映画というものは、殺陣《たて》を見せるものであって、人殺しを見せるものではなかったからです。

たとえば『用心棒』に先立つ昭和三十二年（一九五七年）東映の内田吐夢監督作品『大菩薩峠』です。これは主人公が〝無明《むみよう》の闇をさすらう〟机龍之助です。刀とは人を斬るものであるという、そのことに取り憑《つ》かれて辻斬りを重ねる男の物語ですから、〝人殺しを見せる〟ということが大きな意味を持つ作品です。映画は、大菩薩峠の頂きで机龍之助が老巡礼をなんの理由もなく斬り殺すところから始まりますが、この巡礼は勿論、斬られたからと言って血を流す訳ではありません。後ろを向いて白い笈摺《おいずる》（巡礼が身につける白いチャンチャンコのようなものですね）の上から袈裟《けさ》懸《が》けに斬られる、その背中は真っ白のまんまで、この老巡礼は倒れます。同じように、大河内伝次郎扮する剣豪島田虎之助が雪の中で新徴組《しんちようぐみ》（新撰組の前身）に襲撃されるシーン。こちらも、別に血潮に染まるという訳ではありません。

チャンバラ映画には、血が流れないんです。血が流れる時代劇は唯一つ、それは怪談映画だけです。

たとえば東映のチャンバラ映画――ヒーローが〝謎の事件〟に巻きこまれるきっかけを作る〝猟奇犯罪〟――若い娘が倒れているのを抱き上げると、口から血を流している、もしくは抱き上げた体の下で真っ赤な血溜りが（精々直径十センチぐらいですが）出来ている――これがチャンバラ映画に登場しうる唯一の〝血〟であると見ていいでしょう。

血というのは、猟奇のシンボルなんですね。だから、怪談映画に〝血〟は付き物だったんですね。というより、昔の観客はナイーブでしたから、血がタ、ラ、タ、ラと流れるだけで、既にして〝怪談仕立て〟というのは七割方出来上っていたという、背景もあったんですね。

さて、怪談映画というと、四谷怪談のお岩様を筆頭として、出て来る幽霊は女性ですね。化け猫だって女性です。女性以外で幽霊になるのは、坊主頭の按摩《あんま》というのが相場は決っています。幽霊というのは、日本の場合女性的なんです。

まァ、血と女というのは、月に一遍のお付き合いだから、相性がいいはいいのでしょう。日本社会の〝女人禁制〟というのは、実は女性が月に一度生理を持つということと関《かか》わっていて、女性は男の性的好奇心を刺激するとか女性蔑視という以前に、日本には〝血潮の穢《けが》れ〟というタブーがあったから、女人禁制だったんですね。何かというと手を洗う神社、禊《みそぎ》という水浴――みんな穢れを払うという、そこから出ている訳ですね。

血は穢れであるという神道があって、そこに仏教の肉食禁止がやって来て、ますます日本文化は血から遠ざかって行って、血に立脚した日本女性が近代になって公けの場に進出するまでには幾多の困難というのがあった訳ですね。〝アンネ〟という生理用品の代名詞が出来上って、それがテレビCMとなってオープンになる迄、血は閉ざされていた訳ですから、女性が怪談となって出て来やすかったというのが日本の前近代の〝血〟なんです。

という訳で、『椿三十郎』の〝対決シーン〟まで、血は〝ドバッ！〟とは流れず、〝タラタラ、タラー……〟と流れた訳です（ついでですが、出産直後に殺されたお岩様の幽霊というのは、下半身血だらけの〝産褥《さんじょく》イメージ〟なんですね）。

日本の〝血〟というものはそういうものです。

それを払拭したものが『椿三十郎』の血の奔流、噴出ですが、しかし『用心棒』には、まだ〝血〟は出て来ません。『用心棒』の〝血〟は、ジェリー藤尾扮するチンピラが片腕を切り落されるところ、捕えられた三船三十郎が大男に叩きのめされて顔を血だらけにして腫れ上らせているところ、最後、ピストルで桑畑三十郎を狙った仲代達矢の腕に出刃包丁が突き立てられるところの、この三ヶ所ぐらいでしょうが、しかしこれは〝血〟のシーンではないのです。『用心棒』で最も大きいのは〝血〟ではなく、〝音〟なのですから。

〝バサッ！　バサッ！〟と音を立てて切られる。〝チャリーン！〟と刀が音を立てて、合わさる。全部、この作品が最初ですね。ある時期からの若者を指して〝劇画世代〟というような言い方をしますが（〝劇画世代〟というのは大体〝全共闘以後〟というようなもんですが）、その〝劇画世代〟の特徴である〝擬音〟の多用というのは、結局ここがスタートですね。〝バサッ！〟〝チャリーン！〟〝ガキーン〟、そして〝ドキューン！〟もこの『用心棒』です。それぐらい、人を殺す時の音というのは、ショッキングで新鮮だったんです。言わば、黒澤明の『用心棒』は、〝血〟で人を殺すのではなく、〝音〟で人を殺すということをやってのけた最初の映画なんです。

〝血〟という日本的な情念ではなく、即物的な〝音〟という全く現代的なものを使って殺人を表現したというのは、非常に重要です。それは、エロチックなもの、陰湿なものを使わずに、ダイナミックな形で格闘シーンを描出来るということですから。クロサワ『用心棒』にボディ・ブロウを喰った感のある全盛期の東映チャンバラ映画は、子供騙しであるというようなことを当時から言われていました。その理由は〝ストーリーがワン・パターンである〟とか色々あるでしょうが、それよりももっと大きいのは、東映のチャンバラ映画が〝一家揃って見られるように〟で、エロチックなものを排除していたことです。東映のチャンバラ映画には、キスシーンさえないのです。女性に悪いことを仕掛けるのは必ず悪人で、女性に迫られたら（しかも年増ではなく、若い娘に）男は照れるというのが東映のラブシーンでした。女優さんがエロチックなものを感じさせるようになったら、もうこの人は年増のワキ役。大川恵子、丘さとみ、桜町弘子、花園ひろみ――この四人が東映チャンバラ全盛期を代表する〝娘役スター〟でしょうが、彼女達は永遠に〝娘〟であったのです。おしとやかな大川恵子が〝お姫様女優〟であるなら、後の三人はおきゃんな〝町娘〟である、というように、東映の女優は、成長はしても成熟はしないのです。娘役に対する年増（？）女優といったら、千原しのぶ、花柳小菊、浦里はるみの三人で、千原しのぶは、娘役から徐々にお姉さん、年増へと移行し、花柳小菊は退屈のお殿様の安全なガールフレンド、もっともハスキーな声とふくよかな肉体を持っていた浦里はるみは、当然のことながら〝悪女〟ということになるのが、東映のモラリズムでした。

エロチックなものを拒絶する以上、〝血〟も拒絶する――それが日本の（戦後の）明るいモラリズムです。（それが証拠に、健全な東映はチャンバラ映画、エログロの新東宝は怪談映画と、役割分担が決っていました）切れば血が出る――しかしそれは不健全。そういう常識《モラル》の前で足踏みをしていれば、その先という深化がありません。『用心棒』の〝バサッ！〟〝ズバッ！〟は、東映の立回りが、格闘技ではなく、華麗なる白刃の舞い――即ちチャンバラ・レビューである、ということを暴露してしまったのですね。〝血〟ではなく〝音〟であるということが分れば、その後の日本文化もかなり変っていたろうな、ということもあるのですが、ともかく、その〝音〟は〝血〟の出るような、、、シーンに付随する音だったものですから、結局、残酷映画というのは、血の出る情念へと向かって行った訳ですね。

勿論、『用心棒』が公開された時は、まだ〝残酷映画〟というような一括はありませんでした。『椿三十郎』の血が吹き出して、その後に封切られた『世界残酷物語』という、イタリア製の記録映画の大ヒットによって、この〝残酷〟ブームというのは定着したものですから。

『世界残酷物語』（原題は『犬の世界』）を大ヒットに導いたのは、二つの動物の首です。一つは、南太平洋の原水爆実験の後遺症で〝帰巣本能〟をブチ壊され、浜に上って産卵した後海に帰れなくなって、そのまま陸上で白骨死体となってしまった海亀の首（こちらは大写しでポスターに使われました）。もう一つは、どこかの国の〝奇習〟で、生きたまんまの牛の首を蛮刀で刎《は》ねるところ（こちらもポスターに使われました）――首のない黒牛がドバーッと血を吹き出しているところ、正に『椿三十郎』の仲代達矢でした。という訳で、『世界残酷物語』↓『椿三十郎』↓『用心棒』と逆戻りして一括される形で、'60年代の〝残酷ブーム〟は登場するのですが、別に〝牛の首〟一つにそんな力がある訳でもなく、物事にはやっぱりそれなりの理由というのはある訳で、原題が『犬の世界』であるようなものに、どうして『世界残酷物語』という日本題がついたのか、ということです。

ずっと以前にお話ししましたように、昭和三十年代の全盛期を迎えようとする東映のチャンバラ映画は、ある意味で同一歩調をとっていてもおかしくないような時代小説の流れとは別の方向を辿っていました。ある意味で東映のチャンバラ映画は、それ以前の時代小説を映画として定着させることに専念して、時代小説の新しい動きを無視していたといえますが、その時代小説の新しい動きというのは前述の如く、欲望肯定でニヒルであるような『柳生武芸帳』『眠狂四郎』の剣豪小説でありました。これが忍法帖ブームへと続き、〝非情〟というものが大衆小説の世界に定着して、出て来たのが、南條範夫《なんじようのりお》の短篇集『残酷物語』です（『残酷物語』というのは短篇集の表題ですから、別に〝残酷物語〟という小説がある訳ではありません）。戦後の〝剣豪〟というのは、戦前の講談の剣豪——塚原卜伝とか宮本武蔵とくらべて、乱暴なのが特徴です。滅茶苦茶強いのは、剣の腕だけではなく性的にもというところが、『太陽の季節』と同時進行する昭和三十年代ですね。で、その〝滅茶苦茶強い〟部分を強調する為に、剣道という制約をとっ払ったのが〝忍者〟〝忍法〟というリアルなる非現実ですが、ここで出て来るのは、その滅茶苦茶なる強さを生かす為の〝枠〟です。ただ強いだけだったら、物語世界は破綻《はたん》してしまいますから、強いものを生かす為には、その強いものを際立せる壁が必要です。という訳で、非情なる忍者は非情なる掟に縛られている、そして、その非情なる掟の側が、それに縛られている方の側よりももうちょっと強かったら、それは簡単に〝残酷物語〟になる、というようなことです。まァ、ここまでは勧善懲悪の大衆時代小説が、血肉を備えた大人の生理に適ってリアルなものになるように進化、深化して来た歴史であるということも言えますが、『残酷物語』が登場するのが昭和三十四年（一九五九年）——次の年は例の60年安保です。という訳で、'59小説『残酷物語』、'60『青春残酷物語』、'61『用心棒』、'62『椿三十郎』『世界残酷物語』『切腹』、'63『武士道残酷物語』『陸軍残虐物語』、そしてテレビドラマ五社英雄監督の出世作『三匹の侍』へと続く、見事なる〝残酷時代〟を作る訳です。

『青春残酷物語』は大島渚《おおしまなぎさ》監督の〝松竹ヌーヴェル・バーグ〟の現代劇。『切腹』は橋本忍脚本・小林正樹監督の、同じ松竹製時代劇——主演は仲代達矢で、呼び物は、浪人仲代達矢の娘婿に扮した石浜朗《いしはまあきら》が、金に困って大名家の玄関先で「切腹をさせてほしい」といやがらせを言って金をたかろうとするのを却《かえ》って、「どうぞ」とかわされ、竹光《たけみつ》で（金に困った浪人者が刀の中味をそのままにしている訳はないから、中は当然竹光）衆人環視の内、無理矢理切腹をさせられてしまうシーン。切っても切れる筈のない竹光を無理矢理腹に突き立て突き立て、遂に血を流すまでを延々映すという、残酷シーンが売り物となりました。

松竹というのは伝統的に〝政治〟を嫌う会社で、『青春残酷物語』の後、大島渚監督が撮ったその名も『日本の夜と霧』(〝政治〟をテーマにした完全なるディスカッションドラマです)を上映四日間で打ち切り、篠田正浩、吉田喜重という松竹ヌーヴェル・バーグの三羽烏を全部手放してしまうにもかかわらず、しっかりと〝芸術〟だけは押さえているという、不思議なところでした。

まァ、話のトーンが妙にくぐもっていますが、〝残酷ブーム〟という形で一括されるその中には、色々なものがある——色々なものがあっちにからまりこっちにからまりしているということなんです。

自分に対しても他人に対しても残酷にならざるをえない、青春というドラマ。そして、その青春の主人公も又残酷に捨て去られるという〝物語〟——そしてその背後には当時の〝政治状況〟というものが控えている。それが大島渚監督の『青春残酷物語』で、この映画の〝残酷〟とは、青年であることの自己矛盾そのもの——言ってみれば、もっとも重要なものは主人公の心情で、〝残酷〟という言葉は〝自虐〟ででもあるような逆説的なものです。だから、私にはこの映画でのもっとも重要な一行は、ヒロイン桑野みゆきの呟《つぶや》く「どうして、もっとやさしくしてくれないの」であろうと思われるのですが、こういうセリフをヒロインに吐かせることでもお分りのように、この映画の〝残酷〟は、言わば〝加虐〟です。

しかるに一方、娘婿に竹光の切腹を強要しそれを嗤《わら》い物にした大名家の藩邸へ、仲代達矢の貧乏浪人が復讐に乗り込んで行く『切腹』の残酷は、〝被虐〟です。武家社会、封建社会の非人間性を訴えて行くのが〝残酷時代劇〟だというのはここら辺からはっきりして来て、そのことは'63年東映の『武士道残酷物語』でもっと明らかになります。この、今井正監督による遅れて来た残酷映画は、御念の入ったことに、江戸から現代まで七代に亘《わた》っていじめぬかれる一族の歴史を綴った、南條範夫原作のその名も『被虐の系譜』の映画化で、中村錦之助が、殿様の（肉体的な）寵愛《ちょうあい》を受けながらもその愛妾《あいしょう》と出来てしまった為に殿様からナニをチョン切られてしまう前髪立ちの若衆から、娘を殺される老武士、現代のサラリーマンまで、七役を演じ分けます。

はっきり言って、この頃既に日本映画は凋落《ちょうらく》に向かいつつありました。この凋落が〝残酷映画〟に象徴されるというのは、非常に興味深いことですが、この〝残酷映画〟というのは、全部〝芸術映画〟なんです。（本当を言うと『用心棒』はちょっと別なのですがしかし）『用心棒』の三船敏郎はベニス映画祭で主演男優賞を受賞、『切腹』

はカンヌ映画祭で審査員特別賞を受賞、『武士道残酷物語』はベルリン映画祭でグランプリを受賞と、〝残酷映画〟は軒並み国際映画祭で賞を取って来ているのです。

実は、日本映画の凋落というのは、二本立て週替りのプログラム・ピクチュアの凋落から始まりました。要するに、各社ワン・パターンの大量生産に観客が飽きて来たということなんです。そしてこの打開策として打ち出されて来たのが大作主義です。という訳で、一本立ての芸術映画を作る――いい映画は客を呼べる（かもしれない）でした。というのは、実に名作、大作の目じろ押しでした。目じろ押しでしたがしかし、60年代の前半というのは、この時期の名作、大作というのは実に、忘れられている名作、大作というものが多いのです。海外で賞をさらって来た『切腹』も『武士道残酷物語』も、当時のベストテンにはランクされていますが、今や忘れられているに近いのではないでしょうか？　少なくとも、戦後すぐベニス映画祭でのグランプリをかっさらって来た黒澤明監督の『羅生門』が長く日本映画の歴史に留められている（実際の出来は別として）ような〝輝き〟というものはありませんね。海外で賞を取って来たことをテコにして客を呼ぼうとして、その結果がどうだったのかというよりも、そんなことをしなくても、この時期〝残酷映画〟というものには一応以上の客は入ったのです。人間は結局のところ、どこかでエログロは好きですから。ただ人間があまり公然とエログロに足を向けないのは、エログロがあんまり〝芳しくないもの〟という評価を受けているからですね。という訳で、それが鑑賞に価する芸術であるという名目が立てば、人間というものは足を運ぶのです。但し、それはその場限りである、というような結果をもたらすことにもなりますけれども——。

〝残酷映画〟というのは、映画のリアリズム表現の結果です。〝この現実から目をそらしてはいけない〟というのが『世界残酷物語』の宣伝コピーであったようにも記憶しますが、〝そういう現実がある〟〝そういう現実もある〟という結果が〝残酷表現〟ですね。〝そういう現実〟というのは、切られりゃ血は出る、女は犯されるという〝現実〟ですが、まァ、こういう現実はあった訳ですから、それを表沙汰にするのもリアリズムではあります。まァ、ヘンないちゃもんをつけますと、日本映画の名作でリアリズムといったら、これは大体〝白黒〟です。カラーになると明るすぎちゃう、派手すぎて、どこか現実を衝くようなインパクトを持てないというようなところもありまして、大体〝白黒〟です。ということは、いじわるなひっくり返しをしますと、白黒にすれば重厚でリアルに見える——凄惨《せいさん》さが増す、というようなこともありまして、残酷映画というのは、カラーワイドが主流になった中でも頑なに白黒です。あんまり、抜けるような青空の下で残酷が起こったりすると、〝嘘〟が見えてしまうというようなこともあるかもしれません。但し、『青春残酷物語』というのは、抜けるような青空の下で、男が女を水の中に突き落とすようなカラー映画ではありますが。しかもそれはっきり言って、残酷映画ほど、見る側と作る側のギャップが歴然で、しかもそれが露わにならなかったものはないでしょう。作る側は〝芸術〟で、見る側は〝見世物〟ですから。「これほど非情な人間社会！」というのが、どれほど見る側に納得されたか？　私なんか、『武士道残酷物語』が出て来た時に、「どうして〝残酷〟っていうと江戸時代ばっかりなのかな？　軍隊なんていう方が、もっとグロで残酷みたいな気がするけどなァ……」と思っていたもんですから、『陸軍残虐物語』が出て来た時なんか、「遅いなァ！」と思ったもんです。言ってみりゃ、高校生にとっては〝残酷映画〟というのはそんなものでした（'63〜'64年の私というのは高校生でした）。高校生にしてみりゃ、芸術である残酷映画より、芸術じゃないエログロの方がこっそりと見てみたいという、そんなものです。残酷映画というのは、大体主人公が目ェ剝いて怒りますから。プロテストしながら死んで行くんで、まともな人間なら「もうちょっとうまくやればなァ、あんなひどい目に合わなくてもなァ……」という気にもなるんですが、その〝懐疑〟のようなものを撲滅する為にも〝これでもか！〟の残酷があるという訳ですから、まァ、作ってる側の姿勢もビンタで言うことをきかせる陸軍のようなところはあったと言って言えないことはないでしょうね（勿論そんなことを言ったら、目ェ剝いて怒られるのが、この時期の日本の芸術ですけれども——信念で突っ走ってる人は、どこかこわいですね）。

さて、残酷時代劇というのは〝被虐〟です。苛《いじ》められることが可能な（封建）時代を背景にして主人公は苛められている訳で、その点にこそ作る側の〝主張〟があり、見世物で入って来た観客の肝をすくませて、その結果すぐに忘れられてしまうということにもなるのですが、この〝残酷映画〟の持っていたギャップを解消してしまった娯楽映画というのがあります。それが何かと言えば、ヤクザ映画です。

ヤクザ映画も残酷映画もおんなじです。善人がむごたらしくいじめられて、我慢出来なくなった主人公がなぐりこみをかけるんですから。ただし、ヤクザ映画と残酷映画は、微妙なところで違います。というのは、残酷映画が血相を変えて相手に殺されに行くのに対して、ヤクザ映画は血相を変えずに、平然と乗りこんで行くという、その違いですね。ヤクザ映画で血相を変えて乗りこんで行って悪いヤツになぶり殺しにされるのは、必ず、主人公に「ひでェことをしやがる……」と言わせる為の〝若いもん〟ですからね。血相を変えて行く奴は若い――〝料簡が若い〟から血相を変えるんですね――大物は平然とという風に、ヤクザ映画の方が数段、人間的に進化（深化）はしていますね。という訳で、これを見る観客というのは「相手と同じレベルまで落ちたらおしまいだ……」ということを一作ごとに確認する訳で、ヤクザ映画は残酷映画より数段心に残るということにもなるんですが、じゃァ、ヤクザ映画は進歩の結果かというと別にそんなことはない。〝仇討ちの為には平然としていなければならない〟というのは、忠臣蔵で、エンエン三百年間続いて来たものですから、ヤクザ映画は、一種の先祖返りということにもなりますね。

まァ、ヤクザ映画の話は後回しにしますが、ヤクザ映画というのは忠臣蔵と並んで、非常に日本的な、日本独特のものですね。そういう意味で、海外で評価されるような残酷映画とは違います。

一体どこが違うのかというと、まずテンポです。忠臣蔵・ヤクザ映画は〝くやしい――我慢〟の世界だから、グッとテンポが落ちます。テンポが西洋とは異質で、次が〝美学〟です。〝血〟というものの解釈の差です。西洋の肉食人種にとって、血というものは〝食物〟に付随するものであり、また〝食物〟です。豚の血のソーセージなんてありますから。そして血は、「これは私の血」と言ってキリストがブドウ酒を勧めたことからも分るように、〝穢れ〟ではないですね。一種の栄光、一種の恍惚《こうこつ》ではあります。ところで、日本人にとって、血というものは禁忌《タブー》です。〝禁忌《タブー》になる場所もある〟という形での禁忌です。〝禁忌になる場所〟というのは、神聖なる場所であったり、公式の場であったりする訳で、別に日常の場にそうした〝宗教的戒律〟がある訳じゃありません。言ってみれば、近代以前の血の禁忌は、近代以後のセックスのタブーと同じようなものです。エロとグロとをひっくるめての〝猥褻《わいせつ》〟であるというところが日本というところの近代でしょうか。という訳で、人間というのは、そういう軽い禁忌には必ず深入りします。深入りして〝美学〟というのを作ります。既に、江戸の歌舞伎には〝殺し場〟という〝美〟がありましたし、明治になって新聞錦絵の〝FF現象〟を作る浮世絵の、その幕末の前身は〝血みどろ絵〟でした。ここら辺が〝情念〟となって行くのでしょうが、白黒の残酷映画には、赤い血の美学はありません。〝血が出る〟という行為があって、そういうことを許す時代背景、状況というものがあって、テンポがあるから、非常に西洋人には分りやすいんですね。日本の時代劇というのは、西洋人に分られやすいものばかり栄光を受けて評価され、肝腎なものは二束三文ゴミの山というのですから、ホントにいけませんね。

さて、それではその西洋人に分りやすいように作られている残酷時代劇の、西洋人に分りやすいテーマというのは、簡単に言ってしまえば〝「こんなにひどいことあるか！」と言う人間の叫び〟です。そして〝我慢〟で〝寡黙《かもく》〟の日本人にあるまじく饒舌《じょうぜつ》である、その叫びの訴え（プロテスト）があって初めて、西洋人にも「なるほど！」と分る訳ですが――「日本人は黙ってばっかりいるからさっぱり分らない」というのが西洋人ですからね――しかしそんなものは、実は日本ではとうの昔に否定されているのです。〝叫んだって無意味だ〟――そういう事実がキチンと描かれているからこそ〝残酷〟だというのが、〝残酷〟の二文字を初めて日本映画にもちこんだ大島渚監督の『青春残酷物語』なんですから。『青春残酷物語』の〝残酷〟が〝被虐〟ではない〝加虐〟であって、そこから青年の〝自虐〟が浮かび上り、外部はそれに手を差し伸べることが出来ないということになれば、主人公の青年は誰にも訴えることは出来ない。自分がその残酷の元凶である以上、プロテストは無意味だということがしっかりと打ち出されています。

〝残酷映画〟は、主人公に叫ばせて、その叫びが無意味に響くのが残酷であるという構図ですが、それに先立つ一九六〇年の『青春残酷物語』は、既にして〝その叫びが無意味であるから叫ばない〟なんです。

〝残酷映画〟が何故叫ぶのかというと——何故叫ぶ為の〝残酷〟なるプロットを必要とするのかというと——それは、洋の東西を問わず〝近代青年というものは叫ばずにはいられない何かがある〟という、その中に閉じこめられているからです。近代の青年というものはそういうものの中に閉じこめられていて、それが何かということを考える前に、まず叫んでいるという前提が、実はあったのです。あったからこそ、「そんなものは古い、そんなことに意味なんかない！」と『青春残酷物語』の現代の青年は言ったんですね。

叫ぶことが無意味だというのは、ヤクザ映画の中で血相を変えて単身殴り込みに行った〝若いもん〟が、必ずなぶり殺しにあって、その兄貴分である主人公が「ひでェことをしやァがる」と言うことでも分ります。若いヤツが血相変えて怒鳴るのをいなすのが、「御料簡が若い、若い」と言っていなす、江戸の大石内蔵助ですからね。

以上を通すと、非常に面白いことが分ります。そして、近代という自由の時代は、若者の叫びを野放しにする。そして、一九六〇年に、「それは無意味である」というピリオドが青年に対して打たれる。そのピリオドを打ってしまったものは却って逆に追放され、追放した側は、改めて〝叫ぶ〟ことを始め、それが進化すると、事態は江戸の〝討入り〟へと逆戻りする、ということです。

言ってみれば、一九六〇年の『青春残酷物語』というのは、明白に日本の近代の分水嶺であるような作品だったのですね。

という訳で、一体〝近代の青年〟とはなんなのかという、この先がある訳です。

そして、じゃァ一体、黒澤明の『用心棒』と『椿三十郎』というのは一体なんなんだ——この流れの中でどう位置づけられるのだ、ということになりますね。

一体こりゃなんなんだ？　と。

汽笛一声新橋を——じゃない、太平の眠りをさます上喜撰（蒸気船）であった『用心棒』は、実は、娯楽映画でした。芸術映画のクロサワが作った娯楽映画である『用心棒』で画期的であったのは〝血〟ではなくて〝音〟でしたが、じゃァその〝音〟は一体どこから来たのでしょう？　それ以前に、チャンバラ映画には刃物を触れ合う音、人を切る音というのはなかったからです。ここで重要なのは、新興博徒一家の三男坊、卯之吉《うのきち》に扮する仲代達矢の設定です。旅から帰って来たこの卯之吉は、横浜で仕入れて来た、英国製のマフラーを首にひっかけているという、とんでもない粋な悪党で、この人はピストルを持って、上州の宿場町に帰って来ます。人を倒す時に音の出る武器と言ったら、それは銃ですね。東のチャンバラに対する西の西部劇で、『用心棒』のルーツは、西部劇である、ということになります。

4　走りたい、男の動きとチャンバラ映画

一九六一年の『用心棒』は、チャンバラ映画の全盛期であると同時に西部劇ブームの真っ盛りでもある、そんな時期に洋の東西を股にかけて出来上った、ちょっと前例のない（後例もない）空前絶後の位相を持った作品でした。一九五〇年代の終りから登場して来るテレビ西部劇、『ローハイド』（クリント・イーストウッドの出世作）『ララミー牧場』（大ブームでした。ジェスに扮したロバート・フラーと、この作品の解説――『西部こぼれ話』に出て来て〝映画評論家〟という職業を日本中に広めてし

まった淀川長治さんと）『拳銃無宿』（今は亡きスティーブ・マックイーンの出世作）等々、『真昼の決闘』『OK牧場の決闘』『ガンヒルの決闘』といった〝決闘三部作（？）〟の映画に、黒澤明の『七人の侍』がアメリカで西部劇として映画化され日本に入って来るという状況を踏まえて、一九六一年の『用心棒』は登場します。

土煙りもうもうたるメインストリートを挟んで前後に延びる宿場町。そこにフラリと現われる流れ者（の素浪人）。都会から帰って来た、若いニヒルなガンマン（の博奕打ち）――はっきり言ってこれは、着物を着てチョン髷を結って刀を差した人間達による西部劇ですね（これが当時『ローハイド』で人気だったクリント・イーストウッドの映画スターとしての人気確立第一作となる訳ですから、'60年代初期と西部劇とクロサワというのは、不思議な因縁を持っています。因縁と言えば、スティーブ・マックイーンが映画スターとしての地歩を固めた第一作も『荒野の七人』なんですから、黒澤明という人は、間接的に二人の大スターを生み出していることになりますよね。一体このクロサワはどこへ行っちゃったんだ？　と言いたくなるような昨今ですが、それはまァ、やめましょう）。

西部劇と時代劇の最大の差は何かといえば、勿論スピードですね。そして、音のする拳銃と音のしない刀ですね。何故スピードと音が関連するのかといえば、暴走族じゃありませんが、西部劇のスピードはパカランパカラン音を立てて走る〝馬〟というものによっているからですね。たとえば、日本的なスピード感を〝素早さ〟〝敏捷さ〟という〝すっきりと小さくまとまった早さ〟に代表させれば、西部劇のスピードというのは音をまき散らす〝乱暴さ〟にあるといってもよいでしょう。

西部劇の舞台となるアメリカの西部は、なんにもない砂漠に近い荒野に代表されるような開拓地です。ここには、たまさかそこに寄り集った人々が作っている小さな〝町〟の他に何もありません。法もなければ秩序もない――たった一人の保安官が押し寄せて来る無法者の群と対決するような世界、それが西部劇です。

ここにはなんにもありません。なんにもないことをいいことにして無法者《アウトロー》がはびこり、なんにもないところを拓《ひら》いて行くのが開拓者魂《フロンティア・スピリット》であるというのが西部劇の西部です。アメリカという新しい国の、その一番新しい（〝若い〟と言いましょうか）部分がアメリカの西部なのですから、ここには乱暴な若さを押さえるような古い伝統、様式、習慣というものがありません。ヨーロッパという〝本国文化〟から自由なアメリカの内でも更に自由なのが、この〝西部〟という新しい土地なのです。何かといえば乱闘騒ぎ。酒場《サルーン》の椅子はブッ壊れ、ガラスはブチ破られ、拳銃はブッ放され、ビール瓶はブチ割られ、馬はいななき、風はゴーゴー、インディアンは空に向かって「アワワワワワワ！」です。押さえるものがないから野放しにされる――言ってみればその喧噪《けんそう》状態が快感であるような世界が、西部劇という活劇（アクション＝動き）の世界なんです。

それと全く対照的なものは、伝統的な時代劇の世界ですね。伝統的な時代劇の世界とは、勿論様式的な時代劇ということでもあります。もうお分りと思いますが、伝統的、様式的であるということは、メチャクチャなまでに乱暴であるような自由を現出させない、のです。そこに自由があったとしても、それは制約を制約として感じない、優等生の規矩《きく》に適った自由です。それはある意味で洗練されたものではありますが、洗練は〝メチャクチャ〟というような破調を嫌うのです。大槻文彦の大著『大言海《だいげんかい》』(辞書です)には〝下剋上〟という言葉の意味に〝此語、でもくらしいトモ解スベシ〟という恐ろしいまでに率直な説明がついているそうですが、〝自由《でもくらしい》〟というのはそういうものなんですね。

チャンバラ映画というものは、そもそもが或る種乱暴な動きを現出させるようなものとして生まれました。

最初のチャンバラ映画というのは牧野省三による、実景をバックにした歌舞伎の実写映画ですが、これがどうして〝乱暴な動き〟であるのかというと、それは、当時の映画の動きがフィルムのせいで、チャヤカチャヤカしていたからです。〝チャヤカチャヤカしていた〟というのもヘンな表現ですが、昔の無声《サイレント》映画を御覧になった方には、このことがよくお分りいただけると思います。

サイレント映画の場合、フィルムの動きは一秒間に16コマです。映画というのは、実際の動きを一瞬一瞬に分解してフィルムに定着させ、それを猛スピードで動かすことによってスクリーンの上に動きを再現する、人間の目の〝残像〟という働きを利用したものですが、その為に、一秒間に送られて行くフィルムのコマ数が多ければ多いほど、スクリーン上の動きがなめらかかつ自然になります。ちなみに、サイレント時代のフィルムの動きが一秒間に16コマであったのに比べ、トーキー時代になるとこれは、一秒当り24コマになります。トーキー以後に比べて、サイレント時代、映画は1.5倍のスピードを持っていたということになる訳です。動きがチャカチャカするのは当り前です。だから従って、悠長な歌舞伎の動きというのは、映画になった途端、1.5倍のスピード感を獲得してしまう、ということになるのです。チャンバラ映画が〝乱暴な動き〟を持っていたということはお分りになるでしょう？

日本で最初の映画スターは尾上松之助で、この人が同時に日本で最初のチャンバラ映画のスターでもあった訳ですが、この人が映画スターであるにふさわしいと牧野省三に抜擢《ばってき》された理由は、その〝身の軽さ〟でした。そして、牧野省三は、この尾上松之助を主役にした忍術映画を、サイレント映画の一秒間に16コマというフィルムの動きの更に半分、一秒間に8コマというメチャクチャなスピードで作り続けるのです。これは〝乱暴な動き〟というよりは〝非現実・超現実の動き〟と言った方がよいでしよう。

これがいつの時代のことか考えて下さい。明治の終りから大正時代にかけてのことです。〝3S〟と言って、スピード・セックス・サスペンスが売り物になるのは昭和の三十年代の後半——一九六〇年代のことです。尾上松之助の時代にはまだ〝スピード〟などというものと〝人間の動き〟とは関係のない時代だったのです。人間というものは、我が身の動きと関係のない動きというものを〝非現実〟としかつかまえられないものです。尾上松之助映画のチャカチャカした非現実のスピードは、歌舞伎を写した〝旧劇映画〟を脱したサイレントチャンバラ映画の時代——大河内伝次郎主演、伊藤大輔監督の映画——〝ラグビーさながらのすさまじいスピード〟と称される『新版大岡政談』の丹下左膳の時代に至って初めて〝封切館の満員の客席は左膳の疾走とともにウォーッ、キャーッと異様などよめきが場内を圧し〟という、生の人間の動きとしての反応を観客から獲得することが出来るようになるのです。

勿論当時（昭和三年）の日本人に〝ラグビーさながら〟と形容される、そのラグビーを観戦する機会なんていうものはまずなかったでしょうが、そのスピード感が観客に〝ウォーッ、キャーッ〟というどよめきを与えたのだとしたら、この時代、既に人々はこうした〝スピード〟という言葉を使って表現出来る人間の動きというものを現実のものとして実感出来るようなところまで成熟していたのだ、ということになります。

この〝スピード〟という言葉を使って表わされるような動きを日本人がいつから獲得して行ったのかというと、それは勿論近代になってからです。明治になって義務教育と徴兵制度が始められて、日本人は初めて〝体育〟という名のスポーツ、軍事訓練という名の西洋的な動きの門口に立ったのですね。それまでの日本人、日本というのは農耕民族の国ですから、人間の動きというものは大地に根を下ろす、密着するようなものです。近代以前の正式な歩き方が〝すり足〟という、足を地面から離さないようにする動き方が基本だったことを考えてみればこのことは分ります。飛び上る、走る、といった〝躍動〟と、圧倒的大多数の日本人は、生活の上で無縁だったのです。

活動写真という西洋伝来の新文物を通すと、決してスピーディーに動き回れない――そういう訓練を受けていない日本人の動きが異様に早くなる、これは一つの発見でしたでしょう。だから牧野省三は、一秒に8コマという異常な早さを選んだのだ、と私は思います（もっとも、一秒間に16コマの動きを必要とするものを8コマにしてしまったら、フィルム代は半分で済むという、経済的な理由というものもあったとは思いますが）。

勿論、尾上松之助映画の動きは子供騙しです。というのは、そうした非現実の動きに乗れる――反応出来るのは子供だけだからです。子供は、そうした動きを願望することは出来るけれども、大人は「なんだ、あれは？」としか思えません。その頃の大人にとって〝早い動き〟というものはない動きだったからです。

しかしそうしている間に時代というものは進んで行きます。スピードというものを楽しめる、楽しむことを知ってしまった人間達が出て来ます。それは誰かといえば、勿論〝学生〟という青年です。スポーツというものが学生の間にしかなく、スポーツをする為の訓練を受けているのが学生だけであるならば、このことは当然でしょう。

オペラに於ける〝歌唱〟もそうですが、日本の近代の場合、今では当り前になってしまった西洋的な行動術は、まず日本にいる外国人から始まり、学生から一般、プロという段取りを踏みます。今では日本の〝国技〟となってしまった野球が、プロの球団の出来る以前は、六大学野球、早慶戦という形で十分に〝大衆の娯楽〟として成立していたことを考えればこのことは分りますね。六大学野球が始まったのは大正十四年、そろそろ尾上松之助の旧劇が飽きられて、新しいチャンバラ映画が生まれんとしていた頃なんです。

既に日本人は〝走る〟〝飛ぶ〟という西洋的な身体行動を観賞出来るようになっています。そしてこれは今迄の日本的な身体行動とは全く異質な〝若い〟動きです。〝若い〟ということは勿論〝乱暴な〟ということですが、この〝乱暴〟には西洋文化という庇護者があります。西洋の文化というものによって訓練を受けた、様式を持った動き、洗練された動き、それが六大学野球に代表されるスポーツなんです。

既にそうした動きがあって、それを見る素地というものは出来上っていました。だから〝ラグビーさながらのすさまじいスピード〟の追跡、格闘シーンに人は〝どよめき〟を発することが出来たのです。沈滞しているような現実の日本的な行動様式の中に縛られている人間が、そうした新鮮な動きを突きつけられた時、目の前の壁が崩れ落ちるような興奮を覚えるのは当然のことでしょう（但し、この〝ラグビーさながら〟の『新版大岡政談』のフィルムは今では消失してしまっていて見ることが出来ません。だから、そのスピードが実際にはどれほどのものであったのかということは、よく分らないといえば分らないのですけれどもね）。

日本のチャンバラ映画の中で一般に一番高い評価を受けているのは、このサイレント時代のチャンバラ映画だというお話はズーッと前にしました。そのスピード感によるものだ、と。その当時のサイレント映画のスピード感を支える〝走る〟〝飛ぶ〟という行動様式は、全く西洋的なスポーツの動きです。一方、チャンバラ映画の舞台は、そんなものがまだ日本には存在しない江戸時代で、チャンバラのその基となる剣道というのは、全く日本的な身体行動です。試合開始の時に構える〝蹲踞《そんきょ》〟から始まって、剣道というのは一貫して〝腰〟ですね。腰を落す、腰を据える——これが日本的な動きの基本ですね。勿論、剣道の基本歩行はスリ足です。最も日本的な動きを持つ世界に、それとは全く異質な西洋的行動様式を持ちこんでしまった最初のもの、それがチャンバラ映画だったんですね。

　という訳で、チャンバラ映画は、まず最初には〝乱暴な動き〟を持つものでした。そして、このことを可能にする為に、主人公というものは〝失業〟と引き換えに自由《でもくらしい》を買った浪人という名の青年でした。尾上松之助映画が〝非現実の動き〟を可能にする為に忍術映画であったことと、その後のチャンバラ映画が自由な動きを獲得する為に主人公が〝浪人〟であったということは、だから全くおんなじことなんですね。

　という訳で、改めて黒澤映画の『用心棒』です。これは西部劇を時代劇で作ってしまった日本映画ですが、しかし今迄のチャンバラ映画の経緯《いきさつ》から行けば、〝浪人〟をヒーローとして持って来たチャンバラ映画は、そもそも日本の西部劇として存在していたということにもなります。一体、そもそもが西部劇であるような——メチャクチャと称されるような乱暴さを備えていたチャンバラ映画が、どうして一九六一年になって改めて〝巨匠黒澤明〟の茶目っ気によって「それは〝西部劇〟じゃない」と評されるぐらいのおとなしいものになってしまっていたのか？　ということです。六大学野球の熱気と同じものを学んでいた筈の若きヒーローであった〝浪人《アウトロー》〟が、どうして華麗なる早乙女主水之介になってしまうのか？（直参旗本早乙女主水之介が基本的には〝浪人〟であるというお話は前にもしました）。

『用心棒』の主人公・三船敏郎扮する桑畑三十郎は勿論〝浪人〟ですが、実はこの浪人、チャンバラ映画のヒーローであるような〝浪人〟とは決定的に違ったところが一つあります。それは何かというと、この桑畑三十郎は袴《はかま》を穿《は》いているということなんです。袴というのは前にもお話ししましたが、これは武士のフォーマルウェアの一種です。という訳で、チャンバラ映画の青年達《ろうにん》は、みんな袴をつけないで着流しでした。ところがこの桑畑三十郎は（椿三十郎もそうですが）キチンと袴を穿いているのです。『用心棒』にはもう一人、いざ出番となった喧嘩《でいり》を目前にして裏からコソコソと逃げ出してしまう、藤田進扮する臆病浪人も出て来ますが、この人もやっぱり袴を穿いています。一体何故でしょう？

何故着流しではなく袴を穿いているのかというと、これは簡単です。着流しでは裾《すそ》が乱れてしまうからです。袴を穿いていれば、どんな荒っぽい動きをしても、裾を乱す――裾が乱れる心配をしなくてもいいからです。

この〝着物の裾〟に関する話を、サイレント時代から既に〝巨匠〟であった伊藤大輔先生に訊いてみましょう。伊藤監督が昭和十七年に初めて嵐寛寿郎と組んで『鞍馬天狗横浜に現る』という映画を撮った時の話です——。

〝『鞍馬天狗横浜に現る』、これで三百メートルの大移動撮影をやりました。全力疾走しながら右に左に、搦《から》み（註・斬られ役）を斬っぱらっていく。むろんワンカットです、寛寿郎君できないという、それは無理な注文です、走るだけでも呼吸が乱れる、立ち廻りがサマにならぬと〟（嵐寛寿郎・竹中労『聞書アラカン一代　鞍馬天狗のおじさんは』）

嵐寛寿郎は歌舞伎の出身です。だから——〝この人のチャンバラはまことに、一場の名舞台を見る感がある。ということはまた反面、完成されすぎた恨みもあります。〟（同前）

そして、伊藤大輔という人は〝移動大好《イドウだいすき》〟という仇名を持っていた人で、既に御承知のように、新国劇出身の大河内伝次郎と組んで数々の〝ラグビーさながら〟の名場面を生んで来た人です。だからこうなります——〝そこへいま一つ破調のリズムを、戟《げき》（註・剣の〝劇＝芝居〟ではなく、もっとリアルな実戦のニュアンスを感じさせる〝剣戟〟という意味）の波紋を投ずるべきだ、と。無理を承知の注文を出したのは、演出者としてのそういう狙いがあった。〟（同前）

走れば息は乱れます。しかし、その形（フォーム）はどうでしょう？　走ることを当然とする用意をしていれば、息は乱れてもフォームは乱れません。フォームが乱れた時は、それはもう〝疲れて走れない〟という段階に来ているということですから。

しかし分りにくい言い方を私はしています、〝走ることを当然とする用意〟というのはなんなのでしょう？　ランニングシャツに短パンで靴を履いていれば、それは〝走る〟為の恰好《かっこう》をしているということです。〝走るための恰好〟即ち、〝走りやすい恰好〟です。ところで、日本の着物というのは走る為の服装ではないんですね。走る為に、着物を着ていた日本人は尻端折《はしょ》りをしてたんですね。これは、普通の人間のするような恰好ではない。今はなくなってしまいましたが、昔は〝車夫馬丁《しゃふばてい》〟という侮蔑《ぶべつ》語がありました。肉体労働をするものは卑しいという前提があってこの蔑称は生きる訳ですが、尻端折りを日常とするような人種というのは、そういう蔑称でくくられるような人間達であったという、着物の着方に関する前提というようなものがあった訳です。

という訳で、短パン、ランニングシャツで走れば息は乱れてもフォームは乱れないけれども、着物で走れば、息も乱れてフォームも乱れるということになります。嵐寛寿郎は、だから「できない」と言い、伊藤大輔はだから「やれ！」と言うのですね。

それを、伊藤大輔は〝破調のリズム〟という訳ですね。

この結果がどうなったかというのは次です――。

〝これは、自分でいうときまりが悪いが、ちょっと前にも後にもない名場面が撮れたと思いました。ところが、ラッシュを見てウーン！と、こちらがカブトを脱がされました。あれほどの大移動で、すそが乱れておりません、きちっとさばいているのです、これには参りましたな。〟（同前）

既にお分りかと思いますが、嵐寛寿郎が〝三百メートルの大移動撮影〟を「できない」と言ったのは、その時彼に、全力疾走をしながら敵をバッタバッタと薙《な》ぎ倒しての三百メートル、その間キチンと裾をさばいて行く自信がなかったからなんですね。ところが伊藤大輔監督の狙いは違います。三百メートル全力でツっ走ったなら、襟ははだけ裾もはだけ、一種凄惨なる迫力が生まれるであろうというのがこの監督の狙いだった訳ですね。それが〝破調のリズム〟ですが、しかし、嵐寛寿郎のやってのけたことだって、これも勿論〝破調のリズム〟ではあります。ともかく普通はそんなことをしないのですから。

日本の着物というのは、ある意味で人の動きを限定するような衣服ですね。裾を乱せばそのことによって、現実生活の淡々としたリズムを乱したということが明らかになるというようなものですから。日本の着物は江戸三百年の間に発達し完成しましたが、そのことと江戸三百年の太平というのはほとんどイコールですね。三百年間裾を乱すような必要もなかったから、裾を乱せば他人様から「どうしたんだ?」と目を剝かれるような衣服がユニフォームとして定着したんですね(ついでに言えば、着物というのは男女ともに、ほとんど同じ構造で出来上っている衣服ですね)。即ち、男女を問わず、三百年の生活秩序というものは破綻のない着物の着こなしに全部象徴されるというようなことにもなります。伊藤大輔監督の前で、着物というものは〝破綻のない秩序〟だったんですね。だからこれに「NO!」を突きつけたんですね。

走れば着物ははだけます。全力で走れば走るほど、着物というのは乱れます。尻端折りでもなく、袴でもなく、着流し姿(鞍馬天狗も勿論、浪人の着流しです)で青年を走らせれば、そこに、秩序の下で眠らされている青年のエネルギーが出現する。問題は、闘うということではなく、闘うというシチュエーションによって出現する、眠らされ隠されている青年の中の〝何か〟を提示することであったのだということは言えると思います。

だから、伊藤大輔監督の要求とは、「裾が乱れるまで走れ。そして、裾が乱れてからも走れ」であった筈です。裾が乱れることによって、眠っている何かが起き上る。裾を乱して後更に走り続けることによって、起き上った何かが初めて躍動する。それが伊藤大輔監督の映画美学でした。だから彼は、乱す為に走らせたんです。

ところが、嵐寛寿郎の方は違います。更にその先を行っています。走れば破綻する。破綻してはいけない。走るということと、それと矛盾する乱れを、一体どのようにして克服すればいいか？　彼が考えるのはこのことだけです。

同じ本から、今度は嵐寛寿郎側の発言を引用しましょう。

〝冗談やおへん、三百メートル以上もある、全力疾走やて！　刀ふりまわして走れる道理がない、「センセイ、これちょっと無理やと思いますけどな」「ああ、そうですか。あなたには無理ですか」ジロリと睨みよる、言葉はやさしいが皮肉が骨を刺してきよる。あなたにはと言われて、コチーンときた。それがこの監督の手や、わかっていて乗せられる。「へえよろしおす、走りまひょう」〟（同前）

「へえよろしおす、走りまひょう」の一言で走り出した嵐寛寿郎は、役者としての本能的な技術にすべてを委ねて、伊藤大輔監督のもくろみを見事に覆えしてしまった、ということですね。

ある意味で、この伊藤大輔監督は『椿三十郎』に於ける〝鞘のない刀〟です。〝鞘〟を投げ捨てることがまず必要だというそのことがあって、その投げ捨てた〝鞘〟のその後をまだ考えてはいません。しかるに一方、これと対比される嵐寛寿郎は〝鞘に収まる名刀〟です。全力疾走で一歩を踏み出す、その一歩一歩にキチンと裾がついて行ったということは、一歩ごとにキチンと、〝暴力という刀〟は〝様式という鞘〟に収まってしまった訳ですからね。

この時点で、伊藤大輔監督は負けたのです。何が何に負けたのかということをはっきり言いますと、肉体を持たない観念は、技術を持った肉体に負けるということなんです。負けて、そして肉体を覆う技術も又抜き払われるべき〝鞘〟であるということが発見出来なかったから、「見事!」で屈伏してしまうのですね。青年というものは、困ったことに、〝技術〟の前では言葉を失ってしまうのです。

5　裾の抑圧

さて、技術の前に言葉を失ってしまう青年は私も同じですが、ちょっとした言葉の綾《あや》がうっかりと間違いを素通りさせて行ってしまう、ということもあります。前のところで、嵐寛寿郎が全力疾走をすると、その〃一歩一歩にキチンと裾がついて行った〃とありますが、勿論こんなことは誤りですね。何故かといえば着物の裾は生き物なんかではないから〃ついて行った〃なんていうことは、言葉の綾としてしか成立しないことだからですね。〃裾をさばく〃というのはだから〃人間が裾をさばく〃なんですね。

着物の裾というのは、一枚の布キレです。意志なんてありません。動きにつれて勝手に揺れ動きます。風が強く吹けば裾はまくれ上るし、乱暴に歩けば裾はまとわりついて乱れるんです。だから、着物を美しく着る、着こなすということは、非常に神経のいることなんですね。

着物というものは――ことにその下半身部分は、基本的には一枚の布を筒状にして、その中に体をスッポリと収めるものです。自由な動きをする為というよりも、人間の普段というものはそうそうメチャクチャな動きをしないものだという前提で出来上っているのが日本の着物です。という訳で、着物を着ていることを当然とする日本人の生活には、そもそも破綻がありません。それがいやだからというので、伊藤大輔監督の〃イドウダイスキ〃が出て来るのですね。

ところで、普通の人はそうですが、役者というものは別です。この人達は、人前で色々な動きを演じて見せる人達です。普段の生活の動きにはない動きをどうやって見せるか、そして普段の当り前の動きを如何にして見るに値するものに変えて行くか——そういうことに腐心するのが役者という商売です。自分が動く、と同時に自分の着ている衣服も動く——そのことの計算がキチンと出来ていなければ、役者という商売は成り立たないようなものなのです。洋服というものが登場して、それが人間の体の動きに合わせて出来上っている機能的なものであるということが分った時、着物というものは動きにくいものだということが明らかになってしまいましたが、しかしそれと同時に、着物を着て平気で動いていられる、生活出来ているということは、人間の動きと同時にありながらまた自ずと別である〝着物の動き〟というものもあって、その二つの動きが瞬時瞬時にアレンジされ、ブレンドされて人間の動作というものは出来上っているのだということが発見されたのです（もっともこのことは、そういうことが同時に忘れられて行くということでもありますが）。

だから、動きを計算する役者というものは、自分の動きと同時に、その自分の動きにつれて勝手に動く〝着物の動き〟というものを計算しなければならないのです。このことは、すべての動きが見世物であるように徹底させられた歌舞伎という演劇の場合は特にです。〝白刃の舞〟と称されて、それに対して、〝波紋を投ずる〟と伊藤大輔監督に企てられた嵐寛寿郎が歌舞伎の出身であるということは非常に重要なことですね。

着物の場合〝着くずれ〟ということがあります。着物を着慣れない人間が着ると、すぐ前がはだけてしまうというヤツですが、じゃァどうしたら着物をうまく着こなすことが出来るのかといったら、それは唯一、着物に慣れるという、そのことだけです。慣れて、自分の体の動きとは別に動く着物の動きに体を合わせて行く——そのことを体に覚えさせるということがなかったら、着物というものを美しく着こなすことは出来ません。

自分が動く、と同時にそれに合わせて着物も動く、だから、その着物の動きに合わせるように体も動かすことが出来るようになる——これが着物を着こなしている人間の動きです。

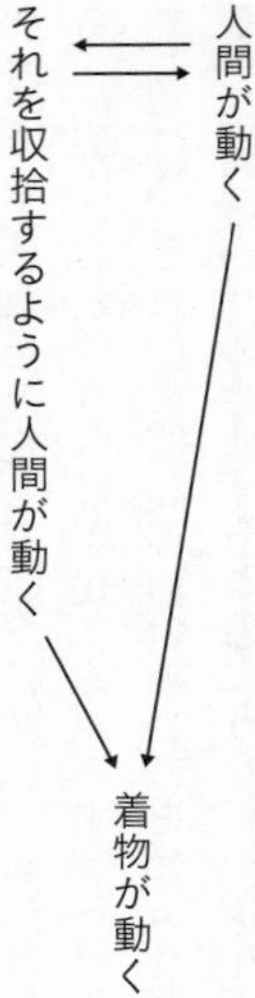

着物がメンドクサイのは、着物を着ての動きが右のような構造を持っているからで

す。

一歩足を踏み出そうとすれば、そこに筒状になって足を包んでいる着物の裾がまとわりつく。それを無視して蹴飛ばせば、布には無理な力がかかって、ブザマにもつれる、はだけるということが起こる訳ですから、着物を着た人間が一歩を踏み出すということは、それに反抗して別の動き方をしようとする着物の動きを事前に察知して、それにあらかじめ合わせられるような第一歩を踏み出すという、実にメンドクサイ内実が着物には含まれているのです。人間が動く（正）→それの反作用で着物も動く（反）→従って、動くということはその収拾を考えながら動くということである（合）――という、正→反→合の弁証法がここには隠されているという厄介があるのが、着物というとてつもない衣服を着た人間の動きです。

「こう動けば着物はこう動くだろうなァ」――あらかじめそう考えておいてから、体を動かすのが着物を着て動いて見せるということを職業とする役者です。だから、下手すればもつれるし、着慣れない人間が着ればギクシャクするという訳ですね。考えてから動く――非常に含みの多い動きが着物を着た人間の動きであるというのは、さすがに〝腹芸〟という含みの多いコミュニケーションを成立させた江戸時代で、だからこそ〝単純が一番《シンプル・イズ・ザ・ベスト》〟というような現代人は、これがダメなんですね。

「着物を着て動くということは、なんらかの形で、着物と自分との間に生まれるようなギャップの収拾をつけることである」――嵐寛寿郎の演技術、もしくはそれ以前の身体動作術の根本にあるのはこれです。だから、三百メートル全力疾走を言い渡された時「それは収拾がつかない――だから無理だ」と考えたのですね。考えてそう言って、「ああ、そうですか。あなたには無理ですか」と言われて、「あなたの演技術の中には、そうしたものを可能にする抽斗《ひきだし》はないのですか」と、当然嵐寛寿郎は受け取ったという訳ですね。

ですからそれで〝コチーンと〟来る。「へえよろしおす、走りまひょう」で、嵐寛寿郎は、己れの役者としての本能技術に賭けたんですね。全身を無にして、今までの蓄積経験に従って走った――だから彼の内部能力は全開になって見事に裾はさばけたんですね。

伊藤大輔は〝破調のリズム〟を得んとして三百メートル全力疾走という障害を投げたけれども、それは結局、嵐寛寿郎にとっては、自分の潜在能力を全開する為の刺激でしかなかった。従って、〝巨匠〟伊藤大輔監督は〝カブトを脱ぐ〟しかなかったのですね。

今迄のところでお分りかどうかは分りませんが、着物というものは〝世間〟です。自分の動きが自分の動きのままに出来る訳ではない。自分の動きが着物の静止状態に一石を投じてしまうということをあらかじめ考えて、それを収拾させるように動けなければならない。もっと分りやすく言えば、着物というものは、それを着て行動する人間に自主規制を要求するようなものなのです。

一歩動けば着物も動く、不必要に股を開けば、そこで着物はカパッと崩れる——じゃァ、その収拾をつけなければならない動き、〝着崩れ〟という破綻に至ってしまう動きの元凶はなんなのかと言ったら、それはその着物を着ている、自分自身の動きです。

下手な動き方をすれば着ている着物がくずれてしまう。別に着物を着て〝おしとやか〟にしていなければならないのは女性だけではありません。

立回りで股を開く——その脚を割って開くにしても、限度以上に開いたり開き方が悪ければ、カッコよく構えた筈の姿がだらしなくなってしまう。従って、脚を開くその開き方にしても、常に着物の動きをどこかで追いかけていなければならない。嵐寛寿郎が着流し姿で三百メートルを全力疾走してキチンと裾をさばいて行ったのだとしたら、それはその瞬間瞬間に、乱れそうになる裾の動きを収拾するような足さばきを使いながら走っていたからだ、ということになります。

瞬間瞬間の布キレの動きを追っかけて行くなどということは不可能であるというのは一般常識ですが、「常にそうであらねばならない」という躾《しつ》け方、鍛えられ方をした人間は違うんですね。

嵐寛寿郎は前掲の本の中で、自分の立回りがまるで舞踊のようだと言われることに対して、次のように言っています──。

〝うーん、そう（註：〝舞踊のようだ〟と）言われますなあ。ワテ自身はそう思っておりません。ほんまに斬り殺すつもりで、刀使わなタテでけしまへん、いつでもその精神です。とくに、鞍馬天狗の場合は人か魔かや、必殺の剣をふるわなあきまへん、その思い入れで斬りま。つまりは、自然に出て来るものとちがいますか、ワテは女形やったから、心がけが芯におますわな。サマにならなあかんと、いつでも色気がついてまわる。無意識の間に裾さばいとる。〟

私は剣術使いではないので、嵐寛寿郎の剣さばきが実際的かどうかは分りません。分りませんが、しかしこういうことは言える筈です──即ち、実際に徹底したものはどんなものでも美しい、と。正義というのは〝美しい形である〟ということはズーッと前にお話ししました。有名な剣術家が、やはり有名な舞の名人の舞姿を見て「スキがない」と言った、というようなエピソードもあります。その華麗な動きで人が斬れるのかどうかを問題にするのは一見理に適っているようではありますけれども、実際には違うというのは、「ホントに俺は人を斬っているんだぞ！」ということを強調する演技を刀がした時、人は初めて「なるほど、あれがホントの実戦なんだな」というような思い方をする、ということです。〝リアルである〟ということも、それは一つの演技なんだ、ということですね。

伊藤大輔は〝華麗なる剣さばき〟ではなく、実際に斬り倒しているという迫力がほしかった。そして、嵐寛寿郎は、実際に斬り倒しているという迫力まで〝華麗なる剣さばき〟の中に含めてしまった。伊藤大輔は「それはウソだ。リアルではない」と言ったけれども、言われた嵐寛寿郎は「はい」の一言で突っ走って、今度はそう言った伊藤大輔の発言そのものを「それもウソだ。リアルではない」に変えてしまったということです。実際問題として裾がさばけてしまったということはそういうことです。

伊藤大輔が三百メートルの移動撮影を企てて拒絶したのは、その〝いつでもキチンと裾をさばいている〟ことに象徴される、世間に合致していなければならないという抑圧を拒絶したということです。キチンと適合しているということは、キチンと適合する為の無理を常に強要されているということですから、それが「いやだ」と言うのです。

「なんだか分らないけどいやだ！」――そう言って世間に適合することを拒むのが青年というものですね。拒まれる方の世間には拒まれるだけの理由がある――このことは、青年の反抗が〝美しい〟とされてしまうことで納得されますが、しかし一方、拒む方にも拒むだけの理由があるのだということは、青年の反抗を〝美しい〟とした時には忘れられてしまいます。〝世間という裾〟をキチンとさばくだけの腕（〝脚〟かもしれません）を持っていない青年にとっては、常にキチンとさばかれることを要求している着物の裾というものは、うっとうしくてしようがない。だからいっそ――という訳で〝破調のリズム〟を待望する。ところが一方、それとは別に、裾をさばくのを本能にまでしてしまっている技術者だっている。この人にとって、裾をさばくというのは当り前のことですから、何をやってもさばいてしまう。一方にとっては反抗のシンボルであるようなものの芽を摘みとってしまうことが、この技術者の立つべき前提なのですから始末におえません。

チャンバラ映画という、言ってみれば走ることを禁じられていた江戸時代を背景にしたドラマの中で人を走らせるということには二つの意味があります。チャンバラ映画というものを製作出来るようになった近代という時代、青年は〝走る〟ということに象徴される乱暴な動きを獲得することが出来ていて、そのことに解き放たれるような喜びを感じていた、ということが一つ。これが着物を着ていることを自覚している青年の動きであるのなら、もう一つは着物自身の方です。青年が走り回れるようになった近代、青年はそうだったけれども、青年の前にある社会の方は、まだそんなことは分りやしなかったということ。この二つがあってこそ、江戸の終った明治大正になってからどうして改めて江戸時代の劇が作られねばならなかったのかという疑問も解ける訳です。その当時の現代に、奔放に走り回るようなことを可能にしてくれるシチュエーションというものは見つけ難かったけれども、江戸という人間が刀を差すことが当然であった時代には、立回りという格闘のドラマはザラにあったからですね。

そして、青年は、自分の足許にまつわりつく裾に代表される〝何か〟がうっとうしくてたまらず、それをはねのけるようなドラマを作った。そして観客も、それを見て異様なまでのどよめきと興奮を覚えた。走ることを知った青年は観念の中で走り、そのことを与えられた観客も、それを見て、解放されることの興奮を知った。ただしかし、それはあまりにも単純にして一直線な解放であったというのは、走ることを与えられたら、今度は人間というものはうまく走ってしまうということがあるからです。実際に徹したものが美しいのなら、うまく走れる人間のフォームは当然、美しい筈ですから。

息を乱し裾を乱して走る――そのことによって初めて、走るということは実に何かを蹴散らして行くことだということは明らかにはなるけれども、それが裾を乱さずにキチンと走れてしまったら、今度はそれを見事と言うしかなくなってしまう。鞍馬天狗は超人的なヒーローであるからと、嵐寛寿郎はそのような〝思い入れ〟で立回りを演じた。伊藤大輔は、それのどこかに不満を感じて〝破調のリズム〟を要求したのにかかわらず、嵐寛寿郎はそれを破綻なく演じ切って、結局元のスーパーヒーローに収まってしまった。

『鞍馬天狗横浜に現る』の十年後、戦後の昭和二十七年伊藤大輔・嵐寛寿郎のコンビは再び横浜を舞台にした『鞍馬天狗黄金地獄』という作品を作っていますが、実に全く面白くない作品です。走らないどころか、剣も振り回さない。最後のクライマックスは短銃によるというような作品です。立回りに三百メートルの大移動という過激を持ち込んで〝破調のリズム〟を狙ったのが果せなかったその結果、この『――黄金地獄』では立回りそのものをはずしてしまうことによって〝破調のリズム〟を狙ったのではないかとさえ思えてしまいます。これは多分、推量ではなくそうでしょう。行動がうまく行かなくなると内向に走るのが青年のパターンのようなものですから。ヒーローものパターンに乗っかっていた鞍馬天狗は、その前にあった障害をうまく裾をさばいて乗り越えてしまって、そして再び元のヒーローパターンに戻ってしまった。戻った時には、以前にあった躍動感を失って、というパターンですね。

ある意味で、正統なるチャンバラ映画というのはすべて、この見事に裾をさばいてしまう鞍馬天狗です。カッコいいヒーローはみんな見事に裾をさばいてしまう。その収拾をつけてしまう技術の前に、すべてのドラマ作家は、手も足も出なかったんです。

だからこそ、そうしたチャンバラ映画の氾濫《はんらん》を目の前にして〝巨匠〟黒澤明は、かつての日の伊藤大輔のようにじれったがったんです。だから、『用心棒』の三船敏郎は、袴を穿いて出て来たんです。そうすれば、裾をさばくだのなんだのという面倒臭いことは一切考えなくてもすむからです。着流しでなく、袴を穿いて出て来て、そしてそれがカッコいいヒーローでありさえすれば、着流しにまつわるせせっこましい美学は全部、萎縮した抑圧の結果であるということが暴露されてしまうというのが、黒澤明の狙った〝豪快〟と称されるような乱暴さであろうと私は思うのです。果して、これを見た人間は興奮という名のショックを受けて、後の残酷時代劇へと（見当外れな）道を歩むことになるからです。

6　青年と理想と——チャンバラの生みの親・沢田正二郎の半歩前進主義

戦後と戦前で、青年に関する状況は大きく変りました。戦前の青年につきものだったのは〝理想〟で、戦後の青年につきものなのは〝挫折〟です。勿論戦前の青年にだって挫折はあったでしょうし、国家権力の強制による〝転向〟というのもありましたけれども、それでも戦後の青年の〝挫折〟を前にすると戦前の青年は〝理想〟になりますね。それほど戦後の〝挫折〟というものは大きいということになりましょうか。

ところで、戦後の〝挫折〟が何故大きいのかというと、実にこれが観念的な要素が非常に強いからですね。

　戦後の日本に自由というものをもたらしたアメリカの進駐軍——この解放軍が一転して共産党の弾圧を始めた、その裏切られ方、失望感というのは非常に大きかったのだと私は思いますね。まァこの方面は私の得意とするジャンルではないので適当に切り上げますが、戦後になって自由が与えられて、「わっ、自由だ！」と思いこんで「後は政治だ！」と言って突っ走った結果裏切られて、その後〝政治〟とか〝運動〟という言葉が精神的外傷《トラウマ》のように尾を曳《ひ》いているその影響力は大きいと思いますね。「後一歩」と思ってそれが裏切られた結果、その〝後一歩〟が非常に大きく惜しいものであると考えてしまうのは分りますが、しかしその〝一歩〟がどれくらいの距離を持っているものであるかという具体的な考察はどれくらいなされたのかというのはいささか疑問だと思いますね。〝現実〟とか〝大衆〟という言葉がどんどん観念的になって行ったのはその〝後一歩〟という妄想によるものではないのか、とかね。

　それはともかく、沢田正二郎の話です。昔の人は偉かったということはあんまり言いたくはないのですが、しかしこの沢田正二郎という人はやっぱり偉かったのだと、私は本気で思いますです。

　沢田正二郎は、今や衰退著しい新国劇の生みの親です。これだけだったら別に大したことではないと言われかねませんが、じゃァ新国劇というのはなんだったのかということになると、これは非常に大きなものです。まず、新国劇は剣劇というジャンルを拓きました。まだ映画では尾上松之助の〝旧劇〟の時代、沢田正二郎は舞台でリアルな立回りというのを演じました。言ってみれば、チャンバラ映画の〝チャンバラ〟の方の生みの親です。伊藤大輔監督の下で裾を乱して突っ走った丹下左膳の大河内伝次郎はこの新国劇の出身。月形龍之介、大友柳太朗、そして緒形拳もここですね。チャンバラ映画というのは歌舞伎から実に多くのものを受け継いではいるのですがしかし、たった一つ受け継げなかった重要なものがあります。それは何かと言いますと、実に意外なことに、チャンバラ映画のチャンバラである立回りです。

勿論歌舞伎には立回りがあって、それ自体大きな見せ場にはなっていますが、尾上松之助映画のフィルムスピードが早かったことを思い出していただければお分りになるかもしれませんが、実はこの立回り、非常にテンポがのろかったのです。このテンポののろさは、歌舞伎の中では一、二を争うものかもしれません。というのは何故かというと、歌舞伎というのは肝腎のところになるとテンポダウンする——見せ場はスローモーションでお送りします、というようなものだからです。

〝見得《みえ》〟というものを考えてもらいたいと思います。ドラマがクライマックスに達しようとすると〝バッタリ〟というツケ（舞台の端で拍子木を板に打ちつけて出す効果音）を打って、そのドラマの流れを止めます。一々見得を切って、その瞬間瞬間にドラマの流れを止めて観客に印象づける——これが歌舞伎のドラマツルギーの基本ですね。

ツケにも色々あって、人が走って来る時のツケ方は〝バタバタバタバタ〟です。これがちょっとした見得になると〝バタッ〟、更に見得が大きくなるに従って〝バッタリ〟〝バァッタリ〟という風にテンポが落ちて行くのです。豪快であればあるほどテンポダウンして行くのが歌舞伎であると考えていただければ大丈夫でしょう。

という訳で、立回りは大掛りになればなるほどテンポが落ちます。サイレント当時、チャンバラ映画には西洋式の〝楽団〟とそれから三味線（！）がワンセットになった伴奏がつきました。〝チャンバラ〟の〝チャンチャンバラバラ、チャンバラリ〟というのは、この、舞台で演奏される生音楽がそう言ってるように聞こえた子供達の囃《はや》し言葉が元になっているのですが、この〝チャンチャンバラバラ〟を生み出すようなメロディーの元は、歌舞伎の伴奏音楽である長唄の一節が流用されました。長唄は（やはり他の歌曲と同様に）伴奏と歌詞との二つから出来ていますが、歌詞のない、言ってみれば間奏の部分を〝合方《あいかた》〟と言いました。この〝合方〟の部分が三味線と西洋楽団のコンビネーションによってサイレントのチャンバラを盛り上げたのですが、この合方で有名なものは二つあります。一つは『勧進帳』の〝舞《まい》の合方〟、もう一つは

『筑摩川』の〝千鳥の合方〟です。これだけだとなんのことやらよくお分りにならないかもしれませんが、どちらも実際に聞いてみれば「ああ、知ってる!」と言える有名な旋律です(ちなみに〝チャンチャンバラバラ、チャンバラリ〟というのは、『勧進帳』の〝舞の合方〟の三味線の手《て》――ギターで言えばコード進行の指の押さえ方――から来ています)。

この二つの合方がチャンバラ映画に持ちこまれてあまりにも有名になりすぎたので、どちらも立回りの伴奏音楽だと思われがちですが、しかし実際は違います。歌舞伎の立回りはスローテンポですから、こんなアップテンポの伴奏を持ちようがないのです。〝舞の合方〟というのは文字通り、『勧進帳』で弁慶が関守り富樫の前で舞を舞う時の伴奏音楽です。覚えてらっしゃれば幸いですが、例の〝人の情の盃を〟に続く部分です。或る種の緊張感を湛《たた》えての舞ではありますが、しかしこれは決して立回りの音楽ではありません。

もう一つの『筑摩川』の〝千鳥の合方〟――こちらの方が立回りに近いかもしれません。『筑摩川』というのは加賀騒動を扱った戯曲の一部で、鳥居又助《とりいまたすけ》という仲間が、筑摩川を馬で渡ろうとする殿様の一行を待ち伏せして襲うシーンの伴奏音楽なんです。伴奏音楽なんですが、鳥居又助が殿様を刺すなどというのはホンの一瞬のことで、この伴奏音楽というのはその前後の情景描写に力点が置かれています――というここら辺が歌舞伎です。という訳で〝千鳥の合方〟というのは何かというと、千鳥が乱れ飛ぶ急流——即ち川の水音を盛り上げる為の伴奏なんですね。立回りとは関係ありません。

チャンバラ映画でよくある、御用提灯が闇に浮かび、十手捕縄が飛び交う大捕物シーン——勿論これは歌舞伎から来たものですが、この時の歌舞伎のB・G・Mは〝ドン・タッポ〟という音楽です。

〝ドン・タッポ〟というのは非常に珍なる名前ですが、これが何かと言いますと、太鼓を〝ドン〟と打つ、鼓《つづみ》を〝タッポ〟と叩く——要するにそれだけであるから〝ドン・タッポ〟だという、簡にして要を得たる名称です。口の中で〝ドン〟と言って、その後で〝タッポ〟と言って見て下さい、それを二、三回続けたらじれったくなるくらいにテンポの出ないB・G・Mです。それも当然、この〝ドン・タッポ〟には更に〝ピョロ〰〰ッ〟という篠笛《しのぶえ》（要するに横笛ですが）の音が加わります。一体どこが〝チャンチャンバラバラ〟だというテンポが、新国劇以前の立回りなんです。こういう悠長なものだから、牧野省三はフィルムの早送りでメチャクチャなテンポを出したんですね。

沢田正二郎はこうした歌舞伎の立回りを、今現在普通に見られるようなテンポの立回りに変えたんです。沢田正二郎以降、立回りに基本的な変化は何一つありません。

黒澤明のしたことだって、基本的にはこの立回りにリアルな〝音〟をかぶせただけなんですから。沢田正二郎が歌舞伎の立回りをリアルなテンポを持ったものに変えて、それを華麗にしたりテンポを早めたり残酷にしたり更にはテンポを落したりというのがその後のチャンバラの歴史なんですから、この人のやったことが如何に大きかったかということは分ります。

そしてさて、その沢田正二郎がどこから出て来たのかということを考えると、この〝剣劇＝チャンバラ〟の日本近代に於ける重要性というものが分って来る筈です。沢田正二郎という人、実はインテリでした。明治二十五年に生まれたこの人、実は早稲田大学の英文科を卒業しています。明治の終りから大正にかけての〝大学出〟と言ったら、もう立派にインテリですね。そういう人がチャンバラを作ったのです。〝作った〟と言うと、自分はやらないで人にやらせてということにもなりそうですが、しかしこの人は役者でしたから、自分でやって、作ったのです。

私学の雄・早稲田大学というのも不思議な大学で、ここには演劇博物館というものがありますが、これは近代演劇の大御所とでも言うべき坪内逍遙先生の記念碑みたいなものですね。福沢諭吉先生以来実業界に強い慶應義塾大学に対して、政治家大隈重信先生の創立になる早稲田大学はそういうところです。後に、政治と演劇が深い関りを持つようになる——それは戦後の'60年安保の頃ですが——その震源地が早稲田であるというのもムベなるかな、というところです。大隈重信の早稲田であるという一面と、ここにはもう一つ坪内逍遙の早稲田という面もありました。

坪内先生は早稲田で講義をし、その講義を受けた学生達を集めて、文芸協会とそして演劇研究所というものを作ります。この演劇研究所というのは日本で最初の、俳優の養成所で、ここから日本の〝女優〟というものも生まれて来ます。この頃まだ日本には〝女優〟というものもいなかったのですが、二度の結婚に破れて信州の田舎から飛び出して来た猛女・松井須磨子《まついすまこ》はここの出身で、坪内逍遙の最愛の弟子であった島村抱月《しまむらほうげつ》とくっついて後追い心中をしてしまうというのも、この文芸協会から始まります。一体、松井須磨子がどうチャンバラ映画と関係を持つのかというと、チャンバラの生みの親沢田正二郎は、早稲田の学生から文芸協会に入り、松井須磨子を一躍有名にした〝カチューシャ可愛や、別れのつらさ〟の『復活』の再演で、相手役の（カチユーシャ転落のきっかけを作った初恋の人である地主の若旦那）ネフリュードフをやってるんですね。

坪内逍遙の作った文芸協会は、その一番弟子である島村抱月が団員の松井須磨子と出来てしまって、坪内逍遙の逆鱗《げきりん》に触れた。坪内逍遙という人は、自分の奥さんが元花魁《おいらん》だったくせに、そういうことには非常にきびしくって――まァ当時のことだからしようがないでしょうが、とんだところで「別れろ切れろは芸者の時に言う言葉」の

『婦系図』が生きている時代です。

文芸協会は解散し、島村抱月と松井須磨子は芸術座を作る。トルストイの『復活』で成功を収めるのもここですが、文芸協会がなくなって居どころを失った沢田正二郎もここにいる。高邁《こうまい》な理想を掲げた劇団の主宰者にして演出家そして理論家の島村抱月は、主演女優松井須磨子と出来ているから、芸術座は松井須磨子の女天下。そんなもんが若き理想に燃える青年沢田正二郎にとって面白い訳がないから、飛び出して新国劇を作るのが大正六年二十五歳の年であった、という訳で、チャンバラ映画の陰には松井須磨子がいるという、事実は小説よりも奇なりという一席ではございます。

まァ、この話は実に興味深いものを含んではいるんですね。坪内逍遙——島村抱月——沢田正二郎と来る早稲田三代の流れで、その中間が〝女〟にひっかかっている。言ってみれば、島村抱月というのは、近代の根源、青年の挫折の象徴の根源のようなものではあります。

坪内逍遙という人は江戸時代の武士の家に生まれて厳格な教育を受けた。しかしこの人のお母さんは芸事が好きな、富裕な町人の家の出で、子供を連れて芝居見物にも行った。武士と町人、規律と自由、正統なる学問と娯楽という二つの対立するものがこの人の中では一つになっている。坪内逍遙の奥さんは、若い頃の冒険時代に知り合った花魁だけれども、その後、坪内逍遙はこの奥さんを決して人前に出さなかったとも言う。

坪内逍遙の若い時代は明治の初期で西洋文化の移植時代であって、坪内逍遙と言えばシェイクスピアだけれども、言ってみればシェイクスピアは西欧の歌舞伎です。それはそれとして、若い人はもっと自分の感性にピッタリ来るものをやりたいというところで、イプセンやメーテルリンク、あるいはトルストイというところの〝近代劇〟に惹《ひ》かれる島村抱月という若い学生とのくい違いも出て来る。第一世代と第二世代の葛藤というのは、結局〝女〟で象徴されるものを、隠すか露《あら》わにする――但し〝醜聞《スキャンダル》〟という表沙汰にしにくい形で――ことの違いでしかないようなもの。青年はそのことに必然性を感じるけれども、その父親はそのことを拒絶するというようなもので、結局近代の〝知性〟の壁というのはここに尽きます。

尽きるけれども、これが大問題であるということを〝知性〟の側が認めないのは、〝醜聞〟というのはとりあえず隠されたもので、自分達が問題にする、あるいは取組む〝大問題〟とはとりあえず別の〝個人の自由〟であったり〝私生活〟に属するものだから。今にして思えば、それこそが人間にとっての大問題である訳だから、その〝男女間の問題〟というのとまともに取っ組めばいいのだけれども、時代の制約というものもあってか表沙汰にはどうしてもなりにくい。斯《か》くして〝理念〟というものは、最も個人的で重要なものをほっぽり出して、それこそ〝芸術至上主義〟というような観念路線を突き進むのだけれども、それで迷惑するのは、ほとんど露わになっている〝個人生活〟と〝理念〟の混乱を一緒に引き受けさせられている、身内の若い者。即ち、島村抱月という若き知性は、松井須磨子という〝現実〟を芸術座という劇団の内に野放しにしている。青年の理念は女性の肉体というものを通して現実に存在しうるのだけれども、それのとばっちりを受けるのは、理念も肉体も共に我が身に所持している、その下の世代の青年という若い男である。松井須磨子と沢田正二郎の対立というのは、男社会という現実を踏み台にして自立しているキャリアウーマンと、我が身一つで潔癖なる理想を保持している童貞の全共闘少年の対立のような気がして、私にはとっても興味深いですね。近代という知性は、いつも現実の葛藤に目をふさいで超然としている――超然としていたがっている。坪内逍遙しかり、島村抱月しかり――と言ったら怒られるでしょうか？

ともかく、沢田正二郎は松井須磨子の女天下に愛想を尽かして芸術座という高級な世界を飛び出して行ってしまったが為に、新劇の歴史に名を残すことはしなかった訳ですね。

そして、沢田正二郎は新国劇というものを結成する訳だけれども、客は来ない。東京がダメならで大阪へ行き、そこで演劇の興行師であった〝松竹〟の白井松次郎と出会って提携し、独自の位置を獲得して行く——その最大の足掛りにして売り物となったのは剣劇（立回り）であったという訳です。新国劇の人気を決定的にしたのは大正八年に京都で初演された『月形半平太』ですが、長州藩の勤皇の志士月形半平太（土佐の武市《たけち》半平太をモデルにしたと言われる虚構の人物）が幕府の討手に襲われ、バッタバッタと斬り伏せた後に、傘を差し掛ける芸妓が出て来るこの芝居——有名な「月様、雨が」「春雨じゃ濡れて行こう」ですが、結局はこれが新国劇であり、チャンバラ映画なんですね。男は闘い、そして女は寄り添う——決してドロドロした色恋沙汰の世界に深入りしないで、肩を並べて歩くところが精一杯というピュアさ、潔癖さが、松井須磨子と喧嘩した青年の潔癖さではなかろうかと思うのです。

結局、青年の理想は〝童貞の理想〟、青年の挫折は〝童貞喪失の挫折〟であると言ったら怒られるでしょうか？　特に戦後そうですが、日本の青年の悲劇というのは、個人を語る言葉というものを持てないで、常に個人は〝政治〟を通して語られる——それが故に〝性は政治である〟というメンドクサイ話になって来る訳ですが、大体、行動で挫折すると女にのめりこんで、童貞を失うとついでに理想もどっかへ行くという、それだけのことでもある部分があまりにも素直に語られないでいることが、すべてを紛糾の中に叩き込んでいるような気が（私には）してなりませんけどね。

という訳で、チャンバラ映画が通俗であるとされてしまうのは、決してこれが男と女のドロドロに足を踏み入れないからだ、というのはどうでしょう？　男と女のドロドロなんていうものは、決して娯楽にはなりませんからね。チャンバラ映画のヒーローがみんな独身だっていうのも、そこら辺かもしれません。

まァ、それはさておき、沢田正二郎の偉大さです。一つはこの人がチャンバラを作ってしまったことですが、残りのもう一つは何かというと、その延長線上で、実はこの人、剣劇を流行《はや》らせることによって、日本の大衆演劇を作ってしまったという、そういう偉大さがあるのです。一人のインテリ青年が日本というとてつもないものを向うに回して、一人で新しい娯楽を作ってしまった——今となってはまず起こりえない奇蹟のようなことが起こったのです。

戦後テレビというものが出現してさびれたのはなにも映画だけではなく、数多くあった〝ドサ回り〟という言葉に象徴される大衆演劇もそうでした。最近は〝下町の玉三郎〟という形で再びこの大衆演劇が脚光を浴び始めましたが、昔はこうした劇団——というよりも〝一座〟がゴマンとありました。この一座が何を売り物にしていたか？　それは、チャンバラです。チャンバラ場面があることによって納得出来るようなドラマを、この人達は演じていて、それこそがドラマであるという風に多くの人達には思われていたのです。勿論そうした剣劇を作ったのは沢田正二郎ですから、すべてのドサ回りはある時期から沢田正二郎の影響下に入ったと言っても過言ではありません。
沢田正二郎が新国劇を作った時代——大正六年が結成の年です——日本は演劇と言ったら、歌舞伎と新派と新劇しかありませんでした。ちなみに、映画はまだ尾上松之助の時代で、テレビなんかも勿論ありません。今では非常に手軽な形でドラマ（演技）が氾濫していますが、この時代、まだ手軽な芝居というものが一つもないんです。

新劇はまだ難しいことをやっています——というよりも、難しいことをやるのが新劇で、その難しいことをやるやり方がやっと分って来たかな、というような時代です。坪内逍遙・島村抱月の早稲田勢による新劇運動——文芸協会のお話はしましたが、日本の新劇にはもう一つ別の系統があります。それは、新進の劇作家小山内薫《おさないかおる》と、同じく新進の歌舞伎役者二代目市川左団次による自由劇場です。新劇の歴史なんか始められたら面倒でかなわんとおっしゃられるかもしれませんが、なに大したことはありません、非常に簡単にカタをつけてしまいます。

文芸協会と自由劇場（共に明治の終り頃の話と思って下さい）の違いはどこにあるのかということを、極めて簡単に、自由劇場の小山内薫が言っています。即ち、「文芸協会はシロウトをクロウトに、自由劇場はクロウトをシロウトに」です。

文芸協会は、早稲田の学生が坪内逍遙先生が私邸を開放して作った演劇研究所で訓練を受けて舞台に立ちます。学生《シロウト》が俳優《クロウト》に、です。一方自由劇場は、歌舞伎役者が全く新しい西洋の演劇にどうやったら取り組めるだろうと、研究を重ねて舞台に立ちます。歌舞伎《クロウト》が新劇《シロウト》に、です。文芸協会は〝女優〟を養成しましたが、自由劇場は歌舞伎役者ですから、女優ではなく女方です。まだ、そういう時代だったんですね。

どういう時代でしょう? 満足にセリフが喋れないという時代です。御承知のように、日本の近代というのには二葉亭四迷に代表される言文一致体運動というのがあります。文章をどう書くかという口語体の創造ですが、それと同時に、その書かれた言葉をどう話すか、という運動だってあったんですね。日本の新劇運動の最初は、もったいをつけて歌い上げる歌舞伎のセリフ術からどうやって離れるか――離れて、新たな日本語として翻訳された西洋の戯曲台本の言葉をどうやって喋るかという、そういう運動でもあったんですね。まだない喋り方を如何にしてマスターして行くか、それは歌舞伎役者《クロウト》も学生《シロウト》もスタートラインとしては同じところに立っているという、そういうことです。

　そして、そのようにしてマスターされるそのセリフ術は何を喋ることに使われるのかというと、それは勿論、西洋の進んだ演劇のセリフを喋ることですね。学生や知識人が本で読んで「ウーン」と唸って感銘を受ける――そういうような内容の戯曲を実際に上演したいというところで文芸協会も自由劇場もある訳ですが、一体、そういうものを舞台で見て、どれほどの人が分るのでしょうか? (明治の終りの頃の話ですよ）。

文芸協会の何回かの上演会で観客に受けたのは、結局のところ、松井須磨子のノラによる『人形の家』です。芸術座が成立したのも、結局のところは〝カチューシャ可愛や〟の松井須磨子です。自由劇場の第一回試演会、イプセン作・森鷗外訳の『ジョン・ガブリエル・ボルグマン』を見た人の評の中に「非常に感激した――でも、役者なんかいらない」というのがあるそうです。内容が分らない人間は女優を見る、内容に魅かれてるインテリは役者を見ない、です。沢田正二郎が東京で新国劇を結成し、散々の結果で上方へ行って、京都の劇場主とようやく上演契約を結んだ時、劇場側の出して来た第一条件は「劇団外の有名な女優を主役に持って来ること」でした。結局、観客は芝居を見るのではなく、〝女優〟という新しい存在を見に来てたんですね。松井須磨子が威張るのも当り前、島村抱月はいい面の皮です。

さて、理論に拠《よ》る新劇がどうやら新劇の歴史をスタートさせて行った頃――大正の初めです――その頃の演劇というのは、どう考えても娯楽です。娯楽という壁があるからこそ、新劇の歴史は受難の歴史ともなるのですが、しかしその当時の観客の前にありうる演劇は、昔からの歌舞伎と新派大悲劇と高級な新劇だけだったんです。そういう時代に、沢田正二郎の新国劇は、リアルな立回りを舞台で演じたのです。立回りがあって、その後には「月様、雨が」と言って傘を差しかける美人の芸妓もいたんです。これが受けない訳はありません。それで一躍新国劇は人気を獲得し、そういうものを見たいという、観客の潜在的な欲望に火をつけます。時あたかも浅草オペラの出現となって、一方は切った張った、一方は大声を張り上げて、日本の演劇状況はにわかに騒がしくなるというのが、大正の真ン中辺なんです。

新国劇の人気というものは、何をやればうけるのかということを、何をやったらいいのかよく分らないでいる、群小演劇関係者に教えます。別に日本の演劇史は、正統な歌舞伎、正統な新派、正統な新劇だけで出来上ってる訳じゃありません。江戸の昔から（いやもっと、それは中世以前から）日本の演劇は膨大なる〝旅回り〟によって支えられて出来上っています。江戸の昔ならドサ回りは歌舞伎しかやるものがありませんでしたけれども、それがいささか古くなりかかって来たところへ新国劇が現われるのですから、ドサ回りといえばチャンバラは欠かせないという重大な一項目を沢田正二郎が作ってしまった、ということになるのです。

そして、そういう影響力を持った沢田正二郎がやったもっと重大なことがあります。それは何かというと、この人が新国劇の舞台で、あらゆるジャンルをゴタマゼにしてしまったことです。

新国劇のレパートリーに『白野弁十郎《しらのべんじゅうろう》』というのがあります。これは有名な『シラノ・ド・ベルジュラック』の翻案です。日本の時代劇で『シラノ・ド・ベルジュラック』をやってしまったのが沢田正二郎です。現代劇では菊池寛の『父帰る』もやりました。チャンバラを目当てにやって来た客にとって、こんなものは退屈なだけです。という訳で、『父帰る』を上演中の劇場で、酔っ払いが騒ぎ始めました。そうしたら舞台の上の沢田正二郎はどうしたかというと、上演中の芝居の幕を閉めて客席に降りて行って、説教を始めたんです。「あなた方、そういう芝居の見方をしてくれちゃ困る。自分でお金を出しておいて、なぜ品物を壊して見る。もっと大切に見ろ」――そう言ったのだと、新国劇で沢田正二郎の相手役を務めた女優の久松喜世子《ひさまつきよこ》が語っています。その俠気《おとこぎ》に観客は感激して、そして沢田正二郎は「もう一遍やり直しますから、始まりから見て下さい」と言って、もう一遍『父帰る』を初めっからやり直したという、どっちかといえば、こっちの方が実際の芝居よりもズーッとドラマチックな話ですが、そんなエピソードも伝わっています。

結局、こういうことをやらなければ何も定着しないのだと言って、率先して〝大衆〟という泥沼のようなところへ降りて行った人が沢田正二郎なんですね。早稲田の学生→新劇→剣劇の新国劇と進んで行った人は、こういう人だったんです。

日本というのは不思議な国で（又始まったとお思いでしょう）明治の四民平等になってから（このフレーズが出て来るのは何回目でしょう?・）、新たな身分制度というものが始まりました。それは何かというと、別に〝華族制度〟のことではなくて、〝遅れている、進んでいる〟ということを尺度とする、開化度——知性に関しての身分制度です。高邁な理想を掲げるインテリがトップにいて、その下に学生が続き、一番下に〝遅れた大衆〟というものがいるのです。今やこんな図式はなくなってしまったとおっしゃる方もいらっしゃるでしょうが、それがなくなったとするなら、それはホンの〝今や〟と呼ばれるつい最近で、現状というものは、その身分制が消滅してしまったことに由来する不満感が渦を巻いているようなものです。

新劇の世界を飛び出した沢田正二郎は新国劇を結成し、そこで〝半歩前進主義〟という言葉を掲げます。〝半歩〟などという妙な限定が出て来るというのは「自分には〝一歩〟という踏み出し方をすることが阻《はば》まれている」という前提あってのことです。沢田正二郎は昭和四年に三十八歳の若さでこの世を去りますが、沢田正二郎没後に出来た新国劇の団歌が、この〝半歩〟の正体を伝えています。

右に芸術　左に大衆
かざすマークは柳に蛙
若いわれらは日も夜も歩む
沢田譲りの半歩主義

（西条八十作詞『新国劇団歌』）

〝柳に蛙〟というのは、例の花札の〝雨の二十点〟にある、小野道風が柳に飛びつく蛙を見ているその蛙を、子供の時に沢田正二郎が描いたのが賞を取って、それをそのまんま新国劇のシンボルマークにしてしまったという、如何にもらしい話ですが、それはさておき、〝右に芸術　左に大衆〟というのが〝半歩主義〟の根源です。しかしよく考えるとおかしいというのは、大衆の間に芸術を定着させたのなら、それはそれで一歩前進の筈であるのに、なんで〝半歩主義〟なのだ？　という、そこですね。

勿論〝右に芸術〟を見、〝左に大衆〟を見るのだったら、その間にはギャップがある、ということです。今となっては〝芸術〟っていうのも一体なんなんだ？　というようなもんですが、それはまァおきましょう。〝右に芸術　左に大衆〟ということが成立する前提には、「大衆には芸術が分らない」という考えがあってのことです。この場合の〝芸術〟と言ったら勿論、沢田正二郎がそこから降りて来た〝新劇〟という言葉に代表される劇芸術になりますが、しかしその沢田正二郎がそこから降りて来た〝新劇〟の世界というのは、かなりのものだった訳ですね。

坪内逍遙大先生は「シェイクスピアをやりたい」と言い、その一番弟子の島村抱月は「そうじゃなくて、僕にぴったり来る近代劇をやりたい」と言い、島村抱月のやりたかった〝近代劇〟を上演した自由劇場には「芝居には感激したが、役者はいらない！」という高級な観客が劇評を書き、結局そういう世界を支えるような観客動員力は松井須磨子という〝女優〟の魅力にしかない。「僕だって新しい演劇をやりたい！」と言ってそこを飛び出さざるをえない青年のその故郷には、理念だけで現実なんかかけらもない。〝新劇を見に来る客〟という選ばれた観客を棄てて、勝手の違う芝居に対しては平気で酔ってクダを巻く観客を選んだという、その瞬間に沢田正二郎は〝一歩〟を断念させられたということを引き受けなければならない――〝半歩前進主義〟の〝半歩〟とは、そんな〝屈辱〟を前提にした言葉ですね（でも〝後一歩〟がダメだったからといって平気で挫折してしまう戦後の青年に比べりゃどれだけ偉いか分らない）。

　新劇は、外国の高級な演劇を、日本のこの地になんとかして実現させようとして苦闘していた。それが実現することが〝一歩〟だったんですね。近代の苦闘をバカにするのもなんですが、しかしその〝一歩〟というのは、今となってみれば、非常に観念的な一歩です。それで挫折しなけりゃ、そっちの方がかえっておめでたいようなものです。そして沢田正二郎は、そのことを断念したし、断念させられたんです。だから、自分のしていることは〝一歩〟ではなく〝半歩〟なんだということになるんです。でも、なんにもないところに剣劇という、普通一般当り前の男を興奮させられるようなものを出現させてしまったそのことは、どれだけ大きい〝第一歩〟でしょう。そして、その影響下に、大衆演劇という名の〝共通言語〟を作ってしまったことはどれだけ大きいことでしょう。高級ではなく、歌舞伎でもなく、誰にでも分りやすい普通の芝居というものを作ってしまったということは、身体表現による共通言語を作ってしまったことに等しいんですね。

沢田正二郎の新国劇は、実は新劇真ッ青の向う（外国）の前衛劇も、歌舞伎の『仮名手本忠臣蔵』や『勧進帳』まで上演してるんです。自分はやりたい、観客にも分らせたい――その一種滅茶苦茶な貪婪《どんらん》さを、この沢田正二郎の言う〝半歩〟は含んでるんですね。舞台成果よりも何よりも、偉大というのはその姿勢ですね（しかし、舞台成果だって、本場の新劇と比べてどれほどの差があるだろうという気はします。差があるのは、舞台上の成果ではなく、それを見る観客の〝質〟だけだろうと。お客の質でランク付けがされるのが、明治以降の〝身分制〟だと私は思いますけれども）。

『勧進帳』というのは、前にも言いましたように〝歌舞伎十八番の第一〟で、非常に重いものです。これを上演する時には市川団十郎家へ挨拶に行くのが決まり――という緩やかさは最近のことで、昔は市川家以外の上演はまず許されなかったものなんです。それをやりたいと言って、沢田正二郎は、明治の九代目団十郎なき後の未亡人の許へかけ合いに行った。「『勧進帳』というのは非常に優れた作品なんだからやらせなさい。そうすれば地下の団十郎も喜びますよ」と、沢田正二郎は言ったそうです。死んだ団十郎が喜ぶかどうかよりも、そんな談判に来られた経験なんかないものだから、未亡人はびっくりしてOKを出してしまった（そういう、権威主義の時代ではあったんですね）。

ところで『勧進帳』は舞踊劇です。武蔵坊弁慶は〝舞の合方〟というのをバックにして延年《えんねん》の舞《まい》というのを踊ります――これが『勧進帳』最後の山場です。ところで、早稲田→新国劇の沢田正二郎には、日本舞踊の素養なんてないんです。それを、歌舞伎の下ッ端の役者さんに教わっただけで、舞台にかけてしまうんです。その舞台を見ていた一座の女優である久松喜世子は、舞台を終った沢田正二郎に「延年の舞は少し固いですね」と言ったそうなんです。要するに、ギゴチなくて下手だということですが、沢田正二郎は踊りなんか踊れない人なんですから、それはそれで当り前です。でもしかし、それを言われた沢田正二郎はなんと言ったか？

「固くたって、弁慶という人はこれでいいんだ」と、そう沢田正二郎は言ったんです。なるほど、源平時代の武蔵坊弁慶は歌舞伎役者なんかじゃなくて、もっと踊りの下手な無骨な人間ではあっただろう、それならば、無器用である方が武蔵坊弁慶としては真実である、と。

それはもう、沢田正二郎の負け惜しみに近いかもしれません。しかし、実際にうるさい人間達のいる時代に昂然《こうぜん》と自ら乗り込んで『勧進帳』をやらせろと談判をして上演してしまったという事実を考えるなら、沢田正二郎は本気でそういう役作りをしたのだということも考えられるのです。そして多分、沢田正二郎は本気でそう思っていたでしょう。本当らしさから入って行くのが新しい演技を作ることだ——それで『勧進帳』を演じてしまったのなら、それは立派に〝新劇〟です。リアル——リアリズムというのは、こんなもんではないでしょうか？

　剣劇のチャンバラで大衆に受けた——それが沢田正二郎の新国劇に対する、一番皮相な見方でしょう。リアルな立回りを作ってしまった、作ってしまえたという、そのこと自体が新しい演劇であったのだという見方を出来ないのは、なんとも不幸なことだとしか私には思えませんね。

　沢田正二郎のやっていたことは、確実に一歩、一歩だったのです。そして、それであるにもかかわらず、沢田正二郎が自分の口から〝半歩〟と言っていたのは、それがまだ自分の理想には届いていなかったからという、他からの比較ではなく、自分自身の基準によるものでしょう。

　少なくとも沢田正二郎は、大衆の支持を勝ち取ることによって〝半歩〟はものにしたのです。その〝半歩〟だけを守って〝残りの半歩〟を目指さなかったそのことで、新国劇は停滞したのですね。何が〝沢田譲りの半歩主義〟だと言うのですね（ここで私が興奮しても始まりませんが)。沢田正二郎が半歩を獲得したのなら、その後継者は〝残りの半歩〟を捕まえなけりゃいけなかったんですけどね。一体〝残りの半歩〟というのはなんなんでしょうか?

沢田正二郎の死んだ昭和四年というのは、サイレントのチャンバラ映画が正に軌道に乗っていた年でした。阪妻も嵐寛《アラカン》も大河内伝次郎も走って、市川右太衛門の『旗本退屈男』の第一作も作られます。正に〝半歩〟は確保出来たんです。残りの半歩の難しさよ、というのは次に譲ります。三十八歳で死んでしまった沢田正二郎は、その後も生きていたら何をしたのでしょうか? 二十五歳で新国劇を結成して三十八歳で死んだ、その十三年は正に男の一生の中での〝半歩〟でしかなかった十三年だと、私ははっきり思います。

後の〝半歩〟が大変なんです——。

追記のようですが一つ——。

大学生であった沢田正二郎が大衆演劇を作ってしまうという、そのことの大変さがもう一つ分らないかもしれません。そこにはこういう時代背景もありました——。

明治天皇が歌舞伎を見た〝天覧劇〟は明治二十年のことでした。その七年後、坪内逍遥は早稲田の学生に『地震加藤《じしんかとう》』という、九代目市川団十郎が得意としていた芝居を演じさせましたが、それに対して監督官庁である文部省は「学生に河原乞食の真似をさせるなどとはとんでもない！」という大譴責《けんせき》を喰わせて来たのです。早稲田の文芸協会が近代演劇の設立を目指して演劇研究所を作ったのは、その更に十五年後の明治四十二年のことですが、こういう時代というのは、結構大変な時代だとは思いませんか？　インテリが大衆の中に入って行くって簡単に言ったって、やっぱり容易ならざることなんじゃないかと、私なんかは思いますけどね――。

7　純情青年の妄想『雄呂血《おろち》』

青年が足を踏み出すということで〝半歩〟を記すことが出来たのなら――それを〝半歩〟と言うのなら、勿論残りの〝半歩〟は、その青年の足許にまつわる着物の〝裾〟です。

ただ歩くことは可能な着物の下半身も、走ることには向いていない。意識せずに着物の裾をさばいて歩いていた人間がある時突然その不自由を意識したら、そのままもつれて歩けなくなってしまうことだってあります。ここは、そんな〝青年に関する話〟です。

戦前派の巨匠・伊藤大輔監督に〝私はあの映画を時代劇の悲愴美の極致と見ました〟と言わせた、大正十四年二川文太郎《ふたかわぶんたろう》監督・寿々喜多呂九平《すずきたろくへい》脚本・阪東妻三郎主演の『雄呂血』です。

さて、果して『雄呂血』とは如何なる作品か？

阪東妻三郎扮するのは久利富平三郎《くりとみへいざぶろう》という若き侍です。田舎の城下町に住むこの侍は漢学の塾に通っている。ここには家老の息子というのも通っていて、塾内で開かれた宴会の席で、その酒癖の悪い家老の息子が阪妻にからむ。酒をひっかけられてカッとなった阪妻はその家老の息子を突き飛ばし、ここからこの阪妻扮する久利富平三郎の受難の歴史というか、被虐の歴史が始まる。

喧嘩の始末は一方的に平三郎が悪いことにされてしまって、彼は〝停学〟。

その彼が〝停学〟を喰った塾の塾長には美しい一人娘がいて、娘の方はどう思っているのかは知らないが、とにかく平三郎の方は好いている。自分が〝停学〟になったことはともかく、彼女にだけは誤解されたくないと、その娘のところ——即ち塾へ出かけて行く途中、塾生達が現われて彼に殴りかかる。

ボロボロになった彼はそのまんま、娘のいる庭先に現われ、こわがられ、狼藉《ろうぜき》者扱いされて城下を追放。

髭面でボロボロヨタヨタの浪人姿になって別の城下町に現われた彼の頭の上に、料理屋の二階から、ソーメンだか吸い物だかがザンブと浴びせられる。怒ってその店に談じ込むと、今度はユスリと思われてそのまま投獄。やがて出て来ても、最早彼は町では前科者。

話はこのように進んで来るのですが、こう進んで来て「どこかおかしい」と思われないでしょうか？　あまりにも話が御都合主義的に悪い方に進みすぎる、と。実にその通りなんですが、どうしてそうなるのかというのは後に回して、もう少し〝あらすじ〟を続けます。

牢から出て来た彼の住む町にも美しい娘がいて、純情な彼はその娘に憧《あこが》れる。牢から出て来た平三郎には、既に牢で知り合った悪い仲間がいて、こいつらがその娘を誘拐して、「やっちまえよ」とばかり平三郎に押しつける。「どうしよう……、お嬢さん、僕は……」と怯《おび》えた娘を前にして悩んでいると、又も踏み込む捕方の群れ。

斯くして青年、久利富平三郎は再び入牢となるけれども、娘が忘れられずに脱獄。しかし娘は既に人妻となっていた。絶望に打ちひしがれる彼の前に現われるのは勿論、「御用！　御用！」の捕方の群れ。

辛うじてその囲みを破った彼は、フトしたことで町の侠客の家の庭先へ紛れ込み、匿《かく》まわれる。「ああ、いい人だ」と思ったのもつかの間で、実はその親分は大悪人。「あんまり信じたくないけど、なんとなくこの人は悪いことやってるみたいだなァ……」と思っているところへさらわれて来るのは旅の夫婦者。夫の若侍は病気で、若妻はあわや輪姦というその妻が、なんと彼の初恋の人――結局のところ彼の悲惨なる今日の基を作った塾長の娘だった。

どうしようかと悩んだ挙句《あげく》、乱暴をとめに入った平三郎は、却ってその親分を斬ってしまう。そして、後は一気に大立回り。

とどのつまり、青年久利富平三郎は捕えられ、逆光の夕日の中を首うなだれて獄舎へと連行されて行く。町の人は、「ああ、よかった」とホッとし、彼に助けられた娘夫婦だけが、町の片隅で彼に手を合わせる、というところでおしまい。

このラストの〝大立回り〟が〝時代劇の悲愴美の極致〟ということになるのですが、しかし今見ると実になんと、いうことがない。立回りそのものもどこかチャカチャカしてて（サイレントですから）あっけないのですが、それよりも何よりも、そこへ持って行くまでの説得力が全くないから、その大立回りにノレないんです。

御都合主義的に悲劇が襲って来る――そう言っても、ひょっとしたらこの一行は説得力を持てないかも知れません。というのは、「お前のいい加減な〝あらすじ〟が、既にして『雄呂血』を骨抜きにしてるんだ」という説だってあるかもしれないからです。「その気になって見ればこの映画は十分すぎるぐらいの説得力を持つ筈なのに、ふざけたお前にはその気がない！」とか。〝名作〟という評価を前にしてはっきりとものを言うのは大変なことですが、しかし、この『雄呂血』という作品、実はあらすじ通りなんです。

〝あらすじ通り〟というのもヘンな表現ですが、しかしこの映画はその通りなんです。『雄呂血』というのはサイレントですから、八十分に満たない――今でいうなら〝短篇〟の部類に入りかねない作品です。それだけの長さだから全篇のあらすじが書けてしまうということも勿論ありますが、しかし、普通の場合、所詮あらすじはあらすじです。あらすじは分っても、それで映画が分ったことにはなりません。というのは、実際の映画にはそれ以外のことが色々とあるからです。登場人物は色んなことを喋るし、主筋ではない脇筋というような別のエピソードも入って来たりして、実はあらすじを作るという作業は存外に難しいことなんですね。たとえば『雄呂血』で言うなら、そもそもまず初めの主人公が〝停学〟を喰ってしまうところ。一体どうして塾長の先生は主人公の久利富平三郎を一方的に悪いと決めつけてしまうのか――本当だったらそこのところに色々とある筈なんです。

先生は権力に弱いイヤなヤツなのか？　それとも表向き家老の息子を立てておいて

実は、という裏が先生にはあるのか？　それとも先生は主人公を嫌っているのか？　それとも先生は、ただ目が行き届かないで、結果的に乱暴を働いた主人公のその瞬間だけを目にして、それで彼を叱ったのか、とか、色々あってしかるべきです。

色々あってしかるべきところが、実はこの映画には、そういうものがなんにもないんです。〝主人公は、なんにも悪いことをしていないにもかかわらず、ただ喧嘩したというそれだけで停学〟――そういうエピソードによる段取りだけがしっかりと観客には把握されるような仕組になっています。言ってみれば、全体のあらすじを作るように、一つ一つのエピソードが、そのまんま物語を進める為の言葉となっているというところでしょうか。御都合主義的に悲劇へ進んで行くというのは、その〝言葉〟であるエピソードとエピソードをつないで行く〝て・に・を・は――即ち文法〟がはっきりしないからなんですね。

　という訳で、その映画がサイレント＝無声であるということは非常に大きいのです。

『雄呂血』というのは〝関係障害〟の物語です。〝関係障害〟なんていう言葉があるのかどうか、今私が作ってしまったのかもしれませんが、ある人間が世の中（又は〝世の中の悪〟）に足をとられて（又は〝はめられて〟）ズブズブと落っこって行くのなら、それは人間の関係が障害となってこの人間の足をひっかけるからですよね。だから〝関係障害〟なんですが、普通、人間がこの障害を乗り越えて行くのは、言葉によってです。話せば分るし、話さなければ分らない、です。

善人が悪人にはめられて自滅してしまうというパターンは沢山あります。ズーッと時代は飛んだ後でのヤクザ映画だって、実はおんなじですね。悪いヤツがデカイ面をして善人がそれに耐えて、ついに耐え切れなくなって殴り込みをかけて、最後には〝赤い着物＝獄衣〟を着るということになる（もっとも映画はその一歩手前で終ることにはなりますが）。但しそのヤクザ映画の場合、善人の側は、耐え切れなくなる手前で必ず抗議をします――「それじゃァ筋が通らねェ」と言って。ところでこの『雄呂血』がヘンだというのは、主人公がちっとも抗弁しないことです。

悪人がいて、ロクでもないことをしかけて、主人公がはめられて、でもその主人公は抗議して、しかしその抗議は受け入れられなくて、という巡路を辿《たど》るのが普通ですが、この映画には〝抗議〟から先がないのです。悪人にはめられるならともかく、料理屋の二階から食い物をぶっかけられて、それで牢にブチ込まれれば世話はないのですが、ともかく〝その抗議も虚しく〟というのがないのです。気がつくとシーンは次へ移っていて、見ている方が「ああ、抗議は虚しかったんだな」と、（思えれば）思う、それだけです。

という訳で、『雄呂血』の主人公は抗議というものをしないのですが、それは何故かというと、そんなシーンを作っていたらとてもじゃないがサイレント映画はもたないからです。

抗議というものは口でするもので、そんなシーンを全部キチンと入れたら、このサイレント映画は会話ばっかりがやたらある映画になります。勿論サイレント映画というのは音が出ません。会話となると、画面は一時中断されて〝字幕（スポークン・タイトル）〟が出ます。登場人物が口を動かしている→字幕が出る→また登場人物が口を動かしている→また字幕が出る。『雄呂血』のような人間関係の齟齬《そご》を描いた映画をキチンと観客に納得させるのだとしたら、これはもう、口パクパク、字幕バタバタの連続になってとても耐えられなくなるでしょう。サイレント時代からズーッと経って、日本映画のパターンが出来上って後、日本映画はどういう言われ方をするのかというと〝セリフが多い〟なんですね。日本映画のテンポのなさというのは、理由は色々ありますが、やたらどうでもいいことをダラダラ喋る会話シーンが多いのです。それは後のテレビのホームドラマにも受け継がれて、落ち着かないこと甚しいぐらい、テレビドラマというのは喋ってばっかりいます。日本の家庭はあんなに会話が溢《あふ》れちゃいないぞ、とは思いますが、なんでもないシーンでさえ、会話がないともたないという欠点が日本のドラマにはあります（だから〝洒落《しゃれ》た会話〟というのが非常に少ないんですけどね）。

サイレントというのは音のない世界ですから、会話というものは非常に限定されます。いくら弁士がいて映画の中の会話を舞台の横で聞かせるといったところで、限度というものはあります。という訳で、サイレント映画は映像描写で見せて行くんですね。映画の本質がサイレントにあるというのはそこです。

という訳で、サイレント映画は、セリフは極力少なくてすむように筋立てというのが計算されていて、ある種単純化された筋立てのシークエンスの一つ一つを濃厚に映像が語って行く訳です。それで行けば、サイレント映画というのは非常にあらすじが語りやすいし、あらすじだけじゃちっとも面白くない――分らないということになります。〝見せる〟〝見せ方がすごい〟――それがサイレントで、『雄呂血』だって、最後の大立回りの〝すごさ〟が語り継がれて行く訳です（語り継がれすぎて、いつの間にか実際は「あれで？」ということになってしまいましたが）。

『雄呂血』のあらすじは前に紹介した通りで、この映画が〝あらすじ通り〟であるというのはそういうことです。あらすじ以上のドラマのディテールを付け加えたら、サイレント映画の限界を超えてしまうのです。

色々の葛藤（もしくは〝障害〟）があって、そこで人間達は必要最小限の会話を交す。そしてそれに主人公が巻き込まれて「なに？」「なにをするのだ？」というような、ドラマを成立たせる為の最小限のやりとりがあって、そのシークエンスのラストを飾る見せ場（令嬢が悲鳴を上げるとか、役人がやって来るとか、立回りがあるとか）が来て、話は次へ移って行くというのが、映像描写で見せて行くサイレント映画の構造です。ですから話はトントンと進んで、見て行く内に「なんだか御都合主義で悪い方へ進んで行くなァ」という気になってしまうのです。主人公に弁明する余裕が与えられていないのですから、この主人公が不幸へ落ちて行くことに関しての説得力がないのです。ひどい言い方をしてしまえば、「こいつ、バカなんじゃないの？　あんまりお人好しすぎない？」というところです。

ところが、その映画は非常に受けるのです。〝時代劇の悲愴美の極致と見ました〟という評価さえも受けます。何故かといえば、今迄誰も、そんな形の〝転落〟というものを見たことがなかったからです。善人が悪人にはめられて、又は善人が社会に抗し切れなくて転落して行って最後悲劇のままに終るというのはよくあるパターンだとは言いましたが、しかしこれは正確に言えば、『雄呂血』以後に頻出《ひんしゅつ》して来る、よくあるパターンなんです。

日本という国のドラマは、実はみんな救いがあります。善人が悪人の為に斃《たお》されても、そのドラマの最後には「お前の死はムダにしないよ」という人間が必ず出て来ます。悪が盛えるためしのない勧善懲悪は江戸時代の悪名高いワンパターンですが、じゃァそれ以前はなんなのかというと、それはもう必ず神仏の登場です。主人公がどんなにひどい目に会っても、最後に〝御仏〟が出て来て救済されるのが中世説話の世界で、亡霊がナントカ明神の御加護で〝修羅《しゆら》の苦患《くげん》〟を免れるのが能です。救いのない話というのは、実は『雄呂血』以前、日本にはないに等しいのです。因果応報という言葉がありますが、自滅するのは悪人で、泥棒盗賊のバッコする黙阿弥《もくあみ》の白浪物だって、ヒーロー・ヒロインの悪党は、悪事の結果自滅するのであって、正義の人が正義のまんま捕えられてそれで終りなんていう、理不尽な話は日本にはなかったんです。いきなりそんな話を突きつけられたものだから、それを見た日本人はパニックを起こしたんですね――というのが『雄呂血』絶賛の真相だと私は思います。

ともかく、自分が当り前だと思っていた現実がズブズブと落ちて行くんです。そんな経験を日本人は初めてするんです。とてもじゃないけど、踏みとどまって抗弁する余裕なんか持てっこありません。抗弁する以前にみんな呆然《ぼうぜん》としていたから、主人公は公然と落ちて行くし、観客もみんな、それにつられて落ちて行くんですね。まだ、みんなそれほど純情だったのだと言ってもいいかと思います。

よく考えてみれば、現実なんて抜け穴だらけで落し穴だらけです。世間知らずで真面目な人間だって、自分が真面目になっていられるのは、ある道筋にのっとってよくしつけられた馬車馬のように視野を狭められているその結果だということを、どこかで知っています。だからこそ、なんの問題もないと思っていた日常がある日ポッカリと口をあけ、酒席でからまれ、同僚からはからまれ、女からは悲鳴を上げられ、その結果追放されるというような物語を見て、「あ、それはどこかで自分に関わって来そうでこわい」と思えるのです。

世間知らずがそうなら、世間を知っている人間はなおさらもっとそうですよね。「ああはならなくとも、もう一歩でああいうことになりかねないな……」というような思い方をします。思い方をして、ズブズブズブと行くところまで行って、そして初めて「ああ……、自分は取り囲まれていたのだ」「ああ……、なんだか知らないけど自分は非常にジタバタしたい！」と思うのです——そのことに見合うのがラストの大立回りですね。

現実はなんとなく出来上っていてスムースに動いているような気がするけど、それはどこかで抜け穴だらけのようなものであって、それを知ってしまった自分は平静ではいられない——それが『雄呂血』の立回りがカタストロフになる基本構造です。

『雄呂血』は大正十四年に作られたものですが、意外なことに、この製作に当ったのは〝阪東妻三郎プロダクション〟——即ち阪東妻三郎のスタープロです。この時代によくまァスター個人のプロダクションがあったなァと思われる方もあるかもしれませんが、沢田正二郎が芸術座を飛び出して新国劇というものを作ってしまったことを思い出していただければ、なるほど創成期というのはそんなものかと納得出来るかも知れませんが、意外なことに、この『雄呂血』が個人的であるということは、実はチャンバラ映画にとってはかなり大きいんです。

阪東妻三郎が個人プロダクションを持てたということは、既にこの当時彼にはそれだけの人気があったということですが、一人のスターが好きなように映画を作れるという幸運な状況の上には保護者というものがいます。それが誰かといえば、勿論、日本で初めてチャンバラ映画を作った〝日本映画の父〟牧野省三です。

ちょっと回り道になるかも知れませんが、『雄呂血』の大立回りがカタストロフになるということと、チャンバラ映画が個人的であるということとの関係を探ってみたいと思います。

8　男性世界の限界――日活と松竹

牧野省三は日本で最初にチャンバラ映画を作った人ですが、しかしそれは牧野省三が自発的にやったことではありません。牧野省三に映画撮影用の機械と資金を渡して、映画（当時は〝活動写真〟ですが）を製作してくれと頼んだ人物がいます。横田《よこた》永之《えいの》助《すけ》というその人物は興行師です。この人が金を出して牧野省三に映画を作らせたのですから、牧野省三が映画監督で横田永之助が製作者《プロデューサー》かというと、これは少し違います。牧野省三がプロデューサー兼監督で、横田永之助は金主《きんしゅ》、即ち資本家です。ホントだったら横田永之助が〝会社〟とイコールであるような資本家だったら話はすっきりするのですが、まだ日本は資本主義の黎明《れいめい》期であったのでそうも行きません。まァ、よその世界では——たとえば宝塚の生みの親である小林一三の本業が電鉄会社の経営者であったように、実業家もいて資本主義もあったりしたのですが、興行というかなり前近代的な世界ではまだそこまで行っていませんでした。資本家である金主の横田永之助が興行師であるのと同じように、京都の千本座という芝居小屋の息子であった牧野省三も興行師でした。但しこの人は、自分の芝居小屋の演《だ》し物を考え、演出もするという興行師であったところが、横田商会という会社の社長である横田永之助とは違います。後に横田永之助が日活の社長となり、牧野省三が日活の監督となるという、そういう違いを含んだ〝興行師〟でした。

牧野省三が映画を作り、横田永之助がそれで商売をする——最も原始的な映画会社のはしりです。そして、こうした小さな〝映画会社〟（まだ〝商店〟とか〝商会〟と呼ばれるようなものですが）が明治の終りにはいくつかあって、この牧野・横田コンビの横田商会を含む四つの会社が合同して大正元年に出来上ったのが日本活動写真株式会社（略して〝日活〟です）。今ある映画会社の中で、だから日活が一番古い歴史を持つんですね。

この日活は東京と京都に二つの撮影所を持ちました。東京の向島にある撮影所では現代物、京都では時代物で、現代物とは（まだ女方が存在している）新派劇、時代物というのが尾上松之助の旧劇映画で、まァどちらもまだ女方が存在しているという時点で〝旧〟ではありましょう。勿論牧野省三は、京都で尾上松之助のチャンバラ映画（旧劇）を撮り続けます。そして撮り続けて、ここで初めて資本家と〝製作者〟の対立というのが起こります。

会社の横田永之助は、儲かっている松之助映画を作りたい——儲かっている以上、別に新しいことをしなくたって構わない。ところで一方、監督として作品創造に関わっている牧野省三は、おんなじことばっかりでは飽きて来る——新しいものを作りたい。という訳で、創造者《クリエーター》である牧野省三は、新しい映画を作る為に独立します。独立がすんなり行く訳もないというのは、当時、資本主義の黎明期は〝親分子分〟のような関係でもっているからです。という訳で、色々あって大正十二年にはマキノキネマという新しいチャンバラ映画の製作会社が出来上り、そこから新しいスターも生まれて来る。阪東妻三郎、月形龍之介、片岡千恵蔵、市川右太衛門、嵐寛寿郎、後のチャンバラ映画スターは、みんなこの〝マキノ〟です。牧野省三が〝日本映画の父〟と言われるのもここら辺の功績があってのことでしょうが、ともかく、製作側が会社から独立することによって、新しいチャンバラ映画は生まれるという最初のパターンは出来上ります。自由こそ素晴しいという、青年の自立でしょうが、しかし一方、このことから青年の存在基盤の不安定というのも生まれます。日活は会社組織であるが、言ってみれば製作優先のマキノキネマは〝個人〟であるというようなことです。元気のいい個人は一人の方が生々としているけれど、元気のなくなった一人ものは心細くってしようがないというような。

ともかく、マキノ映画は大当りしますが、経営基盤が不安定になるのはしようがありません。そして、個人と会社の勝負になった時、それは会社の方に分があるというのは、個人が苦労して作り出したものも、それが流行って風潮として定着してしまえば、算盤《そろばん》勘定でその新しいものの持つ危険性を拒んでいた会社という体制でも、容易にそのことを取り込んでしまう——そのことによって、会社外でようやく築き上げた〝個人〟特有のオリジナリティーは、いとも簡単に〝月並〟を作ってしまうということです。

マキノ映画の製作になる新しいチャンバラ映画が当ればよその映画会社もやはりそういう映画を作ろうとします。牧野省三が出て行った後、日活で伊藤大輔監督と大河内伝次郎主演のコンビによる丹下左膳や『忠次旅日記』の三部作が生まれて来たのもそうした時代状況の中でですが、新しい時代状況というものは常に、「よりいいものを作ろう」という進歩と、「とにかく同じようなものを作れ」というマンネリズムがごっちゃになって、〝豊かなる混沌〟というところへ行きます。ある文化が隆盛ということは90％のゴミの山がそれなりに活況を呈しているように見えるというようなことでもあります（キツイ言い方をすれば）。という訳で、手っ取り早い類似品を作るんだったら盗めばいいということになりまして、スターの引き抜きというのが盛んになります。大正十二年に製作を開始したマキノ映画で抜擢されて、それまで日活の大部屋役者だったのが一躍大スターになった阪東妻三郎は、もうその翌年帝国キネマという別の映画会社に移籍――そしてそのゴタゴタから独立ということになって阪東妻三郎プロダクションの設立ということになります。

　そこで製作された『雄呂血』の大ヒットが何を裏づけるのかというと、結局チャンバラ映画とはチャンバラであり、そしてそのチャンバラの為にはチャンバラスターが必要であるという、チャンバラスター、チャンバラの絶対化です。

　チャンバラという売り物さえあれば個人は生きていけるという、豊かさの中の〝自由〟です。スタープロは続々生まれ、そしてただのチャンバラがやがて飽きられ、もう少しおだやかな物語性を持った新しいチャンバラ映画の時代がやって来ます。チャンバラ映画が、丹下左膳の疾走や『雄呂血』の大立回りに代表される〝アクション映画〟から〝通俗娯楽映画〟へと変って行く。そして映画も、サイレントからトーキーへと変って行くのです（それを〝通俗へと堕ちて行く〟ととらえる見方もあるということは前にもお話ししたと思います）。これをどう表現するかと言いますと、力まかせで生きて来た乱暴な青年が、落ち着きを見せてカタギの生活に馴染《なじ》んで行った、と表現すればいいでしょう。

「別にマキノでなくてもいい」「別に独立していなくてもいい」――却ってそうした限界は見すぼらしくなるという、個人の時代から会社の時代への転換です。

昭和四年に牧野省三は死にます。実作者であると同時に会社の代表者でもあった人が死ぬということです。「やりたいようにやったらいい」と言ってくれる（言える）経営者の消滅は、再び製作者と会社の対立というものをもたらします。牧野省三死後のマキノキネマは、会社を代表するのが未亡人、製作側の監督を代表するのが息子のマキノ雅弘と別れて、この親子の間で〝労働争議〟が起るという不思議な（しかし〝会社〟ということを考えてみれば当り前な）事件が起こります。そうこうなる内、マキノ映画の撮影所は火事で焼失、借金を抱えたマキノ雅弘は日活へ入社。そしてこへ、阪東妻三郎、嵐寛寿郎、片岡千恵蔵といったスター連も、スタープロをたたんだ後、色々の遍歴を繰り返してやって来る。日本のチャンバラ映画は、明治の末から昭和の十年頃までの間に、横田＋牧野→日活→マキノの独立→スターの独立→マキノの日活復帰→スターの日活復帰、という順を辿って再び元の日活へと返って来ることになります。

昭和の十年頃、既に日活はチャンバラ映画の中心であったと言ってもいいでしょう。と同時に、今度は日活という会社が〝個人〟の位置に立たされる時代がやって来ます。

日活（日本活動写真株式会社）というのは前にもお話ししましたように、小さな個人商店が四つ集って大正元年に設立されたものですが、これは新しく若い、映画（活動写真）というものの専門会社です。若さが新しい文化を作った、と言ってもいいと思います。この点では、牧野省三が日活から別れて新しいチャンバラ映画を作ったというのと同じパターンです。そして、同じパターンならそれと同じパターンがどうして日活を襲わないことがあろうか、というのです。

横田永之助が興行師なら牧野省三も興行師というところで、ここにもう一つ別の興行というものが改めて登場します。それは京都の双生児の興行師、白井松次郎と大谷竹次郎の〝松竹〟兄弟です。松竹という演劇の興行会社が京都をスタートして大阪東京の大劇場と役者をほとんど独占してしまったというのは明治大正の演劇界の話ですが、商売になる映画をどうしてその松竹が見過すであろうか、ということです。日活に遅れること九年、松竹も映画会社を設立します。

チャンバラ映画に代表される、映画という新しい表現が、乱暴で男性的であるのなら、演劇というメディアは、もっと複雑で洗練されていて、そしてそれ故に女性的です。沢田正二郎が松井須磨子の女天下に愛想を尽かして芸術座を飛び出し、そしてそれが剣劇の創造につながったということを考えていただきたいと思います。

松竹の映画は現代劇で始まり、松竹映画の売り物は女優です。日活の現代劇が新派で、そこにいるのは女優でなく女方であったということを考えれば、〝尾上松之助の旧劇からマキノキネマに於ける阪妻の新しいチャンバラ〟という時代劇の変化が、今度は松竹を舞台にした現代劇で起こるのです。演劇＝劇場を制覇した松竹には、女優が育って来るような培養地は豊富にあります。そして、映画に進出して来る松竹には〝資本〟という金もあります。若者文化に目をつけた大人が札束を持ってやって来るなんていうことは、別に新しい訳でもなんでもないんです。今はどうか知りませんが、昔の青年はイキがよかったんです。雑草のような生命力を持った生命は、そのエネルギーで新しい文化を創ってしまいます。しかし、〝女〟という華麗な花を育てるのには手間暇がかかる、金がかかるということなのかもしれません。時代劇（チャンバラ）と言えば〝男の世界〟であって、女は刺身のツマであるということには、こういう背景もあるのかも知れません。ともかく、大正の終りから昭和の初め、日本映画は、〝男のチャンバラ〟対〝女優の松竹〟だったのです。男は腕で一人立つ、女は文化を背負って来る――そんな構図がくっきりと見えるような世界です。そして、そこから新しいチャンバラ映画の展開が始まります。

　男の世界、野蛮なるチャンバラの世界を扱いかねた女優の松竹が、総力を挙げて林長二郎（長谷川一夫）という女性対象のチャンバラ映画スターを売り出して来るからです。時代は明確に変ります。『雄呂血』の主人公・久利富平三郎を吸い込んでしまうような、悲劇的な現実がチャンバラ世界を取り囲みに来た、というようなものです。

　チャンバラ映画のチャンバラにあって、チャンバラ映画スターの売り物がチャンバラであるなら、林長二郎という新しい時代劇スターの売り物は違います。こちらの売り物は美貌です。チャンバラが売り物なら、チャンバラ映画はチャンバラという特定の部分が見せ場になるように作ればいい。しかし、美貌が売り物なら、それはチャンバラをしなくても売り物になる。ただそこに存在していればそれで十分魅力的であるような、美貌を売り物とする林長二郎の出現によって、それまでのチャンバラ映画スターは、〝結局チャンバラをするから魅力的に見えたんだ〟というようなことが明らかになって来てしまいます。

　林長二郎がデビューするのは昭和二年、十九歳の時ですが、彼と同年で、昭和三年『浪人街』シリーズ他で当時の映画ベストテンを独占してしまったかの観のある監督（牧野省三の長男）マキノ雅弘（当時・正博）はその頃のことをこう語っています
――。

〝『浪人街』にしても、映画評論家は大層な理クツをつけてホメてくれたけれど（笑）、ようはチャンバラ、殺陣の魅力です。やっとハタチになったばかりの小僧です監督は（註：マキノ雅弘自身のこと）、ただがむしゃらに、若さだけをたたきつけて撮ったシャシンです。――〈中略〉――内容など三の次でよいんだ、一にもチャンバラ二にもチャンバラ……〟（前掲『聞書アラカン一代　鞍馬天狗のおじさんは』）

〝内容など三の次〟というよりも、〝チャンバラこそが内容であった〟と言った方が正確かも知れません。

当時、青年達はただ動きたかったんです。だからこそ、スピードのある立回りに熱狂したんです。ほとんど、その当時のチャンバラとは、格闘技であり、ロックフェスティバルであり、バリバリの暴走族であった、というようなものでしょう。そのこと――動ける、動きたいということがすべてだったから、〝チャンバラこそが内容〟だったのです。そして、その激しい立回りを見ることによって又は演じることによって感じることは一つです――即ち、それに興奮し熱狂するということは、自分は現実にはそれを禁じられているという前提があってのことだ、と。

『雄呂血』の大立回りの結果が捕縛連行であるというのは、象徴的ですね。それ、、をやれば捕まるのです。それをやれば捕まる↔自分の中には秩序壊乱で捕えられかねないようなものがある——この両者のせめぎ合いが、ズブズブと破滅の中へ突き進んでいく『雄呂血』を生むのですね。

『雄呂血』というのは最初、実はこの題名は『無頼漢』というものでした。その題名に警察からクレームがついて、『雄呂血』という題名に変りました——という経緯があったので、それを踏まえて、実は『雄呂血』の正式な題名というのは『無頼漢改題雄呂血』なんですね。なんとも気のきいた抗議《プロテスト》ですが、しかしそういう時代ではありました。

『雄呂血』はサイレント映画ですからセリフは全部字幕になって出ますが、その他に、この映画では初めと終りに〝世に無頼漢と呼ばれ恐れられし人の中にも心正しき人あり〟という字幕が出ます。これがこの作のテーマであると言ったら、それはちょっと違うでしょうね。これは、この映画を製作した人間達の〝宣言《マニフエスト》〟ですね。「私達は無頼漢である」——脚本の寿々喜多呂九平はそう言って、阪東妻三郎もそう言って、監督の二川文太郎もそう言ったんですね。「私達は悪くない。しかし私達は〝無頼漢〟というレッテルを貼られる。それは私達が剣を振り回すからである。私達の中にはそうしたい、そうせざるをえないと思わせるような欲求があるからである」というのが、『無頼漢改題雄呂血』の製作動機でしょうね。決して無頼漢ではないにもかかわらず、無頼漢になりたがる——それは〝無頼漢〟と規定された方が楽だから、ということですね。

この映画の製作発想が被虐であると言ったら言いすぎでしょう。まだ時代はそこまで進んでいません（ひねていません）。時代はまだ純情でした。

女性に声をかける方法も知らず、ズタズタボロボロになった恰好のまま近づいて悲鳴を上げられる。好きになった女性に対してどうすることも出来ず悶々《もんもん》として彼女を怯《おび》えさせてしまう——その結果官憲（捕方）に追われることになってしまう、不器用で純情な青年の転落を描いた『雄呂血』は、だから純情青年の——「うっかりそうなってしまうかもしれないな」という、妄想を描いた映画なんです。

だから、この映画が現代でも鑑賞に耐えるものになっているという、そういう可能性は一つだけあります。「あ、夢だったのか……」で終らせてしまえばよいのです。追いつめられ大立回りになり、捕方に取り囲まれ、刀を持つ手に縄がかかった瞬間、まだ転落していない久利富平三郎がハッと目を覚せばいいのです。「ああ、夢だったのか……。危い危い。うっかり家老の息子の挑発に乗って、身を滅ぼすところだった」と言って、気を取り直した久利富平三郎は明るく生きて行こうと決心するのでした。そして道を歩き出した彼の行く手には、まぶしい夕陽を背にした、塾長とその娘が佇《たたず》んでいました。彼はニッコリ笑って、そちらの方へ走って行きました——これで終りにすればよいのです。そうすれば、窮地に際して一つも抗弁することが出来ず、悪い方へ悪い方へと御都合主義的に追いつめられて行く『雄呂血』の物語は、全く身動きの出来ない青年の見た悪夢として、実に納得の行く展開を見せるのです。まァ、こんなことをしたって収まらないことは私も重々知っております。「ともかく突っ走りたい！」と思っている——そういう熱気を孕《はら》んでしまった青年にとって、それにブレーキをかけるようなものは〝悪〟ですから。〝世俗を嫌う〟というのは、「そういうものは妄想だよ」と言う収拾のつけられ方を嫌うということですから。『雄呂血』が〝時代劇の悲愴美の極致を見ました〟というような高い評価を受けたというのは、そうした収拾のつけ方をしなかった——そのことによって、当時の純真な青年達の魂に衝撃を与えたからですからね。

人間というのは不思議なもので、見たい時には平気でないものをそこに見てしまいます。そこまで言っていない、にもかかわらず、「明らかにそこまで言っている！」という深読みをしてしまう。若い時に感銘を受けた、衝撃を受けた作品に年を取ってから出会うと、「一体どうして自分はそれにショックを受けたんだろう？　ちっとも分らない」と首をひねるようなことがあるというのは、それです。現実にはままならず、しかしその内部では何か言い知れぬ深いものが煮つまってしまって行く——それが若いという時期ですね。はっきり言ってしまえば、受け手の側にある〝感動したがっている〟という前提が深すぎる感動を可能にしてしまうのです。そこら辺を実作者の側のマキノ雅弘は非常にあっさりと言ってのけています――〝『浪人街』にしても、映画評論家は大層な理クツをつけてホメてくれたけれど（笑）、ようはチャンバラ、殺陣の魅力です〟と。ただがむしゃらに若さだけをたたきつけたかったから、〝ただがむしゃらに、若さだけをたたきつけて撮ったシャシンです〟ということになるのです。だから、〝チャンバラこそが内容〟だったのですね。そこではまず〝若さを叩きつける〟ことが出来たのですから。これこそがまず重要でした。これがその当時で、これこそがまず第一の前提――言ってみれば、第一歩となるような、沢田正二郎言うところの〝半歩〟です。

〝チャンバラこそが内容〟だった時代から、チャンバラ映画はどうなって行くのでしょうか？　勿論、「ああ、夢だったのか」と言って〝破滅〟を収拾してしまうような方向へ、です。本格的な（通俗の）娯楽映画の時代の到来ですね。『雄呂血』の主人公は女性に悲鳴を上げさせて狼狽《ろうばい》させたけれども、林長二郎は、その女性をうっとりさせる為に登場するのですから。

『雄呂血』に代表される、『雄呂血』から始まるアクション映画であるようなチャンバラ映画の主人公達を、林長二郎ファンの女の子達が「暗ァい……」と言って斥《しりぞ》ける――今風の表現をとれば、そんな時代の始まりです。折から時代は、サイレントからトーキーへと進んで行きます。そして、その時代の阪東妻三郎の凋落こそが、サイレント・チャンバラの限界を語っているのです。

アメリカだと、サイレント映画時代に大スターとしての全盛を誇っていた人達がトーキーになって没落して行ったという話はザラにあります。ビリー・ワイルダー監督の『サンセット大通り』はそういうスターの物語を題材にとったものですが、日本のチャンバラ映画ではあまりそういうことがありませんでした。というのも、日本のチャンバラ映画のスターはみんな演劇畑の出身者で、一応セリフが喋れたからです。サイレントがトーキーになって、セリフが喋れない、悪声という理由で既成のスターが使えなくてブロードウェーの舞台俳優を映画入りさせたというのと、日本のチャンバラ映画界は少し違っていましたが、その日本の映画界で〝ハリウッド〟をやってしまった大物が一人います。それが誰かというと、尾上松之助の後を享《う》けて新しいチャンバラ映画を作った〝剣戟王〟阪東妻三郎です。

立回りのたんびに一々見得を切っている歌舞伎ではなく、新しい立回りを作り出し、そしてその〝上目遣い〟に象徴されるような、追いつめられた者の持つ哀しさ激しさで格闘に〝心理〟を持ちこんだ阪東妻三郎は〝剣戟王〟の称号を奉られていましたが、しかし実際、この人は悪声でした。興奮して喋れば甲高いキンキン声になる。それを押し殺して低音にすれば一本調子の重々しさばかりが耳立ってしまう。あまりにも自然に体ばかりが動きすぎた、そのツケがトーキーになって回って来るのですね。あの剣戟王がこんなキンキン声を出す——その失望はほとんど、抗弁しない『雄呂血』の久利富平三郎が口をきいた途端、物語の御都合主義が露呈してしまうようなものです。この阪妻が「最近の私はすることなすことがうまく行かず、失敗を重ねてイバラの道を歩いてまいりました」と言って日活に入り、毎日毎日発声練習を続けて〝発狂説〟が出たにもかかわらず、見事それを克服して本当の〝大名優〟になってしまうというのは又後の話ですが、ここまでの話をまとめてしまえば、若さにまかせての〝ガムシャラ〟は、言葉を置いてきぼりにする、言葉を放棄することによって可能だった——だから、いくらでも熱狂を盛り立てることは出来たし、深読みも可能だった、ということです。

〝内容など三の次でよいんだ、一にもチャンバラ二にもチャンバラ〟という〝チャンバラこそが内容〟であるような、サイレントのチャンバラは、前にも言いましたように、日本映画にとっては〝半歩〟でした。だがしかし、その〝半歩〟はどういう質の〝半歩〟だったのか、ということもあります。

〝若さを叩きつけたい〟〝ガムシャラに動き回りたい〟——そういうチャンバラ映画

のチャンバラを、剣劇の生みの親沢田正二郎の〝半歩〟と比べてみましょう。知っての通り、沢田正二郎は〝自分の演劇〟をやりたかったから、松井須磨子の芸術座を飛び出して新国劇を作ったのですね。別に、剣劇をやりたいから新国劇を作った訳ではありません。結果的に、立回りが人気を呼んで、〝剣劇〟というものが十分に客を呼べる看板となっただけです。沢田正二郎の新国劇が剣劇以外に色々のものをやったということは前にもお話ししましたが、それはそういうことです。

チャンバラ映画にとってのチャンバラというのは、それが思う存分に動き回れるということですが、沢田正二郎にとっては、新国劇という自分の劇団が色んな芝居をやれるという、そのことこそが〝思う存分に動き回れる〟ということでした。但しそれがまだ自分の理想とする演劇とはなりえないだろうという限界があっての〝半歩〟です。

沢田正二郎は、まずドラマがあって、その中にチャンバラもあっての〝半歩〟ですが、しかしチャンバラ映画はその逆です。チャンバラ映画にとって〝すぐれたドラマを持つ〟ということは、その中で本当にチャンバラが爆発するように輝くということです。ここでは、チャンバラがあって、まだドラマはないのです。言ってみれば、チャンバラ映画は、沢田正二郎の〝半歩〟を、更に半分に刻んだ半歩――〝四分の一歩〟です。まだ映画は演劇に及びません、と同時に、チャンバラ映画が、演劇の〝半歩〟を更に深く刻んでしまったが為に、その点で演劇は映画に及ばない、ということが出て来ます。

映画で三百メートルの全力疾走は可能でも、演劇ではそれは無理です。本物がじかに与えるインパクトと、限定された中での本物を演じて見せる感動とでは、その直截《ちょくせつ》さに於いて、明らかに違います。チャンバラ映画が刻んだ〝四分の一歩〟は、実に〝それを悲愴美と呼びたい〟という、心理的、内面的な深さを持った一歩だったんです。これがある故に、これがあった故に、「それがある！」と思わせた故に、サイレントのチャンバラは、永遠に評価が高いのです。閉じられた思い込みの深さは永遠に深いまま、というようなことだと思っていただければ幸いです。

〝彼は動いた、私も動いた〟〝彼は動けた、私も動けたと思った〟――その思いこみ故に、そのインパクトは永遠に残るのです。〝思い出〟というものはそういうものです。

青年はその時そこでそのように動けた――そのことは、その青年が社会に巻きこまれて実際に動けないということを知ってしまった時、動けなくなった時、あまりにも過剰に輝いて、その後の青年を固定化してしまうのです。

昭和三年『浪人街・第一話　美しき獲物』でキネマ旬報ベストテン第一位、翌昭和四年も『首の座』で同じく一位という輝かしい評価を得たマキノ雅弘は、しばらくすると全く〝ベストテン〟という芸術的評価とは無縁の監督となります。何故若き日の芸術家が（昭和三年マキノ雅弘は前述の通り、弱冠二十歳です）、残りの映画人生をほとんどベストテンとは縁のない〝なんでもこなす職人監督〟になってしまったのか、そのことは大いなる疑問のようにもなっています。しかし私にしてみれば、なんとなくそれは当り前のような気もします。

のめり込むように内面を覗き込む種類の〝四分の一歩〟を刻んだこの人は、「それだけじゃいやだ」と思ったんです（多分）。「それだけじゃなくって、面白い映画も作りたい」と思ったんです（多分）。チャンバラの〝叩きつける若さ〟が四分の一歩なら、それにもう四分の一歩を合わせて、正しく〝半歩〟を刻みたいと、この人は思ったんです。他人の心境を類推で決めつけて行くのもなんですが、〝やっとハタチになったばかりの小僧です監督は、ただがむしゃらに、若さだけをたたきつけて撮ったシヤシンです〟という言葉の裏に、「重要なのは一時の若さだけじゃない」というこの監督の思いが見えると言ったら誤りでしょうか？

〝『雄呂血』が「ああ、夢だったのか」という一行を付け加えられている映画だったら、それは今でも十分に通用するであろう〟と私は先に言いましたけれども、その後の——ということは〝職人監督〟と呼ばれるようになってしまった後のということですが——マキノ雅弘の仕事は、「ああ、夢だったのか」の一行を常に付け加えて行った仕事だということだって言えるのです。

自分の内面をうっかりと見てしまった――走るに走れないジレンマがあるということを知ってしまった以上走り出さずにはいられない――そういう内面を持ってしまった青年は、ただ走り出したいだけです。走って行ったところを「妄想、妄想」とか「ああ、そりゃ夢でした」なんていう、水をぶっかけられるようなことは、絶対にいやだというのが〝近代〟です。唐突なようですが、ここにはもう、それを止める〝江戸の大星由良之助〟はいないのです。『仮名手本忠臣蔵』の大星由良之助のセリフをもう一遍引用しましょう？――〝血気に逸るは匹夫の勇、短慮功をなさずの譬え。さりとては、まだ御料簡が、若い、若い、若い〟。

〝料簡の若さ〟を肯定したのが近代ですから、突っ走ります。突っ走った結果がどうなるかはもう見えています。見えていたから止めたのが〝江戸の大人〟ですが、近代には〝大人〟がいず、いたとしても「その先がどうなるかは時代が時代だからもう分らない」という形で口を噤《つぐ》むのが近代の大人の宿命ですからしようがありません。

というところで「料簡が若かったなァ……」と思えば〝職人〟としてしか遇されず、青年はその〝思いこみ〟だけを抱えて老けて行くのです。それが、近代という、若さを肯定された——若い自分一人で何かが出来るという幻想を持たされてしまった〝青年〟という男の限界なのです。

マキノ雅弘は多分、「御料簡が若い、若い」と言える人なのです。そして、〝イバラの道〟に突き当って、それを克服した阪妻も、遂に「御料簡が若い、若い」と言えるようになった人なのです。

まァ、その話は〈終講〉に譲《ゆず》るとして、次は、その青年がぶつかってしまう窮極の壁——〝世の中〟と、そして〝女〟です。

9　個人的な世界——永田雅一と大映の映画

御承知かと思いますが、戦後の全盛期、日本には映画会社が六つありました。創立順で行くと、日活・松竹・東宝・大映・新東宝・東映の六つです。そして現在、日本には製作から配給上映まで一貫している映画会社は四つしかありません。にっかつ・松竹・東宝・東映の四つです。新東宝と大映は脱落し、日活は社名変更して〝にっかつ〟に変りました。日活は微妙なところで社名変更をして倒産という憂目を免れましたが、新東宝と永田雅一大映は見事に倒産しました。まず新東宝が、そして大映が（そして〝日活〟が〝にっかつ〟へ）という順ですが、この倒産した二つの映画会社には共通点が二つあります。一つは社長がワンマンだったこと、そしてもう一つはその会社の成立状況がかなり特殊だったことの二つで、その成立状況の特殊性はその時の時代状況を典型的に反映しています。

新東宝という会社は、昭和二十一年東宝のストライキに反対したスター監督達を中心にして成立した東宝の〝第二組合〟ならぬ〝第二会社〟とでも言うようなもので、太平洋戦争が終ってすぐ起こった労働争議のその〝労働者側〟の強さというものを物語っています。労働者側が会社を完全に占拠してしまったものだから、会社側はそこから出た。そこで新東宝という別会社を作らなければならなかったのです。まァ言ってみれば、新東宝という会社は非常事態に於ける仮設会社としてスタートしたというようなものでしょう。そうした背景を持つ会社に社長として迎えられたのが大蔵貢《おおくらみつぐ》さんです。

この人は結局なんなのかというと、「女優を妾《めかけ》にしたのではない。妾を女優にしたんだ」という名セリフで歴史に残る人ですね。新東宝専属女優とのスキャンダルが表沙汰になった時の弁明《ひらきなおり》がこのセリフですが、こういう勇敢かつ大胆素朴な発言をする一流会社の社長という人はあんまりいません。こういうのは中小企業のオッチャンの発言だからです。という訳で、結局なんの話なのかというと、ワンマン社長というのは結局中小企業・個人商店のオッチャンなんだ、という話です。

一体こんな話がこの本の内容となんの関係を持つのかというと、個人対組織、バックを持たない成り上りの個人と、バックを持った組織としてのエスタブリッシュメントとの対立抗争（しかも見えざる対立抗争）を表わすからです。

〝近代〟というのは不思議な時代で、〝近代青年〟という名の、古い封建的な世界から縁を切った新しい〝個人〟というものの誕生を社会が要請しておきながら、しかしその実、その新しい〝個人〟が成長して社会に入って来ると、その存在を可能性ぐるみで拒んでしまうという、バカげた不思議をやっている時代なんですね（これが過去形ではなく、相変らずの現在形であるところは意味深ですが）。

社会と個人、近代と封建的前近代の葛藤とかっていうことになると話は突然難しくなりますが、しかし実際問題としてそんなこと別になんてことはない、頭の固い頑固親父が、自分の育てた息子が突きつけた問題に顔色を変えたという、それだけの話なんですね。息子が何を言ってるか分んない――近代の学術専門用語というのは大概難しい言葉ですから昔の人には分りません――分んないけど、折角育ててやった息子がその恩も忘れて俺に盾《たて》ついてきやがった、というそのことだけは分るから、すべての父親はプライドを傷つけられて頑固親父と変ずる。その一方で、そういう難しいことを言ってはね上る息子は、なんでそんな難しいことを言うのかというと、一に現実がよく分ってないから抽象的な言辞ですべてが押し切れると思い、二に、父親がこわいもんだから難しくかつ権威ある言葉によって自分を鎧《よろ》おうとする。こなれてない上に喧嘩腰だから、通る話も通らなくなるのは当り前なのに、そのことに気づかず、「やっぱりあいつは封建制度の権化だ」とか「体制の走狗《そうく》」とか言ったりして、話をこじらせて勝手に挫折するんですね、未熟な〝御料簡が若い〟近代青年は。

もう、話ははっきりとしてるんですね。近代青年という名の新しい可能性は、自分の存在がどういうものなのか、どういう意味を持つのかということを、〝世の中〟という、難しいことがさっぱり分らない頑固親父にキチンと分るように説明出来るだけの成熟を持てなかった。そして一方、〝世の中〟という名の呑気《のんき》な父さんは、「そういうこととしとけば自分の老後は安泰だ」とか「立派な息子を持ってれば鼻が高い」程度のアマーイ認識で、自分にも問題を突きつけて来るような問題児を育てててたっていうだけなんですね。お互いがお互いを理解出来ず、お互いが相手に分るような説明をすることが出来ずにいたという、その一点がすべての問題をこじらせていただけなんだ、ということなんです。

こういうことがはっきりと分っていなかったり、分っていてもはっきりとは言えなかった近代というのは、各人が勝手な思惑の中でよく分らない〝主張〟っていうのを一方的に繰り返していただけなんです。主張したい人間は世の中に盾をつくし、主張する自信のないヤツは世の中に埋没するし、前者の成功例が〝成り上る個人〟、後者の最強例が〝沈黙するエスタブリッシュメント〟だという訳ですね。

チャンバラ映画は、刀振り回して突っ走ることだけで〝自由〟というものを獲得出来た。でも、それで有頂天になっていると、必ずメジャー（大手＝体制・組織・世の中）に乗っとられるのが近代なんですから、〝チャンバラ映画〟という世界の中での映画会社の社長の話というのは、存外重要で象徴的なんですね。

組織の長が〝社長〟なら、その社長とは組織に埋没した存在である。しかし、個人的な組織を有する者が〝社長〟なら——その〝社長〟をこそワンマンと呼ぶ——その社長は、所詮、更に大きな組織と対立する一個人にすぎない。という訳で、ワンマン社長の悲劇というのがやって来る訳です。

近代設備を誇る大製菓会社の進出の前に、町の駄菓子屋はひとたまりもない——新東宝の倒産というのはこれですね。大蔵貢ワンマンの新東宝が倒れて、次は同じワンマンの永田雅一大映が倒れるというのは、事の必然のようなものです。

という訳で、その大映という映画会社の成立由来へ参ります——。

新東宝という会社が、最も近代的だった会社組織の興行会社・東宝の、最も戦後的な労働争議という名の〝自由〟を〝背景にして生まれたものなら（東宝というのは慶應出の実業家・小林一三の手になる日本で最初の近代的興行〝会社〟なんです）、大映というのは全く対照的な、戦前・軍国主義の国家統制を背景にして成立した会社です。

日本は太平洋戦争に突入し、その結果、補給路を断たれたまま全ての生産活動が軍事方面に吸い上げられて行くということになります。物資の窮乏というのがそこから生まれる訳で、その為に戦時下の日本では会社の統廃合がいくつも起こりました。フィルムという貴重品を必要とする映画産業だとてその例には洩れず、昭和十七年、日本の映画会社は国家の方針によって三つという数に決められました。その三つとは、松竹と東宝と大映です。日本で一番歴史の古い映画会社の日活ですが、その日活は昭和十七年当時存在していた新興キネマ・大都映画と合併して大映（大日本映画製作株式会社）という新会社が生まれました。初代の社長は文藝春秋社の社長だった菊池寛です。

日活（日本活動写真株式会社）が大正元年、それまでに活動写真を作っていた小さな個人商店の合同によって生まれたというお話は前にもしましたが、昭和十七年、その歴史はもう一遍繰り返されて、日活・新興キネマ・大都映画の三社は大映として生まれ変るのです。そして面白いのは、その大映がチャンバラ映画関係の総結集という形で映画会社としてのスタートを切る——個人と法人は、常に〝チャンバラ映画〟という形で対立を表沙汰にするという法則めいたものがここでもう一遍繰り返されることです。

日活が日本で最も古い映画会社で、その最も古い映画会社が日本で最初に生んだ映画スターがチャンバラ映画スターの尾上松之助であり、だから従って日本映画の最も古い中心的な柱はチャンバラ映画であるというお話は再三繰り返して来ましたが、しかし、じゃァそれではどうしてそういう由緒も実績もある日活という映画会社が昭和十七年に消えてしまうのでしょうか？――という話です（正確なことを言うと、昭和十七年日活の映画製作部門だけが切り離されて大映へと吸収されて行った訳ですが、まァそういうメンドクサイ詮索はとりあえずおきます）。

別に昭和十七年に日活が一旦消滅してしまうことに大した不思議もないというのは、これが要するに〝会社〟というものを単位にした力関係の話だからです。

松竹がある時期の日本の演劇界を完全に掌握した大資本であったことは前にもお話ししました。その資金力をバックにして、マキノチャンバラに林長二郎をぶつけて来たという話も。そして、東宝という――戦後に労働争議を起こすだけの――近代的な会社組織は、慶應義塾大学出の実業家（資本主義のプロです）小林一三によって、宝塚少女歌劇の東京進出、対松竹との企業戦争の為に設立されたものだ、ということもお話ししました。松竹は大地主、東宝は資本家、そして日活は独立独歩の自営農みたいなものです。別に日活に限らず、日活から独立して行ってマキノキネマを作って独自のチャンバラ映画を作る牧野省三、そこから更に独立して行ってやっぱり独自のチャンバラ映画を作る阪東妻三郎以下のチャンバラスター連中は、これはみんな、勢いのある時は勢いのある（しかし、一遍ガタが来るとひとたまりもない）〝体だけが資本〟の自営農（フリーランサー）のようなものです。

日活がウケて、演劇の興行会社であった松竹も映画部門を作る。それに倣《なら》って東宝も映画部門を作る。作ってしまえば、会社としての力のあるものの勝ちです。映画会社の統廃合で、松竹が譲る訳もなければ東宝だって譲る訳はない。という訳で、三つの〝自営農〟――日活と大都映画と新興キネマが当然のように合併されてしまう訳です。

ちなみについでですが、東宝の社長であった慶應義塾大学出の実業家小林一三は、当然のごとく〝エライ人〟でした、この人は昭和十五年の近衛内閣で商工大臣――今の通産大臣――をやって、その後の戦後、進駐軍によって〝公職追放〟の憂目を見た人です。戦後の〝公職追放〟というのは〝軍国主義に加担した〟ということの懲罰ですが、しかし一方それは〝戦前はエラかった〟ということの逆証明みたいなものですから、小林一三の東宝がエラかった、それのライバルである松竹もエラかった――従って第三者の日活がツンボ桟敷で如何に弱かったかということぐらい、容易にお分りになるでしょう。東宝・松竹対日活の関係というのは、それ以前の日活に於ける、資本家・横田永之助対製作者・牧野省三との力関係の、更にスケール・アップした焼き直しなんです。歴史というのは、正に繰り返すんですね。

サイレント時代が終ってトーキーになって、独立プロを作っていたチャンバラ映画スター達が次々と独立プロを畳《たた》んで行った話は前にもしました。という訳で、昭和十七年の日活には、阪東妻三郎も嵐寛寿郎も片岡千恵蔵も、そして監督のマキノ雅弘もシナリオ作家の山上伊太郎もいました。言ってみれば日活はチャンバラ映画の宝庫で、その上にここへ大都と新興という二つの会社が加わります。

新興キネマというのは、サイレント時代に威勢よく独立プロを作っていたスター達、阪東妻三郎や嵐寛寿郎の、そのスタープロの作品を買い上げて配給をしていた会社です。そして、この新興キネマには市川右太衛門という、専属スターがいました。大都映画というのは新興キネマに比べると今一つパッとしませんが、こちらも時代劇が主流の娯楽映画専門会社で(〝戦前の新東宝〟というところが分りやすいたとえでしょうか)この三つが合併して大映が出来上るんですから、正に大映は戦時下のチャンバラ映画一手引き受けのようなものです。ちなみに、昭和十七年の大映創立第一作は、阪東妻三郎の坂本龍馬、市川右太衛門の桂小五郎、片岡千恵蔵の西郷吉之助(隆盛)、嵐寛寿郎の将軍徳川慶喜という超豪華キャストによる『維新の曲』という幕末ものでした。

さて今迄のところを簡単にまとめてしまいますと、昭和十七年の大映の創立というのは資本家の謀略によって追いつめられたチャンバラ映画の大同団結でした、ということになります。話が突然マルクス主義っぽくなりましたが、あながち話が突飛でもないというのは、ここに〝トーキー〟という映画の〝産業革命〟が挟まっているからです。

最前から私はしつこいぐらいに「トーキーが、トーキーが」と言っていますが、映画に音が出るようになったら、音を出す為にはその分余計に金がかかる、ということです。音が出るトーキー映画の前に、音の出ない〝チャンバラ〟というアクション映画は次第に古臭いものへと変えられて行き、それで儲けた人達は〝まだ儲かっている〟という現状に引きずられて次の時代をつかむきっかけを失う。失わなくても、トーキーに切り換える為の設備投資で一遍に資金力がガタつく。新興・大都・日活の合併の陰にはそうした〝産業革命〟による没落という要因だってあるのですね。そして、その上に二種類の青年——近代青年と前近代青年の葛藤というものも生まれて来るんです。日本の〝近代〟の特徴というものは、前近代と近代の混在にあるという、話はやっぱりそこへ行きます。

前近代を代表するのは、牧野省三以来、チャンバラ映画を作る側の青年達です。そして、近代というものは、いつも世の中からの排除に苦しむ〝青年〟であり、と同時に搾取する資本家であるという図式が見事に発見出来ます。大映の社長・永田《ながた》雅一《まさいち》という人は、正にそうした両方の意味での近代青年だったのです。

昭和十七年に成立した大映の社長は、前にも言いましたように、当時の国策に適った文藝春秋の社長である文化人・菊池寛でしたが、しかし、その実質的な采配は、当時新興キネマの撮影所長だった永田雅一だったと言われています。この人が戦後になって改めて大映の社長に就任する訳ですが、結局のところ大映の成立とは永田雅一の日活乗っ取りであったというような言われ方をするのにも理由がない訳ではないのです。

永田雅一という人は大正十三年、日活の庶務係として映画人のスタートを切りました。学生アルバイトからコツコツと出世の道を歩み始めたこの人が、実は映画の製作現場からスタートしたのではない――みんなが嬉々として「ようし、今度はこういうの作ろうぜ！」と張り切っている製作現場を横目で見ながら庶務係という陽の当らない職場に身を潜めていたというようなことは、かなり重要なことではないかと思うのです。勝手に、永田雅一の精神分析というのをここでしてしまいます。

大正の終りから昭和の初期というのは、サイレント映画の全盛期です。みんな、勝手に元気に走り回っています。みんな同じように若くて、みんな同じように映画が好きで。でも、その〝みんな〟が若くて映画が好きである中で、唯一人同じ条件を持ちながらも取り残されてしまった人間はどうなるでしょう? みんなが勝手に走り回っている中で、唯一人走れない人間は誰あろう、庶務係という事務職についている青年・永田雅一です、みんなが遊び回っている時にその遊びの輪の中に入れない。だから、そこに参加したい彼は、独自の方法で映画作りに参加するより他になかった――それが〝乗っ取り〟という悪評を蒙《こうむ》りながらも映画会社の社長になった、映画製作のトップに立ってラッパを吹きまくった永田雅一の青年時代なんです。

永田雅一という人は、戦後大映の社長となり、この会社は『羅生門』『雨月物語』『地獄門』という作品で海外の映画祭の大賞《グランプリ》をかっさらいました。戦争に敗れて自信というものを失っていた日本人を勇気づけた快挙でもありますが、と同時に、この栄光は、学生アルバイトからコツコツと映画人としての道を歩くしかなかった日陰の映画青年・永田雅一自身に対しても何より大きく作用した快挙ではありましたでしょう。

暗い過去を払拭《ふっしょく》する最大の方法は、それを忘れさせてくれる外からの輝かしい名誉以外にない――それが一番手っ取り早いというのが日本の〝近代〟だったのです。永田雅一は、戦後の日本で最初に〝大作主義〟を唱《とな》えた人です。毎週毎週二本立てのプログラム・ピクチュアが量産されて行く日本映画の全盛時に〝一本立興行〟を提唱したこの人は、誰よりも〝名作の持つ名誉〟というものの重味を知っていた人なのではないかと、私は思います。

この人は、一人で成り上った人です。一人から出世をして、組織のトップ＝社長になった人です。下の一人から上の一人へ――そういう意味では、典型的な〝出世する日本人〟です。そして、出世したこの人には、その一人を支えてくれるものが何もありません。松竹のような〝伝統〟もなく、東宝のような〝組織〟もない。ワンマンであるということは、早い話がエスタブリッシュメントの世界から浮き上っていることです――というようなことはさんざっぱら田中角栄元総理大臣が逮捕された時に言われたことですが、別にそれは田中角栄だけじゃないんですね。ここにも一人いた、というようなものですね。永田雅一が大映を倒産に追い込んだのは、彼の〝政治狂い〟だと言われていますが、多額の政治資金をつぎこんで政界とのコネクションを誇りたがったというのも、そうしなければ〝確実な世界〟とコンタクトを取っていられないという、不安感の表われなんですね。という訳で、永田雅一は〝名誉〟をほしがった。

〝名誉〟でいえばグランプリも政界とのつながりも日本の映画とは直接に関係のない、外の世界から与えられるものです。という訳で、大映の映画はそのように独特だったのです――という訳のわからないお話は次の章です。

10 独特《マイナー》な世界――京都時代劇

日本の映画会社の最大特徴は、京都と東京とで二つの撮影所を持っていたことです。古くは日活の向島、松竹の蒲田・大船の撮影所が現代劇専門であったのに対して、時代劇は京都であった、と。

今迄のところでお気づきかどうかは分りませんが、チャンバラ映画にとって京都というものは実に大きな意味を持ちます。

チャンバラ映画の生みの親・牧野省三が京都の芝居小屋の経営者。〝松竹合名社〟を作った白井松次郎・大谷竹次郎兄弟がやはり京都の芝居小屋経営者。宝塚の生みの親・小林一三の興行師としてのスタートが、京都ではないけれども、やはり関西で宝塚。日活・松竹・東宝の三大映画会社のスタートラインはすべて関西で、昭和十七年にメジャーとマイナーに分れる、松竹・東宝対日活の命運は、本拠を東京へ移すか移さないかという〝東京進出〟の如何だけだということがはっきり分ります。松竹も東宝も、公然と東京進出を目指したんです。じゃァ、東京にも現代劇用の撮影所を持っていた日活にとって東京はどういう意味を持っていたのか、京都はどういう意味を持っていたのかという話は後にして、もう少し〝京都（関西）〟の重要性を示す例を挙げます。

　東京ではないということで重要なのは、剣劇の生みの親・沢田正二郎の新国劇です。東京に生まれ東京の早稲田大学を出て東京の新劇である芸術座を退団して東京で新国劇の結成をした沢田正二郎は、東京での旗上げ公演に失敗して、京都へ来ます。東京での失敗が尾を曳《ひ》いて京都でもパッとせず、大阪の道頓堀にあった大衆劇場街に身を沈めて、ここで松竹の白井松次郎に注目されるところから新国劇の第一歩が始まることになる訳で、新国劇の形成に関西というバックは欠かせません。関西文化圏の中で剣劇というものを生み出して行くその初めである『月形半平太』の初演が京都の劇場であるということは非常に重要なことですね。大正当時にテレビがある訳もなし、映画でさえまだ創成期であるような時期、目で見るインパクトはその地へ赴かなければならないという重要事項は生きています。チャンバラ映画を作りたがっている人（牧野省三その他）の住んでいる京都で初めて、『月形半平太』のリアルな立回りが演じられる――このことは新しいチャンバラ映画形成の上で決定的なファクターとなる筈のものです。

映画（活動写真）以前の日本近代――明治大正の演劇の歴史は、東京中心で、幕末から続いている歌舞伎というものを上品にしよう、そして、西洋にある演劇を日本でも上演しようという、大きく分けてこの二つでした。前者が〝演劇改良〟、後者が〝新劇の誕生〟です。上品にして西洋に近づける――それが〝進歩〟であって、それが東京を舞台とした演劇の〝正史《せいし》〟です。近代演劇の歴史と言ったら、この東京の〝正史〟部分しか取り上げられませんが、この東京の頭で考える――言ってみれば理念先行型の正史に対して、体で受けとめる大衆文化の登場は全部関西です。

日本に初めて活動写真（映画）というものが入って来たのが明治二十八年、関西の神戸・神港倶楽部《しんこうくらぶ》というところで上映されます。神戸という西の入口があって、金と機材を持った横田永之助が京都の劇場主・牧野省三のところに「映画を作らんか？」と言ってやって来る。その結果、尾上松之助という日本で最初の映画スターであるチャンバラスターが生まれるのが日活の京都撮影所。

小林一三という実業家が温泉地へと鉄道を新設し、その客寄せの商品として生み出した日本で最初のレビューが宝塚少女歌劇という関西。外国人が上演し、それが都心ではパッとしないからと言って旧来の大衆的繁華街である浅草へ落ちて行って、そこで改めて日本人の手によって花開く東京の〝浅草オペラ〟よりも、宝塚少女歌劇の方が時間的には先です。

西洋の音楽劇《レビュー》も関西が先なら、新国劇という剣劇も関西、そして日本の喜劇の初めもやっぱり関西で、松竹新喜劇の前身で日本の近代喜劇の祖とされている曾我廼家《そがのや》五郎・十郎の〝曾我廼家喜劇〟が大阪で旗上げするのは、まだ東京に新劇のシの字もない、日露戦争勃発当時の明治三十七年です。

頭ではない体である、理屈ではない娯楽であるということがこれほど露骨な文化の東西対立というものはちょっとないようですね。なにしろ、この時期東京で生まれた大衆芸能というのは、外人主導が転落変形した浅草オペラだけなんですから。もしも沢田正二郎に〝東京から関西へ落ちて行った〟という前提がなかったら、はたして彼は〝半歩前進主義〟などという言葉を持ち出したかどうか、というようなことも考えます。この〝半歩〟というのは勿論、東京というものの持つ〝幻の一歩〟を念頭に置いての〝半歩〟でもあった筈ですからね。東京から落ちて行って初めて〝半歩〟という劣等意識は生まれるでしょう。東京という〝頭〟から見れば、関西という〝体〟はそうなんでしょう。でも、関西という伸びやかな体には、東京に対する対等なる対抗意識というのはあっても、〝半歩〟という劣等意識なんかはない筈ですね。東京という近代と、関西という前近代とが、対等に新しいものを生み出して行ったのが明治大正という時代で、そして同時に、その頃の関西にとって東京という〝頭〟はうるさかった。うるさかったものがなくなって、関西は関西を謳歌して結局のところ〝半歩〟

が半歩のままで終って、その後は〝独自な関西文化〟という地方文化《ローカル》にとどまってしまうことになる――時代劇という、時間が止まったまんまのドラマジャンルが京都という一地方の特産物になってしまうような事件が起こる、というのが何かというと、それが大正十二年に帝都東京を襲った関東大震災なんです。

関東大震災が起こった大正十二年というと、これはチャンバラ映画の歴史の上では、日活から独立した牧野省三がマキノキネマを創立して、尾上松之助ではない、阪東妻三郎という新しいスターによって新しいチャンバラ映画を正に作らんとしていた年です。この年に、東京という新しい文化・理念の文化の中心が潰滅《かいめつ》してしまうんです。東京という新しい〝近代日本〟の中心地が潰滅してしまうということは、もう〝半歩〟という頭を関西が持たなくてもいい、ということですね。優等生で背伸びをし続けていた両親御自慢の長男が突然いなくなって、兄貴のプレッシャーを陰に日向《ひなた》に感じ続けていた次男坊が「ああ、ほっとした」という思いを感じることが出来るようになったというのが関東大震災です。ここで関西は力を貯えます（幸か不幸か）。遊びすぎた子供が、大人になるとどこかでぼんやりしているという運命を、関西と、そしてチャンバラ映画がここで背負うことになるんです。

関東大震災は大正十二年に起こって、これから東京が完全に立ち直るのが昭和の五年です。その年の三月に東京では〝帝都復興祭〟というのが執《と》り行なわれています。そして、大正十二年から昭和の五、六年と言ったら、正にサイレント映画・サイレントチャンバラの全盛期です。昭和六年、国産初のトーキーである現代劇『マダムと女房』が東京で作られて、ここから日本映画は徐々にトーキーへと移って行きますが、トーキー以前のサイレント時代、東京はなかったということはとっても重要ですね。うるさいことを言う新文化はぼしゃっている訳ですからね。知らない間に東京は立ち直る。知らない間にトーキーという新文化は定着して来る。チャンバラ映画が現代性をなくして行くのはここからなんですね。昭和十七年、日活と大都映画と新興キネマの三社が合併して大映が生まれる——チャンバラ映画の大合同というのは、関東大震災から立ち直った東京文化が（それは軍国主義に行き着く近代文化ですが）〝時代劇〟〝関西〟という特定文化《マイナー》に押しつけた一つの制限枠であった。そして、関西のチャンバラ映画自身は、そのことにピンと来ないで、独自の道を平気で歩き続けていた、ということになるんです。まァ、〝時代劇〟という、現代と関係のないジャンルだから、それはそれで一向にかまわなかったということもあるんでしょうけれどね。どっかで、チャンバラ映画というのは平気で、時代離れのしたお人好しなんですよね。

戦後の昭和三十年代、日本映画の全盛時がピークに達して衰退に向かおうとする昭和三十五年以降——即ち一九六〇年代、時代劇というのは〝残酷時代劇〟という形で、一時的な安定を獲得します（又は獲得しようとします）。でも、この残酷時代劇を撮った監督というのはみんな、旧来の時代劇とは関係ないところから出て来るんです。黒澤明、小林正樹、今井正──ある時期の時代劇はこうした〝社会派〟の巨匠達にリードされた訳で、〝社会派〟というのも今となってはなんだかよく分らないネーミングですが、〝社会悪〟という、今となってはよく分らないものを追究すると〝社会派の巨匠〟というレッテルを貼られることになっていたというある時期の時代風潮に私は従っているだけですが、〝社会派の巨匠達による時代劇〟があるということは〝時代劇専門の職人監督〟では「現代に息づく社会悪は描けない」というような前提があった、ということを却って逆に浮かび上らせます。

第二講で申し述べましたように、戦後のチャンバラ映画は東映の作品に代表される通り明らかにワンパターンで、どれをとっても同じです。結局のところ話は〝ワッハッハッハ、正義は勝つのだ〟で一つです。この話の一色ぶりはテレビの『水戸黄門』で「印籠《いんろう》が出て来るのは番組が始まってから何分位」と言われる今に至るまで引き継がれていることですが、そういうワンパターンという前提があって、「それをどう見せて行くか？」という包丁さばきを求められたのが時代劇の監督であり、シナリオライターであり、出演者達でした。どう料理できるか、どう目先を変えられるか、そして全体としては〝相変らず〟という域にキチッと収める、それを要求されたのが時代劇の監督ですから彼等は当然〝職人監督〟という風に扱われます。〝職人というものは大体がところ高級なことはしない〟というのが日本のある部分での常識でありましたし、又実際、そうした職人監督の仕事振りが「またおんなじか……」で飽きられて日本映画は斜陽へと向かって行く訳ですから、〝鮮烈な〟社会派監督の仕事振りがある時期映画界でもてはやされます。まァ、ある時期の〝社会派〟の仕事は必ず〝鮮烈な〟と〝えぐる〟の二大キャッチフレーズをお伴に連れていた訳で、ということは裏を返すと、やっぱり〝社会派〟も明快なる勧善懲悪待望論の上に存在していた訳ですが（〝明快〟が〝鮮烈な〟になれば〝社会派〟だ、程度の許され方をしていたもんですから、'60年代の〝力作〟群を今見ると「何を怒鳴ってんのかな？」ぐらいにしかならないというところもあるのですが）、はっきり言ってこれが日本映画を暗くしたんですね。「映画は暗い……」で日本映画は斜陽になった、という話をしますと、残酷時代劇は結局のところ映画の方では海外のコンクールで賞を取って来る〝芸術〟――しかも〝社会派の芸術〟にしかならなかったけれども、テレビではこれが立派に娯楽として通っていたという現実があるからです。何かと言いますと、それは昭和三十八年（一九六三年）のテレビドラマ『三匹の侍』です。丹波哲郎（後に加藤剛）、平幹二朗、長門勇扮する三人の浪人者が文字通り〝バッサバッサ〟と悪人共を斬り倒す、五社英雄監督（当時は〝フジテレビの五社英雄ディレクター〟）の痛快娯楽時代劇が

『三匹の侍』で、これが受けたのは結局のところ、勧善懲悪の時代劇パターンに黒澤『用心棒』の〝ドバッ！〟〝ブギュッ！〟という〝肉を斬る音〟を持ちこんだからですね。この時期テレビに娯楽は生きてました（ちなみにNHKの『赤穂浪士』はこの次の年です）。

テレビに娯楽が生きていたというその裏には何があるかというと、映画で娯楽は死んでいたんです。同じ白黒画面で、血が飛び〝ブギュッ!!〟と音の出る残酷時代劇でも、テレビの方は、最後はめでたしめでたしで、主人公は手を振ってまた旅を続けるけれども、海外で賞を取った残酷時代劇映画の方は、主人公が死んじゃうか悲壮に目を剝くのかどっちかですから、娯楽なんかにゃなりゃしません。みんな「ウーン……」と唸って観賞する訳で、いくら観客のお目当てがエログロの見世物だと言っても、態々金を払って暗い気持になりたがるバカというのはそうそういない訳で、娯楽になりえない日本映画は滅んで行くし、晴れやかに笑えないチャンバラ映画は消えて行くんです。

時代劇の本拠地東映は、'60年代になると残酷時代劇から徐々にヤクザ映画の方に変って行きますが、これで日本から時代劇映画がなくなって行く訳ではなく、昭和の三十年代後半から四十年代へかけて（一九六〇年代ですが）、時代劇は大映から送り出されるようになるんです。ある意味で、大映の時代劇というのは、日本映画の凋落期、

『用心棒』→残酷時代劇へと流れて行って、明快なる娯楽をテレビに奪われてしまう時代の中で新たに生まれ変った唯一の時代劇だ、ということも出来ます。そしてこれこそが、『羅生門』『雨月物語』『地獄門』で海外のグランプリを取った、戦後大映の特徴である、とも。

一九六二年に始まる勝新太郎主演の〝座頭市シリーズ〟、一九六三年に始まる市川雷蔵主演の〝眠狂四郎シリーズ〟――日本映画が衰退して行った頃に、当然チャンバラ映画なんかは古くなってしまった頃に初めて登場して来るのが大映の時代劇である、というところに〝永田雅一の大映〟の特徴というものがあるのです。

〝グランプリ〟からスタートする戦後の大映の不思議というものをちょっと挙げましょう。'60年代の残酷時代劇が同じように、海外で賞を取ったということを重ね合わせると、時代劇の海外評価とは、実に悲劇以外の何物でもないということに（ひょっとしたら）なるのかもしれません。まァ、江戸時代というのは鎖国の時代なんだから、海外で賞なんか取っちゃいけないという、徳川幕府の呪《のろ》いでもあったのかもしれませんね。

無駄はともかく、戦後の大映というのは不思議な会社で、ここでは現代劇と時代劇が、見事に折半されていました。別の言い方をすれば、他の映画会社には売り物の〝路線〟というのがはっきりあったけれども、大映という会社にはそういうものがなかった、ということです。例えば、「時代劇は東映」であるのなら、「アクションは日活」です。「サラリーマン喜劇は東宝」であるなら「メロドラマの松竹」という風に売り物はあります。ついでに『性と人間』の新東宝はエログロナンセンスですが。ところで大映にはそういうものがないのです。大映の売り物は〝文芸映画〟もしくは〝作品としての映画〟ですから、そういう十把《じっぱ》一からげがここにはないというところに大映の特徴があります。

大映が海外でグランプリを取った、その輝きが戦後の大映を引っ張って行ったというのは非常に大きなことだったと思われますが、前にも残酷時代劇のところでお話ししましたように、外国でグランプリを取る映画というものは、日本で大衆的な人気を集める映画だという訳ではないのです。日本映画特有のかったるいテンポを払拭して初めて（そしてそれが時代劇であって初めて）日本映画というものは海外で賞が取れる――という前提があっての〝受賞〟です。大映の映画というのは、そういう映画だったのです。〝外に誇れる映画〟――それが永田雅一の〝作品〟であり、孤独だったのです。

大映の時代劇の一番の特徴というものは映像的な深みでしょう。映画というものは一種〝光〟の芸術ではありますから、このことは重要です。

日本映画がカラー時代に突入しても巨匠連中がなかなか色彩の世界へと参入して来

なかった、頑なに白黒の世界を守っていた（残酷時代劇が白黒であったことを思い出していただきたいと思います）のは、白黒映画が光と影の対照によって出来ていて、カラー映画は万遍なく行き渡った色彩がこのコントラストを消してしまう――ドラマの中心を曖昧にしてただの絵物語、紙芝居に堕してしまうという危惧《きぐ》があったからなんですね。

そのことで一番特徴的なのは、日本で最初に大型カラーを導入したのが東映であることです。東映の時代劇というものには、何も言われなくとも「あ、それは東映だ！」と言わせてしまうようなものがあります。「画面が如何にも東映だ」というようなその特徴は何かというと、これは明らさまにも紙芝居であるような、奥行きのなさです。もっと正確に言えば、紙芝居ではなく、陰影を無視した日本映画、輪郭のくっきりした〝形《フォルム》〟で認識する浮世絵〟の世界ということになりましょう。

日本映画の全盛期というのは映画会社に金が余っていましたから、なんでもかんでもセットを作ってしまいました。武家家敷、町家は言うに及ばず〝山の中〟までスタジオ内に作ってしまいます。東映の場合は〝東映城〟と呼ばれるお城まで、スタジオの敷地内に建ててしまいましたが、なんでそんなことをするのかというと、何遍も使うものだったらいっそ作ってしまった方が安上りだということもありますが、それと同じように重要なのはカメラアングルの確保です。映画撮影用に作られたスタジオというものは、なにしろその為に作られたものですから、よきカメラアングルを確保する為の足場のよさというものはロケ地の比ではありません。安定した画面を得る為にはセット撮影が一番なのです——ということは、裏を返せば、セット撮影というのは〝安定した〟と称されるような決りきったアングルからしか撮影は出来ない、必ず破綻のない世界しか作らない(作れない)ということです。

すべてが最も安定した視点から捉えられる——これは、初めっからマンネリズムを肯定しているということですね。東映というのは戦後に出来た新しい会社ですが、片岡千恵蔵、市川右太衛門、月形龍之介、大友柳太朗、そして大河内伝次郎と揃ったところを見れば明らかなように、それは戦前の日活→マキノ→日活→大映と続く、チャンバラ映画の正統を受け継ぐものです。そして、ここが正にその伝統を受け継いでいたというのは、十年一日の勧善懲悪——すべてが〝正義は勝って晴やかに笑う〟というワンパターンで貫かれていたことでも分ります。既にして、時代劇のパターンは出来上っていたのです。「もう時代劇はそれだけでいい!」という、娯楽の本質だけを作り続けていた訳ですから、視点が安定しているというのは当り前なんです。〝既に物語は決っている〟という前提があれば、〝その物語を眺める視点も決っている〟ということは自動的に出て来ます。後は、その場その場の枝葉の変化《アレンジ》である、と。それが職人芸を生むんですね。

東映のチャンバラ映画には〝極端な視点〟というものが出て来ません。アップなら、襟元から頭の先がちょっと切れるぐらい。もう少しカメラを引くと、いわゆる〝バスト・アップ〟と呼ばれる胸元から上、更にカメラを引いてロングになっても、坐っていれば全身が入るけれども、立っていれば膝から下が切れてカメラに入らないという具合にカメラの位置は極めて〝お芝居的〟〝紙芝居的〟な安定を保っています。たとえばこれを松竹の時代劇と比べてみます。松竹というのは御承知のように歌舞伎の本家ですから、江戸時代の芝居小屋というのは映画にもよく出て来ます。勿論これは東映のチャンバラ映画にも出て来ますが、明らかに違うというのは、その本家松竹の〝本物志向〟です。

東映に出て来る芝居小屋は、これはもう安定した視点ですから、揺ぎません。左から右へと、カメラが水平に移動すればそれで「ああ、芝居小屋か」ということは分ります。〝左から右〟（あるいは〝右から左〟）という横の視線の移動は、人間の物を見る目にとって最も自然なものですから、このカメラの移動（〝パン〟と呼びます）があれば、「ああ、なるほど、これは芝居小屋だなァ」と納得が出来ます。これはある意味で、作られた背景セットが芝居の〝書き割り〟と同じだということです。ところで、松竹がこれと違うというのは、芝居小屋だったら必ず、二階桟敷《さじき》・三階桟敷という客席の上の方から全体を見渡したシーンというのが登場するというところです。

東映は「なるほど芝居小屋だなァ……」ということが分ればいいけれども、一方の松竹は「この際だから当時の芝居小屋の全貌をお目にかけます」という本物志向だということ、お分りいただけましたでしょうか？　目の動きでいけば〝左右〟という横の動きだけではなく、前後であったり上下であったりする、奥行きとか高さを探る視点というものもあります。そして、現実の風景というのは、全部この上下、左右、前後という三次元で取り仕切られている訳ですからそう簡単には平面的になりません。東映のチャンバラ映画というのは、「チャンと立体的なセットを組んだんだから、後はもう平面的でもかまわない」と言わぬばかりに、横の動き専門です。すべての装置が、シネマスコープの横長の天地に沿って、必ず平行に組み上っている――そのことを映画設景の基本にするのが東映です。敢えて奥行きを消してしまう――そのことによって画面を、浮世絵の持つ単純明快なる平面構成に置き換えてしまう、と言いましょうか。

ところで一方、松竹はそうではありません。松竹ばかりでなく、東宝も大映もそうですが、現実には奥行きと立体感がある、とばかりに、斜めの線が必ず出て来ます。たとえば、東映が〝東海道の松並木〟をスクリーンに映し出す時は、シネマスコープの画面に横一列であるなら、よその映画は必ず、遠近法を生かして、右手前から左奥へというように斜めに見せる、というようなものです。東映が人物主体であるなら、よそは風景主体（従ってロケも多い）だから、超ロングもあるし、人間が歩いていれば、必ず頭の先から爪先まで画面に入るというようなものなのです。東映が意図的にお芝居であるのなら、よそは平気で現実です。映画的ということでいえばよその映画会社の方が映画的ですが、チャンバラ映画的、時代劇的ということでいえば、人物にカメラを絞り込んで行く東映の方がズッと本物です。〝旧態依然の様式美〟を脱することが映画的であるなら、東映は映画という現代芸術を態々平面的にして様式的にしてしまった、ということが言えます。しかし、残念ながら様式美というのがいかに大きい何かというと、実は今まで東映チャンバラで言って来たことが全部、黒澤時代劇にもあてはまる、ということもあるからなんです。

完璧主義者・黒澤明は、チャチなオープンセットでは我慢出来ずに、本物を再現してしまう。建物の古びを出す為に一遍木材を火で焦がすとか、砂埃をビュービューまき散らすとか色々やっています――そういう意味では、セットも出演者同様の本物性＝ノン・スター性を要求されているんですが――しかし、そうして出来上った本物をフィルムの中に収める時にどのようにするか？　意外や意外、黒澤映画のカメラの視点は、非常に安定したいつも通りの東映チャンバラ映画のカメラアングルと同じなんです。

黒澤明の映画は東映のチャンバラ映画と同じように、一目見れば「あ、クロサワだ」と分るように力感のこもった画面ですが、実はこれ、本物を最も安定した視点から捉えてそれを様式的に再構成しているという点で、極めて東映映画的なんですね。『椿三十郎』の冒頭、古い神社のお堂に集まった九人の若侍達が大目付の手の者に取り囲まれ、それを三船三十郎が奇計を用いて追い払った後のこと。横長画面の右端に坐って三船三十郎が無精髭を撫でていると、その後ろには加山雄三を中心にした九人の若侍が右から左へきれいに一列に並んで手をついている。横一文字の、全く様式的な構図ですね。そして「これからお前達どうする？ 待てよ、今の話だと城代家老が危い」と椿三十郎が次のドラマ展開を暗示すると、坐って手をついていた若侍がパッと一勢に立ち上る——その立ち上り方というのが、中央に腰を下した加山雄三はそのまんまで、その後ろに一人が立ち、その両横に二人が立ちという具合に、九人が一団となって、〝富士山の構図〟を作る。中央が立って両端が膝をついたままならそうなるのは当然ですが、リアリスト黒澤明というのは、実に様式的な人でもある、ということです。

写されるべき被写体に普通にカメラを向ける——それが景色であったならば、その景色の奥行きが出るように構えるのが一番自然なカメラの向け方ということですが、それではあまりに芸がない。遠近感を表わす無神経な斜めの線をカメラの中から消してしまう。そして、カメラを人間に絞りこんで行く——襟元アップ・胸許《バスト》アップ・膝チョン切れ、その三段階が、一番安定して人間というものをとらえられるカメラ位置。映し出される中味は違っても、東映とクロサワとでは、その映し出し方は同じなんです。

東映は、今迄通りを煮つめて行ったら、そういう安定様式《マンネリズム》に行き着いた。それを否定して、現代的な、あるいは奥行きのある映像表現として斜めの遠近感を多用したら、なんの緊張感もない〝当り前〟が生まれてしまった。だからもう一遍、黒澤明はそれを東映に戻した、というところでしょう。ただ違うところは、一方がフラットな色彩画面、もう一方が陰影を強調した白黒画面というところです。

そして、このところで大映が出て来ます。大映というのは、カメラ位置は松竹と東映の中間やや松竹よりというところでしょうが、ここが違うのは、色に奥行きがある、というところです。たとえば、東映の夜が〝青い〟なら大映の夜は〝暗い〟という、そういう違いです。

映画のセットというものは、（野外の）オープンセットでなければ、みんな屋根のあるスタジオの内部に組まれます。という訳で、本来なら頭のテッペンから降り注いでいる陽の光というものはセットの中には存在せず、代りに強いライトの光というものが当ります。昔のカラー映画というのは、実に膨大な量の光というものを撮影に当って必要としたので、スタジオの天井にはライトが沢山ブラ下っていたのですが、しかし自然の力というものは偉大なもので、太陽光線と同様の光を用意するというのは大変なことでした。という訳でどうなるのかというと、室内のセット撮影は、あまりにも万遍なく光が当りすぎて、カーッと照りつける太陽の光が作り出す〝影〟というものを消してしまうのです。同じ映画の中で、人工照明によるセット撮影部分と、太陽光線による野外撮影部分を見分けるのは簡単です。太陽光線の方はくっきりと自然に影を作っているのに対して、人工光線の方はそれが妙に力なげなんです。あまりにもその野外の強力な太陽光線によるクッキリとした影が自然なので見落しがちですが、それは注意してみればよく分ります。人工照明で影を作れば暗くなりすぎて目がチラチラするのにもかかわらず、太陽光線による影はあまりにも自然だから目にとまらない――でも注意すると、室内セットで撮影された部分は妙にボンヤリとして影がない。カラーだと室内、野外の差があまりにもくっきりと歴然であるが為に、巨匠連中は長らく白黒で映画を撮り続けたという一面もある筈です。

さて、そこで東映と大映ですが、どう違うのかというと、今度は重箱の隅ではなく、部屋の隅、障子の隅です。東映のチャンバラ映画の画面がどこかノッペリして一目瞭然〝東映〟であるというのは、実にその障子の紙の貼り方です。もう、この東映の障子は、昨日貼り変えましたと言わぬばかりに真っ白です。そして、その紙の質感まで分るような、どこか不透明な白さです。

たとえば、昼間室内で障子を閉め切っていたら、外光を受けて障子の白い紙は透き通るような輝きを見せます。障子の裏から光が当るからですね。だから、障子の紙の質感なんていうものは、この時飛んでなくなってしまう筈です。言ってみれば、大映の時代劇は、障子の裏から光を当てて光の質感を出す世界、一方の東映は、障子の表からうっすらと光を当てて障子紙の真新しい質感を出す世界という、そんな差です。

東映の時代劇の室内は、隅々まで隈《くま》なく一様に明るい。一方、大映の時代劇は光の当らない影が出来る、と。東映の夜は青くて、大映の夜が暗いというのはこんなところです。面倒臭いことを一々言っていてもしようがないので結論を言ってしまいますと、東映は時代劇を時代劇として撮っていたけれども、大映は時代劇を現代の映画会社が作る時代劇として撮っていた、ということです。〝映像的な深み〟とはそのことを指します。

東映は、例の『用心棒』の一撃で昭和三十年代の後半（一九六〇年代）次第に時代劇が衰退へと向かって行きます。昭和四十年代にはもう東映はヤクザ映画の世界に変っている訳ですが、しかし大映というものは違いました。60年代の〝座頭市〟〝眠狂四郎〟で、大映は変貌を遂げるのです。というより、大映のスターが変貌を遂げるのです。これはそういう〝変貌〟なんです。

　戦後の日本のチャンバラ映画を決定してしまったのは誰でもない、東映の中村錦之助（現・萬屋錦之介）であったと私は思うのですが――この事は後で触れられます――それは、彼の持つ若さと美貌と甘さでした。戦後のチャンバラ映画のスターはすべてこの若き一人のスターの影響下にあったと言っても過言ではありませんが、大映の市川雷蔵と勝新太郎も勿論そうでした。

　大映の看板スターは松竹から東宝、そして戦後は東宝から労働争議によって新東宝へ、そこから更に大映へと移って来た長谷川一夫ですが、このマキノ日活の戦前サイレントチャンバラの男性世界に対抗して松竹で生まれた近代最初の〝アイドル〟の戦後版、そしてマキノ・日活・大映と続く男性世界のアイドル版が〝錦ちゃん〟中村錦之助でもある訳で、だから当然、ある時期までの大映は、長谷川御大の下に市川・勝の若手が並び立つ、小型東映ででもありました。この世界がどういう世界であるかといえば、若さと美貌と甘さを基本にした世界である訳ですから、ここでのスターは白塗り、目張り入りツケマツ毛付きの美男です。という訳で、市川雷蔵も勝新太郎も、黒いアイラインを入れて、愛嬌たっぷりに笑っていました。歌舞伎の市川寿海の養子で、面長美男の市川雷蔵はともかく、丸顔で豪快が売り物の勝新太郎はさぞ面映ゆかったろうとは思います。もう少し我が身に適《かな》った、自由に羽を伸ばせるヒーローを演じたいという、男性なら当然持ってしかるべき欲求だってある筈です。お白粉の下に塗りこめられた、勝新太郎なら〝豪快さ〟を、市川雷蔵なら〝暗さ〟を主張したい。そうして生まれて来たのが〝座頭市〟と〝眠狂四郎〟。一方が盲目のヤクザで人間味たっぷりの女好きなら、一方は御禁制の切支丹と日本人の母の間に生まれた、平気で女を犯す混血児。どちらも、それまでの日本映画のシリーズにはない〝悪〟の匂いを感じさせる現代的なヒーローです。〝変貌〟とはそういうもので、この〝変貌〟とは実に、己れの素顔に還《かえ》る、というようなものだったんですね。

男の中には野蛮さ、凶暴さと称されるようなものがあります。ただしかし、それは一度も公明正大な形では表沙汰になったことのないものです。だから、男の中にあるそうした〝暗い素顔〟というものはとりあえず〝野蛮さ〟〝凶暴さ〟という言葉によってしか表現されないものと言っておいた方が正確ではありますが、なんだか分らない以上、それは明確には表現されない——〝陰影に富んでいる〟という形で表現されるしか(とりあえずは)なかったというところが〝時代〟なのでしょう。

東映の時代劇というのは、一様に明るかったのです。一様の明るさというものに支えられていたのです。だから、夜となったらそれは〝青い〟んです。でも大映は違います。大映の映画は陰影に富んでいます。そして、この陰影に富んでいるというところで、大映の映画は、時代劇でありながら現代劇的な撮られ方をしていたんだということになるんです。グランプリ以来の〝個人的な世界〟はこういう映画を生むんです。

陰影に富んでいるということによって万国共通である、ということにはなります。そして、あまりにも明らさまに一様であったら、「そこに描かれていることはどういうことなのか？」という説明を求められることになります。知らない人に、分りきったこと（になっていること）の説明を求められるのは苦しいことです。何しろこちらとしては〝当然分ったことになっている〟という自明の理を改めて——ということなんですから。子供に「あれ、なんなの？」と突拍子もないことを訊かれると往々にして大人は説明に困ってしまう。外国人に忠臣蔵を支える人間の心理を訊かれたら日本人は答に窮してしまうだろうというのは、それと全く同じですね。

忠臣蔵は日本人にとって分り切っているから、明快に描かれる。〝影のある忠臣蔵〟なんていう暗いものは、絶対に日本人の好むところではないでしょう。でも、その明快に描かれてしまった忠臣蔵を見せられても、外国人はやはり分らないでしょうね——特にその心理的なつながりが。分っても分らなくても、影があれば大体はそこら辺の暗さというので、人間というのは分ってしまうんですね。人間の内部にある影なんていうのは、ある程度の文明を持った人間にはみんな共通のようなものですから。という訳で、影のある現代的表現による時代劇というのは、外国人にも受けるし、外国人のようになってしまった現代の日本人にも受けます。受けますがしかし、そこから先が日本のすごいところというのは、日本人は、血みどろになってしまう世界まで明快に描いてしまう〝美学〟というものを持っているんです。浮世絵という、陰影を持たない平面的な世界が、実は江戸の幕末に血みどろの世界を描いていた――それが新聞錦絵になって明治の初めの〝FF現象〟を作っていた、ということだってあるのです。そこは、現代人にとっては〝暗い〟部分だったけれども、もっと前の人にとっては〝猟奇〟として明らさまにも平明であった部分ではあるのです。そこに対して〝暗い〟という形で影をつけてしまった――そのことによって〝暗い部分がある〟という形で、曖昧なままにそれを登場させて来たのが〝残酷〟という名の現代表現です。困ったことにその中途半端な登場が、現代人というものをひ弱にしちゃったということだってあるんですね。

永田雅一の作品第一主義は、〝外国にも共通する〟で、彼自身グランプリ作品を送り出して〝外国にも通用した〟という形で絶対なる自信を持っていたようですが、実にそれは、外国に通用した分だけ、底が浅かったんです――ということをもう断言しちゃいましょう。人間というのはもうちょっとこわいし、そのこわさは実に当り前で、そのことを公然と出すのがこわい人が〝作品性〟とか〝芸術〟とかいう言い訳によりかかるんです。〝グランプリ〟と〝政治〟と〝作品本位〟とで来た大映の倒産は個人的世界の限界であると同時に、近代の限界でもあったんですね。いつもおんなじ〝通俗〟というのは、もうちょっと深くてもうちょっとこわいものを平気で描いちゃうということもあるんです。

11 内田吐夢の情念世界

内田吐夢《うちだとむ》は、東映の誇る〝巨匠〟です。実に日本的な訳の分らなさを持った〝巨匠〟というのはこんな人のことを言うのかと、私なんかは真実思います。この人は実に、とんでもない人です。

内田吐夢という人は多くの日本映画の〝巨匠〟達に共通するように、現代劇と時代劇の両方を撮っています。撮っていますが、しかしこの人ほど現代劇と時代劇とで徹底的な違いを見せつけた監督というのもいないでしょう。

昭和四十年公開の『飢餓海峡』、原作は水上勉の社会派ミステリーで、勿論現代物です。ここでこの内田吐夢という人は何をやっているのかというと、その荒涼とした感じを出す為に、16ミリのフィルムで撮影したものを35ミリの劇場公開用のフィルムに拡大して現像焼付けて、粒子の荒さというのを出しているんです。この〝東映＝W106方式〟と称された方式（というほど確固としたものではありませんが）を採用したのは、晩年に近い六十七歳の時です。今では陳腐になってしまったネガとポジの逆転とか――これをサイケデリック全盛以前に、日本映画でやっています。日本映画というのは、どこかメカに弱いというようなところがあって、撮影方式やフィルムに実験を持ちこむということはあんまりないんですが、この人はリアルな臨場感を出す為に、平気でやるんです。

内田吐夢の現代劇はこうです。まァ、荒涼とした現実の貧しさを描くのなら〝社会派の巨匠〟連中はみんなやることで大したことはありません。そういう現代的なリアリズムで時代劇も押し切って行くと、現代的で陰影に富んだ〝残酷時代劇〟が生まれるのですがしかし、このさすがに東映の巨匠である内田吐夢は違います。この人は、時代劇を撮ると、平気で陳腐な絵空事を出して来るんです。

昭和三十六年から一年一作のペースで作られて行った東映の『宮本武蔵』全五部は、昭和三十六年の東宝『用心棒』に痛撃を喰った時代劇の王者東映の巻き返しでもありますが、私が敢えてこれを〝残酷時代劇〟というものの中に入れなかったのは、こんなシーンがその中にあるからです（あ、勿論監督は内田吐夢です）。

三作目の『宮本武蔵・二刀流開眼』で京の名門道場主・吉岡清十郎を倒した中村錦之助の宮本武蔵はこう呟《つぶや》きます。「名門の子、やる相手ではなかった。しかし俺は勝った。室町以来の京流の宗家、吉岡の剣法を俺は倒した」。場所は朝靄《あさもや》に煙る林の中です。

剣の道を志し、奈良の宝蔵院《ほうぞういん》流を倒し、京にやって来て当時の名門中の名門だった吉岡道場の当主を倒した（この遺恨試合が後の一乗寺下り松の決闘へと続く訳ですが）――言ってみれば、吉岡清十郎を倒して逆に宮本武蔵は天下一流の剣法者としての門口に立ったというような誇らしい瞬間です。武蔵も興奮しています。と、どうなるのかというと、突然朝靄の林の向うの空に、クイクイクイッと、一筋の赤い雲が浮かび上ります。武蔵の現在とこれからを象徴するような夜明けの雲ですね。まァ、なんとも都合よく夜明けの光がクイクイクイッと射して来るもんだと思いますが、これはもう明らかに作り物ですね。バックのホリゾントに赤い光を当てて、武蔵の心象風景を作り出している訳です。なんとも陳腐な絵空事というのはここですが、しかしこれがなければ時代劇にはなりません。こういうよくある手を臆面もなく出して来るのが東映の時代劇だし、歌舞伎から脈々と続く、時代劇の美学です（ちなみに、その美学を正しく受け継いでいるのが『巨人の星』に代表されるような少年マンガ、少女マンガなんですけどね）。

この、夜明けの雲を見て、観客は感動します。私も感動しますし、あなたも感動します。ここで感動しない人間は、チャンバラ映画、時代劇映画を見てはいけない人間なんですから。

武蔵の心象風景は、東映京都撮影所の誇る美術スタッフによる完全な作り物です。吉岡清十郎と剣を合わせる林、武蔵が一人朝靄の中に立つ林、そして朝焼けの雲――

こういうものは全部、以前に私が述べたような、平面的な作り物、大映的美術の世界とは違う、フラットで陰影に富まないような撮られ方をして画面の中に存在しています。明らさまにも平明に描き出されるシーンは、それなりに一貫している訳で、だからここに作り物の朝焼け雲がクイクイクイッと現われて来たって（ホントに誰かが赤いゼラチンをライトの前で引っ張ってるな、というようにクイクイクイッです）、別に違和感はありません。よく出来た人工的な物の上に更に人工的な感動が付け加えられる訳ですから、その人工を「よし」とした人はすぐそれに乗れるんですね。

という訳で、「吉岡の剣法を俺は倒した」と言う、「だが戦いはこれで終ったのではない、これからだ」と続けて、武蔵は歩き始める訳です。林を一歩、二歩脱けると、そこはもう、明らさまにも朝焼け雲をホリゾントに映し出している東映のスタジオ内です。「ああ、やっぱりあの雲は明らさまにも作り物だったな」と思う瞬間、続けて飛んでもないことが起こります。武蔵がそこへ向かって歩いて行く一筋の朝焼け雲の空は、そのまんま一面真っ赤な朝焼けの空へと変って行くからです。ホリゾントに映し出される光景がスーッと変るんですね。勿論ここのところはワンカットの長回しですから、それはほとんど、観客の目の前で舞台装置が変って行く歌舞伎の〝居所変《いどころがわ》り〟のようなものです。

作り物の林の中を脱けて、明らさまにも心象風景である朝焼け雲のホリゾントのあるスタジオに入ると、そのスタジオがそのまんま、広大なる地平へと変ってしまうという、飛んでもない変化が起こるんです。なにしろ、その一面真っ赤な朝焼け空というのは実写ですから。どこかの山の上にカメラを据えて、真っ赤な朝焼け空の実景を映して来た、そのフィルムをバックのホリゾントに映し出している訳ですから、突然武蔵は〝広大なる地平を朝焼けの山に向かって歩き出す〟ということになってしまうのです。演劇的な作り物《つくりもの》から映画的な表現に変って行ってしまうというのが、そのワンショットですね。

陳腐というのは、作り物の朝焼け雲がクイクイクイッと現われてしまうことです。そして異常というのは、その朝焼け雲が平然と、広大なる自然に変ってしまうことです。この一事が何を意味するのかというと、それは〝時代劇とはなんでもアリだ〟ということです。

明らかに作り物のホリゾントに、平然と朝焼け雲を映し出す内田吐夢と、現実の荒涼たるリアリティーを出す為に映像の粒子を荒してしまう『飢餓海峡』の内田吐夢とは全く別人です。作り物には「きれいだなァ……」と思わせる単純さはあっても深みはありません。「きれいだなァ……」を生かす為に、自然の持っている荒さ、雑駁《ざっぱく》さ、深みを消してしまうのが作り物だからです。少なくとも、大映ではなく東映の、京都の時代劇の美術セットとはそういうものです。そういう前提あってこそ、作り物の朝焼け雲が平然と現物の〝雄大なる朝焼け〟にすり変るのです。作り物でも「俺は勝った！」と感動する朝靄の中の武蔵の背後に、その燃える血潮の赤さを象徴するような朝焼け雲が出れば、誰もそれが作り物かどうかなどという詮索はしません。作る側の熱気に気圧《けお》されて感動するだけです。それで武蔵が歩き出す。「ああ、そうやって歩き出すんだなァ……」で止めておけば、それは常凡の〝感動出来る時代劇〟です。しかし内田吐夢は、更にその武蔵の脚を進めてしまいます。武蔵の前景にあった林の小枝をとっ払ってカメラが進めば、そこは〝朝靄が立ちこめたという設定になっている、スモークのたかれた東映のスタジオ内〟です。旗本退屈男がカクテル光線のホリゾントの前で立回りを演じる世界と根本的なところではなんにも変りません。世界のクロサワが、こんなことをするでしょうか？　溝口だって小津だって誰だって、いやしくも〝巨匠〟と呼ばれるような人が、こんな中途半端な人工を自分の映画に許す訳はないのです。やるんだったら、もうちょっとうまくやります。所詮スタジオ、所詮ホリゾントという、映画世界の持つ人為条件をもうちょっと、自然《リアル》に見せるような工夫をします。それは、内田吐夢が『飢餓海峡』を撮るに当って、「フィルムをどうしよう？」と考えた工夫と同じものです。ところが『宮本武蔵・二刀流開眼』の内田吐夢はそれをしないのです。「作り物のホリゾントで、スタジオの中であることがバレても一向に構わない。次の瞬間、それは雄大なる朝焼けに変って行くのだから。その平然たる地続きさ加減が、なんでもあるものは平明に映し出してしまう、明快なる時代劇の世界だから」と、内田吐夢は言っているからです。だからこそ、「そこまでやんなきゃ作り物だってバレないのになァ」という常凡の一線を突破して、〝明らかに作り物である〟という領域に入り込んで、そして更にその先、〝どうだ文句あるか？感動するだろう、感動というものはこういうもの〟という領域にまで平然と、容赦なく、突き進んで行くのです。

「一筋の朝焼け雲だけじゃいやだ、自分にはまだまだ先があるのだ」と武蔵が言っている以上――実際この錦之助武蔵は「だが戦いはこれで終ったのではない、これからだ」と言っている訳ですから――まだその先はあるんですね。まだその先はあって、その先とは実に〝遠くの山々を覆って雄大に燃え上る朝焼け〟であらねばならない以上、公然と、作り物のスタジオ内部は〝雄大なる大自然〟に変るのです（そして勿論、こんな変り方が可能であるということこそが映画が人工世界の産物であるという証明に他なりません）。

時代劇は作り物なんです。そのことを何よりも雄弁に語っているのが内田吐夢です。この人の映画に出て来る障子紙の真っ白さは、基本的に早乙女主水之介ののどかな屋敷の真っ白なる障子紙とおんなじなんです。「近代的な〝影〟なんか時代劇にはいらない」と言っているのが内田吐夢なんです。「時代劇は時代劇、現代劇とは違う」と言っている〝巨匠〟はこの人だけです。現代劇と時代劇とその両方を撮る〝巨匠〟は、必ず〝現代劇のタッチ〟で時代劇を撮ります。だからこそ「あ、陳腐な時代劇とは違う」という形で、〝巨匠〟の撮った時代劇は評価されるんです。大映の時代劇はこちらですね。大映が60年代に入って〝座頭市〟〝眠狂四郎〟の新しい時代劇を作り出した時、この両作の主演スター、勝新太郎と市川雷蔵は、同時に現代劇のシリーズも始めるんです。勝新太郎は〝悪名〟と〝兵隊やくざ〟のシリーズ、市川雷蔵は〝陸軍中野学校〟と〝殺し屋〟（ヤクザ映画でいけば〝若親分〟というのもあります）。普通、時代劇のスターは現代劇をやらないものです。東映がヤクザ映画の時代に入った時、それまでの全盛期を支えていたスター達がみんな消えて行ったのはそのことが大きかったのだと思います。〝巨匠〟連中が〝現代劇タッチの時代劇〟を撮る時、まず排除されるのは時代劇のスターで、登用されるのは新劇のスターであるというのはそういうことです。時代劇のスターに洋服が似合わない、ということではありません（ということもありましょうけれども）。時代劇のスターに、影のある演技は出来ない。影を消して平明さを獲得することこそが時代劇のスターたる第一条件であったればこそ、時代劇のスターに〝影〟は似合わないのです。東映のチャンバラ映画の悪役が全部〝知性派〟であったということを考えていただければお分りになるでしょう。〝影〟があったら悪人です。そして、時代劇が終った時、平明で明るい世界が商売にならなくなった時、東映の映画がヤクザ映画一色になった——つまり、今度は〝影一色〟になった。明るさがあれば暗さがある——〝影〟が出来るというのはそういうことで、現代劇タッチとは、このコントラストによる〝影〟を描くことですが、しかし時代劇専門の人にそういう発想は出て来ない。〝明るい〟の一色がダメなら、今度は〝暗い〟の一色になる。暗さを際立たせる為に明るさを作るという、そういう発想をしないで、ヤクザ＝前近代の薄暗がりになってしまうところが、正に東映、正に時代劇。そして、暗さが売り物になるんだったら、そのセンで現代物も時代物もやってしまおうというところが、さすがにグランプリ以来、明暗の対照で映像を作って来た大映である、ということにはなるんですね。

そして、内田吐夢とは、この両方を股にかけてしまう、とんでもない大巨匠です。この人は、〝現代劇タッチの時代劇〟も、平気で〝作り物の時代劇〟のワンシーンとして叩き込んでしまうんです。「時代劇がなんでもアリなら、現代劇タッチのリアルな映像だって、それはやっぱり映画という作り物の一つである——従って、それさえも時代劇には登場しうる」というのが内田吐夢です。『宮本武蔵・二刀流開眼』の翌年、『宮本武蔵・一乗寺の決闘』にはこれが登場いたします——。

宮本武蔵というどこの馬の骨とも分らぬものに当主を斃《たお》された吉岡道場は名門の

面子《メンツ》にかけてもこれを打ち果さねばならない。そこでまだ十歳にも満たないような吉岡清十郎の遺児を仇討ちの名義人に立てて、武蔵に戦いを挑んで来る。武蔵が倒すのはこの子供であるという、武蔵の試合中最も後味の悪く凄惨《せいさん》な試合がこの一乗寺下り松の決闘ですが、これをなんと、内田吐夢は〝白黒〟で撮るのです。〝総天然色東映スコープ〟である『宮本武蔵・一乗寺の決闘』の、その〝決闘〟部分だけが〝白黒〟なんですね。色彩がありません。

色というのは不思議なもので、現実世界はすべて総天然色で色がついているにもかかわらず、普段人間はそんなことを意識しないでいる——ということが分るのは色つきの映画を見た時に（分る人には）分ります。色がついているからチャチだ、色がついたが為に嘘くさくなってしまった——そういうことだってあるんです。〝社会派〟の巨匠が色付き映画を撮りたがらないでいたというのはそこら辺です。人間というのは、色のついた世界に生きていながらも、実は色を見ているのではなく、ドラマだけを見ているんですね（往々にして）。

たとえば〝血〟です。血というものは赤いものですが、現実問題として血が流れているのを見た時、人間はそれを「赤い……」とは思わないんです。指先を誤って切って血が出るのを見たら、人間は「赤い血が出た」とは思いません。「痛い」と思うんです。「痛い」と思ってすぐ手当てに走ります。もう少し冷静なら「この傷はどの程度のものであろうか?」と、流れ出る血を観察します。血は見ているけれども、血の色なんか見ちゃいません。血は赤いに決っているからです。もうちょっとひどい流血になったら、人は目をそらせます。そらせなかったら、それを「こわい」と思います。それをジーッと見ていて「赤い」ということを確認しているのは狂人だけですね。人間、気が狂ってどこかが判断停止状態になって初めて「あはは、赤い……」ということになるんです。〝色を見ている訳ではなくてドラマを見ている〟というのはこういうことです。

という訳で、『宮本武蔵・一乗寺の決闘』には色がありません。色という余分なものに目がとらわれて、肝腎のドラマが拡散してはいけないからです。肝腎のドラマ――それは勿論〝目をそらせたくなるような後味の悪いドラマ〟です。なにしろ子供を殺すのですから。子供を盾に決闘を迫って来るという、実にいやなシチュエーションが武蔵に襲いかかって来る――それを武蔵は乗り超えて行かなければならないのですから、この後味の悪さを徹底的に納得の行く後味の悪さに置き換えなければ、このことは表現されたことにはなりません。表現というのはそれぐらいにすごいことで、それぐらいの表現を要求するぐらい、〝描かれる〟という業《ごう》を背負った人間社会はすごいのです。

冬枯れの一乗寺下り松、山を背にして吉岡一門七十三人は武蔵を待ちます。正面は刈入れの終った泥田です。勿論、こんなところに武蔵は正面からやって来る訳はありません。敵の背後から現われます。内田吐夢監督による『宮本武蔵』の最大の特徴は、武蔵が〝ただ勝つ〟ことだけを第一に考えているということで、剣とは力であり、勝つということは相手を倒すことであるという、力の根本にのっとってただ武蔵が突き進んで行くそこにありますから、敵の裏をかくことなど朝飯前です。なにしろ、その敵とは名門の誇りを守る為に子供を盾にとり、七十三人総がかりでたった一人を待ち伏せにしているというそういう敵なのです。そういうどうしようもないような世の中というものに対して立ち向かって行く、立ち向かって行かずにはおれない人間の姿を描いて行くのがこの内田吐夢版『宮本武蔵』なのですから、一方が一方をギリギリの極限まで追いつめれば、残る一方はそのギリギリに体当りして来る訳で、とても綺麗《きれい》事《ごと》の通じる世界ではありません。人間世界にはそういう極限が含まれていて、その極限状況は容易に吹き出して来るという、これはそういうドラマです。

一乗寺の決闘で武蔵が〝勝つ〟ということは一つです。仇討ちの名義人である子供を斃せばいい。斃してすぐに逃げればいい。という訳で、この決闘そのものは実にあっけなく終ります。

武蔵は裏から不意を突く。不意を突かれて、その幼い当主を守る一門の手勢はうろたえる。うろたえる手勢を斬って、武蔵は一挙に〝目的〟へ迫る。迫られて、まるでお伽噺《とぎばなし》の桃太郎のように着飾った、幼い吉岡清十郎の遺児は「こわい！」と逃げる。その逃げる子供をかばうように、後見人の叔父が抱きとめる。この人のいい、そしておどおどとした老人を誰が演じるのかというと、東映世界の悪役の総本山、憎々しさの元締め山形勲です。普段悪人で売ってる人が善人をやる時の善人振りというのは、ちょっとないですからね。これはもう、本当に剝き出しの人の良さが無防備に出ます。そんな老人があたふたと孫のような子供を抱きかかえる。

武蔵はそれをどうするのか？　後ろから一突きです。怯《おび》えて逃げる子供を抱きかかえる老人ぐるみ、武蔵はこれを刀で突き通す。

何もない若さと、地位に拠る老人。これが敵対してしまったら、一方が一方を倒さなければならない。後盾のない若者は、それが世の中だとばかりに、その本拠を刺し通すけれども、それは無力な老人と子供でしかない。それを倒さなければ先へ行けない、自分が倒されるという若者は、それを倒すことだけを考えて見事に倒す。ここまで、あっけないほどの短時間です。そして、その先重いのが、それを振り切って逃げる時間。

武蔵の逃げる方向は、泥田の中です。二刀流の武蔵は両刀をひっさげて「どけェ！どけェ！」と怒鳴りながら田の畔道《あぜみち》を走って行きます。畔道は狭く、取り囲む敵は多い。武蔵がそこを脱兎の如く疾走出来る筈がない。武蔵は、上体を真っ直ぐに起こし、両腕を棒のように体側へ伸ばし、腰に力をこめ、足の爪先に注意を集中して――即ち爪先立ちになって、その足場の悪い田の畔道を走って行きます。お暇があるなら、今の私の書いたような体勢で走ってみて下さい。こんなに走りにくい姿勢というものはない筈ですから。

走るということをするには前傾姿勢をとって、腕を左右に振って、足を高く上げるということをします。ところで、今書いた宮本武蔵の走り方は、この三つを全部否定された走り方なんですね。普通に今私達が走るその〝走り方〟というのは、明治になって入って来た、狩猟民族である西洋人の走り方です。これを体操の時間に習って、日本人はみんな普通に走れるようになったのです。普通に走れるような訓練を受けてしまっているそのことを前提にして〝走れない〟という状態を想定することは困難ですが、明治以前、そんなことを教える学校は日本のどこにもなかったんです。宮本武蔵は、それよりもズーッと前、関ヶ原の合戦が終って、日本にもようやく平和が訪れるかという、そういう時代の人間です。実際、宮本武蔵がどう走ったかを見た人はいない訳ですが、それを想定して再現することは可能です。内田吐夢監督は『宮本武蔵』の中でやったのです。

この『宮本武蔵』全五部を通じて、中村錦之助の武蔵が、終始一貫、走ることが出来ない人間が必死になって走るという、そういう走り方で見せます。腰に力を入れてしっかと大地を踏みしめて歩く、そのことから決して離れられないから、足はヨチヨチする。腰はアヒルのように揺れる。歩くことから離れられず、〝走る〟という飛躍が出来ない武蔵は、走ることに近づく為に、ただただ早足で歩くのです。それが武蔵の〝走る〟ということです。

まァ、人間いくらだってその気になれば〝走る〟ことぐらい自然に獲得出来るでしょうから、原日本人宮本武蔵だって走ることぐらいいくらだって出来たでしょうが、しかしそれが出来ない理由は武蔵にあった、というのは、その両腕の先にブラ下っている刀です。

走りながら人を斬る――時代劇ではお馴染みの光景が、しかしこの内田吐夢版『宮本武蔵』にはないというのは、この宮本武蔵が本気で人を斬る――倒すことだけを考えていたからです。両腕を真っ直ぐに伸ばして刀の柄を握る。そして、それでいつでも人が斬れるように、そこから上へ向けて二本の刀を突き出すように構え待つ。日本刀というのはそもそもが重いものですが、これをこういう体勢で二本持つのです。二刀流の武蔵が敵の囲みを破って、相手を切り倒しながら逃げて行く体勢は常にこうです。決して軽快な〝疾走〟などという段ではありません。腕は振れない、上体は立つ、脚には全身の注意が集中されるから、足場を崩さないように、踏みしめて踏みしめて一歩が刻まれる。武蔵が永遠に〝早足〟であって、決して〝走る〟へ飛躍出来ないという理由はこれです。

一体こんなものを見て、私達は何を思うのでしょう？　〝逃げる――その為には走る〟――そのことだけは分っていて、決してそれが出来ないでいる、人間の姿です。分っていても出来ない。その出来ないでいる状態に深入りすればするほど、初めの〝分っていた〟という状態が曖昧になってぼやけて来る。人間は、分らないでいる中で、必死になって「分っている！　分っている！」ということを主張だけして這《は》いずり回っている。そういうブザマな姿をさらけ出すのが人間だという、そういう〝真実〟です。

だからこの、色のない白黒の畔道を走る『宮本武蔵・一乗寺の決闘』の宮本武蔵は、こわいのです。〝見せる〟ということはこんなことでしょう。観客とは、そういうものに金を払って見るのです。

ここに〝色〟があってはいけません。余分な色がついていて、うっかり冬枯れの野が「あ、きれい」と見えてしまってはいけないのです。〝色がある〟ということは、そんな余分を可能にします。それが可能になったが最後、〝寂しくも美しい自然の中で殺戮《さつりく》を繰り広げる人間の哀れ〟などという、他人事の無常感が登場してしまいます。そんなことになってはいけないのです。それは〝まだ早い〟のです。ここで必要なのは、「人間とはそういうものだ。私達はそうだろう？　サァ、見ろ」ということです。ドラマを見せるというのはそういうことなのです。その為に色が必要なら平気で色をつける。その為に色が不必要なら平気で色をとっ払う——どちらも同じことである。そういうことも平然と言っているのが総天然色東映スコープ『宮本武蔵・一乗寺の決闘』で、肝腎の決闘部分から色を省《はぶ》いてしまったリアリスト内田吐夢ですね。朝焼け雲のホリゾントを臆面もなく出して来る人工と、リアルなドキュメントタッチの、現代劇タッチの決闘シーンを作り出すということは、その〝作り出す〟という一点で全く同じであるというのが内田吐夢のリアリズムなんです。

ここまで来てしまえばもうお分りでしょうが、『宮本武蔵・一乗寺の決闘』のある部分から平然と色を抜いてしまう様式美は、現代劇の『飢餓海峡』でわざと画面を荒らしてしまう技術《ウソ》と同じですね。結局どう見せるのが真実かという、見せ方の選択でしかないのですから、すべての前提は〝映画とは作るものである〟というその一点からしか出ていません。だから内田吐夢は作ったのですし、色んな見せ方をしたのです。そして、ここで重要なことは、この考え方を支える更に前提として、〝すべては見せることが出来る〟という、平明なる一望主義があった、ということです。〝東映の時代劇には影がない〟〝すべてがくっきりした輪郭線で囲まれた浮世絵のように平面的《フラット》である〟というのは、ここへつながります。

隠されることはない、何故ならば、すべてはあるからである――というのがこの平面主義です。幕末の浮世絵が平然と血みどろの美学まで登場させてしまったのも、それがあるからです。

普段はそれを見ないけれども、ちょっと視線をずらせばそういうものはある。ある以上は「ほら、ちょっと見てごらん」で、平気で見せることも出来るという、それが〝平明なる一望〟の恐ろしさです。作り物の朝焼け雲が、そのまんま平然と雄大なる朝焼けの大空につながって行ってしまうように、すべては、それが人間の営みである以上平然と地続きで登場して来る、というのが内田吐夢の情念世界なんです。「感動がほしい、もっと感動がほしい、それはこの際必要だ」であれば、それだけで一筋の朝焼け雲は満天の朝焼け空に変るんです。平気で変って行くことによって、作り物は突き抜けられて、なんとも得体の知れない感動というものがやって来るのなら、ある瞬間何かが突き抜けられてなんとも得体の知れない〝恐ろしいもの〟がやって来たっていい訳です。

という訳で、内田吐夢は、平気でズブズブと人間の泥沼の中に入って行ってしまうのです。西洋の考えで行けば、〝人間の中の泥沼〟は〝あってはならないタブー〟ですが、日本的な考え方で行けば違います。日本的な〝なんでもアリ〟の平明さは、「そこに泥沼がある」それだけなんです。あるんだから、カメラがそっちへ向けば、それは平気で映って来るし、そう映るように、内田吐夢は作ってしまうのです。

そして、内田吐夢のそれが決して〝怪奇趣味〟や〝残酷趣味〟にならないというのは、内田吐夢のこわさが平気でそこへ向いてしまう、平気でそこへ入って行ってしまうという、その平気さの瞬間にあるからなんです。

たとえば、こんな話はどうでしょう、その白黒画面の一乗寺下り松の決闘シーンには、残酷映画に付きものの〝血〟が全くと言っていいほど出て来ない、とか。

12 非論理が、突然後を追いかけて来る

昭和三十九年の『宮本武蔵・一乗寺の決闘』のその白黒の決闘シーンにはほとんど血は流れません。幼い吉岡清十郎の遺児とその後見人を瞬時に倒し、後は泥田の方へバッタバッタと囲みを斬り倒しながら武蔵は進んで行くのですが、そこで血が流れないこと、『用心棒』以前の『大菩薩峠』(内田吐夢監督作品です)冒頭に於ける、机龍之助の老巡礼殺しのシーンとおんなじです。ただし『——一乗寺の決闘』の方は『用心棒』以後ですから〝音〟の方はあります。〝カキーンッ!〟〝バサッ!〟〝ドバッ!〟という、人を殺す音はふんだんです。

人を斬り殺す音だけの中で武蔵は斬り進んで行く——だからこれはよォく見ればばか

ってのチャンバラごっこ的立回りとおんなじではあるのですが、まァ、しかしこれを一遍見ただけでそうだとは思えないでしょうというのは、画面が白黒であり、錦之助武蔵が前にも書いたような〝苛立《いらだ》たしさ〟だけが表面化するような〝走り方〟をするからです。

足場の悪い田の細い畔道で、走るに走られない立回りをする。それは、振り切りたいものを振り切れないでいる人間の焦燥だけにジーッと焦点を合わせて見つめているようなものですが、このシーンに血が出て来ないことも気づかれないというのは、この立回りがやがて畔道の上から泥田の中に突入して行くからですね。

決闘の目的を果した武蔵にとって必要なのは逃げることで、敵を倒すことではない。七十三人を倒すのではなく、七十三人を振り切ってしまえばもう勝ちであるというので、武蔵はただ逃げることに全力を挙げます。そして敵は勿論、これを逃がそうとする筈もない。武蔵は遂に泥田の中へ入り込み、追手も続いてそこへ来る。そして勿論、この〝泥田〟というものは、一度秩序というものを失ってしまったら世の中というものはどうなるのかという、〝無秩序の泥沼状態〟を表わす〝泥田〟以外の何物でもありません。

武蔵にとって、一乗寺下り松の決闘とは〝吉岡道場の当主を倒すこと〟であり、そのことと〝吉岡道場を倒すこと〟とはイコールです。〝吉岡道場〟というのは会社と同じ、言ってみれば〝法人〟で、〝個人〟ではありません。一人の個人が〝法人〟というような抽象的存在を具体的に倒すというようなことは、よく考えれば出来ないことなのです。それが出来るのは、〝この個人を法人の代表と見做《みな》す〟という、法人側の取り決めがあっての上のことで、という訳でこの一乗寺下り松の決闘とは、剣の試合であると同時に〝論理の試合〟〝道義の試合〟でもあります。

宮本武蔵は既に前作『――二刀流開眼』で吉岡清十郎を一対一の決闘で倒していま す。これは勿論、個人対法人の戦いではなく、個人対個人の戦いですね。「室町以来の京流の宗家、吉岡の剣法を、俺は倒した」というのと「名門の子、やる相手ではなかった」という矛盾したことの両方を、武蔵はこの決闘の後で言っていますが、これには〝室町以来の京流の宗家・吉岡の剣法（法人）〟を代表する個人が所詮〝名門の子〟でしかなかったという、吉岡清十郎の側の矛盾あってのことです。

〝名門吉岡道場〟という法人を代表する個人は吉岡清十郎という個人であったけれども、この個人はそれを代表するのに値するような人間ではなかった。そのことが分ったからこそ、武蔵は「名門の子、やる相手ではなかった」と言う訳ですが、それではここで、宮本武蔵は一体〝何を〟倒したのでしょう？

武蔵自身は「吉岡の剣法を、俺は倒した」と言っていますが、正確にはこれは違いますね。宮本武蔵が倒したものは、吉岡清十郎が倒されてしまったそのことによって明らかになったものは、〝室町以来の京流の宗家〟という名門が、既に名門の名に値するものにはなっていなかったという〝事実〟。今流に言えば、宮本武蔵の倒したものは、吉岡道場という剣の名門が世間にばらまいていた〝名門幻想〟ということになります。「名門の子、やる相手ではなかった」という、〝彼は名門の当主に値する人間ではなかった〟という武蔵の認識はここのところを指しています。そして、ここから先話はちと面倒になるというのは、だがしかし、「俺はその世間に流れる幻想を倒した」というその武蔵の認識は、全く彼自身の個人的認識でしかない、ということがあるからです。何故ならば、彼が倒したのは〝吉岡道場〟という法人ではなく、〝吉岡清十郎〟という個人でしかなかったからです。

宮本武蔵が吉岡清十郎に試合を挑むその場所は、すぐさま朝焼け雲がやって来るような場所ですから、決して吉岡道場の内部ではありません。宮本武蔵は〝吉岡道場〟という法人の当主であるような〝個人・吉岡清十郎〟に向かって「出て来い」と言って、この吉岡道場の当主は、一個の剣士として決闘の場に赴《おもむ》いて来た。従って、彼が倒したのは〝吉岡清十郎〟という一個人ではあっても、決して〝室町以来の京流の宗家〟でも〝吉岡の剣法〟でもない。だから、本当ならこの対決後に武蔵の言えることは「なんだ、弱かったな」の一言だけでしかない筈なんです。

「室町以来の京流の宗家とかなんとか言ってるけど、なんだつまらない、やっぱり弱かったな」としか、本当なら武蔵は言えない。言えないけど、こんなこと言ったって面白くもなんともない。武蔵が吉岡清十郎と対決したかった、対決しなければならないと思ったのが何故かといえば、吉岡道場が〝名門〟として世に君臨していたから、吉岡道場が世の〝名門幻想〟の上にしっかと存在していたから。だから、本来性で行くならば、武蔵という個人は「なんだ、弱かったな」と言って、吉岡清十郎個人を倒したまま去って行く。そして、吉岡道場という法人は、「なんだ、ウチの先生弱かったな。でも、それと吉岡道場の強さとは関係なかったな」として、そのまま平然と〝名門吉岡道場〟であり続ければいい。それが、個人と法人という、互いにスレ違い合うような異質なもののありようです。吉岡清十郎という個人は、そんなに強い剣士ではなかったけれども、それまで立派に〝名門吉岡道場〟の当主を務められていた。そして、彼自身、その個人と法人の間にあるギャップを感じるだけの個人性を持っていたから、態々《わざわざ》宮本武蔵という正体もよく分らない人間の誘いに乗って、一人で対決の場に赴いて来た、のです。個人と法人というのはそういうもので、本来なら異質であってもかまわないようなものなんです。

ところが現実というものはそううまく行かない。当主を倒された以上、吉岡道場は〝名門〟を誇る法人としての面子が立たない。世に存在する基盤となっていた〝名門幻想〟を断たれたら、名門というものは存在することが出来なくなってしまう——と、法人の側が今度は勝手にそう思う。という訳で、それを受ける一乗寺下り松の決闘は、法人対個人という異常な対決になるのです。

死んだ吉岡清十郎の幼い遺児には、まだ一個人として立って行くだけの力はない。従って、この新しい当主は明らかに〝名門吉岡道場〟という法人の〝象徴〟です。〝法人〟という抽象が宮本武蔵という一個人に戦いを挑んで来る——この非論理を可能にする為には取り決めというものが必要となる。従って、一人の子供が法人を代表する〝象徴〟として祀《まつ》り上げられた。こんな前提がある以上、一乗寺下り松の決闘は、剣によって決着がつけられるような〝論理の試合〟となります。

武蔵は、〝象徴〟を倒せばいい。法人の側は、〝象徴〟を倒されなければいい。〝象徴〟を倒させまいとする法人の側は、だからこれを守って七十三人がかりで一人の武蔵を待ち伏せする。武蔵が裏山を下ろうとする時「七十三対一。八幡！　命あっての勝負」と言うのはここです。論理的にはその〝象徴〟一つを倒せばいいけれども、実際には七十三人の敵を相手にしなければならない。現実は、平気で非論理です。一人の子供を〝象徴〟に据《す》えれば、七十三人がかりで一人の人間に平気で襲いかかることが出来る——これが現実という、論理を盾にとった非論理の実際です。そして対する武蔵は、この非論理に、あくまでも論理を求めて突き進んで行く。「この試合はあくまでも子供一人を倒せばすむ論理の試合である。従って――」で、武蔵は敵の裏をかいて、背後から襲います。〝七十三人の待ち伏せ〟という現実の非論理を無視出来れば勝ちなんですから。

善良なる老人ぐるみ「こわいよ！」と言って逃げ惑う子供を刺し貫く時、武蔵はなんと言うか？「子供よ、許せッ！」と言います。「お前は子供であって子供でない、論理によって祀り上げられた〝象徴〟である以上、俺はお前を倒さなければならない」というのが、この発言の意味ですね。論理を全うする為には、非論理は無視されなければならない。非論理は斬り捨てられなければならない。従って、〝彼がいたいけな子供である〟〝それを庇《かば》おうとするのは実に善良なる老人である〟という事実は、一刀の下に斬って捨てられます。内田吐夢が〝色〟を奪って絞りこんだ〝ドラマ〟とはこういうものです。

この世には論理がある。

人は論理によって生きて行かねば生きていけない。

それがこのドラマだ。

人は平気で恐ろしくなるが、恐ろしくならなければ人は生きて行けない。そして、論理の中にある時、人はこのことに気づけない。

何故ならば、論理は非論理によって取り囲まれているからである。

論理を通すことは非論理を斬り捨てることである。そして非論理は、平気で論理を取り巻いている以上、平気で論理と混ざりあっている。その領域のない曖昧さが一切の元凶である——明らかにそうとれるようなものを、内田吐夢はここで見せている、のです。

〝見せている〟のであって、〝言っている〟のではありません。すべてが一望の下に見渡せる地続きとは、そういうものです。「一々言う必要はない。何故ならば、すべては見えてそこにあるから」——これが、陰影を持たない、平明なる時代劇のこわさです。一々言わなければならない、主張しなければならない現代劇は、一々その主張に沿って（陰影をほどこして）作って行かなければなりませんが、全部が見えてしまうような平明な時代劇は、困ったことに、平然とあるのです。

子供を刺し殺した武蔵は、「寄るな！　来るな！」と叫びながら、細い田の畔道を走って行きます。「論理は全うされた。すべては終った。だから来るな！」です。しかし、実際にはそれが終っていないという証拠が、武蔵の振り回す剣です。論理を全うする為に、彼は群がる敵を斬り倒し、逃げなければならない。〝論理〟とは細い一本の畔道で、そこを走ろうとする人間は何故にこうも走れないのだろう――それが内田吐夢の認職です。

そして、そんな現実がある以上、人間は平気で論理からこぼれ落ちる。武蔵が泥田の中へ入って行くのはそういう訳です。

逃すまいとして、追手は、畔道の上にいる武蔵を、泥田の中から襲う。これを迎え討って、武蔵も泥田の中へ入る。この〝泥田〟が既にして〝非論理の泥沼〟であることは容易にお分りでしょう。そして、戦いが非論理の泥沼になったら、そこは容易に〝血の池地獄〟と変りうるということも。

泥田の泥は血の色と同じである――白黒の画面は、平気でそのように見えて来ます。従って、本来なら血まみれの殺戮シーンに〝血〟というものはほとんど流れないのです。〝深い〟とはこんなことでしょう。

敵を斃して、武蔵は泥田を這い回る。それをさらに執拗に追って来るものがある。「寄るな！　寄るなと言うにッ！」と武蔵は叫ぶ。それで追わない敵ではない。武蔵は泥まみれの手で刀を払う。その刀は、追手の若侍の両眼を一瞬にして切る。悲鳴を上げて、その若侍は泥まみれの手で両眼を押さえる。その押さえた掌《てのひら》の下からしたたり落ちる黒いものは血なのか、泥なのか？

どちらでも同じ。この一瞬にだけ、押さえた掌の下から〝血〟が流れ落ちるのが、ほとんど流血シーンのない『宮本武蔵・一乗寺の決闘』の白黒のシーンなんです。既にして、血と泥は同じですね。同じになった泥田の中を、武蔵は悲鳴を上げて逃げる。何故悲鳴を上げるのか、それは両眼を斬られた武士が、斬られた両眼を押さえたまま、武蔵の後を追って来るから。

昨今はやりのグロテスクシーンと違って、内田吐夢は、その両眼を斬られた武士の両眼を映しません。彼はズーッと、掌を眼に押し当てているから、そこには何も見えません。見えないからこわいのです。

押さえた掌の下で、斬られた両眼は平気で血を溢れさせているだろう。そして、その傷口には、平気で掌の泥水が混り合うだろう。これだけのものが感じとれるから、このシーンは〝こわい〟を通り越して〝痛い〟のです。まるで、それを見ている観客の両眼が切り裂かれたようで、斬られるということがこんなにも痛く、凄惨で恐ろしいシーンというものは、ちょっと他に例がないでしょう。

色を消してしまったから痛い――正にこれが、人間の感じうる〝ドラマ〟です。

武蔵もやはり両眼を斬られたのです。だから、それを見て悲鳴を上げるのです。現実の中に全うすべき論理を探し、その論理を全うして非論理を切った——そのように見ていた両眼を斬られたからこそ、武蔵にはもう論理が見えない。論理という思いこみが見えなくなった時、武蔵の目には何が見えるのか？　見えない目を押さえて、それでも平気で自分を追いかけて来る、現実という名の非論理です。

現実という非論理に立ち向かおうとして、論理という名の剣をかざす。その囲みを剣が破ったかと思った時、突如として非論理が非論理のまま姿を現わす。一体自分のして来たことにはどれほどの意味があったのか？——そのことを公然と突きつけられる一瞬です。

武蔵はもう、剣をかざすことが出来ない。ただただ怯えて逃げて行く。

泥田の中を、まるでアヒルのように尻を振って、ついでにロボットのように二刀を持った両腕を震わせて逃げて行く武蔵は、もう〝暴力〟とか〝凄愴《せいそう》〟とかいうものとは無縁の存在です。

そうした瞬間、人間というものはブザマになるしかない。そう言わぬばかりに、この白黒のカメラは、点のようになって逃げて行く武蔵の後ろ姿を映し続けるのです。映し続けて、そして、その後の映画は、何事もなかったかのように、平然と〝総天然色〟の世界に戻るのです。

内田吐夢という人は、なんとも言いようのない大変な人です。

内田吐夢という人の頭の中には、多分〝矛盾〟というような考え方がなかったのでしょう。平気で〝なんでもアリ〟なんです。

そして、〝なんでもアリ〟のこわさは、平気で〝なんにも描かないこわさ〟まで見せてしまうというのは次です。

情熱というものには実体がない。ただそこに〝情熱がある〟という状態だけがあるという、そういうシーンのとんでもない作り方は、絶対に、東映の京都の時代劇の世界でしか可能ではなかったであろうという、『大菩薩峠・第二部』の映画的なラストシーンです――。

13　そこを、片岡千恵蔵はズルズルと、歩く

昭和三十六年から年一作のペースで『宮本武蔵』全五部を完成させた内田吐夢監督はそれ以前、昭和三十二年からやはり年一作のペースで、こちらは片岡千恵蔵主演の『大菩薩峠』全三部を完成しています。既に御承知、中里介山原作の映画化で、この作品の第一部ではまだ血が流れなかったということだけは既にお話ししました。物語の発端となる、老巡礼が大菩薩峠の山頂で机龍之助に斬られるシーンですが、しかし

ここで血が流れなかったとは言っても、別に私は内田吐夢が『大菩薩峠』全三部の中で一滴も血を流さなかったと言っている訳ではありません。一乗寺下り松の決闘ではほとんど血を流さなかった内田吐夢が血を嫌悪していたという訳では全然ありませんから。平気で地続き、平気でエスカレートを許す矛盾を恐れない内田吐夢監督は、血を流さない『大菩薩峠・第一部』に続く翌年の『大菩薩峠・第二部』では、平然と血を飛ばし、机龍之助に片腕を斬り落すことをさせています。犬が片手を銜《くわ》え、血潮がドバッと吹き出す黒澤明監督『用心棒』『椿三十郎』の三年前です。

それが必要ならそれは登場する――それが内田吐夢ですから、それまで血はなくても、ここからは血がいるとなれば、平然と血を流します。血を流さないというのは一種それまでのルールのようなものでしたから、〝「そういうものだ」と思って見ている〟と突然そこを突き抜けてその先にまで行ってしまう〟歯止めのなさは、作り物の朝焼け雲が公然と雄大なる大自然に変貌を遂げて行くのとまったく同じです。

というところで問題の『大菩薩峠・第二部』のラストです。

面倒ですから『大菩薩峠』全体のストーリーは省略しますが、全体の三分の二を終えんとする『大菩薩峠・第二部』のラストは、第三部の舞台・甲府へ移らんとする、その紹介をかねてのフィナーレのようなところです。燦々《さんさん》と陽が降り注ぐ甲州路を、東千代之介扮する第三部の中心人物・駒井能登守《こまいのとのかみ》の行列がやって来ると、第二部でけりのついた庄屋一家の花嫁行列がそれとすれ違います。その花嫁行列と共にあるのが中村錦之助扮する、机龍之助を仇と狙う青年宇津木兵馬《うつきひょうま》です。宇津木兵馬は、道の途中で墓参りをしている。机龍之助扮する〝山の娘〟お徳から机龍之助の行方を聞き、今来た道を走って返します。燦々と陽の降り注ぐ甲州路にはもう一つの武家の行列があって、立派な駕籠の扉を開いて顔を出すのが、山形勲扮する悪旗本・神尾主膳《かみおしゅぜん》。三つの行列が一つの太陽の下、一つの街道ですれ違うという、第三部の完結篇へつなぐ堂々たる〝第二部のラスト〟ですが、ここで、その駕籠の扉を開けた悪旗本・神尾主膳はこう言います――「化物はおとなしくしておるか」。

〝化物〟とは勿論、片岡千恵蔵扮する机龍之助のことです。

神尾主膳の言葉に、行列につき従う侍は「は、起きているのか寝ているのか、薄っ気味の悪いヤツ」と答えます。既にして、盲目の机龍之助は平然と人を斬る〝化物〟のような存在になっているのですね。

駕籠から身を乗り出した神尾主膳はこう言葉を続けます――「もう少しの辛抱じゃ、甲府に行けば思う存分、人を斬らしてやるぞ」。そして、「へへへへへ」と薄気味悪く、供の侍と一緒になって笑います。そしてその声は、別の駕籠の中に収まっている机龍之助の耳にも入って来るようです。神尾主膳が笑うと、それに続けて画面は机龍之助の駕籠の中。黙って駕籠に揺られている机龍之助の表情の上に神尾主膳の笑い声だけがかぶさって、そしてその上に不気味かつ荘重な深井史郎作曲によるテーマ音楽が流れて来る。「ああ、もう終りだな」と思った瞬間、何が起こるか?

突然、机龍之助の乗っている駕籠がバラバラと壊れるのです。駕籠が壊れる。辺りは一面薄靄《うすもや》の立ちこめる青い闇（ここら辺さすがに東映ですね）。いきなり出現した何もない世界に、盲目の机龍之助は黙ってそして手探りで歩き出す。音楽が高鳴って〝終〟です。こう書くとなんだかふざけたシーンのようですが、しかしこれは、実際スクリーンで見るとかなりにこわいです。

こちらは「陽光燦々たる街道をそれぞれの運命を乗せて行列がすれ違って行くのだなア……」と思って見ています。だから当然、〝駕籠の中の机龍之助〟が映し出されても、その駕籠の外には〝眩《まばゆ》い甲州路〟というものが広がっているのだなと思っている訳です。駕籠の外からは神尾主膳の笑い声も聞こえて来る訳ですし。それが突然、駕籠が壊れる——一体誰がこんなことを予想するでしょうか? そして、たとえ壊れたとしたって、その駕籠の外には光輝く甲州路がある筈なのに、ない。駕籠が壊れた一瞬、机龍之助は〝無明の闇〟の中です。そこを平然と、片岡千恵蔵の机龍之助は、何事もないかのように歩いて行くのです。突然〝実景〟が〝心理〟になるんですからね。実景がそのまんま、地続きで登場人物の心象風景に変ってしまうんですからね。平気で、昼が夜になるんです。

青い光で満たされた東映のスタジオの中に片岡千恵蔵の机龍之助を坐らせて、その周りを駕籠のセットで囲む。「用意、スタート」でカメラを回して、「一、二、三、はいッ！」で、その駕籠のセットをバタバタと倒す。それだけです。それだけのシーンを甲州路のロケシーンに重ねれば、現実が突然にして〝無明の闇〟に変るんです。考えてみれば他愛のない仕掛けですが、一体、内田吐夢以外の誰がこんなことをやるでしょうか？「そこで駕籠を壊す」なんて、とても〝巨匠〟のやることじゃありません。おまけにその、東映スタジオ内の〝無明の闇〟は明らかに、旗本退屈男と同質の、青いホリゾントなんですよ。

私達がここで驚く、ギョッとするのは一つです。現実がやすやすと作り物に変ってしまう。気がついたら、その現実は既にして作り物であったという、そういう広大ないかい取り囲まれ方です。〝作ってしまう〟というのは、そういうことなんですね。

この世界の一切はすべて作り物に取り囲まれてしまっている。だからどこへでも行ける、だからどこへ行くのか分らないという、そういう得体の知れない続き方が平然とそこには存在している——そのことに気がついて、私達はこわいんですね。その作り物はひょっとしたら生きているのかもしれない——内田吐夢の、明らさまにも作り物である〝無明の闇〟の青さを見ていると、そんな気がして来るのです。そして、そこから逆上って、「してみると、今迄のすべてにもひょっとしたら全部劇の意味が隠されているのかもしれない……」と、そう思わされるような平明さが、内田吐夢の〝平明さ〟なのです。この人はどこか、知らない間に不気味です。

内田吐夢は、いつの間にかのめりこんでいます。しかし、内田吐夢は、のめりこんでいることを決して気がつかせてはくれないのです。『宮本武蔵・一乗寺の決闘』の宮本武蔵は、いつの間にか泥田の中にのめりこんでいました。明らかにこの宮本武蔵は泥沼に足をとられているにもかかわらず、内田吐夢は決してそんな風には言わない。内田吐夢は黙って、白黒の世界の中で〝後味の悪い凄惨なる決闘〟をドキュメンタリー・タッチで描いているだけなのです。だけであるにもかかわらず、そこにあるものはもっと異質な何かです。片岡千恵蔵の机龍之助だっておんなじです。のめりこんで行く者と、それを平気で見ている者と、この矛盾する者が同時に存在する、それが内田吐夢の――よく考えたらそれはものを創る上で当り前のことだけれども、そんなこと滅多にお目にかかれない――異様さなんです。

この異様さは〝明らかに異様〟というような異様さとはちょっと違います。〝気がついたら異様なところに踏みこんでいた〟そして、〝そのことに気がついたら、もう既にその異様さから抜けていた〟というような、〝いつの間にかに経験する、当り前として存在しているような異様さ〟です。〝決してコケおどしではないからこわい〟というようなこわさが、〝明らかにコケおどしである〟というような歴然たる作り物と平気で同居しているから、こわいかこわくないかよく分らない内にこわくなっているんですね。そして、時代劇という世界は、そういうものの存在を平気で許してくれるような、特殊で作り物の世界なんですね。机龍之助の駕籠がバタバタと壊れてそこに異様なる闇が出現するなどというシーンは、どう考えたって日本の時代劇でしか起こりえないような、正統なるチャチさなんです。歌舞伎という演劇が、そういうものを公然と持っている見せ物でもあるという、そのことを唯一引いている近代ジャンルが時代劇、チャンバラ映画なんですね。そして、そんなもの――正統なるチャチさ、公然たる作り物性、見世物性――をどうして時代劇が引いていられるのかといえば、それは勿論、時代劇が刀を差しているからです。

人殺しの武器である刀を公然と持っている――そのことがカッコよかったり美しかったり礼儀であったりする美学を持っているからこそ、常にドラマは異様に起こりうるんです。

刀は武士の魂で、それを差していなければ礼式にはずれる。そしてそれを、いくらでも飾る――鍔や鞘や柄や下緒《さげお》と呼ばれる紐にいくらでも凝ることを許されている。何故ならば、既に太平の世に刀は人殺しの武器ではないから。と同時に、それはいつだって平然と人殺しの武器であるという真実を秘めて存在している。そんなものを持つことを日常として許されている世界であれば、いつだって人殺しに関わるドラマは起こりうるし、そのドラマはいくらだって凝った仕掛けを持つことが出来る、という訳です。

その、気がついたら平然と異様になっていて、そのことに気がついたら更に当り前になっているという〝異様さ〟の例をもう一つ内田吐夢作品の中から挙げましょう。それは、昭和三十五年の『妖刀物語・花の吉原百人斬り』です。

内田吐夢監督には歌舞伎・人形浄瑠璃の作品を映画化したものが幾つかあります。近松門左衛門の『丹波与作待夜小室節《たんばのよさくまつよのこむろぶし》』を映画化した昭和三十二年の『暴れん坊街道』(〝重の井子別れ〟です)。同じく近松の『冥途の飛脚《めいどのひきやく》』(〝梅川・忠兵衛〟です)を映画化した昭和三十四年の『浪花の恋の物語』。竹田出雲《たけだいずも》の『蘆屋道満大内鑑《あしやどうまんおおうちかがみ》』(〝保名《やすな》狂乱〟と〝葛《くず》の葉《は》狐〟)を映画化した昭和三十七年の『恋や恋なすな恋』。そして三世河竹新七《かわたけしんしち》の『籠釣瓶花街酔醒《かごつるべさとのよいざめ》』を映画化したこの『――花の吉原百人斬り』です。どれも伝統芸能を題材にしたものですが、そのアプローチの仕方はみんな違っていて、出来もそれぞれですが、この四作の中では、私は『――花の吉原百人斬り』が一番優れた作であろうと思います。

話は、田舎者の商人が吉原の遊女に惚《ほ》れて入れ上げて、振られて頭に来て殺すという、よく考えたら(歌舞伎では)ザラにある話です。ただ歌舞伎の場合、振る方の遊女に必ずなんらかの納得出来る理由がある(私はあなたの為を思って身を引いた、というような）というのが決まりのようになっているのに対して、『花の吉原百人斬り』にはそれがないというだけです。歌舞伎と違って、この『花の吉原百人斬り』のヒロイン玉鶴《たまつる》（後に八ツ橋《はし》太夫）はドライな女なんです。このヒロインには水谷良重が扮します。そして、このヒロインに振られる風采の上らない新潟の縮《ちぢみ》（織物ですね）商人・佐野次郎左衛門には我らが片岡千恵蔵が扮するという配役です。

水谷良重という人は不思議な人で、この人は新派の名女優水谷八重子《みずたにやえこ》と歌舞伎の守田勘弥《たかんや》との間に生まれました。という訳でこの人は〝伝統芸能の人〟なんですが、しかしこの人は、と同時に、ある時期ジャズシンガーをやってました。網タイツの脚を剝き出しにして向うの音楽で踊《ダンス》を踊ってました。

和服というのはO脚内股の世界、ダンスというのはX脚で外股の世界。全く異質の二つの世界がこの人の中でどう収まっているのかはよく分りませんが、どちらもこなせればそれは〝芸〟で、日本と西洋の対立が自然と一つに備っていることを或る時期、日本では〝現代的〟と言いました。そういう意味で、水谷良重はある時期、最も現代的な最尖端にいました。そういう人が演じるのが玉鶴（後の八ツ橋太夫）です。

という訳で、玉鶴という遊女は、実に現代的な娘でした。現代的というのはドライであること、ドライであるというのは我儘《わがまま》で気が強いということでもありました。『花の吉原百人斬り』の遊女玉鶴は、自分が吉原の遊女として出世する、その足がかりとして佐野次郎左衛門を利用して捨てるという、そういう女でした。

ここまではよくある悪女です——というより、よくある話ですが、しかし今現在の歌舞伎町や六本木にゴロゴロ転がってるようなそんな娘の話が実際問題としてそう面白くなる訳もないので、やっぱりこの玉鶴にはある種の事情があります。

玉鶴というのは実は岡場所《おかばしょ》（私娼窟）の女で、それが取り締りにあって逮捕されます。江戸時代、売春というものは幕府公認の官許ではありましたが、それは江戸なら吉原に限ってのことでした。これを「公娼」と言い、残りの遊女は全部〝不許可〟であるのが本来でした。岡場所（私娼窟）というのは、こうした吉原以外の場所で売春をやっている所を指します。別に普段はなんのお咎《とが》めもなく商売しているのがある日一斉取り締りで捕えられる——現在の交通違反一斉取り締りと似たようなものです。

許可なしに売春をしていた岡場所の女達は捕えられるとどうなるか？　これはそのまま吉原に連れて行かれます。売春に関する法令に違反して捕えられた女達は奉行所の手で吉原の女郎屋に払い下げられて、そこで吉原の（官許の）遊女となるのです。水谷良重扮する玉鶴もこうして吉原へ来ます。

昔っから、他によっぽどのことでもない限り、女が自分の体を男に売る理由は一つです。結局貧しいから女は体を売るのですから、徳川幕府が何をどう取り決めようと、吉原の女も他の岡場所の女も〝哀れ〟という点は同じです。どちらも貧によって苦界《くがい》へ身を沈めるのですから。しかし、官許の廓《くるわ》である吉原の華やかさは、ひなびた風情とか、あるいは現実に密着した野蛮さを売る岡場所の、なんと言いますか、〝渋さ〟とはまた別です。それは、同じ剣の修業を積む身であっても、名門吉岡道場に籍を置くものと、浪々の身一つで武者修行に励む得体の知れない無名人・宮本武蔵とでは自ずと違う――ということと一つです。

岡場所から捕えられて来て、吉原の遊女屋の台所の土間に転がされた私娼窟の女達は「ああ、やだね、あんな下品な女と一緒にされちゃ」という冷たい視線を、官許の女達から浴びせられます。浴びせられて、自分の運命を諦めているおとなしい女達は、黙って、結局は今迄とおんなじである、吉原の遊女へと変って行き、その視線に耐えられないという、プライドを持った女というものだけが〝宮本武蔵〟になるという訳です。『花の吉原百人斬り』の水谷良重が〝現代的〟であるというのは、このプライド故です。

プライドというのは全く個人的なもので、他から隔絶されている〝孤独〟という状況がなければ生まれません。〝孤独〟というものは近代個人主義の（当然の）副産物ですから、こんなもの、近代以前の江戸時代にはありません。運命に甘んじなければ社会からシャットアウトされる――シャットアウトされた人間のことなんか誰も、自分と同じ〝人間〟としては考えようとはしないというのが個人主義が生まれる以前の前近代ですから、女に誇りはありません。ないこともないけれども、それは非常に持ちにくい。孤独とプライドはほぼイコールの関係にあって、それ故に孤独なる人間は自由であるというようなものです。好き勝手をしてもあまり見咎められずにすんでいるのが〝孤独〟という自由ですから、〝悪い〟と言われるようなことも平気で内心企《たくら》める。但しそれをやっている限り、永遠に他とは交われないという〝不幸〟も孤独という自由は持ち合わせている訳ですから、プライドを立て通すには強くなければならない。孤独であるが故に強い――うっかり重要なことを言っていますが――それが〝現代人〟というものだったのですね。だから現代人には〝影〟があったし、〝悪の魅力〟というものも感じとれた。男の場合、近代人は容易に孤独でしたから、こういう〝影〟なり〝魅力〟なりを演じられる人がいたけれども、女優の場合はそうそういなかったというのが、昭和の三十年代でした。

という訳で、O脚内股の着物新派と、X脚外股の網タイツダンスが同時に存在する水谷良重は、貴重なる〝女・宮本武蔵〟として『花の吉原百人斬り』に登場します。

網タイツも着物もどちらも女の衣裳――そういう前提の前で「私は網タイツを取りたい！」と言った女が、強制的に本来自分の所属するべき〝着物の世界〟に連れ戻された、というようなものですから、正に玉鶴は水谷良重にうってつけです。そういう訳で、この『花の吉原百人斬り』の〝玉鶴後の八ツ橋太夫〟は水谷良重の当り役になって、舞台でも何度も上演されるようになった、という訳です。

さて、この『花の吉原百人斬り』の玉鶴は女・宮本武蔵です。宮本武蔵が彼を慕う娘・お通を平気で振り切って戦いの場に赴くのならば、玉鶴だって平気で佐野次郎左衛門を振り切ります。男の戦場は男の世界に、女の戦場は女の世界に、という訳で、それを邪魔する人間は邪魔物という訳です。

玉鶴の目標は吉原で全盛の（ナンバーワンの）太夫になること。玉鶴の敵は、岡場所上りの彼女を侮辱した先輩の太夫（花柳小菊が扮します）。この道具立ては全く、宮本武蔵と吉岡清十郎の関係に同じです。そして、ここにやって来る我らが片岡千恵蔵扮する、アバタ面の田舎商人佐野次郎左衛門は一体何か？　それは、法人対個人の対決の為に血祭の象徴として捧げられた幼い〝吉岡清十郎の遺児〟です。玉鶴が「ごめん」と言ったかどうかは別として、宮本武蔵は「子供よ、許せッ！」と言ってこれを刺したのですから、佐野次郎左衛門が玉鶴に振られるのは当然といえば当然です。田舎から商用で江戸に出て来た実直な佐野次郎左衛門は吉原へ来て、玉鶴と出会う。そして、それが向うの職業とは言え、玉鶴と接し、玉鶴の心遣いに触れて初めて、〝幸福〟という感情を知る。勿論、実直に生きるしかない男というものには、そうした感情というものは自分とは無縁のものであるという前提がある。だからこそ、片岡千恵蔵が実直であればあるほど、見ているこちらは哀しいんですね。実直な男は、他人の為の感情――即ち〝思いやり〟というものは知っていても、自分の為の感情――〝愛されたい〟〝愛されている〟という幸福感を知らない。たとえ知ったとしても、それを自分と結びつける術《すべ》を知らない男は、平気でそこから斥けられてしまう。

玉鶴を身請けして彼女と結婚するつもりだった佐野次郎左衛門は、最終的に彼女に拒絶される。そのことを職業とする玉鶴には、別に恋人だっている。玉鶴をナンバーワンの遊女にする為に財産を注ぎこんで、周りの人に遂に結婚相手が見つかったと知らせ回っていた佐野次郎左衛門は土壇場《どたんば》のところで一切を失う。失ったにもかかわらず、彼には怒ることが出来ない。何故かといえば、ただ実直でやって来た男には、自分のプライドを傷つけられて怒るという経験がないから〝怒る〟ということがどういうことだかよく分らない。哀しいといえば、こんなに哀しいことはないでしょう。プライドを持った現代的な女が稀少価値だった時代、それは勿論同時に、一般的な男にもプライドというものは縁遠いものだったんですね。日本の男は、インテリじゃないかぎり、みんな〝プライド〟という個人主義とは無縁で実直でしたからね。徳川三百年の平和は、態々《わざわざ》人間が孤独になって、自分を取り囲む全世界に怒りの自己主張をしなければならない必要なんていうものを埋め立てていたんですね。人と人との間が礼式というものによって埋められていたから、明治になって西洋近代の個人主義が入って来た時、多くの日本人には〝個人〟というのがどういうことかよく分んなかったんですね。これを相手に青年達が「自分は！　自分は！」「社会というものは！　自由というものは！」という虚しい戦いを繰り返していたというお話は既にしましたが、日本人の多くは佐野次郎左衛門のように実直なまま、近代の百年を過したのです（という訳で、未だに多くの日本人は無表情なんですよ）。

玉鶴に全財産を吸い上げられた佐野次郎左衛門は田舎へ帰ります。「もう一度、一からやり直しだ」なんてことを言いますが、実際はもう一度江戸へ戻って玉鶴を殺すつもりなんですね。その為に、家にある〝籠釣瓶《かごつるべ》〟と仇名される村正《むらまさ》の妖刀を取りに来て、そしてもう自分はこれでおしまいだからということで、家財一切を処分するということを佐野次郎左衛門は黙々とやるんですね。元々が重厚な顔付きをした片岡千恵蔵が謙虚に人のいい商人なんていうのをやって、それが自分の〝破滅して行く先〟なんてものをおくびにも出さず、「悪い夢を見ていた」「これから自分は一からやり直しだ」なんてことを、これから別れ別れになる使用人を相手に語っているのを見ると、本当にやりきれないほど切なく哀しいですね。

実直な人間が感情を表に出す術を知らないというのは、それをやれば世の中から浮き上ってしまうからですね。〝孤独〟と〝プライド〟がワンセットになって成立している〝個人〟というものがない時代——それは江戸時代であると同時に、そういう時代を背景にした〝時代劇〟というものが存在しうる〝現代〟でもあります——世の中から浮き上るということは、転落することなんですね。「どうせ人殺しでカタをつけることになるんなら、なにもその準備で帰った田舎でもそんな平静な顔をしている必要はないじゃないか」という考え方が浅薄だというのは、「よォし、俺は殺すぞ……」なんて顔をしたら、その瞬間から彼は〝狂人〟という扱いを受けるからです。実直な人にとっての世界観というものはそういうものです。だから、「殺してやる……」と思っても、決してそういう顔は出来ないんです。そんな顔をしたらみんなに寄ってたかって取り押さえられて、自分の家にある刀に手を伸ばすことさえ出来ないんですから。だから、「殺す……」と思っても、それを決して人に見せないようにして普段と同じようにしていなければならないのです。〝怒る〟という表情を知らなければ、その〝怒り〟は一挙に〝狂気〟という極端にまで飛んでしまう、実直な人というのは、だからとっても哀しいんですね。

という訳で、自分の一切を処分した佐野次郎左衛門は、妖刀村正一振りだけを手にして江戸へ戻って来ます。そして江戸の吉原では、佐野次郎左衛門の財産、商売資金を全部吸い上げて出世した玉鶴が八ツ橋太夫と名を改めた、その出世披露の花魁《おいらん》道中が始まろうとしています。かつての日自分を見下した先輩太夫に「フン！」と嘲《あざけ》りを投げて、今や若さと美貌を誇る吉原のナンバーワンとなった八ツ橋太夫が〝傾城本飾《けいせいほんかざ》り〟という日本の装飾文化が生んだ一つの頂点のようなメチャクチャ派手な恰好で、桜花爛漫の吉原仲之町の大通りを練り歩かんとするその瞬間、「思い知ったか！」と血相変えて斬りかかるのが、今やなんの遠慮もなく怒りの表情を剝き出しにした佐野次郎左衛門。と、ここまでは全く尋常によく出来た時代劇の名作ではありません――というのが実のところ。内田吐夢がその本領を発揮するのが実に、この佐野次郎左衛門が八ツ橋太夫に斬りかかってから斬り倒す迄の描写です。

花魁道中をする太夫というのは、部厚い綿の入った豪華な着物を着て、この上に〝俎帯《まないたおび》〟という、お相撲さんの化粧まわしが更に豪華巨大になったような帯を前に下げます。その上にこれも豪華な打掛《うちかけ》を着て、頭には十六本の鼈甲《べっこう》の簪《かんざし》と三枚の櫛を差し、脚には高さ三十センチもあろうかという黒塗りの三枚歯の下駄を穿《は》きます。こんな恰好じゃとても歩けないからというので、廓の〝若い者〟が花魁の右手に肩を貸して、それを杖《つえ》がわりにして太夫は歩くんです。おまけにこの八ツ橋という傾城、歌舞伎の初演以来の約束で、髪の毛の先を下げ髪にして、ダラーンと垂らして歩きます。とてもじゃないけど、これは〝逃げる〟というような行動とは全く相容《あいい》れない恰好です。

次郎左衛門に襲いかかられて八ツ橋は仰天する。仰天した八ツ橋は、その場ですぐ斬られても不思議はない恰好をしているにもかかわらず、すぐに斬られない。必死になって逃げる。

大混乱になって、制止する人間達を佐野次郎左衛門が斬り倒している間に、人間花電車のような八ツ橋は逃げる。

下駄を脱いで逃げる——こんなことを即座にやってのけられるのが、社会に勝とうとはしても社会には縛られまいとする〝現代的なプライド〟を持った娘玉鶴です。実直な人間が自分の感情をなかなか探り当てられず、探り当てた時にはそれがすぐには表沙汰に出来ないようなものになっているということになってしまっているのに対して、〝現代的な娘〟は、平気でなりふりを構わないでいることが出来る。これが、世の中に縛られていることに気がつけない、気がつく必要のない男と、世の中に縛られまいとする女の差ですね。

八ツ橋は逃げる。次郎左衛門は追う。次郎左衛門の手が八ツ橋の打掛《うちかけ》にかかる。八ツ橋は勿論逃げる。従って、その豪華で部厚い打掛けはズルズルと脱げる。脱げた打掛にからみつかれるようにして次郎左衛門は更に追う。追って今度は八ツ橋の帯に手がかかる。そして、その帯はズルズルとほどける。蛇のように、八ツ橋はその帯の端を次郎左衛門の手に残して、更に這って逃げる。長く豪華な帯を手繰り手繰り、次郎左衛門は追う。そして、八ツ橋の長く垂れた髪の端に手をかける。それでも逃げようとする八ツ橋を遂に次郎左衛門は突き通す。絢爛豪華百メートル人殺し障害レースです。

　済ませようと思えば一瞬で済む、この八ツ橋殺害シーンを、内田吐夢は満開の桜の下の運動会のように延々と映す。ここだけ、『花の吉原百人斬り』の進行テンポはガクーンと落ちるんですね。まるで、斬ろうとして斬れない男の前に、絢爛豪華な錦の底なし沼が広がって行くように、この殺しのシーンは延々《えんえん》と続く。

　はっきり言って、内田吐夢は〝女を殺したい〟んです。〝女を殺したい〟という情熱を、目一杯開陳したいんです。誤解しないでいただきたいのは、内田吐夢がサディストだと言っている訳ではない、ということです。

　内田吐夢が表沙汰にしたいのは、女を殺すその情景を見つめる男の目。〝女を殺す〟という極端を表沙汰にしてしまえば、そのことによって自分の内部を重くふさいでいるものがどんなものなのか、そのことを見極めることが出来るかもしれないという、そんな男の目に見えるようなすべてを描きたいという、そういう情熱が内田吐夢のあるシーンを支えている、ということです。

ズブズブズブと、錦の底なし沼に這い込んで行く、情熱につかれた実直な男のすべてを描いてしまった後、初めて「〝女を殺したい〟と思っていたんだ……」という気づき方をする、そんな男の全貌を、実は内田吐夢は描こうとしていたんじゃないかと、私は思うんです。嘘だと思うんなら、この『花の吉原百人斬り』の八ツ橋殺害シーンを一遍見てみればいいんです。そうすれば「自分の中に明らかに女を殺したいと思っている何かがある」ということに気づく筈です。内田吐夢という人は、それを見て、すぐ「女を殺したい」と観客に思わせるような、そんな煽情的な作り方はしません。「本当に殺したいと思ってる――だから絶対に殺せない」という、二重の絞め殺し方を観客に仕掛けて来るような、そんなこわい作り方をする人なんです。前にも言いました、〝そこを通り過ぎて初めて、そこが存在していることに気づく〟というのは、こんなことだろうと、私は思います。

時代劇というのは不思議な世界で、ここでは、人間の心理というものが説明されません。説明されないから存在しないというのではなく、人間の心理は明らかに存在しているから説明する必要はない、なんです。

明らかだから、人はそれを演じることが出来る。俳優という人間がある別の人間を演じることが出来るというのは、当然そこに存在する〝心理〟というものをつかまえているからですね。ある人間がある役を演じることが出来ているのなら、そこには当然心理がある。それを説明したいと思ったら、説明せずにはいられないと、そのドラマの作中人物が思ったのなら、その作中人物は己れの心理を堂々と説明するでしょうが、それは己れの心理を説明したいから説明しているのであって、役者がベラベラそれを喋ればその人物を演じられるという訳でもありません。己れの心理を説明する人物には、その自分の口から説明される心理とは別の、〝自分の心理を説明しなければいられない心理〟というものがある訳ですから、これをつかみとらない限り、この人間を演じたことにはならない、という訳です。

まァ大体、江戸時代を背景にした時代劇というものは〝心理学〟なんていうものがまだ存在しない時代の話だから、原則として自分の心理なんかあんまり説明しません。説明しないから、ヒーローというのは、〝相手の気持を汲み取る〟んです。汲《く》み取れるぐらいだから江戸時代の人間にだって勿論〝心理〟というものはある訳で――という話は既にしました。そして、そういう時代劇が一方にあって、自分の心理を自分で説明する、主張する――勿論、他人の心理だって説明する、主張する〝現代劇〟や〝現代劇タッチの時代劇〟だってある訳です。こちらの方で説明されたり主張されたりするのは、何も人間の心理ばかりではなく、世の道理だったり世の理不尽だったりする〝社会学的展開〟もある訳ですが、こうした〝主張〟を持った作品が秀れていたり重要視されたりする理由というのは、勿論見る側がその主張に圧倒されるからです。圧倒されるから「参った……」と思って感動するのですが、しかしイヤミを言いますと、こうした主張や説明の多い作品で、その主張や説明をする人物の〝主張をせずにはいられないその個人なりの心理〟が描かれていた例にはあまりお目にかかれません。人間というものは面倒なもので、何かを主張する人間の〝主張をせずにはいられないその個人なりの心理〟というものが描かれてしまうと、描かれた途端にその〝主張〟は嘘くさいものになってしまうからです。沈黙《サイレント》は金という訳でもありませんが、重要なのは主張ではなく黙ってそれを描き出す描写なのです。

それは既に明らかに存在している——そのことが明白である以上、表現とは、それがうまく汲み取れるように作られていなければならない、というのが時代劇の根本の作られ方であろうかと思います。

面倒なことを言っておりますが、要は、「こう描かれているということには、こういう意味がある」という、約束《ルール》が支配するのが時代劇だということです。〝既に描かれている〟〝明らかに存在している〟なんていう抽象的なことを言うから分りづらいのかもしれませんが、一体時代劇では何が既に描かれているか？　そのことをまずはっきりさせましょう。既に明らかに存在しているものは、男の深層心理です——〝女を殺したい〟というような。それは、描かれているけれども説明されてはいないから、時代劇に出て来る男の深層心理は分られにくい、というだけです。

昭和三十五年——一九六〇年の大島渚監督の『青春残酷物語』で、ヒロインの桑野みゆきは「どうしてもっとやさしくしてくれないの……」と言いました。発信音だけが虚しく鳴り続ける電話の受話器に向かって彼女はそう呟《つぶや》いたので、この言葉が相手の男に届くことはありませんでした。しかし、『青春残酷物語』の主人公《ヒーロー》・川津祐介のその答を口にする必要はなかったのですが、その答は一つです。それは、〝やさしくすることが出来ないから〟です。

さすがに女は男のことを知らないので、『青春残酷物語』のヒロインは〝もっとやさしく出来る筈〟という前提に立って「どうしてもっとやさしくしてくれないの……」と言う訳ですが、この問いかけがそもそも間違っていたんですね。そのことを男に訊きたいんだったら、「どうして、もっとやさしく出来ないの？」と訊くべきだったんです。

どうしてそれ以上は無理か？　そう訊かれれば男にも考えようはあったでしょうね。ということは、そういう訊かれ方をしなかったものだから、ついぞ男はそういう考え方をしなかった、という訳です。男も女も〝もっとやさしく出来る筈〟という錯覚の上に乗っかっていたから、その筈というものが分らなかったんですね。

男は女に、ある程度以上やさしくは出来ないんです。だから、机龍之助は女を殺して歩くんです。そのことは、時代劇の一番最初で明らかでした。明らかだったけれども、誰もそんなことは言わなかったところを見ると、その明らかであったものに、誰も気がつかなかったからなのかもしれません。

という訳で、片岡千恵蔵の机龍之助は、その明らかなる泥沼の上を、ズルズルと歩いていた訳なのです。という訳で、片岡千恵蔵の佐野次郎左衛門は、八ツ橋を斬る時、ズルズルと錦の泥沼の中を突き進んで行かなければならなかったのです。

ある理由があって、やっぱり男は〝人を斬るドラマ〟を作るのです。そして、決して女がそのことを分ろうとはしないということに男が気づいて、男は女を斬るのです。

初めっから明らかである肝腎な話をしましょう。結局、男のネックは女だし、すべてのネックはそこにある、という——。

14　大正二年、中里介山『大菩薩峠』に於ける、机龍之助の不可解

話はとりあえず、大衆文学史になります。

中里介山が都新聞紙上に『大菩薩峠』の連載を開始したのが大正二年の九月（この後昭和十六年まで二十八年に亘《わた》って書き継がれたこの大長篇は昭和十九年に当の作者

が病死して未完のままです）。そして、この大正二年がどういう年かというと、日本に大衆小説というものが生まれた年ということになっております。勿論『大菩薩峠』は日本大衆文学史上最高の巨篇ということになっておりますがしかし、だからと言って『大菩薩峠』が大衆小説というものをこの日本にもたらした記念すべき第一作ということになる訳ではありません。実は生前、作者の中里介山は自分の『大菩薩峠』が〝大衆小説〟として扱われるのを非常に嫌がっていたそうです。勿論、この『大菩薩峠』は凡百の大衆小説如きと一緒に扱われるようなものではないとてつもない作品ではありますが、しかしそうなって来ると一体〝大衆小説〟というものはなんなのだという面倒な話になって来るので、やめます。実は、大正二年に日本に大衆小説が生まれたということと、大正二年に『大菩薩峠』が開始されたということは、全く関係がないのです。大正二年に於ける大衆小説の誕生は、実は講談との関りで浮かび上って来るものなのです。

「今頃こんなところでそんなものを出して来て」と怒られるかもしれませんが、申し訳ありません、もう一度一巻目二四一ページの〈大衆芸能の変遷図〉というのを見ていただきたいと思います。ここには〈講談→講談本→新講談→大衆小説〉という移り変りがありますが、実は大正二年という年は、この〈新講談〉というものが生まれた年なのです。

〈講談本〉というのは、明治の言文一致体運動の元となった落語家三遊亭円朝の『怪談牡丹燈籠』と同じように、講談師の語る話を速記者が文字に置き換え、それを単行本として出版したものです。明治期の大衆の読み物と言ったらこれが主流で、猿飛佐助を生んだ子供文学の元祖・立川文庫も実は、この講談の速記本の子供向け文庫のようなものでありました。という訳で、講談本を作るに当っては講談師の存在以上に、舶来の技術である〝速記術〟をマスターした速記者というものの存在が重要でした。〝重要〟で〝舶来〟だから速記者は威張っていたという陰の事実はここから出ます。威張っていたから〝事件〟が起きたというのが大正二年です。

既にズーッと前にお話ししましたが（忘れていたらごめんなさいですが）、明治というのは講談の全盛期でしたが、同時に浪花節が台頭して来て全盛期を迎える時代でもあります。浪花節も講談と同じように〝語り物〟の芸能です――というのは嘘だと前にお話ししてありますが、講談とはそもそも〝本を読む〟ことで、その元は『太平記』です。講談に伴奏音楽はありません。一方の浪曲は、遠く琵琶法師によって語られて来た『平曲《へいきょく》』――『平家物語』の伝統を受け継ぐ、こちらは〝語り物〟の芸能です。日本では必ず芸能というのは卑《いやし》められることになっているので、浪曲・浪花節だとて例外ではありません。幕末の〝でろれん祭文《さいもん》〟という門付《かどづ》け――要するに物乞《ものご》いをする放浪の芸能者のその節（語り口）が洗練されて出来上って来たのが明治の浪花節ですから、「祭文語り、でろれん祭文」と言って、バカにしようと思えばいくらでもバカに出来るのが浪花節であった、というのが前提にあります。

日本には色々な差別があって面倒臭いのですが、講談と浪花節の間には、武士と町人、官と民間、そして三味線音楽の有無という面倒までありました。『奈良丸くずし』の俗曲になった二代目吉田奈良丸が上京した時、彼は華族会館で公演するという栄に浴しました。吉田奈良丸の浪花節は文句が上品で格調が高いからということで、明治の貴族の殿堂で浪花節の公演などということが起こったのですが、実現までには大変でした。明治の華族社会の常識でいけば〝雅楽・能楽以外の芸能は下品！〟だったのです。明治四十二年の吉田奈良丸の公演以前、華族会館では三味線が登場出来なかったというのは、三味線音楽が江戸の民間芸能だったからですね。もうメンドクサイからこんな話はやめますが、ともかく昔は色々大変だったのです。

まァしかし、大変なのは上の方だけで、下の庶民にそんなことは関係ありません。リズム、メロディーのないものよりあるものの方がノリやすいというのは今も昔も変らない訳で、浪花節は大流行になります。そして、メロディーというか音楽のある浪花節も、語られるべき内容というのは講談と同じような題材のドラマな訳ですから、ストーリーはあります。活字になった講談を読む人間が、どうして活字になった浪花節を読まないでいようか？――いや、そんなことはない、という訳で、浪花節の速記録というのが登場します。それが大正二年。講談社発行の『講談倶楽部』（実にこの雑誌は昭和三十八年まで続き、そこで名を『小説現代』と変えて今に続いております）が臨時増刊で『浪花節十八番』という一冊を出したのが事の起こりです。

速記界のボスがこれにクレームをつけた。落語家、講談師がこれに文句をつけた。「祭文語りと一緒にするな！」と。

まァ、日本というのは困った国です。つまんないプライドですぐ怒鳴りこんで来る訳ですが、しかし講談社だとて商売です。つまんない他人のプライドで、みすみす商売になるものを見逃す訳がない。で、どうしたかというと、この浪花節の速記録に関する抗議を蹴った。ダメなら作ればいいと言って、講談、落語の速記録ではない、専門の文筆業者による〝新講談・新落語〟を作ればいいということになって、ここに目出度く大衆小説の創作が始まる訳です。

という訳で、大正二年は大衆小説が生まれた記念すべき年なのです。

という訳で生まれたのが大衆小説の先祖——鳥以前の始祖鳥であるような〝新講談〟ですが、これが、ものの見事につまらない（当時の目でなく、今の目で見ると）。どうしてつまらないのかというと、一つには読者のレベルに、一つには作者のレベルという、二つのレベルのギャップというのが当然あるからです。

講談というのは語り物で、芸があります。その芸は〝語り口の芸〟です。浪曲だとて同じです。たとえ難しい文句があったとて平易な語り口で教養のないお客さんに平気で分らせてしまうのが、高座で頭を下げる芸人の芸です。寄席の芸というのは、客の前でヘリ下って語り始められるものですからね。講談の始まり（オープニング）というのは必ずこうです――「今回お好みによりまして○○を一席口演いたします（或いは〝申し上げます〟）」

語り手がヘリ下っている以上、話が難解、高級になる筈がない。だから、誰でも分る。江戸の草双紙の伝統を受けて、講談本というのはすべて総ルビですから、仮名文字さえ知っていれば誰でも読める。誰でも分るように語られたものを誰でも読めるようにして本にしてあるんですから、読者のレベルがどこまで落ちても、これは一向に平気である、というようなものです。読者のレベルというのはそういうものです。

さて、読者がそうである一方、作者の方は違います。当時の文章書きというのは高等教育を受けた人達です。この人達が大衆の為に、後に〝大衆小説〟となるような新講談を書きます。一体、新講談と講談ではどこが違うのか？　最大の違いは嘘とホントです。この差が結局は講談と大衆小説の違いを分けました。

講談というのは〝記録を読む〟のですから、これは内容がどうであろうと、語る側は飽くまで揺ぎなく真実《ホント》です。〝講釈師、見て来たような嘘をつき〟と言われますが、この〝見て来たような嘘〟とは、話全体を指してのことではありません。実際の人物のある部分のエピソードを指します。講談とは結局のところ〝立派な人の物語〟ですが、この〝立派な人〟とは全て実在の人物です。「ホントにそんなのがいたのかよ?」と思われるような人物でも、それはすべて〝実在していた〟という前提で語られます。だから講談とは、すべて真実が建て前です。その全体の実在性・真実を際立たせる為にエピソードの〝創作〟が行なわれる訳ですが、これも果してどこまで〝創作〟なのかは分りません。なにしろ講談師というのは〝事実を調べて来て話を作る〟のが前提なのですから、「なるほど、これはこういう事実なのだ」と調べる当人が思いこめば、それは当然〝事実〟です。思い入れ過剰の妄想だって、それが〝調べている〟という状態の中で起これば、立派に〝調べ上げた結果の事実〟になります。そういうものがあまりにも公然と語られるものだから、茶々を入れる人間が「講釈師、見て来たような嘘をつき」と言うだけですね。

講談とは、内実はともあれ、前提は〝真実・事実〟の世界です。そして、この真実・事実が面白く語られてしまったから、困ったことになりました。面白すぎる真実は、とても真実に見えないからです。勿論、講談師は面白くする為に、講談流に〝真実・事実・史実〟を脚色している訳ですからそれは〝嘘〟なのですが、〝嘘が真実として存在している以上その嘘は嘘ではない〟という厄介な壁――これが講談を講談たらしめる基本線ですが――はしぶとくも動きません。おまけに、これは高座で、講談師という芸人によって語られる〝芸〟でもある訳ですから、インテリはその〝芸〟を評価はしても〝事実〟を評価するかどうか？

〝芸〟を評価するということは脚色を評価することですから、〝それが事実である訳はない〟という結論はたやすく出ます。という訳で、講談は〝新講談を生み出す時に文章書き達《ライター》の手によって〝面白い読物〟という風に置き換えられとらえ直されてしまったのです。斯《か》くして、〝ホント〟は〝嘘〟になります。そして、そうなるに当って、新講談の書き手の多くが、これまた事実を伝えることを職とする〝新聞記者〟であったということも大きかったと思うのです。


明治から始まった新しいメディア・新聞は、新聞小説というものが登場する以前、〝読物〟というのを掲載しました。新聞の事件報道はピックアップされて、一枚刷りの錦絵――〝新聞錦絵〟として独立して売り出されるのです。この話は〝明治のＦＦ現象〟として前にお話ししましたが、事件は立派に読物となるのです。だから当然、新聞だってその延長線上に〝連載読物〟というのを持ちます。

明治期の新聞の連載読物を代表するものを三つ挙《あ》げます。一つは落語・講談の速記録。明治という近代はどこかで人類以前、爬虫類全盛の中生代を思わせるところがありますが、まだ分りやすい書き言葉のない時代、口から出て語られる話し言葉の速記録がそのまま書き言葉として盛行していたというのはその典型でしょう。明治に〝分りやすい書き言葉〟なんてないんですよ。言文一致体なんていう運動があったとしたって、それがこなれて当り前の文章になるのには時間というものがかかります。現代人が普通に読める明治期唯一の小説、夏目漱石の『坊っちゃん』が世に出て来るのは日露戦争終結後の明治三十九年。これだって、あんまり分りがよすぎるからというんで、文学者連中の間での評判はよくなかった――だからその後の夏目漱石はつまんないものを書いて行った、それがなかったら日本の文学の歴史はもっと違ったものになっていただろうという説だってあるんですからね。〝秋雨しとしとと降るかと思へば、さつと音して運び来るやうなる淋しき夜、通りすがりの客をば待たぬ店なれば、筆やの妻は宵のほどより表の戸をたてて、中に集まりしは例の美登利《みどり》に正太郎〟――これは明治二十八年に世に出た樋口一葉の『たけくらべ』の一節ですが、いい悪いは別にして、決して分りのいい文章じゃありません。少なくとも現代語じゃありませんからね。これが〝分りのいい名文〟であるとする明治期の読書人と、落語・講談の速記録を小説のように読む大衆というのは自ずと別ですね。ちなみに、明治十七年三遊亭円朝の『怪談牡丹燈籠』の速記録はこうです――。

〝さて萩原は便所から出てまいりますと、嬢様は恥ずかしいのがいっぱいでただぼん

やりとしておひや（水）をかけましょうともなんとも言わず、湯桶を両手に支えているを、新三郎は見て取り、

「これは恐れ入ります、はばかりさま」

と両手を差し伸べれば、お嬢様は恥ずかしいのがいっぱいなれば、目もくらみ、見当違いのところへ水をかけておりますから、新三郎の手もあちらこちらと追いかけてようよう手を洗い、嬢様が手ぬぐいをと差し出してももじもじしているうち、新三郎もこのお嬢は真に美しいものと思い詰めながら、ずっと手を出し手ぬぐいを取ろうとすると、まだもじもじしていて放さないから、新三郎も手ぬぐいの上からこわごわながらその手をじっと握りましたが、この手を握るのはまことに愛情深いものでございます〟

樋口一葉より十一年前の三遊亭円朝の〝文章〟の方がズーッと分りいいというのは、ここには文章にする為の〝飾り〟――たとえば〝秋雨しとしとと降るかと思へばさつと音して云々《うんぬん》〟というのがないかわりに、〝説明〟というものがあるから。引っ張って来たのは『怪談牡丹燈籠』の主人公・萩原新三郎とお露の初めての〝出会い〟ですが（しかし、恋を成立させるシチュエーションというのは堂々とヘンてこなものです。男が便所から出て来ると、女は外で待っている……）、ここにあるのは一貫して〝説

明〟で、それがそのまま恋するものの心理描写にもなっている。その上、その〝説明〟に対して〝この、手を握るのは、まことに愛情深いものでございます〟という、作者の〝分析結果〟までついている。こういう分りやすい物語に慣れている大衆相手に、同じように分りやすい物語を文章書きが作り出すことは並大抵のことじゃありません。文章を文章として成立させる〝飾り〟を取っ払うのがまず第一、そしてその分具体的な描写をふんだんに盛りこむ──「インテリやめろ、芸人になれ」と言われてるようなものです、〝新講談〟の作者になるということは。

芸人になるということは大変なことなんです。というのは、先の〝華族会館に於ける三味線〟〝浪曲問題に於ける速記者、講談、落語界の反発〟というものを考えていただければお分りになると思います。〝芸人というのは大したものじゃない〟という世間の常識があったればこそ、立派な芸人は自分のことを「芸人なんかじゃない」と思いたがって、更に自分の下に〝下級の芸人〟というものを作りたがるんですね。「芸人ぐらい簡単にやれるさ」と思うインテリにロクな芸はないというのがそこら辺です。

さて、文章はそうとして、次に〝内容〟の問題になりますと、明治期の新聞の連載読物で売り物となった第二が出てまいります。それが何かというと、黒岩涙香《くろいわるいこう》の翻訳小説です。『鉄仮面』『巌窟王』『噫《ああ》無情』これらは全部新聞の連載読物で、これを売り物にして黒岩涙香は自分の新聞『万朝報《よろずちょうほう》』(涙香自身社主でもあり記者でもありました)の発行部数を伸ばして行きました。黒岩涙香自身の文体はそうわかりやすいものでもないのですが、しかしこれが明治期のある部分を代表する一般的な文章であることも確かなので、ちょっと挙げます――。

〝時《とき》は今《いま》より二百二十年《ねん》の昔《むかし》、千六百七十二年《ねん》二月《ぐわつ》九日《か》、雪《ゆき》の降《ふ》る夕方《ゆふがた》ブルセルの町《まち》の入口《いりぐち》に在《あ》る居酒屋《ゐざかや》の庭《には》に腰掛《こしか》け、寒《さむ》さ凌《しの》ぎの升酒《ますざけ》に湯気《ゆげ》の出《で》る煮込《にこみ》の出来立《できたて》を賞《しやう》しながら雑話《ざつわ》せる許多《あまた》の客《きやく》あり〟

これは明治二十五年の『鉄仮面』ですが、一読してお分りのように、これは樋口一葉と三遊亭円朝の混血児のようなものですね。話し言葉ではないから客に語りかけることはない――だからどこかでとっつきにくくふんぞり返っているように見えるのは、これが書き言葉であるからで、内容は円朝、口調は一葉と言ったら大雑把すぎるかもしれませんが、しかし実際はそうです。

さてところでこの黒岩涙香訳の『鉄仮面』、正確なところで言うと、この題は違います。正確にはこれ、『正史実歴鉄仮面』という〝角書《つのが》き〟がついております。〝角書き〟

というのは、江戸時代の歌舞伎・浄瑠璃・草双紙等の題名の上についていたキャッチ・コピーであると思っていただければ間違いありません。題名の上に二行に分かれてついているから〝角〟なんでしょうね。という訳で、黒岩涙香訳の『鉄仮面』は〝翻訳読物〟ではあるけれども、別にこれが〝物語〟だの〝小説〟だのということは一言も言ってない。却《かえ》って逆に、これは〝正史〟であり〝実歴（実際の歴史）〟だと言っている。勿論『鉄仮面』はフランスの小説ですけれども。私が前に〝講談はあくまでも真実・事実・史実だ！〟という、なんの為にそんなことを強調しているのかよく分らないことを力説強調していたことを思い出していただければお分りになるかと思いますが、実は意外なことに、日本という国には〝嘘〟の存在する余地がないのです。

講談が史実《ホント》で、フランスの小説である『鉄仮面』が〝正史・実歴〟だったら、この世に〝お話《ウソ》〟はなくなります。「小説は作り話だ」というのは本当のことですが、しかし日本でこんなことを言うのは、〝小説が好きな人〟ではなくて〝小説の面白さが分らない人〟ですね。「小説ってホラ話でしょ？」と言ったら〝文学者〟という人達は怒りますね。怒る以前に、誰もそんな持ちかけ方はしないでしょう。日本に於いて〝小説〟というものは、これを高める、これを見つめる〝文学〟という名の一種宗教的な境地のものでしたから、「小説はホラ話」なんてことを言われると、真面目に文学に取り組んでいる人は「お前のやってることには意味がない」と言われたみたいな気がして激怒する、というようなものだったのです。日本の文学が自然主義→私小説へと傾いて行ってこれが主流となってしまった、そしてもう一つの立派な文学の主流が自然主義→プロレタリア文学→社会派となって行った〝主張のある文学〟であったというのは、この為ですね。日本には〝嘘＝作り物〟の入る余地がないから、唯一平気で嘘をつける筈のジャンルであった小説（物語）が、どんどんどんどん後めたくて嘘を排除して行ってしまって、〝なんにもない自分〟か〝他人の為に身を犠牲にして主張〟するかのどっちかに行き着くしかなくなっていったのです。トント、自分の〝怒り〟を面に出せずに実直を演じ続けている佐野次郎左衛門です。日本という国は、想像以上に〝実直な人〟が多かったんですね。

日本で大衆小説というものが出来上る以前、大衆に愛読されていた〝小説〟の形式を持ったものが黒岩涙香の翻訳読物だったということは、日本人がまだ作り物の物語を作り出せないでいたからなんです。だから、黒岩涙香の翻訳は、立派に〝講談〟だったんです。

フランスの作家デュ・ボアゴベ、あるいはアレクサンドル・デュマ、ビクトル・ユーゴーという人達の書いた小説を、黒岩涙香という〝講談師〟が「今回お好みによりまして鉄仮面を一席翻訳いたします」とやったのが〝翻訳読物〟であったのです。という訳で『鉄仮面』には〝正史・実歴〟の角書きがついているのです——ではなく、

『鉄仮面』に〝正史・実歴〟という角書きがついている以上、『鉄仮面』その他の翻訳は〝講談〟だったのです。

日本人にはまだ物語を作り出す能力がない、だから外国の物語を持って来て、それをそのまんま物語として語った（アレンジした）というのが、新講談以前の大衆的文芸世界です。

という訳で、続いて明治期の新聞の連載読物の第三が登場いたします。それが〝実録読物〟です。

明治という時代が講談・実録の時代であったというお話はもうズーッと前にしましたが、『鉄仮面』が〝正史・実歴〟であったということを持って来れば、この〝実録〟がどういう性質のものであったかはお分りいただけるでしょう。〝嘘かホントかは知らないけれども、もっともらしくも本当である〟というのが明治のノンフィクション〝実録〟です。その点でこれは講談とおんなじなんですが、じゃァ実録と講談とではどこが違うのかというと、実に〝モラル〟のありようが違うのです。ちょっと話がもつれるかもしれませんので、江戸と明治、あるいはそのウソとホントの関係を図にしてみます――。

一目見て分るのは、明治になると〈ウソ〉がなくなることですが、そのことから生まれる微妙な〝隠された事実〟が何かというと、文化間の序列です。上下関係と言ってもいいかもしれません。

江戸時代がはっきりしているのは、〈娯楽とは作り物のウソである〉ということです。明治の講談は〈娯楽〉としてとらえられていますがしかし、民衆の大部分にとってこの講談は〈立派な教養〉なんです。という訳で、明治の講談が〝立派な人の話〟〝立派な人はこのように立派だった〟ということは前にお話ししました。ところで、明治から後の〝実録〟なり〝史実考証〟などというものを読むと、これはもう必ずと言っていいぐらい〝講談ではここのところをこう言っているが、しかし事実は違って〟というフレーズです。「講談という他愛のない〈娯楽〉の世界ではそうなっているかもしらんが、あいにく高級なる〈教養〉の世界では――」という格差意識がここにあることは明らかです。ここにある考えは、〈娯楽に走る人間は程度が低い〉では、ありません。ここにある格差意識とは実に、〈教養というもののない程度の低い人間のうなずける教

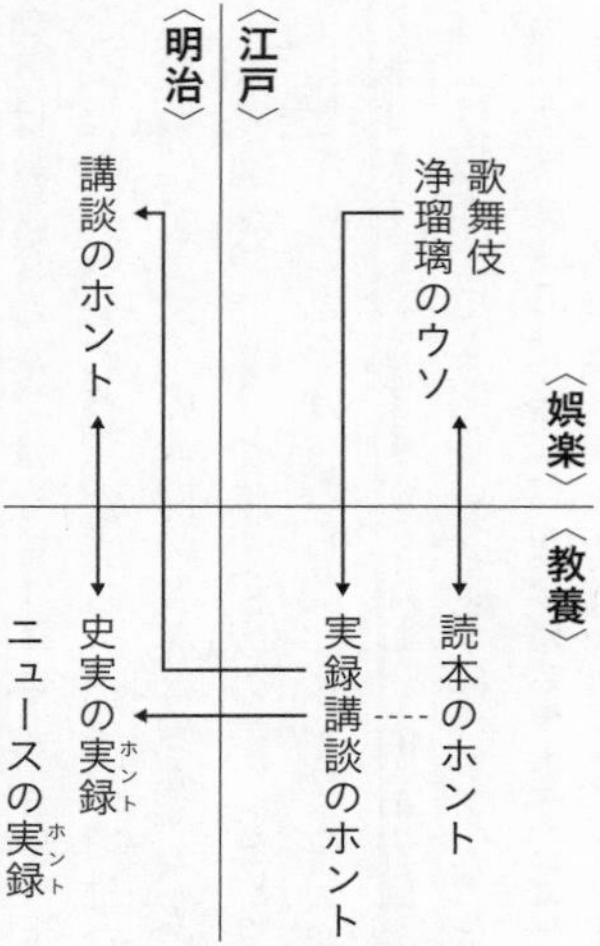

養とは教養なんかではない――それは娯楽でしかない〉という考え方です。〈娯楽〉と〈教養〉の間に格差があるというのではなく、人間の間に格差があるから、同じ〈教養〉でも、〈下の人間の教養は娯楽〉であり、〈上の人間の教養は教養である〉という差別意識です。勿論〝程度の差〟というものは必ずあるものですから、「もうちょっと深いことを分ったら？」というような形での〈教養の格差〉というものはやはりあります。ありますがしかし、〈明治の講談のホント〉と、〈明治の実録のホント〉は『鉄仮面』でも明らかなように、おんなじなんです。違うのは、語り手の姿勢（一方は当然のように客に頭を下げる）と、そこから来る語り口（文体）の差だけです。差がないくせに差を言いつのるのが明治ですから、ここには明らかに〝いわれのない差別〟があります。

そして、ここから江戸を振り返るとどうなるのかというと、ここにある〈娯楽〉〈教養〉の差というのは実に、ドラマ（という嘘の形を持った真実）が持っている影響力から来る力関係なんです。

江戸の歌舞伎・浄瑠璃というものは、史実を無視して公然と〈ウソ〉をつく。『仮名手本忠臣蔵』が元禄の話ではなく、『太平記』の南北朝の話だということは前にしました。そしてその結果〝浅きたくみの塩冶殿〟というとんでもない忠臣蔵批判を中に生んでしまう、ということも。ドラマはドラマとして、公然と華やかな嘘の衣裳をまとって横行して行く——その結果、それを「面白くない……」と思う人だって出て来るだろうし、「ホントはどうなの？」と思う人だって出て来るでしょう。後者が江戸の〈実録講談〉であり、前者が〈読本の滝沢馬琴〉だったりします。

まァ、馬琴という人は日本で最初の原稿料生活者であるという点で、日本の作家の祖ではありますが、さすがに作家になりたい、ならざるをえないと思うだけあって、ウックツ屈折しています。馬琴の内面に深入りする余裕というのはちょっとありませんが、この人ぐらい終生プライドというのを持ち続けた人というのはないでしょう。さすがに作家なんかにならざるをえなかった近代人の開祖です。プライドと孤独というのは個人を成立させる為にワンセットになっていて、孤独なら近代人という重要な話は前にうっかりしてしまいましたが、馬琴という人は正に孤独でした。

侍の子として生まれながら、戯作者（当時の〝作家〟はこう呼ばれていました）を志して家出してしまう馬琴というのは、この点で全く、地方出身の文学青年の祖でありますけれども、〝武士の家に生まれて、その武士の生活世界が厳格で窮屈でいやでいやでしょうがないから、華やかで自由でロマンチックな町の（＝町人世界の＝都会の）戯作者に憧《あこが》れた馬琴〟というのは、だからと言って、町人の戯作者になり切った人ではないんですね。

厳格な世界に生まれ育ってしまってロマンチックなものを求めるというのは分りますが、その求め方の激しい馬琴というのは、さすがにそれを求めざるをえないくらい、厳格が染みついていました。戯作者となるに必要な色気だの洒落っ気だのというものが、外に求めるぐらいだから内にはない。外に求めてしまうから、内にないことには気がつけない——という訳で、馬琴には戯作者としての才能がなかった。「あきらめな」と言われてあきらめず、下駄屋の娘の（しかも年上の）ところへ婿《むこ》入りしてコツコツと作家修業を続けるのが馬琴です。馬琴が日本で最初の原稿料生活者というのは、それ以前の作家というのがみんな金持ちの町人で、別に生活になんか困っていない、遊びで原稿を書いているという前提があってのことで、そういう意味で家出少年の馬琴は異質だったんですね。

戯作者世界じゃ異質だし、町人の女房は教養がないしで、馬琴は勿論孤独でプライドは増々強くなるから、「私のしていることはただの娯楽じゃない！」ということになる。

読本《よみほん》というのは江戸時代の小説本で、挿絵入りではありますが、字ばっかりの本です。これに対応するのが草双紙《くさぞうし》——それを何冊も綴じた続き物の合巻《ごうかん》で、こちらはページ毎《ごと》に絵が入っていて、主体となる挿絵の余白にビッシリと文章が入っているという、草双紙・合巻と読本の差は、マンガと小説の差のようなものです。

別に馬琴が読本の祖という訳でもありませんが、これを完成させたのが馬琴であるくらいですから、馬琴と読本は合っていたのでしょう。読本というものは、扉を開けると必ず〝引用書目〟と題されたページが出て来て、和漢の書物がズラーッと並びます。要するに「私はこれだけの本を読んでこの本を書いたのだから、あだや疎《おろそ》かにこの本を読むのではないぞ」という脅しを作者がかけている訳です。勿論こんなもの江戸の大衆文芸ですから、一〇〇%本気の脅《おど》しという訳でもありません。半分は「エッヘッヘ」のカッコつけという洒落っ気でもある訳ですが、ともかく、読本というものはそういうものを麗々《れいれい》しく巻頭に掲げる以上、「ウソでいい」と言っているものではないんですね。

「ここに書かれていることは本当だ」とまでは言っていなくても、「ここに書かれていることがどうして嘘であろうか」というようなことは言っているというのが〝読本〟なんです。そして、そこで書かれている物語は、読本作者のオリジナル題材もありますが、多くは歌舞伎・浄瑠璃で扱われるネタ。それを材にとって、読本作者は中で「歌舞伎・浄瑠璃ではこうなっているけれども、しかし実際は違って」という〝別なる嘘〟を開陳している訳です。ここのところは、明治に於ける〈講談〉を見る〈実録読物〉の作者の目と同じですが、読本が違うのは、別にそれが「唯一の史実だ」なんて言っている訳ではないということ。つまり、「まァ、これも史実で」ぐらいのもので、実際というのは一つしかないにもかかわらず、江戸時代は平気で、同じ筈の史実が幾つもあった。そのことが野放しにされていて、「これこそが史実だ！」という力説は――力説すれば話が手に汗を握って面白くなるという場合はいざ知らず――別に普段はしもしなかった、というだけです。

　読本というのはそういうものですから、馬琴にしてみれば「逆に自分のロマンチックな住み家を見つけた！　ここそが！」ということになりますから、勿論馬琴は力説をする。「これこそがホントだ！　これこそがホントだ！」と。明治から後〝ウソ〟が表向きなくなったのは、馬琴のせいでしょうね。〝馬琴の呪《のろ》い〟と言った方がいいかもしれませんが、実直がもう少し融通のきかなくなった〝厳格から逃げられない人〟というのは、そういう風に情熱をたぎらせるんですね。どういう風かというと、「これはホントだ！　これはホントだ！　これこそがホントだ！」という風にですね。そういう風に情熱をたぎらせて作者に力説というものをされたら、話が面白くならない訳がない。という訳で、馬琴は読本というジャンルを完成させて、その気迫に呑まれたその後は、うかつに〝嘘〟を言い出せなくなってしまったというのが〝馬琴の呪い〟の全貌ですね。二十八年もの時間をかけて、当人は盲目になって、息子の嫁に一々字を教えて書かせてということをして完成させたのが大長篇『南総里見八犬伝』

だということになったら、人はうかつに「ホラ話！」とは言えないでしょう。他人が言ったって、当人は絶対に許さないでしょうね、というのが、馬琴の読本に於ける〈ホント〉です。そして、孤独な馬琴が『南総里見八犬伝』を完成させたのは天保十三年（一八四二年）、七代目市川団十郎があの『勧進帳』を初演した二年後なんですね。近代っていうのは、もうここら辺で始まっていたんだと見た方がいいと思いますね。都市の〝娯楽〟というものは、存外すごいんですよ。

さて、歌舞伎・浄瑠璃という芸能・芸人の世界では平気で〈ウソ〉が花開いている。そして、文章活字の世界の作者とは、勿論芸人ではない訳で、芸人が〝最終的には一線を引かれる〟という形で差別、卑しめを受けるのは江戸時代も同じで、身分社会である以上は更に明確です。だから、それを小説（読本）という別ジャンルに持ち込む時には〈ウソではない〉ということにしなければならなかった。武士から町人に降りて来て町人にもなり切れなかったという屈折を背負っている馬琴であるならそれはなおさらであるというのが、江戸の町人文芸――即ち〈娯楽〉の一ジャンルである筈の読本が〈教養である〉という複雑でした。

そして、その〈読本のホント〉と同時に、ノンフィクション作家・講談、講釈師の〈ホント〉というのもあります。この人達が幕末に当時の事件、お家騒動というものを「その実際はこうである」という語り方をした――それが〈幕末の講談〉だという話は前にしました。

そしてそれが明治になります。新聞という正規の報道が登場して来る明治には、「事実を報道してはいけない」という御禁令はなくなります。それは新聞なりなんなりに譲《ゆず》って、〈明治の講談〉は聞いて役に立つ、〝立派な人の話〟に変るのです。やっぱりどこかで武士とつながる講談師というものは、世の為人の為ということを考える正義感というものが濃厚なんでしょうね。「向うが禁止するならこちらも話す」という前提がなくなったら、〝そういう正義は意味がない〟で変って行く訳ですからね。事実がオープンになったのなら、問題は〝事実全体〟ではなく、事実を支える人間だ、ということになるのでしょう。斯くして明治の講談は〝偉人伝〟となります。そして、ここで講談から消えて行くのが、かつての旧幕の時代に講談の目玉商品であったお家騒動、犯罪ネタです。何故かというと、お家騒動・犯罪の主役は決して〝立派な人間〟ではなく、〝悪人〟だからです。

悪を前面に出して語る——しかし最終的には善が勝つ、これが江戸時代の〝勧善懲悪〟でした。滝沢馬琴というのは勧善懲悪の権化でしたが、しかし彼の勧善懲悪というのは、〝悪が滅びるという大前提だけ押さえておけば、いくらでも残虐シーンは書ける〟という、彼の暗い情熱の反映であるなどということは、今や有名すぎるほど有名です。人間なんて正直だからそれでいいんですが、しかし〝暗い情熱〟というものは、困ったことに、人前で公明正大に語られることを喜ばないんですね。「語られてはならない」という世の外側のモラルの問題ではなく、「語りたくないなァ、恥ずかしいなァ、一人でそっと撫でていたい」というような、内側の人間の羞恥心――あるいは〝独占欲に近い芸術愛好心〟とでも言いましょうか、ともかく「表沙汰にしたら面白くなくなる」「表沙汰にしない方が面白い」というような〝照れ〟に近いようなものです。

という訳で、〝暗い情熱〟は公明正大に売られて一人で（こっそり）読まれる活字に委ねられ、人前で語られる講談からは消えて行くということになるのです。講談雑誌・読物雑誌というようなものが、大正以後、ある種いかがわしいエログロ雑誌のように思われていたこともありますが、それは勿論講談のせいではなく、大正二年以後に出て来る「こういうものが講談なんだろうなァ」という、知識人ライターのギャップを反映した〝新講談〟、そこから派生する〝講談並み〟という見られ方をするような〝大衆小説〟のせいなんです。単純なる日本国民に〝忠君愛国〟などというあまりにも公式《おおざっぱ》すぎる思想を植えつけてしまった――そのことに成功した講談が、なんでそんないかがわしさを持てるものですか。講談というものの最大欠点は〝健康なこと〟で、それは大衆の持つ欠点とおんなじなんですね。大衆というのは常に健康で、それがうかつに知性に染まると不健康になるというのが、残念ながら人間というものの本性なんだと、この私は思いますです。

というところで、明治の講談には毒婦、悪人の顔が出て来ない。ところで一方、同じ時期の新聞の実録読物は、毒婦、悪人の横行するお家騒動、犯罪実話の花盛り。明治一代女の仮名屋小梅だとか高橋お伝なんていうのは、みんな新聞の実録読物から出て来る訳ですね。これが、新講談経由で、大衆小説の毒婦、悪人、怪浪人という、お馴染みステロタイプの〝物語〟を作る訳です。

さて、それで今迄をまとめますと、新講談から大衆小説という流れは、実は新聞記事から小説へという流れなのですが、これに〝新講談〟でも〝講談〟でもどちらでもいいですが、〝講談〟という一項が加わることによって何が生じたかといいますと、「この作品の対象とする読者は低い」という見くびりです。実際問題書き手が読者を見くびったのかどうかは別として、新聞連載の実録読物と講談とでは、文体が違うのです。新聞の実録読物の文体は黒岩涙香の文体と同じですから、これを〝新講談〟にするのなら、語り口を三遊亭円朝の平易にまでもって来なければならない。インテリが芸人になって、読者に頭を下げなければならない、というのはここですね。

ところで、新聞というものは正義を広めるものですから、これは平気で悪を糾弾《きゅうだん》しますます。だから、新聞の実録読物だって勧善懲悪だから、基本的には「なんと悪い奴だ、このヤロめ、このヤロめ！」です。客に向かって頭を下げるという態度では全くなかった人がそう簡単に頭を下げられるか？　おまけに、これは〝芸人のやっていたものを、そうではなくインテリが代ってやる〟という新講談です。分りやすくはあっても、気楽に読めることはあっても、別に頭を下げる必要はないという曲解は簡単に生まれます。という訳でこの結果がどうなるのかというと、〝いい加減なことを平気で書く〟というレベルの低下、見くびりが生まれるという訳なのです。

新講談はいつのまにか〝大衆小説〟というものへ移行します。大衆小説と新講談の間に差があるのかというと、別にありません。講談と新講談の間に重要な差があった、しかし講談がどこかでなめられていた、見くびられていたから、たやすくその上に〝新〟の一字が乗っけられて、全く別物が生まれたというだけです（この件に関してはもう一度講を改めて〝立川文庫〟との関係で語られるかもしれません――というところで、お待たせしました、「お好みによりまして『大菩薩峠』不可解の一席を口演いたします」というところでしょうか）。

中里介山の『大菩薩峠』が大衆小説だと思われるのには幾つか理由があります。一つは、それが大衆小説＝新講談が生まれる年に登場したこと。次にその文体が分りやすく、中里介山が読者に向かって〝頭を下げていた〟こと。次に、『大菩薩峠』が〝チャンバラのある小説〟だったことです。何故か日本では〝チャンバラのある小説〟は全部大衆小説にされてしまうので、〝チャンバラがあればもう普通の小説ではない〟というその前提は、正に〝チャンバラ映画の本〟である本書の狙う領域とピッタリと重なる——従ってこの本には余分な説明が多い（多すぎる）という訳です。

大正二年に『大菩薩峠』が始まる前の日、その掲載紙である『都新聞』には次のような広告が出ました——〝大菩薩峠は甲州裏街道第一の難所也。徳川の世の末、ここに雲起こりて風雲関八州に及びぬ。剣法の争ひより、兄の仇を報いんとする弟、数奇の運命に弄ばるる少女。殊に一度に五十里を飛ぶ凶賊の身の上甚だ奇なり。記者は古老に聞ける事実を辿りて、読者の前に此の物語を伝へんとす〟

全く大衆小説というのはこういうものだと言わぬばかりの広告ですが、しかしこの年にまだ大衆小説というのは出来ていない、あるいは出来たか出来ないかというような時期ですから、これが大衆小説の典型《ステロタイプ》という訳ではありません。大衆小説の方が、この宣伝文の指し示す方に傾いて行ったのだというのが本当でしょうね。そして、こうもあっさり類型的に書かれている以上、この宣伝文が何かの型にはまったものであることだけは確かですが、その〝型〟とは何かと言ったら勿論〝実録読物〟であるというのはちゃんとこの宣伝文に〝古老に聞ける事実を〟とあることで、正に明らかであるというのが、日本には大変な時代もあったもんだな、というところでしょう。『鉄仮面』という小説が〝正史・実歴〟なら、『大菩薩峠』だってそうだって言ってるんです。別に馬琴のせいでもないでしょうが、ここら辺まで〝馬琴の呪い〟は生きているというようなもんですね。

大体、文庫本にして二十巻（しかも未完）、舞台は〝甲州裏街道第一の難所〟大菩薩峠から果ては遠く南方海上の小島に至り、登場人物大勢、しかも主役なしという一種の無焦点ドラマを知っている〝古老〟などというものが存在する訳はない。『古事記』の語り部・稗田阿礼《ひえだのあれ》がこんなことを聞かされたら己れの記憶力というものに自信を失ってしまうでしょうが、結局のところ〝嘘〟というものを受け入れる土壌が日本にはなかったんですね。だから〝事実〟として謳《うた》わなければならない。〝事実〟ということを前提にすれば、いくらでも想像力を働かせることが出来るという大前提があったればこそ、こういう惹句《じゃっく》は出て来るんですね。

「これは事実である」ということを前提にして物語を享受する――これは存外古いというよりも、人間にとっての物語とはそもそもそういうものであったというのは〝神話〟という人類最初の物語を頭に置けば分るでしょう。神は実在したし神話も事実であったればこそ、神話という物語は成立したのです。そして、物語が〝事実である〟——〝これはかつて存在した事実である〟という前提によって人間達に受け容れられるということは、実際の自分の狭い現実生活の枠を超えて確かに実在している、実在していた〝可能性〟というものがある。自分とは異質な事件の起こりうる可能性というものを前にして、人はそれを恐れたり感動していた、というのが〝物語の真実〟でしょう。そして、このことから次のことが出ます。AがBなら、BがAであってもいいという、逆転の発想です。

　事実として、自分の現実の外側に別種の可能性があるのなら、それを提示するのが物語であるのなら、それを逆転させた形——即ち、自分の見たい可能性を物語として存在させる、そしてそのことによって自分の側から可能性を外に向かって開いて行く、ということです。「どうも、遠い世界には別種の可能性というものがあるらしい……」と、外側から自分の内部に届いて来るものをぼんやり受け入れる受身の体勢から、「自分の中にはこういう可能性がある！」という形で外へ向けて開いて行く能動態への逆転です。この逆転こそが〝個人〟というものがすべての中心に据《す》えられる〝近代の誕生〟なんですが、それで行くと、大正二年の『大菩薩峠』連載開始の前日まで、日本の（少なくとも『都新聞』という舞台の上には）近代というものは生まれていなかったということになります。そして勿論、作者の中里介山だとて、「これは事実ではありません」などということを作中で口にしている訳ではないので、そこに近代が始まっているかどうか、検討しようとしない人間には一向に分らないし関係がないということなのです。

　という訳で『大菩薩峠』は始まります。前日の広告と次の日の第一回の文章を比べれば、中里介山の姿勢というものは明らかです。〝記者は古老に聞ける事実を辿りて、読者の前に此の物語を伝へんとす〟の次の日の文章は〝大菩薩峠は上り三里、下り三里、領分は甲斐国に属して居《お》りますれど、事実は武蔵と甲斐との分水嶺になります〟――中里介山は、三遊亭円朝や講談師と同じように、明らかに、お客さんに対して頭を下げているんですね。

　〝これは事実である〟ということを前提とする、新聞の実録読物という極めて近世的な世界の延長線で始められた。高座で客に対して頭を下げる寄席芸人の語り口で始められた。そしてその内容は近世の読本、歌舞伎とおんなじようにチャンバラのある物語である。この三点をもって、中里介山の『大菩薩峠』は軽く見られた。大衆小説だと思われた、という訳です。大衆小説というのは、その三点を踏まえて始められたものですから。

　それではさて、中里介山の『大菩薩峠』がとても大衆小説如きものと一緒くたにされるようなものではないという話は何故かと言いますと、この『大菩薩峠』には〝人間〟が描かれているからです。

この話には勿論異論というものがありましょう。「大衆小説にだって人間の描かれているものはある」「いやしくも〝小説〟と銘打たれたもので人間の描かれていないものなどある筈はない」とか。

しかしところで違うというのは、〝人間〟というのは存外恐ろしいものである、ということです。紫式部が地獄に堕ちたという伝説があるのを御存知でしょうか？ 能の『源氏供養《げんじくよう》』というのは、紫式部が『源氏物語』を書き、狂言綺語《きょうげんきご》（即ち〝嘘〟）を弄《ろう》して人心を迷わせたが為に成仏出来ないでいる——だからそれを供養してほしいと言って、紫式部の霊が現われる話です。

上田秋成の『雨月物語』の序文というのは〝羅子《らし》ハ水滸《すいこ》ヲ撰シテ、而《しこう》シテ三世唖児《あじ》ヲ生ミ、紫媛《しえん》ハ源語《げんご》ヲ著《あらわ》シテ、而《しこう》シテ、一旦悪趣《あくしゅ》ニ堕スルハ、蓋《けだ》シ業ヲ為スコトノ逼《せま》ル所耳《のみ》〟で始まります。要するに〝羅子（羅貫中《らかんちゅう》）は『水滸伝』を書いたが為に、その後三代にわたって唖《オシ》の子供が生まれた、紫媛（紫式部）は源語（源氏物語）を書いて地獄に堕ちた、すべてはその仕事の報いである〟ということです。皮肉屋上田秋成は、その後に続けて〝私のこの先始まる作品はそう大したものじゃないからそんな祟《たた》りはないだろうが〟という風にして、『雨月物語』を始める訳です。

嘘をつくと祟るのではなく、嘘をつくことによって読者を感動させたら、それは地獄行きだ、ということです。上田秋成が『雨月物語』を書いた頃、まだ滝沢馬琴は『南総里見八犬伝』を書き始めてはいませんから目も潰《つぶ》れてはいない訳ですが、これで『雨月物語』の出版がもっと後だったら、必ずや上田秋成は〝羅子・紫媛〟に続けて〝曲亭〟という馬琴の号をここに入れたであろうなァということは明白ですね。個人的に物語を作るということは、そういうことでもあったのです。

「自分の中にはこういう可能性がある！」で、外へ向けて〝物語〟なるものを出して来ても、その〝内から出て来るようなもの〟というのは、それまで内にしまわれていなければならなかったという故をもって、実のところ〝あってはならないもの〟なのです。それ故にそれは〝可能性〟という形でつかまえられるしかない訳ですが、ここら辺のジレンマは、厳格な世界の中でロマンチックな夢を見たけれども、その自分は厳格に侵されていて到底ロマンチックになり切ることは出来なかったという、武士出身の戯作者・滝沢馬琴のジレンマと似ています。というより、おんなじです。

世界はその現状をこのまんまでよしとしている――実際していなくても、世の中がなかなかスンナリといい方向へ動いて行けないのは、根本のところで「よく分んないから、このまんまでよしとする他はないな」と、世の中が思っているからです。だから世の中は、「そういう事実もよその時代、よその場所にありましたよ」という〝事実〟でしか物語を受け容れられないのです（根本のところで）。ところが、世の中は総体としてはそうであっても、世の中に住む個々人というのはまた違って色々です。うっかり世の中に出現してしまった〝物語〟という人間ドラマを、うっかりと読んでしまって、うっかりと感動してしまうことだってある。

〝感動〟という言葉を使うと何か美しいことのような気もしますが、しかしこれは実際、心に揺さぶりをかけられることなんです。実際には身動き出来ないでいる状態の人間の心に、いきなり得体の知れない揺さぶりをかけられると、人は感動というものをします。その先が〝美しい夢を見る〟になるも、〝うっかり自身の暗い深淵を見てしまう〟になるも、実はおんなじなのです。美しい夢を見たが為に現実から逸脱してしまう、というのも実はおんなじ結果です。感情というものを置き去りにして夢なんか見ないという人が、実は現実の中で静かに機能的であるというのが〝実直な人〟であるというのも、よくしたもんだなァ、というようなところです。

内側にだけ揺さぶりをかけられて、外側はそのまんまなんだから、感動というものは必ず、それを覚えた人間に緊張関係をもたらし、揺がし、きしませます。即ち〝惑わされる〟のです。どうにもならない世の中で、どうにもならないままでいる人間を平気で惑わせたら、それは罪です。だから、その作者は地獄に堕ちるぐらいの罰を受けてもいいんだというのが実は、人間と、その人間の作っている〝世の中〟というもののの根本的な関係というものです。人間というのは、それぐらいこわいのです。こわいことを経験させてしまうようなものこそが、〝可能性〟という形でしか位置づけられないような何かなのです。
という訳で、『大菩薩峠』です。

中里介山の『大菩薩峠』で〝人間が描かれている〟というのは、この埋もれさせられたままになっている人間のある部分が丸ごと描かれているからです。その〝埋もれさせられたままになっている人間のある部分〟のことを、とりあえず〝人間のする理不尽な行為〟ということにします。人間はやはり、〝理不尽なこと〟をするのです。そして、ここで重要なのは、よく考えていただければ分るのですが、〝理不尽な行為〟というものには理由がないのです。理由もなくそういうことをやってしまうから、それは〝理不尽な行為〟と呼ばれるのです。

人間は理不尽な行為をする。そしてそれには理由がない――そこまで描かなければ人間を描いたことにはなりません。そのように、人間というものは〝訳の分らないもの〟で、それ故にこそ、訳の分らない部分を持った人間は〝魅力的〟なのです。ある人間が〝魅力的〟であるということは、その人間のその〝魅力的〟であるような部分が、平気で説明を拒《こば》んでいられるからです。人間というものはそういうものです。〝自由である〟ということが最も魅力的であるというのは、そういうことですね。〝理不尽な行為〟というものは、いつだって魅力的なのです——というと、異論のある方もいらっしゃいましょうが、しかしそれは間違いですというのは、〝迷惑な理不尽さ〟というものをここに持って来られるからです。

〝理不尽な行為〟には理由がありません。それは平気で、理由を説明されることを拒んでいるからです。ところで、これとは違った〝迷惑な理不尽〟というものには、残念ながら理由がついているのです。〝理不尽な行為〟というものは、説明されたらおしまいなんです。それを「理不尽である」と他人に指摘されたら、それを指摘した他人の中には「それを理不尽として指摘する理由」というものがあるということです。

〝説明された理不尽〟というものは、それは〝理不尽な行為〟ではなく、〝平気で理不尽を演じるわがままな行為〟ということになるんです。たとえば、赤穂浪士の討入りに置いてきぼりを喰った『赤穂浪士』の青年・堀田隼人は、最後に辻斬りをはたらきます。既にこの一行で〝堀田隼人の理不尽〟は説明されてしまいましたが、『赤穂浪士』の作者大佛次郎だって、ちゃんと〝説明〟をしているんです。

〝(叩き潰せ!)と、どこかで荒々しく叫ぶ声がきこえる。——中略——毀したいのである。ひっ裂きたいのである。どれも叩き潰したいのである。〟

堀田隼人は分っていて、そしてそれを他人に対してごまかしているだけですね。堀田隼人は最後、盟友蜘蛛の陣十郎に対して、そうとは知らず斬ってかかる。それをかわした蜘蛛の陣十郎は「なんになります。こんなことが？」と言う。既にして、彼がわがままであることはバレている訳ですね。

〝「なんになります。こんなことが？」

隼人の手にある刀身が白く光った。雨の中を獣物《けだもの》のように躍り込んで来た。その腕を、陣十郎は抱き込んでいた。

陣十郎の目には怒りが燃えていた。

「気違え……だなあ。無駄じゃありませんか？……気の毒なおひとだ。もうお目にかかりませんぜ。私ァ旅に出ます。ちょいと軀がいそがしくなってね」〟

バレて見透かされて哀れまれている。そういう〝わがままな人間の可哀相さ〟で終るのが『赤穂浪士』なのであって、別に〝理不尽〟が書かれている訳ではない。日本の小説というのは全部説明をしますから、理不尽な行為が〝理不尽〟にはならない。説明することによって底が浅くなってしまうということに、なかなか人間というのは気づけないものです——という訳で、人間はなかなか〝わがままである自分の若さ〟に気がつかない。という訳で、近代というものは、知らない間に〝青年止まり〟になっていることに〝説明〟の雲が幾重も垂れこめて、視界不良の現在へ至る訳です。

〝若い人間〟だって人間だけれども、その人間の〝若い〟という部分だけを執拗に説明していたら、〝若い人間〟はそれで慰められるだろうけれども、そこから先が見えなくなる。〝若い人間の若さを描く〟のと〝若い人間を描く〟ということは、似ていて自ずと違うのですね。

というところでこの中里介山作『大菩薩峠』の青年、机龍之助（年は〝三十の前後〟ということになっております）。私は何かというと〝大菩薩峠の頂上で老巡礼が斬られる発端〟という持ち出し方を、この『大菩薩峠』に関しては今迄にして来ましたが、しかし一体、この大長篇の発端である大菩薩峠の頂上で、どうしてこの老巡礼は机龍之助に斬られなければならないのか？　どうして机龍之助はこれを斬るのか？　なんと、その理由はこの大長篇のどこにも書かれてはいないのです。

15　そこには確かに〝何か〟がある

　中里介山の『大菩薩峠』は、まず大菩薩峠の位置説明から始められます。そしてそこに二人の里人が登場し、近くに最近盗人が出るという噂話《うわさ》をしています。どこか舞台劇の幕開きのようです。

　そこへ一人の侍がやって来るのが見えると言って、二人の里人は姿を消します。この二人は本筋とはなんの関係もない点景人物です。

　やがて大菩薩峠の山頂に姿を現わすのは勿論机龍之助ですが、しかしこの時の彼にはまだ名前がありません。作者はその外形を描写し、〝歳は三十の前後〟と言うだけで、どこの誰とは一言も言いません。そして、そこに老人と孫娘の巡礼がやって来ます。それを目にとめると、男は頂上にある妙見《みようけん》の社《やしろ》の後ろに姿を隠します。

　巡礼の二人連れは頂上に着くと昼飯にしようとします。娘が谷川に降りて行って、後に残るのは老人一人。

　〝老人は空《むな》しくそのあとを見送って、ぼんやりしていると、不意に背後《うしろ》から人の足音が起ります。

「老爺《おやじ》」

それは最前の武士でありました。〟

老人が挨拶しようとするのを、男は「ここへ出ろ」と言う。

〝「はい、何ぞ御用でござりまするか」

小腰をかがめて進みよると、

「彼方《あっち》へ向け」

この声もろともに、パッと血煙が立つと見れば、何という無残なことでしょう、あっという間もなく、胴体全く二になって青草の上にのめってしまいました。〟

ここまで来ると〝回〟が変って、既にもう男はいない。老人の死骸を見つけた娘が泣き崩れている、そのところへ別の一人の旅人が現われて、娘を慰めて峠を下りて行く。

ここで又〝回〟が変って、今度の舞台は沢井《さわい》村〝この村へ入ると誰の眼にもつくのは、山を負うて、冠木門《かぶきもん》の左右に、長蛇の如く走る白壁に黒い腰をつけた塀《へい》と、それを越した入母屋風《いりもやふう》の大屋根であって、これが机龍之助《つくえりゅうのすけ》の邸宅であります〟——という、説明がいきなり出て来るけれども、しかしこの〝机龍之助〟という人物が一体何者なのかという説明は、ここまで全くなしです。話は、ここが剣術の道場であって、門弟達が〝昨日〟大菩薩峠の頂上で辻斬りがあったというような話をしています。勿論犯人が誰かということなどさっぱり分らない。

〝沢井道場で門弟食客連が、こんな噂をしているのは、前段大菩薩峠の殺人の翌々日のことでありました。〟

そこへ一人の女が〝若先生〟の机龍之助を訪ねてやって来る。もう話は辻斬りの一件を飛び越して、別の方向へ進んでいます。

若先生は留守で、訪ねて来た女は〝宇津木文之丞《うつきぶんのじょう》の妹〟と名乗る。けれども、実は妹ではなく妻だと門弟達が言っていると、そこへ〝若先生〟が帰って来る。〝無駄口がパタリとやんで、見れば門をサッサと歩み入る人は、思いきや、一昨日大菩薩の上で巡礼を斬った武士――しかも、なりもふりもそのときのままで。〟

ここで初めて〝机龍之助〟というのが何者であるのかということが分る仕組になってはいるのだけれども、分った拍子にこの〝回〟は終り。〝回〟が改まると話は全く別の方向へ進んで行って、老巡礼殺しの一件は、こと机龍之助に関しては全くどこかへ行ってしまう。

一体何故彼は老巡礼を殺したのか、そのことを一体彼がどう思っているのか、そのことが一体彼の心にどのような影響を与えたのか、そのことの説明は一切なし。そして同時に、机龍之助という青年が辻斬りを働いてもおかしくない青年であるというような作者の説明もこれまた一切なし。ただ、この大長篇の冒頭で机龍之助は老巡礼を斬った、それだけです。〝太陽がまぶしすぎるから〟で人を殺した、現代不条理の代表選手とされる、カミュの『異邦人』の主人公なんかよりも、もっともっと翔《と》んでいる。それが、『大菩薩峠』の机龍之助であり、そう書くのが『大菩薩峠』の作者、中里介山です。ここには一切〝理由〟がない。

『大菩薩峠』のストーリーを一々紹介していたらきりがないので省略しますが、机龍之助は〝巡礼殺し〟とは全く別の理由で家を出奔し、そして四年後には〝宇津木文之丞の妹〟と名乗って来た女、お浜と江戸で夫婦になっている。そこから話は更に京都へ飛んで、京都の島原の遊廓で、机龍之助は殺された老巡礼の孫娘お松と再会する。

連れを殺された娘を助けた旅人は、実は怪盗裏宿《うらしゆく》の七兵衛で、という話が別にあって、こちらはこちらで勝手に話が進んで行くというのが〝主役のいない〟『大菩薩峠』なのですが、巡礼を殺した方の机龍之助に関しては一切の理由説明が絶たれているのに対して、このお松の方はお松の方で話が進んで行く。別に〝巡礼を殺した理由〟なんていうものはどうでもいいじゃないかという話もありますが、だとしたら、このお松という娘を主人公にして平気で進められて行く別のエピソードの存在はなんなのか？　だとしたら、この机龍之助とお松という運命の二人は、なんで態々《わざわざ》再会するのか？　こりゃへんじゃないか、という詮索だって出て来ます。おまけに、この二人の再会シーンには〝幽霊〟だって出て来るし、その結果、机龍之助は錯乱状態に陥るんだから、という具合です。

話は微妙にややこしくなって来ます。

前後の経緯《いきさつ》は略しますが、机龍之助とお松は島原の遊廓角屋《すみや》の「御簾《みす》の間《ま》」と称される一室にいる。この部屋には昔から幽霊が出るという言い伝えがあるけれども、それは勿論〝老巡礼の幽霊〟なんかではない。〝九重《ここのえ》という全盛の太夫《たゆう》さんが、ここで自害をなされました〟という、その幽霊が出る。その部屋にお松と机龍之助の二人が、互いに相手がどういう人間か知らずにいる。この時のお松と机龍之助の関係がどういうものかというと、「何はしかれ、我々が密談の席へ近寄ったが不運じゃ、わしが赦《ゆる》すまで、ここにおれ」という、机龍之助がお松の身柄を暫時《ざんじ》看視するという関係です。

辺りはシーンとしている。机龍之助は、ただ黙って、お松の前で酒を呑んでいる。お松は、その幽霊のような感じのする相手が、おそろしくてしようがない。そういう緊張感の中で、まず口を開くのは机龍之助の方です――。

〃「そ、そこへ来たのは誰だ」

龍之助は、お松の坐っている後ろの方へ眼をつけて突然こう言い出した。

「え、誰れも……どなたも来ておいでではございませぬ」

お松は、身を捻《ね》じむけて、後ろを顧みながら答える。

「そうか、それでよい」

龍之助はグッたりと首を垂れて、

「うーむ」という吐息《といき》、

「あれ、幽霊が——」お松は何に驚いたか——

「ナニ、幽霊」

龍之助は勃然《ぼつねん》と、垂れた首を上げる。

「ああ、怖かった、今ここへ」

「何、今ここへ何が来た」

「女の姿が——」

「女の姿が——」

龍之助は、左の手をさし置いた刀にかけて、室の中を見廻す。切れの長い目は颯《さっ》と冴《さ》え返る。

お松は知らず知らず龍之助の膝に身を寄せていた。〟

映画化されたり舞台化された『大菩薩峠』では、普通ここで机龍之助が老巡礼の幽霊を見ます。それを見るか感じるかして、それで机龍之助は錯乱し、「御簾の間」の御簾を一刀の下に斬り下げ、行灯を蹴倒して燃え上る炎の中でカッと鬼気迫る笑いを見せる〝御簾斬り〟は机龍之助の見せ場の一つになっています。言ってみればこれは、『東海道四谷怪談』でお岩の亡霊に悩まされて刀を振り回す悪の権化、民谷伊右衛門《たみやいえもん》のイメージですね。炎の中で笑う――もうこれは歌舞伎の〝悪の美学〟ですが、実際果して机龍之助はそういう人物なんでしょうか？　私が引用したところを見ていただければお分りと思いますが、ここで幽霊を見るのは、机龍之助ではないのです。幽霊を見るのはお松の方です。そして、その幽霊とは男の老巡礼なんかではなく、〝女〟です。映画や舞台で一般化されたシーンとは大分違います。

机龍之助は〝何か〟を見ます――「そ、そこへ来たのは誰だ」と言うのは彼の方ですから。しかしそれはなんでもない、誰でもないとお松は言います。しかし確かに、机龍之助は〝何か〟を見たのです。なんにもないのに平気で〝何か〟を見てしまう不安定な精神状態に彼が置かれていることだけは確かですが、しかし、その彼が何を見たのか、例によって中里介山は一言も言いません。言わないで行くなら、机龍之助は果して〝何か（誰か）〟を見たのか見ないのか、それさえも中里介山は断言しません。

ところで一方、女のお松となると話は別です。彼女ははっきりと〝幽霊〟を見ています。「あれ、幽霊が――」と彼女は言い、それが〝女の姿〟であることも彼女は断言しています。中里介山自身は〝お松は幽霊を見ました〟なんてことは一言も言ってはいませんがしかし、お松自身はっきりと女の幽霊を見たと言っているのです。男と女とでは、微妙な差があります。

実は京に来る以前、机龍之助は妻のお浜を自分の手で斬り殺しているのです。という訳で、お松が「女の姿が――」と言うと、龍之助もおうむ返しに「女の姿が――」と言っているのです。ここで重要なのは〝女〟なのです。もし机龍之助が幽霊を見るのなら、それはお松の祖父である老巡礼という男の幽霊ではなく、お松とおんなじ性を持つ〝女〟のお浜の幽霊であろうということが、今迄の経緯から分ります。

机龍之助は若い娘と二人きりでシーンとした部屋にいる。彼の意識だとてお松と同様に研《と》ぎすまされて来る。だから彼は「そ、そこへ来たのは誰だ」と言う――その何かの〝性〟は当然のことながら、そうした緊張状態を作り出している相手の性＝女でしょう。但し中里介山はそんなことを一言も言ってはいませんが。

机龍之助は何かを見、お松は幽霊を見、それは女の幽霊であった結果どうなっているのかというと〃お松は知らず知らず龍之助の膝に身を寄せていた〃です。こうなって来ると、どうあっても机龍之助が最初に見た〃何か〃は〃女の姿〃であってしかるべきだろうということにはなります。

もう少し先を続けましょう——。

お松は机龍之助の傍に寄る。そして龍之助はお松の見た〃女の幽霊〃を「何を馬鹿げた」と一笑に付します。しかしその一笑に付す龍之助の笑い声というものは恐ろしい。

〃「ハハハ」
龍之助の笑って打ち消す声はかえって物のすさまじさを加える。
「何を馬鹿げた」
お松は、龍之助の傍を離れ得ない。龍之助の傍を離れられないくらいに怖ろしいものを見た。〃（傍点筆者）

お松はやっぱり見ているのですね、幽霊を。中里介山はともかくも、そのことを語っています。

そしてお松はその「御簾の間」の由来を語ります。昔、全盛の太夫が自殺してという、幽霊の出る部屋の由来です。

龍之助はそれを聞いている。お松は「でございますから、怖ろしゅうございます」と言う。龍之助は「怖ろしいことはない」と言う。そして——。

〝龍之助は、また首垂《うなだ》れて酒を飲みだす。怖ろしさから傍へ寄ったお松の化粧の香りがぷんとしてその酒の中に散る。龍之助は我知らず面を上げると、やや、あちら向きになっていたお松の、首筋から頬へかけて肉附きよく真っ白なのに、血の色と紅の色とが通って、それに髪の毛がほつれて軽く揺《ゆら》いでいる。

自分の膝には、お松の手が置かれてある——龍之助はそれを見る。涸れ果てた泉に、、、、甘露が湧く。龍之助も前にはお浜をこうして見て、心を戦《おのの》かしたこともあった。〟（傍点筆者）

最早明らかですが、この「御簾の間」のシーンには、濃厚に女の影が、そして性欲の匂いが垂れこめている。

机龍之助というのは沢井村の剣道場の跡継ぎ——〝若先生〟です。剣の家に生まれて、しかも彼は強い。後に龍之助の妻となって彼の為に殺されたお浜が、〝宇津木文之丞の妹〟と名乗って（実は彼女は宇津木文之丞の〟妻〟でした）彼の許にやって来たのは、宇津木文之丞と机龍之助が御嶽《みたけ》神社の奉納試合で対決することになっていた（宇津木文之丞も道場を開いている武士です）その試合で負けてくれということを頼みに来たからです。お浜というのもヘンな女ですが、それははずして、それぐらい机龍之助の剣の強さは有名だった。有名だったけれども、しかしこの〝剣の強さ〟が真剣によるものでないことは確かです。剣の強さとは剣道の強さであって、使うものは木刀であること、道場主なら勿論です。

剣道場の家に生まれて剣の強い机龍之助は言ってみれば〝完全なる優等生〟です。もう文句のないところまで行っている。しかし、文句のないところまで行ってしまったその優等生は、そこまで行って、更にその先へ突き抜けてしまった。周囲のレベル以上に易々《やすやす》と行ってしまった優等生は、その先どうしたらいいのか分らない。分らなくて、その突き抜けた先で自分の今迄をフッと見てしまう。自分は木刀によって剣の腕を磨いて来たけれども、その木刀とは本来ならば刃を持った真剣である、と。刀とは人を斬るものである。剣術を教えるということは、人を斬る技術を教えることではあるけれどもしかし、その剣道場では決して、人を斬ることは教えない。人の斬り方を教えて、決して人を斬ることは教えない、一体この矛盾はなんだ、と机龍之助が思っても不思議はありません。但し勿論、こんなことは中里介山は一言も書いたりなんかはしません。

人の斬り方を教えて、人を斬ることを教えないというのは、道場での立合いはすべて木刀によるからですが、しかしそれでは人を斬ることの出来る真剣というものがその道場世界に存在しないのかと言ったら、そんなことは決してない。ちゃんと、人を斬る、斬れる刀というものは存在して、人を斬る技術を教えるという事実も存在して、人を斬ることだけが存在しない。これは〝考える必要のない矛盾〟です。その為に〝剣とは己れを高める道であって人を斬ることではない〟というような理屈もある訳ですが、しかし、〝考える必要のない矛盾〟を考えてはいけないという理由は、どこにもない。必要なレベルを突き抜けた優等生の前に〝考える必要のない矛盾〟というものが存在していたらどうなるか？ 多分優等生なら、これを考えてしまうでしょう。考えて「矛盾している」という答を、決して自身にも口にしないで出してしまうでしょう。机龍之助が老巡礼を理由もなく斬ってしまった理由は、このこと以外に考えられないのです。

〝考える必要のない矛盾〟というのに行き当って、うっかりそのことを考えてしまったら人はどうなるかと言いますと、黙ってその中へ吸い込まれて行ってしまうということになります。机龍之助が理由もなく人を斬ったのは、自分のしていること（剣術）が人を斬るという行為に明らかにつながっているにもかかわらず、〝決してそれはつながらないものである〟という形でつながっていなかったからです。〝人を斬るもの〟という〝論理〟が、〝しかし実際問題無闇に人なんか斬るものではないし、斬ったりしてはいけない〟という〝非論理〟の中に吸いこまれていたから、机龍之助という優等生は、優等生としてただただ、教えられた（又は学んで知った）〝論理〟を伸ばして行っただけなのです。優等生というものは〝非論理〟を学べません。「だって現実はなァ」の一言で、平気で非論理と仲良しになれるのは、優等生になれないでいる人間だけです。もしこの表現が分りにくかったら、〝優等生〟という言葉を〝実直な人間〟に置き換えて下さい。そして、〝優等生は非論理を学べない〟ということを、〝実直なだけの人間はえてして融通がきかない〟と置き換えて下さい。机龍之助はあなたなんです。

あなたは平気で〝ヘンなこと〟をするでしょう？　そしてそのことを別に〝ヘンだ〟とも思わないでしょう？　自分に〝ヘンなことをしている〟という自覚がない以上、何が〝ヘン〟かも分らず、そのことを平気で意識しないでしょう？　平気で忘れているでしょう？　何が〝ヘン〟かということが分らない以上、その〝ヘンなこと〟の〝理由〟なんて探さないでしょう？　机龍之助が老巡礼を平気で斬って、そのことを平気で忘れているのはそれとおんなじなんですよ。

そして、何が〝ヘンなこと〟なのか本当に分らないでいるのだったら文句はないけれども、実のところ、どこかであなたは「自分は確かに何かヘンなことをしているなァ……」と思っているんですね。「ヘンだとは思わないけれども、それとは関係なく確かに何かが不安である」というのはそれなんですね。あなたの無意識がスッとぼけてるから、どこかでネジがはずれて、それであなたは不安なんですね。老巡礼を斬った後、沢井村の道場に帰って来た机龍之助のことを、中里介山はこう書いています。〝二昨日大菩薩の上で巡礼を斬った武士――しかも、なりもふりもそのときのままで――明らかに彼は、「二日前に人を斬ってそのまんまの恰好で彼はどこかをふらついていた、これは明らかに異常じゃないか」と言っているのです。「異常だけれども、その当人が自分の異常に気がついてない以上仕方がない、私は知らん顔をしていましょう」と黙って言っているのが、中里介山で、それこそが〝老巡礼殺しの理由がどこにもない理由〟であり、〝老巡礼を殺したけれども、その後の机龍之助にはその影響とかなんとかが一切出て来ない〟という、『大菩薩峠』の〝不条理の理由〟なんです。だって人間というものはそういうものなんですから。少なくとも、人間の内の〝男〟というものはそういうものなんです。

机龍之助には〝非論理〟が分らない。そして、この〝非論理〟とは〝平気で人を斬ってしまう〟というような方面にも続くものであるのと同時に、〝性欲〟というような方面領域をも持つものです。

セックスと言ったら、それはもう〝非論理〟の代表のようなものです。でもあなたは、それを平気でしますでしょう？　そして、そのことで立ち止まらざるをえないようなこともありますでしょう？　優等生には〝非論理〟が分らないし、実直な人は〝女が苦手〟なんです。机龍之助という人は、そういう人なんです。だからこそ、「御簾の間」で若い娘と一緒の時に、なんだか分らない〝何か〟を見るんです。「見た」と言っていながら、見たかどうかもよく分らないし、そのことがだからどうだというのかもよくわからない。従って、中里介山は机龍之助が「御簾の間」で見たものに関してはなんにも言ってないし、見たとも見ないとも言っていないんです。中里介山は『大菩薩峠』の中で、「男とはそういうものだ」とは言っていないのです。そう言うかわりに、机龍之助という男を、そのように描いているのです。内田吐夢監督が〝そのようには決して言わず、しかしそのように描いている〟というのと、中里介山のやっていることはおんなじですね。

〝説明をしない〟というのは、存外に大変なことなんです。

16　悪気《あっき》を孕んで男は笑う

「御簾の間」のシーンをもう少し続けます。お松が〝怖ろしいもの〟を見て、机龍之助の膝に手を置いている、そしてそれで机龍之助の中に〝涸れ果てた泉に甘露が湧く〟というところまででしたね。

龍之助の膝に手を置いていたことに気がついたお松はきまりが悪くなって身を縮めます。女のお松の方には〝理性〟というものが宿っています。一方の龍之助はどうでしょう？

〝あわてて身を縮めたときに、龍之助が燃えるような眼をして、自分を見据えていたのでかっとしました。〟——明らかに龍之助は理性を失っています。そして、男が理性を失っていることに気がついた時、そのことによって女は理性を失い——〝かっとしました〟——そして、男は、理性を失うことによって理性的になるのです。

論理を超えたところにある非論理——即ち〝女の肉体〟によって、男は非論理に吸い込まれて行く。そして、その非論理の地面を獲得した時、男はその非論理の世界の中で別の種類の論理的な態度を獲得する、つまり〝超えてしまえば別種の論理で冷静になる〟という訳で、冷静なジキル博士は、別人格である凶暴なハイド氏に変るけれども、凶暴さを持ったハイド氏も、やはりハイド氏なりの冷静さは持っている、という訳です。

「お前は幾つになる」――〟燃えるような眼をして〟冷静になった龍之助は、〟かっとしました〟というお松に向かってこう訊ねます。

訊ねられてお松は――〟「いいえ」お松は、つかぬ（頓珍漢な）返事をする。〟

ここら辺の中里介山の冷静さというものはすごいです。

〟「静かになったな」

「あれ、また何か！」

お松は、床の間の方を見る。

「何」

龍之助は猪口《ちょく》を取り落した。

お松が今言うた九重（自殺した遊女）の亡魂《なきたま》でなければ、龍之助の身の中から湧いて出る悪気《あっき》。

この御簾《みす》の間《ま》は時としてどこからともなく風が吹いて来る。

その風が習々《しゅうしゅう》として梁《はり》を渡り或るところまで来て、ハタと止まると、いかにも悲しい歔欷《すすりなき》の声が続く。

誰も、そんなものを聞いたものもないくせに、そんな噂をする者はある、ホントにそれを聞いた人は、命を取られるのだという、お松は今それを聞いた――と自分ではそう信じてしまったらしいのです。

龍之助は手が戦《おのの》いて猪口《ちよく》を取り落した。

その取り落した猪口を拾い取ると、何と思ったか、力を極めて、それを室の巽《たつみ》の柱の方向を目がけて発止《はっし》と投げつける。

猪口はガッチと砕けて夜の嵐《あらし》に鳴滝《なるたき》のしぶきが散るようです。

と見れば、龍之助の眼の色が変っている。〟（傍点筆者）

もうここまで来れば、何が何やらよく分りません。それまでのこの「御簾の間」のシーンでは進行パターンが決っていました。

〈不気味な男の傍らにいる女が幽霊を見る→そのことによって男が揺すぶられる→そして又女が怯える〉この繰り返しでしたが、ここまで来るとそのパターンは決裂しています。お松はお松で幽霊を見る。龍之助は龍之助で、全く彼自身の別の感じ方をしてそこに坐っている。

幽霊を見たと信じるお松はそのことで震《ふる》えるけれど、龍之助は〝何を思ったか〟で、猪口を投げつける。中里介山は相変らず、〝何を思ったか〟と書くだけで、実際に机龍之助が何を思ったかというその内容は書いていない。狂った人間の行動や表情は追えても、狂った人間にそういう行動をとらせるその心のメカニズムは追えないということなのでしょう。というよりも〝追いたくない〟というのが正解かもしれません。

机龍之助は〝巽《たつみ》（東南の方向）の柱の方向を目がけて〟猪口を投げつける。そこにお松が言うところの幽霊の姿を見たのか、それとも、たまたま彼が向いていたその先に彼が彼自身の妄想を見たのか、それともただ苛立《いらだ》って物をぶつけただけなのか、それは中里介山が〝何と思ったか〟としか書いていない以上分らない。分らないけれどもはっきりしているのは、もう机龍之助がお松とは関係なく、錯乱の方向へ突っ走ってしまった、ということです。

龍之助は目の色が変っている。その目の色というのは〝落着きがなく、不安とそうして散漫とがようやく行き渡る（傍点筆者）〟――やっと机龍之助は彼自身の錯乱の中に入って来た。頑固な人を狂わせるには手間がかかります。

龍之助は「頭が痛い」と言う。お松は薬を持って来ようという。もう〝幽霊〟の話はどこかへ行ってしまって、この後お松は、異常になった龍之助を見守るばかりです。

龍之助は突然「お前に少し聞いてもらいたいことがある」と言って、自分に男の子が一人あるという話をする。そしてお松に「もし縁があって、お前がその男の児にめぐり合うような折もあらば、剣術をやるなと父が遺言《ゆいごん》した、こう申し伝えてもらいたい」と言う。

なんとも不思議な話で、いきなりそんな話を聞かされた娘はなんだろうと思う。思ってそして、母親というのはどうしているのかとお松は訊く。そして龍之助は、「うむ——俺が殺した」「手にかけて殺した！」「芝の増上寺の松原で、松の樹へ縛っておいて、この刀で胸を突き透《とお》した！」と言う。

自分の言葉に酔って、というよりも自分の口にする言葉に呑まれて、龍之助の理性のタガは外れる。

〝矢庭《やにわ》に立ち上がって眼が吊《つ》り上がる〟〝立ち上がった龍之助は、よろよろと足がよろめくのを踏み締めて、颯《さっ》と刀の鞘《さや》を外した〟

そして、〝龍之助が、真に人を斬るつもりで刀を抜いたのならば、最初の一閃でお松の命はないはずであります〟と中里介山は言う。そして、刀を振り回してあちこちを斬り回している龍之助を評して、中里介山は〝まさしく気が狂ったものに違いない〟と言います。

〝「やあ」
薄ボンヤリと光っていた罪のない行燈は、真《ま》っ向《こう》から斬りつけられ、燈火はメラメラと紙を嘗《な》める。
龍之助は、行燈が倒れて、火皿の燈心が紙に燃えうつるのを見て、立ち止まって笑う。〟

龍之助はまだここで人を斬ってはいない。〝罪のない行燈〟だけを斬って、その火の色を見て笑っているという、だけです。

勿論この後、錯乱した机龍之助は〝間ごと間ごとを荒れ廻って、そうして庭へ下りた、多勢に囲まれた、幾人か斬ったに相違ない〟ということになりますが、それは一夜明けて机龍之助が正気に戻ってからの話。冒頭で、机龍之助が斬ったまま姿を消してしまい、再び現われた時には全く別の話〝お浜の訪問〟というのが登場して来て、巡礼殺しの一件はどこかへ行ってしまったのと同じように、この「御簾の間」のシーンというものは〝龍之助は、襖にうつろうとする火の色を見て笑っています。〟で終りです。

さて、今迄のところを整理しますと、既に明らかなように、老巡礼を斬った机龍之助とその孫娘であるお松との二人で演じられるこの「御簾の間」のシーンには〝老巡礼〟というものは全く出て来ない。それればかりか、影さえも落さない。この「御簾の間」で運命の二人が再会してドラマを盛り上げて行くに当って中里介山の言ったことはこれだけのこと――〝この、お松を預かった人というのは机龍之助です。お松のためにも兵馬のためにも、仇たる机龍之助が、芹沢鴨一派の頼みで、これから近藤勇一派を暗殺しようと、その合図が整うて、ここに来合せたもの。〟

ここに出て来る人物名の一々を説明はしませんが、ともかく中里介山の言っていることはこれだけです、机龍之助がお松の〝仇《かたき》〟とは言っていても〝どういう仇〟かということは一言もいっていない。老巡礼の〝ろ〟の字も出て来ないのがこの「御簾の間」です。

お松と机龍之助という、互いに因縁のある二人が、それとは知らず一室に居合わせ、お松は〈その部屋に出るという幽霊〉を見、机龍之助はそれとは別箇に――〝女（妻）を殺す〟という、位置づけようのない行為を演じてしまったことによって、表面は穏やかだけれども底の方では何かが揺れ騒いでいるような〈自身の内面〉を見る、というのがここのシーン展開です。

お松は、その机龍之助の不安定さに刺激を与えるような若い〝女〟という性で、そのことによって机龍之助の内面ドラマは、中里介山という〝監督〟の手によって、観客の前に描き出される。長々と引用した部分をお読みになればお分りでしょうが、この「御簾の間」のシーンはほとんど映画です。カメラがズーッと机龍之助の表情を追って行く。そのことによって〝観客〟はその場のドラマというものを頭に（又は〝胸に〟）刻みつけて行く。まァ、それは小説という微細な〝文字のカメラ〟を使った映画だからこそ可能なことなのかもしれません。実際のスクリーン、あるいは舞台で、ただただ自分の内面に落ち込み呑まれて行く〝主人公〟の姿を映し出され上映されたらたまらないかもしれません——ということも昔ならあったのかもしれません。しかし今だとどうでしょう？　却って逆に、そうした〝複雑な内面ドラマ〟を演じてもらった方が見る我々には分りやすい（感じとりやすい）かもしれません。まァともかく、多くの映画や舞台は、そういう内面ドラマを避けて、〝老巡礼の幽霊〟を出して、机龍之助を〝『東海道四谷怪談』の民谷伊右衛門〟にしたんですね。

　机龍之助を〝民谷伊右衛門〟にしてしまうとどうなるでしょう？　これは、悪霊に祟《たた》られても気強く向かって行く男の〝悪の美学〟ですね。ところで、中里介山描く机龍之助とはどうでしょう？　これは〝気強く得体の知れない何かに向かって行く〟では全くありませんね。〝自分自身の得体の知れない内面にあるところから平然と呑みこまれて行ってしまう〟ですね。民谷伊右衛門はお岩の悪霊に立ち向かって錯乱して行くけれども、これは己れの強さを過信したから。一方机龍之助は、強いとか弱いとかいうことが意味を持たなくなるところまで行くと、論理が尽きて非論理しかなくなるような局面に行き着くと、平気でズブズブと錯乱の中へ入り込んで行ってしまう。入り込んで、そこから再び出て来た時には、その部分の一切が曖昧にぼけている――中里介山がある部分で平気で口を鎖《とざ》したままでいるというのは、そのように解されるべきでしょう。

ところで普通、映画や舞台の『大菩薩峠』の机龍之助というのは、そうじゃないんですよね。こちらは、あくまでも〝不気味な暗黒面を持った剣豪〟という基本線を崩さないんですよね。

〝得体の知れない何かに立ち向かう〟〝得体の知れない何かに立ち向かいたい〟――勝てるかどうかは知らないけれども、ともかく男とはそういうものに立ち向かって行くものである。そのことによって――その立ち向かう対象が〝得体の知れないもの〟であることによって、立ち向かう側の人間が〝不気味〟と称されるようなことがあっても構わない。ともかく立ち向かって行きたい――こういう考え方があってこそ、机龍之助という暗く得体の知れない剣豪・剣士は〝ヒーロー〟となりえたんですね。この〝ヒーロー机龍之助〟は実に、「世に無頼漢と呼ばれ恐れられし人の中にも心正しき人あり」で始まる『雄呂血』の主人公、若き日の阪東妻三郎扮する青年武士・久利《くり》富平三郎《とみへいざぶろう》と、だから根本のところで同じなんですね。

捕り方に囲まれ、大立回りの末、逆光の中を引っ立てられて行く――結局『雄呂血』の彼は、自分を〝無頼漢〟と称されるものに堕して行く〝運命〟と呼ばれる何かに立ち向かって破れたんですからね。破れたとはいえ、それは〝ヒーロー〟として破れたんですから、『雄呂血』の主人公がヒーローであることには変りがない。青年に〝理想〟というものが付きものだった時代だからこそ、青年は破れるのを覚悟で〝得体の知れない何か〟に立ち向かって行った。立ち向かって行って破れて、それで自棄状態に陥って理不尽な行為をする。その結果「なんになります。そんなことが」と、蜘蛛の陣十郎という〝大人〟にたしなめられる青年のことを（勿論『赤穂浪士』の堀田隼人です）ニヒリストと呼ぶ訳ですが――という訳で、ニヒリストというものはそれでもまだ〝理想〟という幻想がどこかに存在している筈だと思っている甘ちゃんの〝わがまま坊や〟なんですが――しかし、中里介山の机龍之助はそんなものではありませんん。中里介山の描く机龍之助は、ヒーロー、ニヒリスト、わがままとか言われる以前に、これはもう〝病人〟なんです。

心を病んでいる人間が、病んでいるということに気づかず――そして辺りの誰もそんなことを彼には気づかせず――ただただ病人は平然と生きて行く、それが中里介山『大菩薩峠』に於ける机龍之助なんです。

得体の知れないものに立ち向かって「勝った!」と思って笑う——それが〝御簾斬り〟を演じる、民谷伊右衛門流のヒーロー机龍之助ですが、しかし実際、原作の机龍之助は、気が狂ったことの表現としての笑いを笑っているだけなのです。

ここで、机龍之助はまだ人を斬ってはいない。まだ人を斬る気にはなっていない。「御簾の間」の最後で中里介山が〝龍之助が、真に人を斬るつもりで刀を抜いたのならば云々《うんぬん》〟と書いているのはそれです。

机龍之助は、刀を振るうということがどういうことだか分らなくなってしまったから——自分の妻を殺したということをうっかり口に上らせてしまったことで〝理不尽をしてしまう自分〟というものをうっかりと見つめて、それの位置付けというものが分らないと思ってしまう。一体そんな行為は、自分の知る(自分が既に知っていると思っている)この世の〝論理〟の筋道の中にどのように位置づけられたらいいのか——そのことが分らなくなって、この元凶である(と思われる)刀を抜くんですね。抜くことによって、その理不尽な行為へ至る〝初めの一歩〟というものをしっかりと検証確認しようとするんですね。

刀を抜いて、まずその一歩は分ったけれども、これでどうしたらいいのかが分らない。これは〝斬る物〟である、ということだけは分るけれども、しかし何を斬ったらいいのかが分らない。斬る対象が分らなくなって初めて、一体これは本当に何かを斬る為の道具なのか？　という根本がぐらついて来る。一歩踏み出した確認の足が一歩下がるのですが、その下がった足が元のスタート地点と同じところへ下がるという訳では決してない。確認の足取りがジグザグコースを踏んで遂に錯乱に至るというのがこれです。

自分の抜いた〝刀〟というものが、本当に〝何かを斬る為の道具〟であるのかどうか分らなくなっている視界不明瞭なる彼の前に飛びこんで来る何かがある。それが〝罪のない行燈〟で、光に惹《ひ》かれた蛾《が》と同じですね。机龍之助はそれを斬る。確かに斬られたということを確認するように、行燈の火は燃え広がる。燃え広がるさまを見て、確かに自分は何かを切った。この自分の手に持つ物は、確かに〝何かを斬る道具〟であるということが確認出来た。「ああよかった、自分は狂ってない。だって確かに、論理の筋道の第一歩は確認出来たもん」と言って笑う。論理を失った幼児の笑い、論理を失った狂人の笑いが、最後の〝龍之助は、襖《ふすま》にうつろうとする火の色を見て笑っています〟なんですね。とてもこの姿は〝ヒーロー〟ではない。ただの〝病人〟です。

17　男の領域・女の領域

　机龍之助は〝病人〟です。〝病人である〟という部分もしっかと描かれている〝人間〟です。という訳でこの人は、〝ヒーロー〟というような、或る種の人間の一面的な思いこみから出来上っているような人間ではありません。勿論〝ヒーロー〟とは、それを待望する人間の思いこみによって出来上っているものです。ヒーローというのは挫折しませんし、〝挫折したヒーロー〟というのがいれば、それは必ず〝挫折した人間特有のいやな部分〟というものをさらけ出すことを、読者観客から免除されています。そういう優遇えこひいきを受けていて、そしてそのことを読者なり観客なりに気がつかせないでいられる主役のことをヒーローと呼ぶのです。という訳で、ほとんどすべての物語は主人公《ヒーロー》を中心にして進んで行くものですが、ところが、です。前に私は〝この『大菩薩峠』には主人公がいない〟というようなことを言いました、というそこです。

　島原の遊廓角屋の「御簾の間」に於けるお松と机龍之助のことをもう一遍考えてみます。私は前に〝机龍之助は何かを見ているけれども、それがなんなのか、だからそれでどうするのかということを、作者の中里介山は口にしない〟と言いました。一方で、〝お松は明らかに幽霊を見ているし、作者もはっきりそうだと言っている〟と。

これは、机龍之助が主人公であってお松が脇役であるのならヘンです。脇役の説明はキチンとしているのに、主役の説明がなおざりになっている、と。でも、これが見方を変えて、もしもお松が主役で机龍之助が脇役であったらどうなるでしょう？

一人の心細い少女が捕えられて、不気味な侍と一室に坐らされている――「お松は心細くてしかたがありませんでした」という一行が付け加えられれば、この「御簾の間」のシーンに関してはお松が主役です。主役のお松の心細さが一々記され、その傍らにいる不気味な侍は――、というようなところです。

お松が机龍之助から「剣術をやるな」という遺言を頼まれた時の地の文に、中里介山はこのようなものを持って来ます。

〝この不思議な人の言うこともすることも、一々、この世の人ではないようです。〟

これはもう明らかに、作者がお松の側について発言している文章ですね。〝この不思議な人〟というのは、お松の側に立って眺められた机龍之助像ではありませんから。

勿論、お松が主役という訳ではない。机龍之助とお松という、二人の人間が同じ比重を持って書かれているのがこのシーンです。そして、この「御簾の間」のシーンがどこかおかしいというのは、二人の互いに異質であるような人間を書き分ける、二つの異質な説明が、この一つのシーンの中に平気で一緒になっているからです。

お松と机龍之助は全く、見ているものが違う。物を見るということの根本態度が違っているから、同じ時同じ場所にいながらも全く別々のものを見ているというのが、この『大菩薩峠』の「御簾の間」なのです。

机龍之助は自分の内面を見ています。お松という〝女〟の存在があってそうなって行くと私は前に言いましたが、これは正確にはそうではありません。初めっから、机龍之助は自分の内面を見ているのです。「そ、そこへ来たのは誰だ」と、初めに訳の分らないことを言い出して、訳の分らないものを見ているのは机龍之助の方なんですから。

机龍之助は「そ、そこへ来たのは誰だ」と言う。そして、中里介山は何が来たとも来ないとも、別に一言も言わない。お松が「どなたも来ておいでではございませぬ」と言う。そして机龍之助は、それに対して「そうか、それでよい」と言うのですね。

「そうか、それでよい」というのはなんでしょう？

机龍之助は、うっかりと何かを見て、それを口にして、そして、それが自分の妄想だったということに気づくんですね。だから、「なんにもないですよ」というお松の理性的な検証に触れて、「よかった……」と思うんですね。

「私はどこかおかしいと思うが、お前はどこかがおかしいというようなことは思わないだろう。だから当然、その検証係はお前の役だ。そうか、何もなかったのか、それでよろしい」というのが、机龍之助の「そうか、それでよい」の内実ですね。「わしは気が狂ってなんぞはおらんぞ」と医者に言って、医者に「そうです、そうです」と言われて、それで「よろしい」と納得している精神病者の発言と、それは全く同質なんですね。

どうです、こわいでしょう?

そして、その理性的なお松です。この人は平気で幽霊を見ます。そのことがホントか嘘か、それを中里介山は二通りに言います。

女の姿を見て、「あれ、幽霊が――」と言った、まだ机龍之助が錯乱を押さえこんでいられる段階では、〝お松は、龍之助の傍を離れ得ない。龍之助の傍を離れられないくらいに怖ろしいものを見た〟と、こちらでは〝見た〟ことを肯定している。

状況が進んで、龍之助が〝何と思ったか〟で猪口を柱に向かって投げつける寸前では、歔欷《すすりなき》の声を〝お松は今それを聞いた――と自分ではそう信じてしまったらしいのです〟と、お松の主観にまかせている。

一体お松は、その部屋で幽霊を見たのか、見ないのか？

勿論お松は見たのです。何故ならば、その部屋には幽霊が出る――お松と龍之助が現にいる部屋がそういう部屋だから、お松は幽霊を見るのです。

男の龍之助が自身の内面を見て、現にそういうものが存在する筈の部屋にいながらもその〝事実〟を見ることが出来ないでいるのに対して、自分の内面を見ない〝女〟のお松は、現に存在しているものならチャンと、存在しているように見ることが出来るのです。男と女はそのように違うと、ここで作者の中里介山は書き分けているのです！


男の見るものと女の見るものは違います。男と女は違うからです。普通こんなことが表沙汰にならないでいるのは、男の領域の中でしか女というものが描かれないからです。男の領域と違った〝女の領域〟というものがあればこそ、男は女を〝分らない〟のですから、男の領域と女の領域とは、互いに違ったような領分を持って、それでどこかで重なっているのです。重なっている部分があって、そして重ならない部分もあればこそ、男は女を〝分らない〟のです。普通の大衆小説では、この男の領域とは重ならない〝女の領域〟というものを書きませんが、しかし『大菩薩峠』の作者中里介山はそれをチャンと書いているのです。あまり言われてはいないことですが、こんなに女がチャンと当り前に書かれている小説というものには滅多にお目にかかれませんですよ。

男と女は本当に違います。本当に違う領域を持っているんです。〝男の領域〟〝女の領域〟なんていう言い方をすると話が抽象的で分りにくくなるように思えますから、もっと思い切って卑近でざらにある話を持って来ます。たとえば、実直な男にくっついている女房というのは、絶対に実直な女ではありませんね。実直な男の女房というのは、必ず〝地道な女〟です。実直な女というのは実直な男と一緒にならず、必ず〝だらしのない男〟と一緒になっています。実直な女がそのだらしのなさに魅かれてということもありますが、多くは、女が実直だった場合、男は平気でだらしなくなる（なれる）からです。〝実直な女〟というのは必ずそういうところにいて、決して実直な男のそばにはやって来ないものです。そして、実直な男の女房が〝地道な女〟であるということは、その女が〝やってることは地道だが、一体彼女が何を考えているのかさっぱりわからない〟ということです。

実直な男と連れ添って地道に生きて来た妻が、自分が五十を過ぎて息子や娘が結婚して亭主が定年になってという時が来たのをいい機会にして突然〝離婚〟を言い出すなんていうことは、恐ろしいことに現代ではザラにあることになってしまいましたが、その地道な彼女が何故〝離婚〟を言い出すのかといえば、「今迄退屈なあなたに付き合ってズーッと辛抱して来たけれども、もういいかと思って」というのがその理由です。彼女は、男の目から見たら〝地道な女〟であったけれども、当人にしてみればそれは〝地道にしていなければいけないと思ったから地道を演じていた、他にやりようもなかったし〟なんです。「他にやりようがあったら、別に地道なんてやってなかったわよねェ、退屈な亭主相手にしてサ」なんていうセリフは、聞こうと思えば今や、いくらだって聞けるセリフですね。

女は、〝男の領域〟と重なる部分では、平気で黙って〝地道〟を演じている。そして、とりあえずは他の演じようというものがないからそれを演じ続けているけれども、演じているぐらいだから、勿論それが彼女の本領である訳がない。自分の本領がよく分らないから黙って、自分自身の〝女の領域〟を隠し——もしくはそれを明らかにしているのに気づかない亭主の鈍感さを呪い、ある日突然、「自分の本領が分ったから、離婚させて」と言い出す。その時になって初めて、実直な亭主というものは「ああ、自分には決して分らない〝女の領域〟というものがこの女にもあったのだ」と思う。女が化物だというのはここでしょうが、それは女が化物だという訳では勿論なく、〝女の領域〟というものがすべての女に存在するという単純な事実に、男が気がつかなかった、というだけですね。

　男にとって、男の世界というものは分っている（でも最近はこれもそうではなくなって来たみたいですが）。しかし男には、それ以外に存在する〝女の領域〟というものが分らない。だから女は〝得体の知れない魔性〟であり、一人一人の女だったら「ああなるほど、この女はこういう女か」という判別がまだつくけれども、自分の頭の中に広がる妄想という靄《もや》の中でうごめく〝女〟という抽象的な全体像、漠然と自分が〝女だ〟と思うことで感じてしまうような〝女像〟を「不気味だ」の一言で統合してしまうのですね。こういうぼんやりした〝一般的なる女〟〝女体〟というようなものは、大概〝性欲〟というようなルートを通してしか浮かび上って来ないものだから、女のお松の手を自分の膝に置かれた時の机龍之助のように、それをきっかけにして、〝得体の知れない何か〟が男の中から浮かび上って来る、という訳なんですね。

　その部屋の中でお松という女は幽霊を見ます。何故ならば、その部屋は〝幽霊の出る部屋〟で、そこには幽霊がいるからです。それでは、お松という女はいつでもその部屋で幽霊を見るのでしょうか？　そうではないだろうというのは、そこに幽霊が現われても不思議はないという状況を作り出したのが、男の机龍之助だからです。「そ、そこへ来たのは誰だ」と唐突に言い出したのは男の方ですから。

〝男は自分の内面を見ている〟と私は言いましたが、しかしその言い方も不正確ですね。自分の内面を見ている時の男というのは、中里介山の筆にかかれば、何を見ているのか分らない、そして、見ているのか見ていないのかも分らないようなものだからです。「そ、そこへ来たのは誰だ」と言った机龍之助は、結局言いっ放しですから、実際に見たのかどうかも分らないし、何を見たのかというのもよく分らない。〝何と思ったか〟で猪口を柱に投げつける龍之助にしても同じ。何を思ったのか、その思ったことがどういう意味を持つのか、結局〝眼の色が変っている〟という状態に机龍之助が一人で勝手に陥っているだけだから、何がどうなのか、具体的なことはさっぱり分らない。分っているのはただ、机龍之助がおかしくなって行くという、そのことだけ。そのことをつかまえて、私は〝だから彼は自身の内面を見ているのだ〟と言っているだけです。

勿論、自身の内面を見つめている時に、見ているのか見ていないのかが曖昧になってしまうような男に、〝内面〟などというものはありません。ないから、それをうっかり見つめようとする〝優等生〟机龍之助は、迷って錯乱するのです。男の外側にはしきたり習慣なりが色々あります。だから、それを学べば男は、外側だけに関しては一人前になります。その結果が〝優等生〟(〝成績の悪い優等生〟だっているということは前に言ったと思います）だったり〝実直な男〟だったりしますがしかし、外側を学んだ男には内側というものが学べない。外に踏み出した足が〝半歩〟なら、残りの〝半歩〟は内に踏み込む半歩です。

　実直なだけの男には融通というものがきかないということは前に言いましたが、優等生というものも同じです。同じであって、もっと極端になるのが、自分から積極的に学んで自分から積極的にそう思いこんで行く〝優等生〟というものでしょう。

　優等生には〝女〟というものが分りません。〝女〟というものを教える公的機関なんていうものはないんですから。そして、とりあえず歴史の今迄では、〝女〟というものは決して公的になんか教えられることはないものです。〝女〟のことを知りたかったら、それは直接〝女〟に聞くしかないからです。そして、この世の中には一人一人個性を持って名を持って違いを持った〝それぞれの女〟というものは存在しても、〝抽象的な女〟などというものは存在しません。「女というものはね」と女が言ったところで、それで話のすべてが尽きているのかというととんでもないというのは、「女というものはね」と言った女は、平気でその後で「でも、私は別よ」とか、「少なくとも私はそうだけどね」ということを平気で付け加えるからです。女が個人的にしか生きていないのなら、どの女にも〝女とは――〟という断言が出来ない――他の女に関するデータが女自身にも少なすぎるからです。〝女が公的に語られることはない〟

という前提は、このような不十分をもたらします。実直な男について〝地道な妻〟を演じている女が〝地道さについて〟ならいくらでも語ることは出来ても、でも〝それを演じている自分〟については、決して語らない——少なくとも〝地道な妻〟を演じている間は、というようなことです。

女は、男の前で女を演じているし、と同時に自分の中でもそれとは別の〝女〟を演じています。だから、どっちが本当かは分らないし、と同時に、本当の〝女であるような自分〟というものはそれとは又別にあるのかもしれないと思っています。そして、このことは考えてもしようがないし、考えれば混乱するだけだから、平気で一切をそのまんまにします。「相手がなんであれ、ともあれ自分は自分だから」ということが根本でははっきりと女には分っているものだから、平気で、実直な男の前で〝地道な妻〟を演じられるのです。だらしのない男の前で〝実直な妻〟を演じられるのも同じですね。

女は平気で分裂していますが、しかしこの分裂が平気であるのは何故かというと、そこに〝男〟がいるからです。〝男〟がいて、その〝男〟が自分に向かって「或る種の女を演じろ」という役割を提出するから、それで女は平気で分裂を演じるんですね。男の提出した〝女像〟を演じることが、女にとっては女として生きて行く為の仕事ですから、それはそれで平気なんです。もっとも、そのことに根本のところで疑問を感じたら、女は簡単に狂いますけど——論理を突き抜けたところに行き着いた優等生はどうしたらいいのか分らなくなって平気で狂うというのは、別に机龍之助だけのことではありません。

女は、〝男の領域〟の中で平気で生きている。そして、それとは別に、女は女としての独自の領域というものを持っている。それを両方合わせたものが〝女の領域〟ですから、〝男の領域〟の中にいる男には、〝女の領域〟というのがよく分りません。男にとって、男の領域外に存在する部分の〝女の領域〟というものは、常に非論理なんです。

男にとって〝幽霊が存在する〟というのは非論理です。でも、女にとっては、〝そこに幽霊が存在する〟という前提があれば、そこに幽霊は立派に存在するんです。それこそが〝女の論理〟なんです。「だって、そういうことになってるんでしょ？」というのが、男に世の中を任せている女の〝本音〟というものです。

どうです、女は分らないでしょう？　でも、「なるほど、このように女は分らないのか」ということは分ったでしょう。であればこそ、女にはそのような筋道というものがあるのです——つまりそういうことから〝女の領域も論理的な筋道を持って成立している〟ということは分るのです。

たとえば、『花の吉原百人斬り』の玉鶴と佐野次郎左衛門です。佐野次郎左衛門は、玉鶴にひどい騙《だま》され方をした――そのことを怒って、彼は玉鶴を殺そうとし、殺す訳ですが、しかし玉鶴は彼を騙したのか？　玉鶴に騙されていたということが分った――そういう分り方をしてしまった佐野次郎左衛門というのは、その時に至って初めて、自分という男の論理、世の中の論理とは全く別な〝非道〟とか〝わがまま〟としか（男の側、世の中の側、佐野次郎左衛門の側からは）思えないような〝玉鶴という女の論理〟が存在しているという事実にブチ当ったのです。〝別の論理が存在しているということに気がついた〟ではありません、〝ブチ当った〟だけです。

もしも、「彼女には彼女なりの正当なる理由があったのだ」ということを佐野次郎左衛門が分ったら、とてもじゃないが、彼には彼女を斬ることが出来ません。納得してしまった（分った）ということは、「それはそれで仕方がない」と諦《あきら》めることです。一旦諦めて、それで再び斬りに行ったら、それは、〝実直な男〟のすることではありません。それは、〝悪の美学〟の領域に属することです。佐野次郎佐衛門が仲之町の大通りをどこまでもどこまでも追って行く、そして八ツ橋太夫になった玉鶴がどこまでもどこまでも逃げて行く、その光景が、延々と映し出されるのを私達が息をつめて見るのは、その光景が〝哀切〟だからです。〝悪の美学〟ではありません。

男は、〝女の領域〟とそれを支える〝女の論理〟があるということを知らずに、今迄ただ実直に〝男の領域〟に適合して生きて来た。そして、玉鶴という女は（思い出して下さい）、岡場所狩りで捕まって吉原へ連れて来られて、そこで先輩の太夫に恥ずかしめられて初めてプライドというものを発動させた〝女・宮本武蔵〟なんです。女の領域には女の論理があって、そこでは全く〝男の領域〟と同じように論理が生きている。但しそれは吉原という遊廓の舞台裏の出来事。舞台裏で、そこへ通って来る客である〝男〟には分られることがない。

　どうです？　男の領域と女の領域は重なりながら別々にあるでしょう？　『花の吉原百人斬り』で、それが重なっているところは〝吉原〟という遊里ですね。そこを舞台にして、男の領域だけで生きて来た〝実直〟という名のザラにある男と、〝女の領域〟だけで生きて来た非常に珍しい存在である女の二人が、それぞれにお互いの領域があるということを知らずにぶつかって、互いに相手を傷つけた——女は嘘というもので男の心に、男は刀というものによって女の体に。

　だからそれは痛ましいのであって、哀切なのであって、だからそれから目を離すことが出来ないのであって、だからこそ、その殺しのシーンは延々と続くのですね。男は、女の論理が存在するということによって傷つくし、女は男の論理が非常にせせこましいものだということを知らないから傷つけられるのです。

　男はそれを知らないから、女に対してやさしく出来ない。やさしくするということは、女を男の領域の中に取りこんでしまうことです——少なくとも男にとっては。でも、それをしようとすると必ず、男の知らない〝女の領域〟が顔を出してピクッと動く。その得体の知れないものに対して、男は怯《おび》えるし、同時に男は怒るんです。「そんなものがあるなんて知らなかった。〝女の領域〟が別にあるなんて、君は一言も言わなかったじゃないか」と言って。

知らないでいるものは、いつだって得体が知れないんです。それだけです。存外あっけのない話でしたね。

18 どうして男は女を殺すか

なんだって〝女の話〟になったのかといえば、それは『花の吉原百人斬り』の佐野次郎左衛門が玉鶴（八ツ橋太夫）という女を殺したからですね。それを内田吐夢監督が執拗にズルズルと追ったからですね。

佐野次郎左衛門が玉鶴という女を殺そうと決心したのは、彼がその女に騙されたからです。そして、その殺し方が執拗だったのは、彼が追いかけた時、その女が逃げたからです。その女には勿論逃げるだけの理由があります。彼女にだってその男を騙すに当っての言い分だってある。だから黙って殺される訳には行かない。だから、彼女だって執拗に逃げる。そして、その執拗に逃げる彼女を見ている内に、追う男は「自分を騙した女がこうも平然と逃げて行くには、絶対にこの女の中に自分を支える論理とは又別の、彼女を支える〝彼女の論理〟というものが存在するからだ」ということを悟るのです。

自分の論理をただ踏みにじるだけの〝悪人〟ならまだ許せる、だがしかし、自分の論理を踏みにじったものが〝悪人〟ではなくて〝自分の論理とは全く別種の論理〟であったと知るのは、そんなレベルを超えて、一切を吹き飛ばすような逆上状態をもたらす――それが人間なんです。〝男と女〟であることによってその〝異種〟は際立つけれども、別に男と女ではなくても、人間というものは、自分を支える論理とは全く別種の論理が平気で存在しているのを見ると、それだけで逆上するのです。追いつめられた悪人が自分の非を認めずにヘラヘラと笑っていたら、それだけで追いつめる側の〝正義〟は逆上します。叱られてシュンとしている筈の子供の口答えに出会った時、親が逆上して思わず手を上げてしまうのもこれとおんなじです。人は、自分の正義、自分の論理、自分の世界観が平気で覆されることに我慢が出来ないのです。

人が〝自分の論理〟などというものをどうして身につけるのかというと、これはやっぱり学ぶからです。ちゃんと教えるものがいることもあれば、誰もいないのに勝手に学んでしまうということだってありますが、結局は自ら進んで学ぶ、身につけてしまうといった一点で同じです。学んでしまって、それを基準にして生きている以上、生きていける以上、当人にとってその〝自分の論理〟は正しいのです。それはもう、常に正しいのです。常に正しいからこそ自分はこうしてチャンと生きていけるし、生きていけると、常にその〝自分の論理〟は検算され、確認されています。自分の論理が正しく、自分がチャンと生きていけている以上――たとえそれが誰からも受け入れられなくて、その人間がたった一人ぼっちだったとしてもその人間が気が狂わない以上、自分で自分のことを〝気が狂った〟と認めない以上――自分の論理以外に〝正しい論理〟などというものはこの世に存在しないのです。人がちょっとした他人との意見の相違でカッとなる理由はこれです。自分とは違う異質な論理は、人を逆上させるのです。だから、年中怒ってばかりいる人というのは、自分とは違う他人、自分の意見とは相容れない他人の意見を普通よりもズーッと沢山発見し続けている人なのです。こういう人は、異常に頭がいいか、異常に頭が悪いかのどちらかです。容易に誤りを発見出来るだけの頭のよさを持っている人は、そのことに気づいてカッとなります。それを平気で他人の誤りだと思いこめる頭の悪い人も同じようにカッとなります。他人と自分との違いを非常に詳しく明確に分る人と、他人と自分との違いが全く分らない独善的な人とでは、だからその行動パターンは同じになるのです。

何故人間は、自分とは異質な意見、異質な論理の存在を許せないのか？　それは、そんなものを認めたら、それまでの自分――外界から学ぶ、学んでいると思いこむことによって作り上げて来た自分の論理、それでチャンと生きて来られた自分の人生、そういうもの一切が〝偽り〟になってしまうからです。「自分の論理が常に正しいものなら、それ以外の論理なんか存在する必要はないのに何故?」というのがこの〝カルチャー・ショック〟の真実です。

自分が学んで来た論理以外に〝論理〟などというものがあったら、そこで混乱というものが起きて、自分は決して〝論理〟なんていうものを学べることが出来なかった筈だ――しかし現にこの自分はチャンと学べている。だとしたら、自分の論理以外にこの世の中に〝論理〟なんていうものが存在する訳がない。それなのに……――というような齟齬みもします。

男と女が憎み合うのは、だから互いの異質を容易に発見してしまうからですが、だからといって憎み合うものは常に男と女であるという訳でもない。男同士だって女同士だって憎み合う――ひょっとしたらこの方が〝愛し合う〟という手段をかりそめにも持てる男と女よりも憎しみの根は深いかもしれない。同じ政治運動をやっていたもの同士が意見の違い、路線の違いを発見した時の憎み合いというものはすごいですね。過激派同士が内ゲバを繰り返して、肝腎の外にある〝共同の敵〟には目を向ける余裕もない、なんていうことが昔はありましたが、これはみんな〝同じ土俵にある異質な論理こそが敵〟という、〝優等生の世界観〟から出ているんですね。人間はみんな、

〝優等生〟なんです。

人間というものが永遠に優等生でもあるようなものだということを示すものに、狂気に落ちた人間は絶対に自分の狂気を認めない、ということがあります。人間は〝気が狂う〟という形で、永遠に「自分の世界観が正しい！」と言い張るだけの権限を持ち合わせていようとしたりはするものなんですね。優等生ほど気が狂いやすいというのは、ここら辺でしょう。自分の論理の絶対性――自分のやってることは絶対に間違ってないんだ、ということを安心して認められればこそ、人間は平気で優等生をやれるものです。優等生ほどカルチャー・ショックには弱い、なんていうことは他の誰かが言っていたような気がします。

という訳で、男が女を殺すのは、自分とは異質な論理の存在をそこ＝女の中に見つけてしまうからです。だから勿論、男の中に女が自分とは異質の論理を見つければ、女だって、平気で男に殺意を持ちます。

という訳で、机龍之助はお浜を殺したんです。〝優等生同士の夫婦喧嘩〟の、テンマツがそれです。

机龍之助と、宇津木文之丞の妻だったお浜は、駆け落ちして夫婦になっています。この夫婦は、男も女もどちらも〝優等生〟であるような夫婦ですが、しかし優等生のお浜は〝実直な女〟です。〝実直な女はだらしのない男としか一緒にならない〟という〝法則〟を思い出していただきたいと思います。お浜が実直であれば、当然、机龍之助は〝だらしのない男〟になります。男というのはそういうものですが、それは〝男の領域〟という、男だけが通う学校の休み時間に教える授業なので、男の優等生には分っても、〝女の領域〟という、これとは全然違う学校を卒業した〝女の優等生〟には理解が出来ません。

という訳で、夫婦喧嘩が始まります。

私はもうここで机龍之助とお浜の夫婦喧嘩の一々を引用しようとは思いません。興味のある方は『大菩薩峠――㈠甲源一刀流の巻』というのを見てもらえばいいと思います（それぐらいのお楽しみは残しといて上げます）。「大正二年にもう、こういう夫婦喧嘩の書かれ方があったのか……」と、自分の家の関係を見て深い溜息《ためいき》をつかれる（であろう）と、私は思います。そんなこと、昔っから決ってたんですね。

という訳で、実直な女〝女の優等生〟と結婚してしまった男の罵《のの》られ方というのは昔っから一つです。「どうしてあなたってそんなに現実対処能力がないの？」というのと、「どうしてあなたって人には〝情愛〟ってものがないの？（別に私はあなたに愛情を注いでもらいたい訳でもないけど）」の二つを、別々かつ同時に言い立てられるという、それだけです。

微妙にして複雑というのはここですね。〝二つのことを別々かつ同時に〟だから、「言われてることは一つらしいが、どうもどういう言われ方をしているのかよく分らない」と、男の方は思うのです。

もう〝チャンバラ映画の話〟は完全にどっかへ行ってしまいましたが、これから先しばらく続けられる話はホントに役に立つ話だから、黙って耳を傾けなさいよ。こういうことは絶対に学校じゃ教えないことなんですから。学校で教えないから、人は勝手に映画館の暗闇にもぐりこんだり大衆小説と呼ばれるようなものの中に入りこんで何かをつかまえようとするんですから。そして、つかまえて来はしても、それが〝学校じゃ絶対に教えないこと〟という理由だけで、「大したことじゃないかもしれないけど……」と言って平気で手放すんですから。世の中っていうのは、そういう風に出来上っているんです。そういう世の中を題材にした映画の話をこの先続けるから、こういう余分な〝前段〟というものが登場するんです。

早い話が、そういうことはもう昔っから明らかだから、こんなにもはっきりしてるんですね。

実直な女と一緒になるとどうして男がだらしなくなるかというと、男には現実が見えなくなるからなんです。

男というものは〝自分の内面を見る〟〝自分の内面しか見ない〟と言いましたが、困ったことに、そういう〝男〟というものは、自分の内面の見方というのを知らないんです。知らないから、自分の見たものがなんだか分からないし、一体見たのかどうかも最終的にはよく分からなくなってしまう、ということになるんです。

男というものは、世の中に存在しているものを見て「なるほど、ああいう風になればいいんだな、ああいう方向に進んで行くようになればいいんだな」という風に思います。思って、そうなるような方向に自分というものを伸ばして行くんです。つまり、〝そういう方向に向かって行く〟という動きの中で、男の内面というものは自然に作られて行くものなんです。男が〝知的〟で〝行動的〟であるというのはこういうことですね。そしてそれが受身であるということも。

男の内面は、学んでそこへ進む、ということがなければ育ちませんから、男というのは〝学ぶ〟のが好きです。だから、そういう学ばせ方をしてくれる〝学校〟とか〝先生〟というものがなくなると困ります。〝学校〟とか〝先生〟というものに拒まれると、男というものは本当にショックを受けるんです。ショックを受けて「いいもん！」と言って、勝手にヘソを曲げるんです。ヘソを曲げて、今度は、自分で勝手に、学ばせてくれそうな〝学校〟とか〝先生〟というのを見つけたり作ったりしてしまいます。〝道を踏みはずす〟というのが、〝正規〟とされているところとは別の方面に

〝学校〟なり〝先生〟なりを見つけてしまうことで、この典型例が〝ヤクザになる〟ということですね。この場合の〝学校〟とはヤクザの〝組〟で、〝先生〟というのは〝兄貴〟だったり〝親分〟だったり、もっと離れて〝任侠道の独学〟だったりします。男が自分の〝論理〟を捨てられなくて、自分の論理だけが「絶対に正しい!」と思うのは、男がこういう学び方だけしか出来ないからですね。〝恋愛〟という学校で〝女〟という先生について〝片思い〟という自分だけの論理を育てるのもそれと同じです。但しこちらは、自分で勝手に見つけたではなく、自分で勝手に見つけて来て作ってしまうかもしれません。〝正規〟とされているものからはずれたところに勝手な正しさを見つけるのを〝道を踏みはずす〟という風に言いますが、〝正規〟を無視して、自分の〝学校〟なり〝先生〟なりを勝手に作ってしまうことは〝気が狂う〟と呼ばれることです。狂人が自分のことを狂っているとは絶対に認めないという話はしましたのでこれ以上は繰り返しませんが、人間というものはこのようにして、〝自分の論理だけは正しい〟という世界観を作り上げて行くのです。

さて、男の〝内面〟とは右のように、学ぶことによって作られて行くものですから、学べなくなったら、もうそれ以上はありません。そこで、男の内面はストップです。後はそのまんまなんにも考えずに実直に生きて行くか、おかしくなるだけです。実直な人と狂気というのは、実は〝一番近い他人〟なんですよ。

という訳で、ここに登場するのが〝女の優等生〟です。

〝女の優等生〟というのも〝優等生〟ですから学ぶことが好きですが、しかし残念ながら、〝女の優等生〟というのは全部独学です。人間の歴史の今迄《まで》でいけば、〝世の中〟というものは全部〝男の領域〟であるということが前提になって出来上っていますから、女の為の〝正規の学校〟とかいうものはありません。〝正規の先生〟というのもいません。〝正規の学校〟に特別に入学を許可されて〝聴講生〟になるとか、お金持ちのお父さんに本を買ってもらったり特別の〝家庭教師〟というようなものをつけてもらったりして〝独学〟するしかありません。だから、その結果の〝優等生〟というものはかなりに特殊な存在になります。〝お浜は才気の勝った女で〟と中里介山に書かれる机龍之助の女房のお浜は、〝才気の勝った女〟と書かれるような特殊な女です。〝頭のいい女〟と〝才気の勝った女〟というのが微妙なところで違うということぐらい、日本語というものの表現に敏感な方にはすぐ分るでしょう。

〝頭のいい女〟という言葉は、ほめ言葉になるのとけなされる場合に使われるのと、二通りの使い方があります。〝頭のいい女〟がほめ言葉になる時は、必ずそこに〝気立てがいい〟〝心根がやさしい〟ということがニュアンスとして含まれています。日本で女で〝頭がいい〟となったら、そういう感情・情感の部分にまで立ち入らなければ正当な評価というものが下せないのです。それが〝大奥〟とか〝遊廓〟とかいう形で〝女の領域〟の存在を公然と認めた日本という国の〝女に関する常識〟なんです。

ちょっと余分かもしれませんが、女達のハレムを作るというのは封建時代以前の専制君主の常識ですが、この大奥・後宮・ハレムと呼ばれるような場所を管理するのは、日本を除いてすべて〝宦官《かんがん》〟と呼ばれる、去勢された男でした。この制度は日本には入って来ませんでした。女の領域は女が管理する、それが春日局《かすがのつぼね》の〝大奥総取締《おおおくそうとりしまり》〟を代表とする、日本という国の女性のあり方でした。

そして、売春というものはそれこそ世界のいたるところにありましたが、〝公許〟という形で独立した秩序を他に対して明確に持っていた〝吉原〟を代表とする江戸の遊廓制度というものも、ちょっと世界に類はないでしょう。なにしろ、江戸の全盛の太夫達は、平気で「いやでありんす」と、客を拒むことが出来たんですからね。遊女には客を拒む権利があるというのが、江戸の遊廓の基本ルールだったんです。

徳川の三大改革、享保・寛政・天保のどれもが最終的に挫折した理由というのを御存知でしょうか？　贅沢《ぜいたく》の禁止を謳《うた》ったこの改革、全部が、贅沢を最大のはけ口とする大奥と衝突して潰《つぶ》れたんですね。

理屈で考えれば不思議議です。殿様がいて、その殿様が出した、その殿様がＧＯサインを出した法令が、殿様の奥方・側室に及ぶことが出来ないんですから。それはカカア天下というような個人的なものではないんです。御改革が大奥に及びそうになると必ず、そこから〝大奥総取締〟というそこの最高司令官が出て来て、「ここは表《おもて》の方の及ぶ世界ではない、だからこそ大奥だ」と言って、法を盾にとって拒絶するんです。法という論理が一番厳正であって、その前には「おそれながら」の上様もひっこまなければならないという。封建制のピラミッドという風な思われ方も江戸時代にはありますが、残念ながら、国の主権者が超法規的な存在になってしまって、そうした意味で本当の〝封建的〟が始まってしまったのは、四民平等の明治になってからなんですね。

明治になったら天皇は法の上にいるようになったけれども、江戸時代は、将軍も天皇も同じように法の下にいたんです。将軍様は〝神君《しんくん》家康公の、始祖以来の法〟の下に、天皇は、徳川幕府の出して来た〝学問御専一のこと〟という、敬語付きの命令の下に。

〝敬語〟というのも不思議なもので、誰が誰に対してどういう敬語を使うという身分の上下は決っていても、実際に〝力〟というもので及ぶのは、その身分関係とは又別な〝論理〟なんですね。という訳で、上様は「無礼であろう」と〝上下〟を踏まえ、下の家臣は、でも平気で「おそれながら」と、敬語を使って上を落して行くんですね

（ああ、また話がそれちまったい――御無礼）。

〝女〟の話でした。しかも〝頭のいい女〟の。〝頭のいい女〟がほめ言葉となる時、そこに必ず〝情〟という部分の美点も含まれているのが、〝女の領域〟という特殊を認めていた――そういう伝統を持っている日本だというところまででしたが、〝頭のいい女〟がほめ言葉ではなく使われるとどうなるのかと言いますと、それが〝才気の勝った女〟なんです。

〝才気が勝つ〟――〝才気というものの濃度が何かよりも濃厚〟である、というのが〝才気が勝つ〟の実際です。この場合の〝才気に負けている〟のが何かといえば〝情〟ですね。〝才気の勝った女〟というのは〝情の強《こわ》い女（情に欠ける女）〟であるというのが、日本語の通り相場ではあります。

〝女の優等生〟が特殊な存在というのはこんなところです。

女でありながら〝男の領域〟を学ぶ――独身時代のお浜は〝家のことは自分が切って廻し、村のことにも口を出し〟と中里介山に書かれています――〝男の領域〟を学ぶ為に、当然学んでいてしかるべき〝女の領域〟の学習が疎《おろそ》かになってしまう。その為に〝才気が勝った女〟は〝情が強《こわ》い〟んです。

〝男の領域〟と並べられた、この学ぶべき〝女の領域〟を、炊事・洗濯・針仕事というような〝家事〟に代表される〝女の仕事〟と混同しないで下さいね。ここで言う〝女の領域〟とは、〝男の領域〟である〝知性〟から見た〝感性〟の世界のことですから。

その関係を絵にしましょう。こんなことです――。

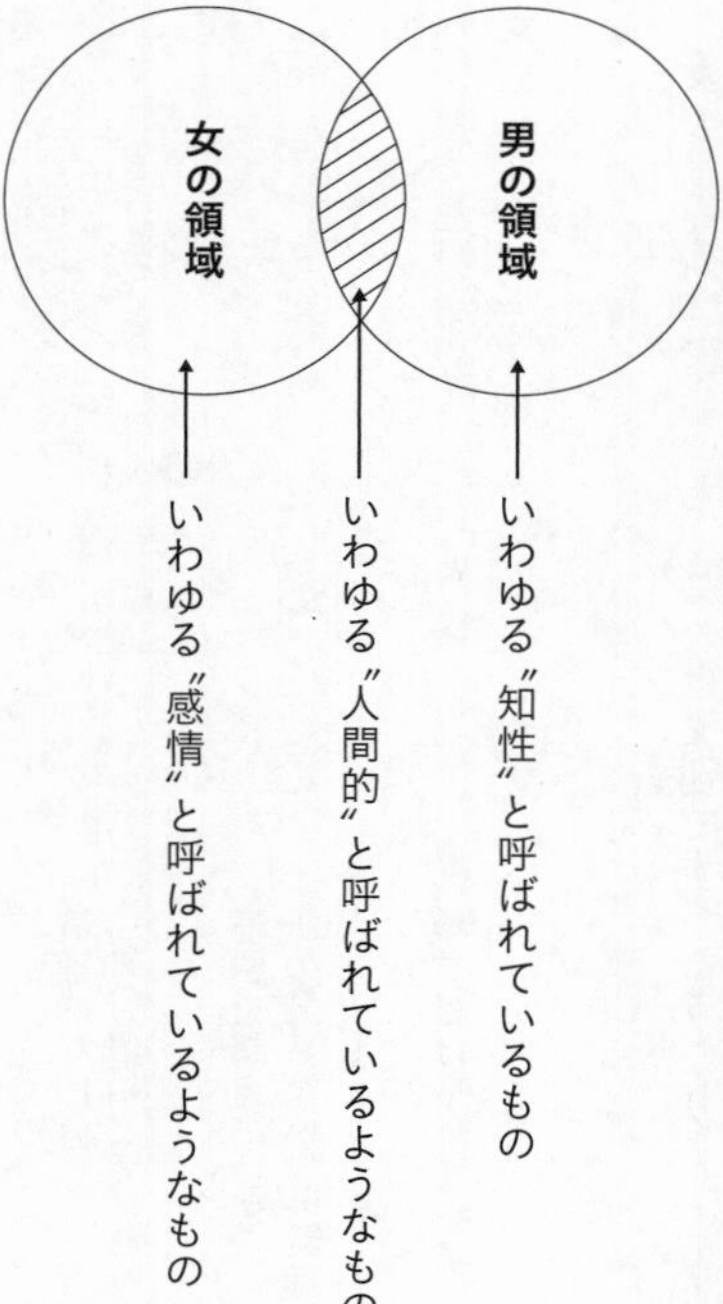

〝男の世界観〟に立つと、人間世界はこのようには見えません。〝男の世界観〟に立つと、世の中はこうです――。

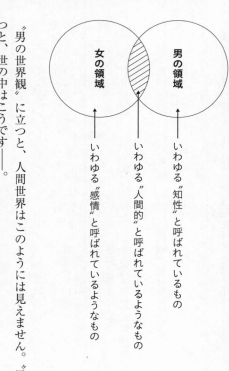

〝女の世界観〟に立つと、これは又別です。こうなります——。

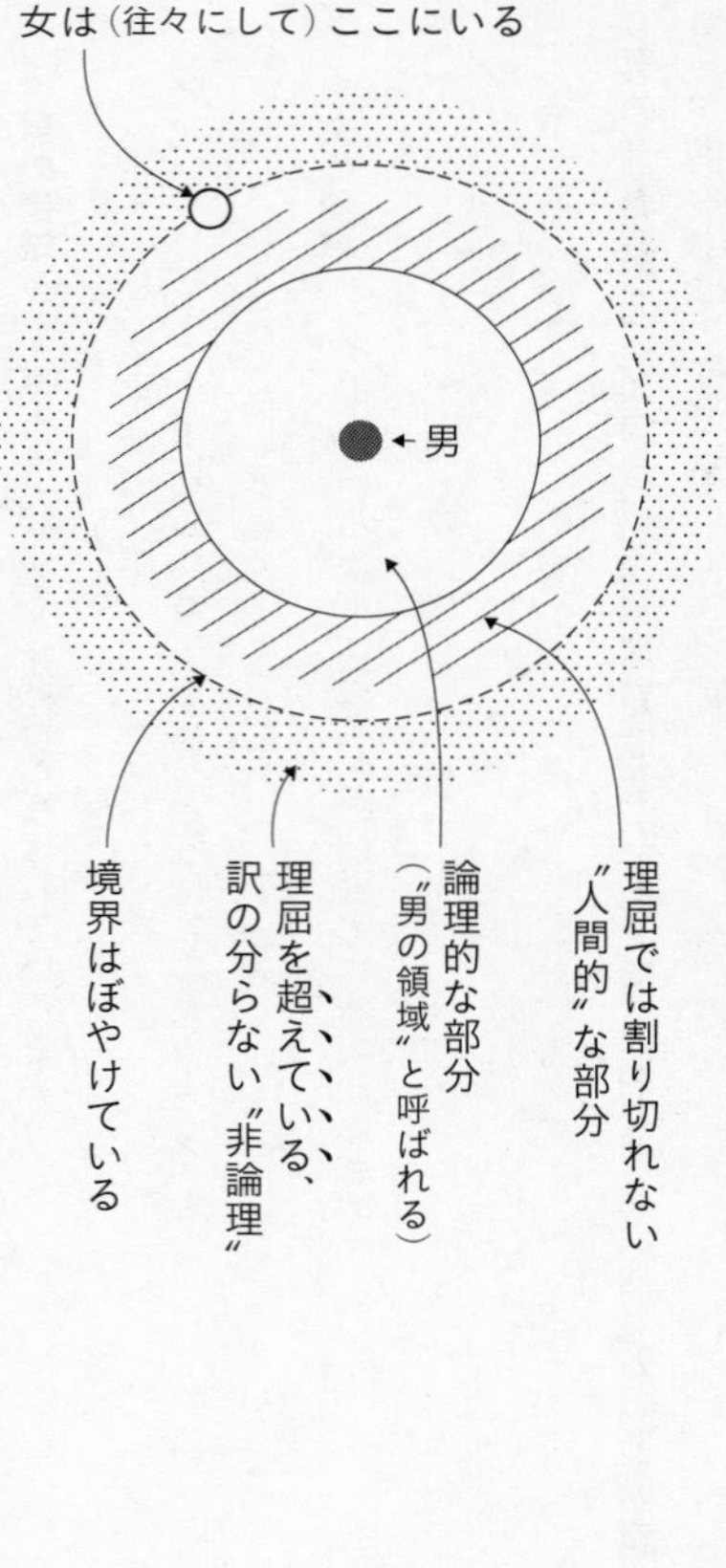

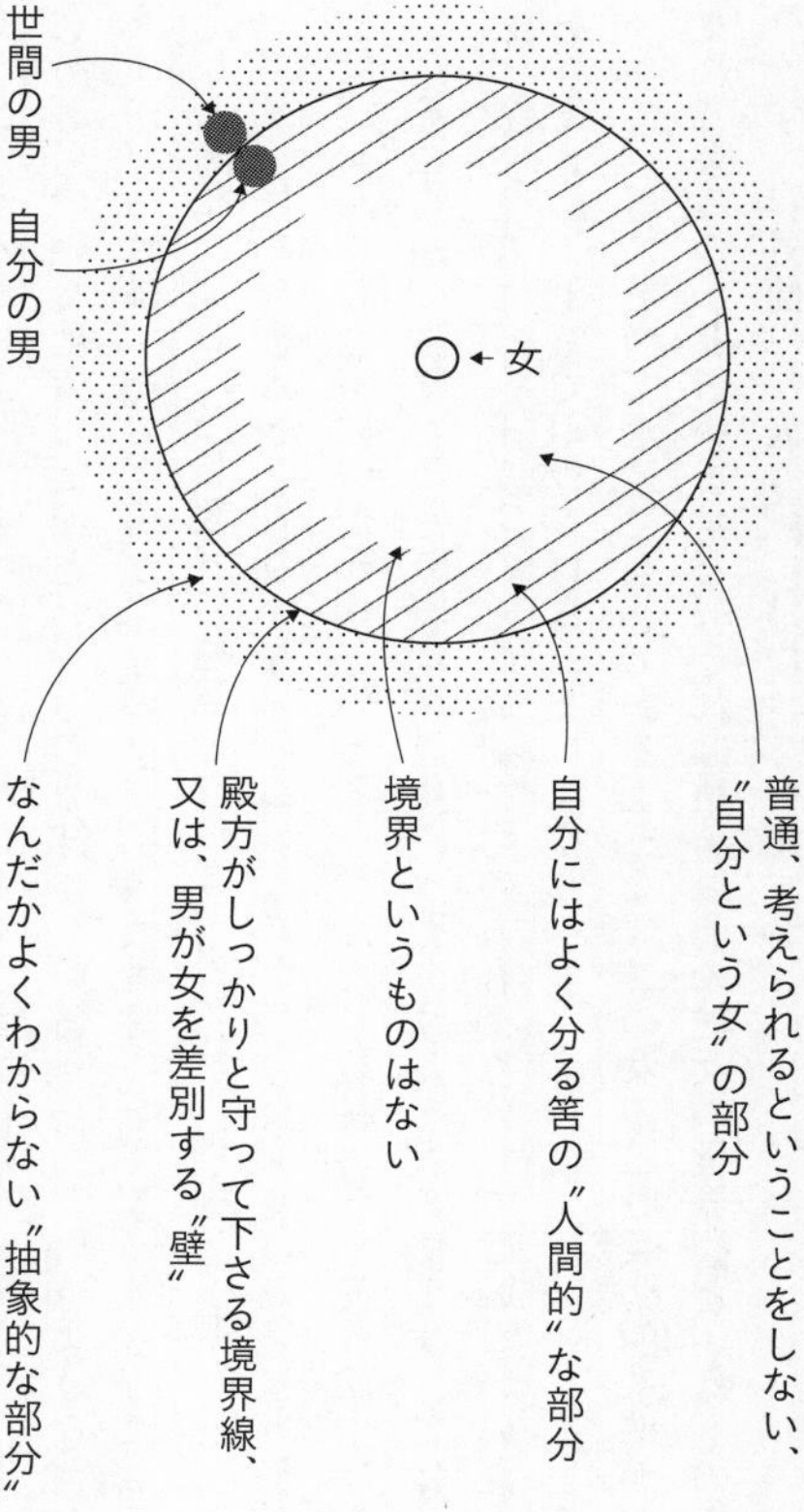

ええ、もう身も蓋《ふた》もないまでに鮮やかな（自分で言ってりゃ世話ァない）大変な相違です。こういう風に違ってる訳ですから――男と女で互いに違っていて、男も女も共に全体像からは違っている〝世界観〟なんですから、誤解《ギャップ》というものも生まれよう、という訳です。

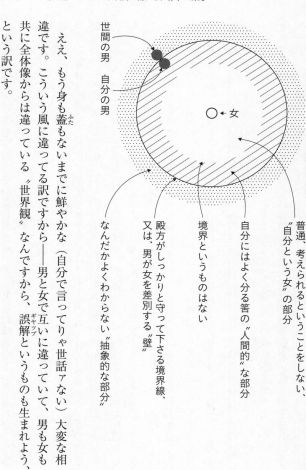

察しのいい方にはもうお分りかもしれませんが、女性には基準というものが二つあります。〝世間の男〟と〝自分の男〟です。〝自分達の家庭の外にいる男〟というのが〝世間の男〟で、これは女性にとって「あなたはどう思っているかは知らないけれど、世間では〝男〟というものはこのようになっているのよ！」と、〝自分の男〟に突きつける為の〝教科書〟として存在します。女性にとっての〝男のお手本〟〝男の理想像〟というのが〝世間の男〟なんですね。よく「職場結婚をすると男は不幸になる。女房が男のいる社会の実態というものを知っているから」というような言われ方をしますが、これは、その女房が自分の亭主に〝教科書〟を突きつける時に「だって、あたしとあなたはおんなじ教室で勉強したのよ。当然教科書だっておんなじでしょッ！」という、ドスの効いた突きつけ方をするからです。勿論〝世の中〟という不思議な学校は、おんなじ教室にいたからといって〝おんなじ教科書〟を使う訳ではないのですが、そこら辺、独学だったり特別聴講生だったりする〝女の優等生〟には分りません。困ったことですが、そこらへんの構造を男の方もよく分ってはいないのだから仕方がありません。平気で困ってしまいましょう。

さて、男にとって永遠に迷惑であるような、この女の二股膏薬《こうやく》的基準がどこから生まれて来るのかと言いますと、それは結婚以前の彼女の世界観というものを探《さぐ》れば分ります。存外簡単な入《い》り訳《わけ》にはなっています。

結婚前（もしくは男女交際以前）の女の世界観はこうです――。

男性経験がない時代にその女性の中で作られた〝理想の男性像〟というのが、結婚後又は男性経験以後、外にほっぽり出されて〝世間の男〟という男性像の教科書となる。〝自分に言い寄って来る男〟が女性の中に取り込まれると、あじけない現実を常に象徴する〝自分の男〟というものになります。

そして、女の学習の根本というものが全くの独学でしかないというのは、この〝理想の男性像〟という教科が、女の学校の休み時間で真っ先に語ることを禁じられるようなものだからです。

女の先生というのは〝女の優等生〟ですから、「そういうものを学ぶと自立心がなくなる」と言って学ぶことを真っ先に禁止します。真っ先に禁止されても、「でもそんなこと言ったってねェ……」という不良女学生達は平気でそういうことを語り合って勝手に独学してしまいますが、女の優等生は「でも、そんなはしたないこと

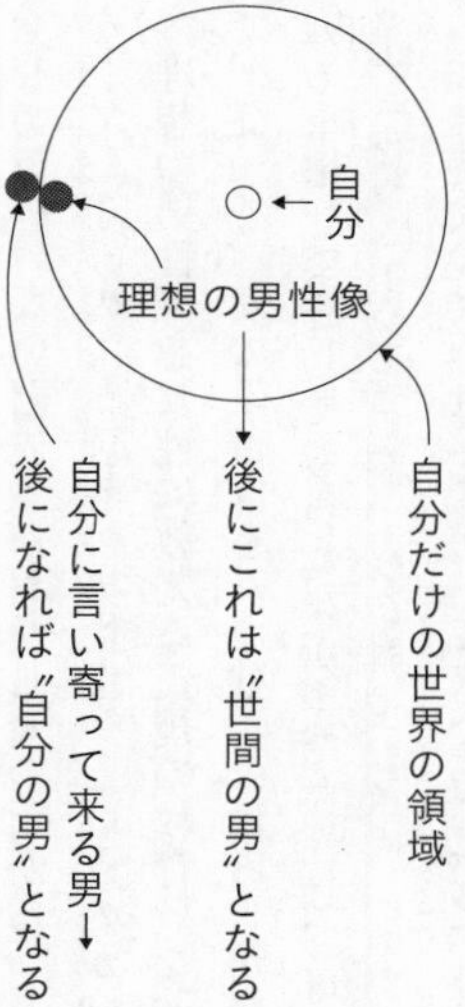

をしてはいけないと先生がおっしゃったから」と言って、その間正規の学習というのをしてしまうので〝理想の男性像〟というのが全く我が身にしみては分らないのです。〝理想の男性像を女性に教える正規の教育〟などというものはこの世の中にはない訳で、従って、女の学習はみんな独学に頼るしかないのです。そういう独学さえも〝家庭の事情〟で許してもらえなかった女性は、可哀相なことですが、男と同じように〝社会の為に身を挺《てい》する〟のです。

独身時代の女の世界観が出て来たついでに、独身男の世界観というのも挙《あ》げましょう。独身男＝青年というのが普通一般の〝男〟とは違う世界観を持っているというのは、これが童貞だからです。という訳で、青年の苦悶というのは、どんどんどんどん、童貞時の単純明快なる世界観が歪《ゆが》んで行くことから起こるのですね。

今迄の世界観というのは、全部〝丸〟で示されていましたが、童貞というのは違います。〝丸〟にならない直線です。直線が丸になると、世界が閉じるという〝閉塞状況〟が生まれるだけです。

童貞の世界観というのはこんなもんです——。

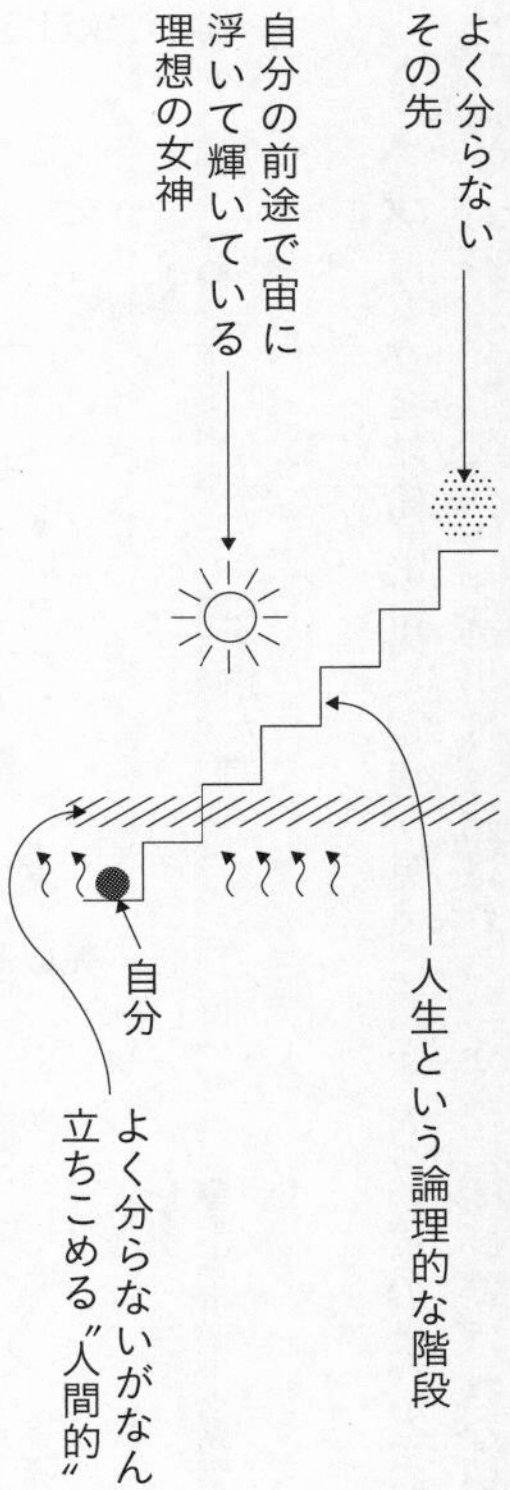

この直線的な階梯《かいてい》が、年を経るに従って丸くなって行くのです。

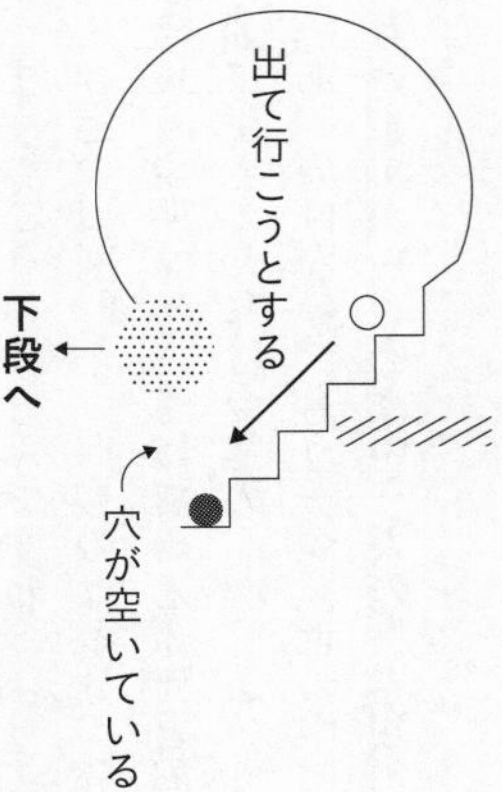

〈完成図〉

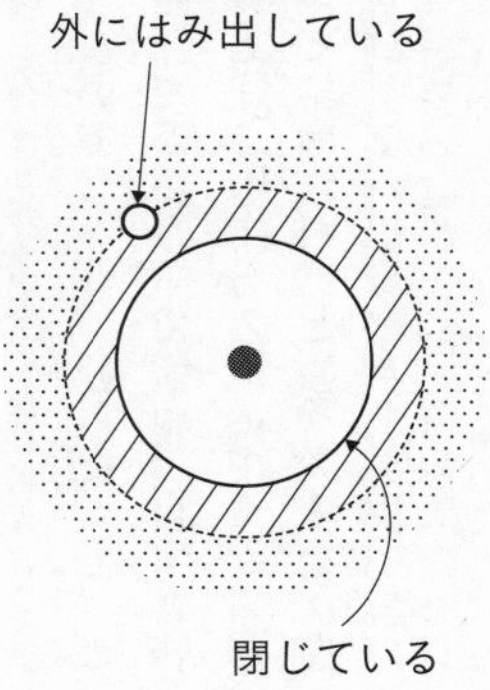

まァ、こういうもんですね。

今迄の〝図〟というものは多分、分る人にしか分らないでしょう。分らなくて、こういう説明を「ふざけている！」と怒る人が〝優等生〟だという訳ですね。自ずと普通に生きていれば今迄の〝図〟というものは「なるほど……」で分るものですからね。あ、いけない、もう一つ。世の中には〝理想の男性と結ばれた〟という大変な女性もいますから、そういう人の世界観というのも挙げておかないと間違いますね。

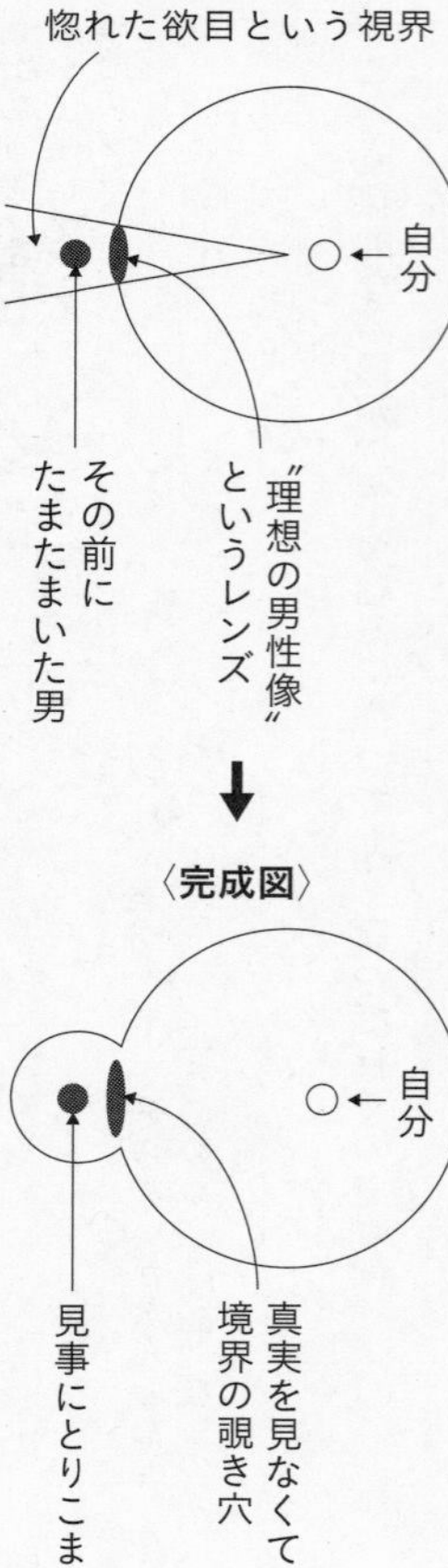

さて、実直な女と結婚した男に現実が見えなくなるというのは、この〝実直な女〟というのは往々にして〝理想の男性と結ばれる〟からです。結ばれないと明らかに不

幸になって――つまり〝夫を侮《あなど》る心〟が起って――不機嫌になって、平気でよその男に走ったりもしますから（夫を侮ってお浜は机龍之助と駆け落ちして、更にこれを侮って殺されるのです、実は）、実直な女というのは、結婚すれば、不機嫌になっているか理想の男と一緒になっているという事実に酔うかのどっちかなんです。酔いから覚めれば不機嫌になるという、〝理想に関してのアル中〟ですね。

ということになると不思議だというのは、〝実直な女〟というのは〝女の優等生〟で、この〝女の優等生〟というものは〝理想の男性像〟を学べない、学ばないということがあるからです。学ばない、学べないということがあるのに、どうして〝女の優等生〟は〝理想の男性〟と結ばれることが出来るのか？

これは、優等生が世間知らずであるということを頭に入れて考えればすぐに分ることです。〝女の優等生〟には〝自分なりの理想の男性像〟というのが存在しないのです。

優等生が一番苦手とするものは実に〝自由時間〟〝自由課題〟だということがあります。〝自由時間〟〝自由課題〟ということになると、優等生は何をしていいか分らないのですが、この〝自分なりの理想の男性像〟というのは、女性にとっての〝自由課題〟の最たるものです。〝女の優等生〟というものは「自分なりの理想の男性像を持つ」という発想をしないで、「自分に理想の妻、そして理想の女性というものを演じさせてくれるものが理想の男性だ」という発想をするのです。まァ、言ってしまえば、こういう役割を務めることが出来るのは〝神のようなやさしい父親〟だけなんですが、女性のファーザーコンプレックスというのはあんまり解明されていないからしょうがありません。往々にして女性は、ロクでもなく鈍感な男を自分の〝祭壇〟に据えつけて、平気で〝偶像崇拝〟にふけるという訳です。アホな男にとって女は永遠の女神だというのはこんなところでしょうね。まァ、女性というのは〝性的〟〝非論理的〟だとか思われていますがとんでもない。女性というのは男性よりもズーッと論理的なんですね。そのことに気がつかないでいるのが女性の不幸の根源だという考えはあんまり知られていませんが、それはホントですね。女に平気であがめられて、自分の足が地についていないことに気がつかないのが〝童貞の世界観〟ですが、〝論理的〟ということと〝単純明快なる童貞の世界観〟というものを混同するから、こういう間違いっていうのが起こるんですね（まァ、仕方がありませんが）。

という訳で、実直な女（女の優等生）にとっては、自分に〝実直な女〟を安心して演じさせてくれる男が〝理想の男性〟なのです。だから、〝女の優等生〟はすぐ理想の男性に出会えます。「私は我慢出来る」と思えばいいんです（！）。「この人なら大丈夫」と思えば（思えれば）いいんです。「我慢出来る」も「大丈夫」もおんなじですね、実のところは。そして、もっと簡単なのは、男のことをなんにも知らなければいいんです。「はい、はい」とうなずく可愛い奥さんが〝女の優等生〟であることは昔も今も変りはありません。

という訳で〝女の優等生〟はすぐ理想の男性にめぐり会えます。めぐり会えなければとりあえずその〝理想の男性〟にめぐり会うまで、手近なところにいる男に鞭《むち》を当てて、〝理想の男性〟を演じさせればいいのです。それをやるのが世間では〝しっかりした女〟ということになっている訳で、そこら辺を踏まえてお浜は、宇津木文之丞を勝たせる為に、机龍之助の許に不正を頼みに行ったのですね。

宇津木文之丞というとりあえずは〝理想の男性〟にめぐり会ったのだけれども、しかし実際はその男がだらしなかったもので、彼女は鞭を当てていた、という訳ですね。という訳で、〝女の優等生〟というものは、理想の男性にめぐり会えるまでは不満で（たとえ彼女がもう結婚していたとしても）、理想の男性にめぐり会えたら幸福なんです。

そして、その彼女がどうして男をだらしなくしてしまうのかというと、女のありえない基準で見られたならば、すべての男は〝不甲斐《ふがい》ない男〟に堕ちるからです。そして、実直な女に自分の身の回りで必要以上にテキパキテキパキ動き回られたら、男というものは実際問題として「ああ、楽だ」としか思わないものだからです。

「ああ、楽だ」と思えば、男の緊張感というものはゆるみます。自分に実直な女を演じさせてくれている男、自分に理想の女を演じさせてくれている男の中から緊張感というものが失せて行くと女はどうなるのかというと、「自分の努力の甲斐がない」と思うようになるのです。「こんな男の為に自分は努力を……」なんてことを女が思ったらもうおしまいです。〝妻として夫を侮る心の起こったほど不幸なことはない〟と中里介山は言っていますが、それはここで、この〝侮り〟には歯止めというものがないからです。すべては一方的に、〝女の優等生〟が「この人なら」という物差しを男に押し当てて決定されたことですから、「これは違う……」になったらもう、一巻の終りです。「自分にチャンとした女を演じさせてくれないから、この人はダメ」なんです。

自分の妻にチャンとした妻を演じさせてくれるだけの力量がこの人にはない――即ち、「どうしてあなたには現実対処能力というものがないの！」という罵りがまず出ます。これが何故先に出るのかというと、〝女の優等生〟の〝愛情〟というものに関する考え方が独特なものだからです。

優等生というものは〝自由〟が苦手だということを言いましたが、どうしてかと言いますと、普通の人にとっては〝好きにしていい〟という〝自由〟が、優等生にとっては「好きにしろ！」と言って突っ放されたことと同じだからです。邪慳《じやけん》にされたから辛《つら》いんですね。「自由というものはこうこうこういうものである」ということをキチンと教えられたら、教えられた通りにキチンとやるというのが優等生にとっての〝自由〟ですが（そんな〝自由〟があるものか、ということぐらい分る人にはお分りになりましょうが）、その「こうこうこういうこと」という部分を取っ払われてしまったら、もう優等生には何がなんだか分りません。だから辛いんです。そんな辛いことを平気で自分に押しつけるんだから、その相手は自分に愛情がないんです。優等生にとっての〝愛情〟というものは、こういう導き方をされます。

という訳で、「私にキチンと実直な女、理想の妻、優等生の女を演じさせてくれない（そのような形で現実対処能力のないということが顕著な）あなたは、酷《むご》い！　情愛というものがない！」のです。だから、〝女の優等生〟の男に対する罵りは、「どうしてあなたってそんなに現実対処能力がないの」――（それで私は辛いわ）――「どうしてあなたには情愛がないの」ということになるんです。

そして、この「どうしてあなたには情愛がないの」の中にこっそりとカッコで括《くく》って（別に私はあなたに愛情を注いでもらいたい訳じゃないけど）という一行が入るのは、如何に自由時間、自由課題とはいえ、それが正規の授業の一環であるのなら、優等生には、「この辛さ！」という訴え方が出来ないからです。

〝辛い〟という事態に立ち至って、初めて優等生は「ここには愛情がないからだ」ということが分るのですが、しかしそもそも、よく考えてみれば、初めっから〝愛情はない〟という前提の下に自分は優等生をやって来たのだから、そのことを訴えてもしようがないんですね。優等生にとっての最大の愛情というものは〝自分を優等生にしておいてくれる〟ということですからね、というのはここなんです。

まァ、それを罵る――そういう罵り方をする方はする方で一貫しています。チャンと（当人は）筋道立った仕方で自分の不幸な立場を説明していて、そして同時に「私は自分に対する愛情というものを別に求めている訳ではない。そういう甘ったれた要求はしていない」という言い方も別の表現で示す訳です。

女の優等生の「あなたって人にはどうして愛情がないの（私はいいけど！）」はどのように示されるかと言いますと、これは勿論、「あなたは家庭《かえり》を省みない。あなたは子供にやさしくない」です。勿論、机龍之助に〝理想の男性〟の位置を降りられてしまったお浜もおんなじことを言います。よろしかったら〝本文〟をどうぞ、です。

彼女――妻である〝女の優等生〟には「私は決して自分のエゴイズムなんか振りかざしてはいない」というのがありますが、しかし一方、それを聞かされる男には、その女の発言が果してそのように受けとめられるでしょうか？　と言うのは、私の説明がこんなにもクダクダしいことでお分りでしょうが、〝女の優等生〟の論理というのは、色んなものを落っことしてはぶいて見失って、それでも論理としてつながっているからですね。私はこういうようなメンドクサイ本を書く人間ですから、そういうことは一向に平気ですが、普通の男というものはそういう風には受け止めません。前にも言いましたように、〝二つを、別々かつ同時に言い立てられる〟――「どうしてあなたには現実対処能力がないの！」「どうしてあなたには情愛がないの（私はいいけど！）」を二つ同時にしかも別々――ということをされたら、もう、どうなるかは決っています。「ああ、うるさい！」と思うだけです。思って逃げるか、思って殴るか、男のやることはどっちかです。〝殴る〟の先に、勿論〝殺す〟というのもあります。

女房の愚痴を「ああ、うるさい」と思って逃げるというのは、よその女の許《もと》へ逃げるという方向と、自分の内面へ逃げこむという方向の二つがあります。で、男は逃げる訳ですが、この逃げる男が何から逃げるのかというと勿論〝女房の非難〟からですが、〝二つを同時にしかも別々〟とか〝二つを、別々かつ同時に〟とかいうような訳の分らない非難を、普通人間というものはそのまんまそっくりなんか聞けません。どっちか一方だけを聞いて、どっちか一方を隠します。従って、〝逃げる男〟というのは、「あなたって現実対処能力がないのねッ！」という発言からだけ逃げるのです。

よその女の許へ逃げこむというのは、その男が「俺のことを悪く言う女になんかやさしくしてやんない。俺にはちゃんと、女にやさしくしてやる能力はあるからねェ」

と、自分の現実対処能力のなさを非難する女房にあてつけて、自分の情愛能力の健在を、よそで確認しているだけです。

自分の内面へ逃げこむというのは「そうだよ、そうだよ、どうせ俺には現実対処能力なんてないよ。お願いだから、どうかそのことだけには触れないでくれよ、いくらだってお前にやさしくしてやるからサ」と言って、自分の現実対処能力のなさだけを内に隠し、不満たらたらの女房にくだくだしい愛情だけは注ぎ続ける、ということです。

どっちにしろ、二つを一つにして別々かつ同時に責める〝優等生〟の奥さんがそれに満足なんかする訳はありません。

そして、今迄の〝逃げる男〟というのは、勿論〝優等生の男〟ではありません。〝優等生の男〟というのは、〝殴る→殺す〟の方です。

優等生の亭主は、自分の女房の訳の分らない発言から、「あなたは私を愛してない！」という、その理不尽なる非難だけを聞くのです。優等生の亭主の方は、自分の現実対処能力の如何だけは判断出来ます。女房に言われれば分るし、女房に言われなくとも分るものは分ります。「確かにないからなんとかしよう」か「今ないのはそういう状況なんだからしょうがない」か「お前の認識は間違っている」かのどれかです。さすが優等生同士ですから、この〝現実対処能力〟ということにだけ局面を限ってしまえば、この夫婦はキチンと討論が出来ます。殴り合いにも殺し合いにもなりません。ただしかし、これがもつれて来るのは勿論、〝愛情〟という双方共に苦手とするジャンルに話が落ちこんだ時です。

男にしてみれば、女は明らかに「あなたは私に愛情がない！」と言っているとしか思えない。しかし女にしてみれば、「決して私はそんなことを言っていない。私は〝この人《あなた》〟には愛情というものがないということを、一般論に即して言っている訳ね。現にそうでしょう。私はあなたに〝私に対する愛情〟というものを要求してはいない訳でしょう。私が要求するとしたら、〝もう少しこの子に対して〟という形で、子供や自分の家庭に対しての愛情を注ぐべきだと言っている訳よね」ということです。

しかし明らかに彼女は〝愛情を要求している〟訳で夫婦という〝愛情〟によって成立しているような人間関係の中で、殊更《ことさら》にそういうものを斥《しりぞ》けようとするのは、ハタの目からいえば不自然な訳です。そして、困ったことに、優等生の夫というものは、自分の目なんかロクに持っていないクセに〝ハタの目〟だけは十分に持ち合わせているものですから、「お前の言い分はヘンだ」ということになる訳です。

夫にしてみれば、「お前は明らかに私に対して理不尽な愛情を要求している。お前の認識が間違っていることは、お前が私に〝愛情がない〟というその一条だけで明らかで、私には絶対に愛情がある。その証拠に、私はお前と夫婦関係を持続してやって、いるではないか。それこそが、私がお前に愛情を持っている証拠である」です。

こうなって来ると又しても女は「いいえ、あなたの言うことは間違っているわ。第一に、私はあなたから、私という個人に注がれる愛情というものは要求していない訳ね。残念だけど、というか、とりあえずはというか、それはよく分らないけれども」なんてことを言う。

そうすりゃすかさず男は、「いいや、要求してるね」ということになる。私はそういう現代の不毛なる愛の形を書こうなんていう気はない訳で——そういうものは大正二年にもう中里介山が書いている訳で——今更どうでもいい訳ですが、優等生同士の夫婦というものは、〝愛情〟という、今迄に具体的なことに関しての授業を一遍も受けたことのない、そして優等生を演じ続けて来たが故に一遍も独学する機会に恵まれなかった、しかもレッキとしてこの世には存在しているらしい、苦手中の苦手の、どう扱ったらいいか具体的には皆目見当のつかない〝不得意課目〟を、二人して、ボクシングのパンチングボールのように殴り合いをし続けているだけのものなんです。言葉の殴り合い——即ち〝議論〟の手がそれりゃ、相手の鼻っ面に拳が飛んで行くこともあろうし、そこに〝刀〟というものが公然と存在していれば、それを持つこと使うことを当然のようにしている立場の人達ならば、平気で〝殺す〟というようなところまで行くであろうなァ、というようなことなんです。下手に「どうしてもっとやさしくしてくれないの……」なんていうひとりごとを口にしない方が利口だという教訓ですね。

どうして男は女を殺すかなんていうこと、面倒臭そうだけども、こうしてみればなんていうこともない〝当り前の成り行き〟でしょう？

当り前の成り行きだけで人殺しだったら――それで平然としていられれば狂人だけれども、やっぱり〝優等生〟には、「それはどっかおかしい……」ということが分るんですね。分るから、後になって机龍之助はお松に、「俺が殺した」なんてことを唐突に言い出すんですね。「自分のやったことはあまりにも理不尽かもしれないけれども、しかしそれに至る迄の〝相手の論理〟というのもあまりにも理不尽であった――どうだ、私のしたことは間違っていまい？」ということを、お松という女に確認してもらいたいからこそ、机龍之助は、幽霊の出る（という）島原の「御簾の間」で〝芝の増上寺の松原で、松の樹へ縛っておいて、この刀で胸を突き透《とお》した！〟なんてことを言うんですね。この机龍之助のお浜を殺す殺し方の酷さというのは、ほとんど、彼がお浜から押しつけられた（と思っている）理不尽の〝酷さ〟と同量なんですね。

困ったもんです。こういう理不尽を平気でするから、他人に「俺は間違ってないな？」と確認を求めておいて、そのまんまそれを置き去りにして、平気で狂気《あっち》の世界にのめりこんじゃうんですね。
という訳で、こうして、男と女は喰い違うというお話でした。

19　再び、それが時代劇である理由

男がどうした女がどうした、優等生がどうの実直がこうのという話が、一体チャンバラ映画とどういう関係があるのかと言ったら、実のところ、全く関係がありません。これはもうちょっと広く大きな〝人間のドラマ〟〝人間の葛藤《かっとう》〟といった世界の問題です。『花の吉原百人斬り』の話から小説の『大菩薩峠』の方に踏みこんだ結果こんな風になりましたが、実際問題として中里介山が書いているようなことがそのまんま舞台になったり映画になったりしたことがあったとは思えません（私はこればっかりは〝全部を見た〟訳ではないので断言は出来ませんが）。台本があったって、それを演じられる人間がいるかどうかというのは又別です。お浜という女があのような書かれ方をし、その他色々の登場人物があのような書かれ方をして（それは原作をお読み下さい）、そして机龍之助という人物があのような書かれ方（又は〝書かざれ方〟）をしている——そういう〝台本〟があったとしたって、そんなことが実際にあるような人間の実態だなんていうとらえられ方を、それが書かれている当時——そしてその後

長い間も――多分しなかったでしょう。今になって多分、机龍之助なりお浜なりが「あ、現代人だ……」という分られ方をする、というようなものでしょう。今や現実にそういう人物はゴマンといます。「いるな、こういう人間て……」という分られ方が出来るようになったということですね。遂に、この『大菩薩峠』という〝台本〟に書かれている人物像を演じる手がかりが登場したということです。隠されている現実を演じるというのは大変なことです。〝演じる〟という行為はやはりどこかで〝現実を模倣する〟ということが基準になっていますから、〝実際にそういう人間がいるかどうか分らない〟ような人物を演じるのは大変です。昔はそういう意味で、人間というものは〝単純〟だったのです。

訳の分らないウックツが腹の中にはあるから、気がつかない間に平気で人を斬っているとか、訳の分らないことを言う自分の女房を〝松の樹へ縛っておいて、この刀で胸を突き透した！〟ということを平気でやったり、そしてそのことに全然現実感が湧《わ》かないものだから、平気で見ず知らずの若い娘に話す、とかね。お浜だっておんなじですね。「ホラ、自分は全部分ってるって顔してる女っているだろ。あれだよ、お浜の暗さは」で、全部分りますね（分る人には）。あなたがそれをやらなくても、あなたの周りにそれをやりそうな人間というのは、いくらでも見つけようとすれば見つけられますね。中里介山の書いた〝台本〟を今演じようとすれば演じられなくもないという〝現実〟がそこにあるというのはそういうことですが、ところで残念ながらやはり又、今度は全然違った意味で無理だろうというのは、そういう人物達が実際に氾濫《はんらん》しているような現代は、遠く江戸時代から離れ去ってしまっているような時間だから、今度は逆に、その人物を江戸時代の人物として演じることが出来ないという問題があります。〝暗い人妻〟お浜の心理感性が理解出来る現代女性は、残念ながら着物が着こなせない。裾《すそ》さばきが下手、体の動きに、その時代特有の〝色気〟というものを漂わすことが出来ない。これはもう、テレビに出て来る〝若い女優さん〟というのを見ていれば分ります。洋服の時はともかく、着物を着て彼女等が何を演じられるのかと言ったら、〝見合の席に着物を着て出て来たお嬢さん〟だけです。かほどに問題というものはメンドクサイのです。大正二年から太平洋戦争末期まで――中里介山が『大菩薩峠』を書き始めてから死ぬまでの間です――というのは、だからちょうど、そういう〝現代人〟がまだ表立っては現われないけれども人間というものはそういうようなものを内に秘めていいて、そして生活行動様式はまだ江戸時代のそれをどこかで明らかに引きずっていたような時代であった、ということになります。そういう時代に、今迄書いて来たような〝驚くべき真実〟が書かれていた訳ですが、それがどうして表沙汰にならなかったか――それを「すごい！」という評価がされなかったのかといえば、それはひとえに机龍之助が〝剣豪〟だったからでしょう。

机龍之助のモヤモヤは正に現代人のモヤモヤなんですが、しかし現代人というのは決して刀を腰になんか差してませんし、差した刀を平気で抜ける日常なんて持っていません。見た目が違うだけでそれを「別物！」と断じ去ってしまうということは存外平気で罷《まか》り通ります。

〝現代人に共感を呼ぶ時代小説〟なんていう謳《うた》われ方をする時代小説があったら、それは必ずや〝刀を抜かない武士の小説〟であったり〝チャンバラを廃した歴史小説〟だったりします。珍しく〝刀を抜く〟があったら、それは〝スピード感〟が売り物で、ズルズルと何かを引きずって歩くような机龍之助の世界の〝ズルズル〟を取っ払ってしまったような小説です。〝格調の高さ〟を持った文芸時代劇が〝刀を抜かない武士の小説〟で、〝スピード感〟の方が〝残酷時代劇〟であることはもうお分りでしょうね。

机龍之助は、音無しの構えを使ったばっかりに〝通俗〟の世界に押しこめられてしまったんですね。〝見た目〟とか〝今までなんとなくそういうことになっていた〟というような〝当り前〟は、拍子抜けするぐらい、平気で大切なものというのを見落してしまいます。夏目漱石も島崎藤村も志賀直哉も、主人公に刀なんかを振り回させませんでしたが、でも、その小説の主人公達の持つ〝暗さ〟、主人公達が抱える〝訳の分らなさ〟というものは、ほとんど机龍之助の持つそれと同質のものではある筈ですね。机龍之助が刀を持ってしまう、そのことによって、それを振り回して人を斬ってしまう――〝してはいけない領域〟に入り込むことによって、「やっぱり人間というものはまだその先というようなものがあるのだなァ……」ということを感じさせるようなものになった、というようなことでしょう。

刀を持てない現代人に刀を持たせるというのは明白なる〝嘘〟ですが、その〝嘘〟を導入することによって人間の真実を際立たせるというのが〝ドラマ〟であり〝物語〟なんですね。ひょっとしたら近代人というのはドラマが分らなかったのかもしれない。いや、それは〝ひょっとしたら〟ではなく、明らかに分らなかったのだ、というのは『大菩薩峠』が新聞に連載される前の日の広告に〝記者は古老に聞ける真実を辿《たど》りて〟と謳われるような〝事実第一主義〟の存在を頭に入れてみれば分るでしょう。小説『鉄仮面』も、日本語に翻訳されて新聞に連載されれば『正史実歴・鉄仮面』になるんですからね。

近代人は〝事実〟だけで〝嘘〟が分らないというのは、新聞の三面記事がそのまんま〝実録読物〟になって行ってという、物語性の歴史を見れば分るような気もします。事実第一主義の前で行けば、現代人は刀を持たない。刃物を振り回す現代人は〝狂人〟と〝犯罪者〟だけだ――だから、頭に懐中電燈を縛りつけて大量殺人をしでかした岡山県津山の〝事件〟は『八つ墓村』という〝大衆小説〟になるしかない訳ですね。

これが『丑三つの村』になると〝ノンフィクション・ノベル〟で、これは〝正史・実歴〟〝実録読物〟の片仮名変換ですね。

さて、中里介山はそういう状況を知ってか知らずか、――それを重々承知で平気で無視したか、そんな〝事実〟か〝嘘〟かなどということは〝小説〟を書く上でどうでもいいことだと蹴《け》飛ばしたかどうかは別として――机龍之助という主人公に平気で刀を持たせました。というのもやっぱり誤解ですね。〝持たせる、持たせない〟の問題ではなく、江戸時代の剣道場の若先生だったら、刀を持っているのが当り前ですから、という訳で、中里介山は〝机龍之助に刀を持たせた〟のではなく、〝人間界の諸相を曲尽する（『大菩薩峠』の前書きです）に当って、現代ではなく江戸時代を舞台に選んだ〟というのが正解です。江戸時代が終った時点で江戸時代が始まる――これが〝時代劇〟〝チャンバラ映画〟という独立した一ジャンルの根本ですから、ここへ来て再び、どうしてそれが時代劇であるのか？　近代人が〝現代劇〟〝近代劇〟〝現代文学〟〝現代小説〟とは別に、どうして〝時代劇〟というのを持ち続けていたのかということが問題となる訳です。どうして舞台が江戸時代になると、中里介山はああいうことが書けたのか、と――。

『大菩薩峠』の中で、机龍之助は新撰組の前身である新徴組《しんちょうぐみ》に入り、その後、天誅組《てんちゅうぐみ》の乱に加わってここで失明します。これが老巡礼を斬って四年後のこと、この天誅組の乱というのは文久三年（一八六三年）で、明治維新の五年前です。大雑把な計算でいけば、机龍之助は明治維新の時に〝四十歳前後〟になっているような人物で、そうした人物達の登場する時代背景とは、そういうものです。

　どういうものかというと、江戸時代というものがもうすぐなくなって行く——そういう時代背景です。まァ、作者の中里介山は『大菩薩峠』を未完のままにして死んでしまいましたから、誰もこの小説がどこら辺の時代でどのような終り方をするのかという、そのことは正確には分りません。実際には、まだ明治維新に至らないところでこの小説は中絶していて、まだ太平洋戦争が終らないところで作者は死んでしまったということが、中々意味深でもあるような気もしますが、まァそれは深く問わないで下さい。しかし、私に言わせれば、この『大菩薩峠』という小説は精々全体の三分の一までしか書かれていないようなもので、これがキチンと終るのだとしたら、中里介山は今（昭和六十年）迄生きてその〝今〟をも書いてそれで終らせなければならないというようなものではなかろうかとも思うのです（まァ、これも深い詮索《せんさく》をしないで下さい）。ともかく、『大菩薩峠』の時代背景というのは、江戸という時代があと十年もすればなくなってしまうという、そういう時点から語られ始める小説なのです。

机龍之助というのは〝現実〟を失っています。〝現実〟どころか、この人は時々〝正気〟まで失います。平気で〝現実〟を失っていられるから、中里介山は、この人がどうしてそうなるのかという理由・原因とか、そうしてこの人がどうなったか、そのことがこの人にどういう影響をもたらしたかという結果を書きません。そして、元甲源一刀流の道場の若先生で、立派に武士であるこの人が〝現実〟を失っている——平気で現実感をなくして漂っていられるにもかかわらず、この人は〝自分の現実〟だけはしっかと持っているのです。一体この人の職業は何か？　この人は何をして喰っているのか、そういうことはよく分りませんが、この人が〝辻斬り〟というものを公然とやって生きていることだけは明らかです。別にこの人は辻斬りをやって金をもらっているプロの暗殺者でもなく、殺した人間から金を奪うプロの盗賊でもありません。この人は他人に拾われて居候のような形で生活を安定させて——それで喰うことの心配はしないで——平気で自分の為に人を殺して歩いているのです。

〝現実〟をなくしても〝自分の現実〟だけは持っているというのはこんなところです。そしてこの人は多くの女の人に養われて、他人を殺して歩くということをしている。その女が辻斬りのことを「怖ろしい」と言えば、彼は「真実、それが怖ろしければ、今のうちにここを去るがよい」と言う。〝女の現実〟が男によって支えられているというのは、ここでも明らかですね。それだからこそ、お浜という〝女の優等生〟は

「どうしてあなたには現実対処能力がないの！」という詰《なじ》り方をする。女にとっては男こそが〝現実〟であったればこそ、女はそういう詰り方をせざるをえないという訳ですね。

机龍之助という男は、自身は〝現実〟を失い、他人からは〝生活〟を与えられ、しかも〝自分の現実〟だけはしっかと持つことによって女にだけは〝現実〟を与えられるという、男の鑑《かがみ》みたいな人物ですね。〝男の鑑〟というのが別に〝立派な男〟という訳ではなく、ある方面での男の典型ということですが、とっても現代人ではあるような〝男〟です。

まァ、机龍之助というのはいきなり老巡礼を殺しに現われて来るんですから、初めっから〝現実を失っている〟なんていうことは明らかですが、もう一人、駒井能登守という人もいます。この人もヘンな人です。この人は外国――海の外へ行くことだけを考えているんです。

未完の『大菩薩峠』が最後、舞台を南の海の上にまで広げてしまうのはこの人のせいです。仲間を連れて船に乗って、この人は南の海に〝共和国建設〟というのを始めるんです。〝仲間〟と言ったって武士なんかいません。もっと雑多な〝仲間《みんな》〟と言った方がいいような人間達ばかりです。この日本国の刑法で〝罪〟として規定されているもののしょっぱなに挙げられているのは〝内乱罪〟ですが、日本国内で勝手に主権を唱えて革命を起こせば無期又は死刑という大変な重さで、今でさえそうなら江戸時代は？　というようなものです。駒井能登守は旗本——徳川家直属の家臣——の優等生なんですからね。まァ、優等生の内面が暗くなるというのは、優等生特有の過剰な〝責任感〟という他人の思惑の背負いこみでありまして、そういう形で優等生が暗くなって、大塩平八郎の乱のように「世の中が間違っている！」で叛乱を起こすというのはありがちのことですが、しかし駒井能登守の国外脱出はそれとは違う。国外脱出だから、正確には〝内乱〟〝革命〟というようなものとは全然違ったりはしていますが、この人は、〝趣味にとりつかれた人〟なんです。

当時の情勢下だから、エリート官僚が蘭学を学んでいたとしてもおかしくはない。駒井能登守もそうで、分りやすくいってしまえば、甲府勤番支配を命ぜられた駒井能登守というのは、甲府支店長として単身赴任をして来た若いエリートが、趣味にとりつかれていて現実なんかどうでもいいと思っている——別に投げている訳ではないけれども、エリートだからと言って格別職務に身を人一倍入れているという訳でもない——どこか責任感が薄いまんま、仲間に陥れられるようなことを平気でやっている。お君という〝卑しい女芸人〟を武士の身で寵愛《ちょうあい》しているという、その理由で駒井能登守は〝支店長〟をクビになりますが、駒井能登守は江戸へ帰り、その娘は置き去り。江戸へ戻った駒井能登守は、これ幸いと（？）船造りの計画に熱中し、離れ離れの娘は気が狂って、駒井能登守の子を産み落して死亡。結果的にはこの二人、駒井能登守は直接なんの手も下さないけれども、机龍之助とお浜の関係と同じような決着を見る。駒井能登守という優等生《エリート》は、自分の職務という〝現実〟を平気で超えて、船造り、国外脱出という〝自分の現実〟の中で平気で生きている。後はクダクダしくなるので一々を挙げませんが『大菩薩峠』に出て来る武士＝男というのは、平気でみんな〝現実〟を失ってるんですね。

私は前に〝『大菩薩峠』に出て来る男達は平気で現実を失っている〟ということと〝『大菩薩峠』という小説は、後十年もすれば一つの時代現実がなくなってしまう時点からスタートする〟ということを別々に（そう〝別々に〟です）言いましたけども、だから、『大菩薩峠』というのは、一つの時代が滅亡して行く、そのことを書いた〝歴史小説〟ではないのですね。机龍之助や駒井能登守や、それから色んな男や女達がヘンテコリンなことをやっている、ヘンテコリンな具合になっている一方で〝その彼等・彼女等の生きている時代とはカクカクシカジカです〟という記述は、全くと言っていいほど出て来ない。時代背景というのは、ホントに必要最小限だから、うっかりしているとこれが「明治維新まで、あと何年」というような時代背景を持っている小説なんだということが分らなくなってしまう。まァ、中里介山が生きて先を続けていたらそこら辺はどうなっていたか、よく分りませんが、とにかく、『大菩薩峠』というのは、そうした〝見てくれ〟から言っても〝時代歴史小説〟ではなく、〝いい加減な大衆時代小説〟ではあるのです（別に、だからくだらないなんてことは一言も言ってませんよ、誤解なさらないように）。早い話が、『大菩薩峠』は、その〝見てくれ〟〝内容〟としては文芸時代劇映画なんかではなく、歴然たる〝チャンバラ映画〟だ、ということです――しかも、とてつもない深い掘り下げ内容を持った。

『大菩薩峠』というのは、〝小説のチャンバラ映画〟です。ある時代という歴史を踏まえてはいても、〝荒唐無稽〟と識者なんかには言われてしまう。そして、『大菩薩峠』という小説は、現実を失った男達と、そういう現実の中で平気でブヨブヨと揺れ動いて行く女達（そういうのが一杯出て来ます）の物語です。

彼等が〝現実〟を失っているのは、「明治維新まで、あと何年」という時代のせいではない。それぞれに〝現実を失っている〟彼等を描くのに、「明治維新まで、あと何年」というような時代背景が（多分）ふさわしかろうとして選び出された時代が、『大菩薩峠』に出て来る〝時代〟です。そこら辺が、歴史を書く〝歴史小説〟ではなく〝チャンバラ小説〟だという、微妙さです。

勿論、中里介山はこの小説を江戸時代に書いたのではなく、江戸が終ってから始まった近代という時代の大正二年から書き始めた訳です。その点で、この小説もチャンバラ映画と同じですね。もうクダクダしい説明を抜きにして一挙に核心にまで行ってしまいましょう。こういうもの——つまり、小説であったり映画であったり、あるいは演劇でもあったりはしますが、こういう〝チャンバラのある物語《ドラマ》〟が私達の前で説得力を持って存在している、存在していた、ということは、安政六年からこの方、私達はズーッと〝現実〟を失っていた。〝自分の現実〟というのは持っていたかもしれないけれど、その〝自分の（勝手な）現実〟を持っていた私達は、その自分達が位置づけられるような外側の〝現実〟というものをズーッと失っていた——言ってみれば悪夢の中を漂っていたということに等しいのです。唐突に出て来た〝安政六年〟という年が何かといいますと、『大菩薩峠』の冒頭に机龍之助が（人を斬るつもり）で姿を現わした、その年です。机龍之助が天誅組に加わったのがその年の四年後——文久三年ということになりますから、中里介山はそんなことを一言も言っていませんが、『大菩薩峠』は安政六年（一八五九年）に端を発するということになります。安政六年がどんな年かと言いますと、これは、開国か攘夷かで大揉《も》めに揉めた末、徳川幕府がアメリカ・ロシア・イギリス・フランス・オランダの五ヶ国に対して、神奈川・長崎・函館の三港を開いた年です。その結果、安政の大獄というような血腥《なまぐさ》い事件が起こる年です。言ってみれば、西欧という訳の分からないものがやって来て、日本が処女だか童貞だかどっちだか分りませんが、まァ、どっちかを、破られて、よく分らないまんま思いこみだけで〝大人〟になって行く、その第一歩を記した年でありましょう。肝腎なことには必ず明言というものを避ける中里介山のことですから、『大菩薩峠』が安政六年から始まるということも一言も言ってはいませんが、一体この人はどこまで分って、どこまで考えてこの『大菩薩峠』を始めたんでしょうか？　よく分りませんが、ともかく、『大菩薩峠』の物語が始められる年は、そういう年なんですね。

そして、『大菩薩峠』という小説は、大正二年に執筆連載が開始されています。大正二年という年は、前にも言いましたように、大衆小説の前身である〝新講談〟が講談から別れて生まれた年です。口承芸能——口で語られる話芸の一つでもある講談の速記録が、純然たる書き言葉の〝小説〟というものに変って行く、言ってみれば爬虫類全盛の中生代から別れて、哺乳類が初めて登場したというような年です。それ以前に、事実、歴史、実話の類の〝ホント〟はあっても〝ウソ〟はなかった。文学はあっても、まだ〝小説《ウソ》〟はなかった。『大菩薩峠』はその年に〝事実〟を広告に謳われて登場した初めての〝小説《ウソ》〟です。日本の〝大衆娯楽時代劇〟——即ちチャンバラ映画と呼ばれるものの原作となった大衆小説というもののほとんどは、この巨大なる（そして中絶されている）『大菩薩峠』という〝父親〟の影響下に置かれていると言っても過言ではないでしょう。安政六年が、日本という国が〝現実〟を失う最初の年なら、大正二年というのはその国に〝我々は現実を失っている〟ということを伝える——ではない――「その人間は〝現実を失っている〟ということを前提として存在している」というところから既に始まっている〝小説《つくりもの》〟が最初に登場する年です。

大正二年には、まだ〝剣劇〟というものはありません。新国劇を作った沢田正二郎は、まだ早稲田で学生をやっています。大正二年にはまだ、阪東妻三郎という新しいチャンバラスターはいません。まだ尾上松之助の〝旧劇映画〟の時代で、日本映画の父・牧野省三は、その前年に設立された日本で最初の映画会社〝日活〟でその監督をし、マキノキネマはまだ設立されてはいませんでした。マキノキネマが創立されて、新しいチャンバラ映画が生まれるのはその十年後、そこから独立した阪東妻三郎が〝純情青年の妄想〟『雄呂血』に主演するのは、その十二年後です。

〝それ以前にチャンバラはない〟という一点で、すべては『大菩薩峠』に始まると言ってもいいでしょう。

大正二年に〝安政六年〟は始まるんです。で、これは〝未完〟のまんまなんです。〝未完のまんま〟ということがどういう続き方をするのかということを、私達は知っているといえば知っています。こういう続き方です。つまり、それは今現在の昭和六十年とか六十一年に続くんです。どこかで〝未完のまんま〟、私達はそれを知らないで、平然と〝失われた現実〟即ち〝悪夢〟を続けて来たんです。

それはいつ見失われたのか？　中里介山の死んだ昭和十九年――太平洋戦争終結の

前年か？　ノーです。それは、昭和三十九年にNHKが一年間に亘《わた》って『赤穂浪士』

を放映した年が終った時です。その時私達は「あー、終った」と言ったのです。
何が終ったのか？　〝物語〟という名の〝夢〟が終ったのです。夢が終ったところで高度成長という〝現実〟があって、そこで〝現実にある豊かさを獲得する〟というドラマを日本人はそれぞれに演じ始めちゃったので、もう夢なんか見る必要もないし、夢が現実へと伸びて続いて来る、なんてことを考える必要も理由もなくなって来たのです。ゴールドラッシュのトバ口で〝理由をなくす〟というのは意味深ですね。〝理由を省かれる〟というのはこわいことですからね。日本人は〝半歩〟だけを進めて、後の〝半歩〟を置き去りにし宙ぶらりんになっているんですね――。

20　とんでもない大衆芸能リアリズムの終着駅

度々で恐縮です。申し訳ありませんがもう一度一巻目二四一ページの〈大衆芸能の変遷図〉というのを見て下さい。別に「日本は机龍之助の怨霊《おんりよう》で一杯だ」なんていうおどかし方をする気はないんです。

この〈大衆芸能の変遷図〉というのは、分ったようで分らないのは大衆芸能の〝何が〟変遷して行ったのかが隠されているからですが、これは、リアリズムの変遷であり、そこから何が生まれるかという派生図でもありという、両方の〈図〉です。

〝東映チャンバラ映画↓残酷時代劇↓ヤクザ映画↓実録ヤクザ映画〟という流れを見ていただければお分りになると思いますが、〝リアリティー〟というものはこのように進化して来ます。〝いい加減な江戸時代〟↓〝リアルな江戸時代〟↓〝それが終った近代のチャンバラ〟↓〝更にリアルな現代の暴力〟というような流れだと思っていただければ間違いはないと思います。そして、これがヘンだというのは〝実録ヤクザ映画〟の先に〝ポルノ映画〟というものがくっついていることです。別に、ヤクザ映画がポルノになったという訳ではありませんね。ヤクザ映画の全盛期が終る頃、時代はポルノ映画の全盛期になって来たというような、これは時代の変化を表わすようなものです。

という訳で、今度は下の方の演劇の流れを見ていただきます。〝新国劇↓女剣劇↓ストリップ↓生板本番〟というとんでもない流れです。新国劇がストリップを生んだ訳では決してありませんが、でも（沢田正二郎がこんな話を聞いたら怒るかもしれませんが、ひょっとしてこれは〝松井須磨子の祟《たた》り〟かもしれませんが――まァそんなことを言ったら松井須磨子はホントに祟るかもしれませんが）、確かに新国劇はストリップを生んでしまうのです。

新国劇は剣劇を生んで、この剣劇が〝大衆演劇〟つまり〝ドサ芝居〟と呼ばれるような演劇の生みの親になってしまったということは前にお話ししましたけれども、そういう形で娯楽が定着してしまったのなら、今度はそこでの深化・進化というものが始まります。どうすればもっと客を呼べるか――客が来れば勝ち、という、商業演劇ならではの世界です。男が立回りを見せる、それとおんなじことを女が演じれば、立回りの爽快感にエロチシズムというものが加味される――基本的には、それが女剣劇の魅力でした。もっとも、こんなことは正面切って言われるようなことではありませんでしたが。何故かといえば、いやしくも女剣劇は演劇です。芸の力で客を納得させるものである以上、エロチシズム――即ち〝女の肉体〟などという芸以前の物を売る訳にはいきません。これが〝芸〟のモラルです。但し、サラシを巻いた胸許とか脚絆《きゃはん》の上からのぞく太腿にお客様がエロチシズムを感じるのは、それはお客様の御自由というところです。女が男装して立回りを演じる――それが売り物の女剣劇というものはそういうものでした。

女剣劇とは、あくまでも芸を売るものでエロを売るものではない。但しその芸の向うにエロが見えるのは、演じている側が女の肉体を持っている以上仕方がないし、また当然でもある。女剣劇が登場してしまった以上、女の肉体そのものが舞台の上に乗せられてももう仕方がない。ストリップが登場する下地は、もうここに出来上ります。ストリップと女剣劇、これは演じる側がどちらも女、見る側がどちらも男であるという点で同一線上に並びます。並んだ時初めて、女剣劇はエロに於いて遠くストリップに及ばないという事実が明らかになる。明らかになって初めて、「私達はエロを売っているのではない、芸を売っているのだ」という、女剣劇の側の主張がなんの説得力も持たないという敗退を迎えます。〝芸〟が〝芸以前のもの〟に敗れるという、人間が演ずる芸能の〝核心〟が姿を見せるのはここです。実に、女剣劇を葬り去ったストリップも、同じ〝芸が芸以前のものに敗れる〟という敗退を味わうのです。チャンバラ映画の本にまさかストリップの変遷が登場するとは思われなかったでしょうが、これも重要なことですから、チャンと立入ります。

ストリップが〝生板本番（要するに〝観客参加のシロクロショー〟ですが）〟に変る間の一項として、実は〝関西ストリップ〟というのがあります。だから正確には〝ストリップ・ティーズ（ストリップ・ショー）→関西ストリップ→生板本番〟という、〝カタカナ単語〟から漢字熟語への変遷、西洋文物の日本化される常道を、この〝ストリップ〟も辿ります。うっかりすごいことを言うのはこの私です。

ストリップが日本に登場するのは勿論戦後のことですが、初めは薄物をまとった美女が泰西《たいせい》名画のポーズを真似て静止している〝額縁《がくぶち》ショー〟であったのが、それが着物を脱ぎながら踊るという、いわゆるストリップ（ストリップ・ティーズ）に変ります。日本女性はここで〝踊る〟――洋式のダンスを〝踊る〟という新しい〝芸〟を獲得したことになりますね。ストリップはだから、この時点では脱げばいいっていうもんではなかったんですね。脱ぐに値する肉体、人前で脱げる度胸、踊れるという〝芸〟の三拍子が揃っていなければいけなかった。容姿、舞台度胸、演技力という、俳優の必要とする三要素を兼ね備えていなければならなかったという訳なんですから、ストリップは立派な〝芸能〟だったんです。「私達はエロを売っているのではない、芸を売っているのだ」というセリフは、敗れ去った女剣劇のものであるのと同時に、勝ったストリップの側のものでもあったのです。そして、ここから先が〝ストリップ↓関西ストリップ〟の移行です。なんだって〝関西ストリップ〟などというものが固有名詞と化すのか？　それは〝関西ストリップ〟というものが特殊な性格を別箇に持っていたからです。

　関西ストリップ以前のストリップは、最後の一枚を取りませんでした。刑法一七五条があったからです。と同時に、そこまで見せなくても十分に煽情的な見世物として、裸踊り《ストリップ》が通用したからです。ロマンポルノと〝無修正スウェーデン物〟、ビニ本と裏本の差が、ストリップと関西ストリップの差です。前に、近代の大衆芸能とは関西から生まれるものだということを書きましたが、その名も〝関西ストリップ〟という大衆芸能は、正にその最たるもの、象徴的な存在でしょう。日本文化の中心地である東京には警視庁の目が光っている。お堀端の桜田門から歩いていける、丸の内の有楽町にある日劇ミュージックホールでは、決して踊り子さん達がパンツを下ろさなかったけれども、遠い大阪の地では平気でそれが下りていた。大阪に警察がない訳でもなく法律が届かない訳でもないでしょうが、東京ではだめでも大阪では丸出しだった――そういう時代もあったんですね。昭和の三十年代の話です。

東京のストリップはおとなしくてつまらない――こういう前提があったればこそ、山手線の外側にあったストリップ劇場では、態々《わざわざ》「関西ストリップ来演‼」というポスターが貼られて、「ウチでやってるのはちょっと（又は〝大幅に〟）違いますよォ！」ということを暗黙裡に伝えてたんですね。別に関西の女性が演じなくても〝関西ストリップ〟は成立したというところ、髪が金髪なら（金髪に染めてあるなら）外人でなくても〝金髪ヌード〟だったというところと同じですね（話がどうしても横にそれます）。

〝関西ストリップ〟だって、勿論〝御開帳〟に至る迄は〝踊り〟という芸があった訳ですが、芸を見せるその先に〝物を見せる〟という次元を超えたものがあったが為に〝芸はつけ足し〟「早く見せろォ！」という喚声が飛ぶということになったんですね。斯《か》くして、エロの前に〝ストリップという芸〟は敗れ去るという結果を呼びます。

勿論この〝物〟の見せ方も〝芸〟ではあるのでしょうが、ここまで来てしまうと、最早〝見せ方〟ではなく見たい〝物〟ですね、優先されるべきは。そして、それは、見てしまったらおしまいというもので、その先があるとしたら〝やる〟という参加行動しかない訳です。〝女の持っている貴重な物を男が見る〟という一種の〝芸能〟——というよりは最早〝展示・陳列〟と言った方がよいのではないかと私は思うのですが——これが、〝やるもの〟に変質してしまった。ステージの上でストリッパーが「いいわよ、いらっしゃい」と言うと、客の男がステージに上って〝本番〟を始める。一人の男が選ばれて上り、残りの男は順番を待っているのか、それともその様子（ノンフィクション・ドラマ）を見ているのか、どっちがどっちかよく分らなくなって来る——劇場という〝見る場所〟が〝布団の上〟という〝やる場所〟に変る。と同時に〝布団の上の行為を相変らず見せる場所〟でもあり続けるという、不思議な空間へと変って来る。こうなって来ると話は、〝新国劇→ストリップ〟という演劇の流れで語られるよりも、〝テレビ〟という特殊な〝芸能〟のジャンルで語られるべきものでしょう。ここには、〝視聴者参加番組〟という、特殊な見世物《ドラマ》がある訳ですから。

テレビというのは不思議な芸能ジャンル——と言いますか〝芸能メディア（手段）〟です。何故かと言いますと、テレビはなんにも作らなくてもいいからです。そこへカメラを持って行けば、それが自動的に遠く離れた場所にある〝受像器〟というものに映し出される——それを〝見る〟ことがテレビという娯楽を享受することです。見る側は〝見る〟という行為をする――〝お客さん〟という観客になるということをするけれども、その〝お客さん〟に〝見る〟ということをさせる側は、なんにも作らなくていいんです。〝お客さん〟の側には相変らず〝見る〟という行為をするというのがありますから、これは見る側にとっては相変らずの〝芸能〟です。でも、その〝お客さん〟の側に〝芸能〟というものを与えて成立させる側は、なんにも作らなくていいのです。ただ送りさえすればいい。だから、テレビというものは、見る側にとっては〝芸能〟だけれども、送る側にとっては〝芸能にするメディア（手段）〟なんです。

そこにカメラを持って行きさえすれば、遠くの受像器にそれが映るんです。なんにも作らなくていい――テレビ局の側のすることは、そこへカメラを持って行って映す、ということだけをすればいいのです。だからテレビは、芸能ではなく〝報道〟です。報道されたものを、受け手の側が芸能としてとらえるから〝芸能〟ということになる、というようなものです。

勿論、なんにも作らなくてもいいテレビは、なにかを作ったっていい訳です。だから、スタジオでドラマを作ってそれを放送するということだってやりましたけれども、それを指して〝テレビとは何かを作るものである〟というのは間違いですね。確かにテレビというものは〝何か〟を作ってしまったのですが（長い時間をかけて）、それと、〝芸能とは演ずるもの、演ぜられるものである、そしてそれを見るものである〟

という時の″作る″と、テレビドラマを作るのも又よしのテレビが″テレビドラマを作る″というのとは、自ずから別です。

テレビというのは基本的には″報道″であり″ニュース″でしかないようなものなのですが、このことはテレビ放送の初期の時代にはあまりよく分られませんでした。それは何故かというと、初期のテレビカメラというものには機動性と記録性がなかったからです。まだビデオテープというものがなかった時代の話をしている訳ですが、ビデオテープという、そのカメラが映したものを″記録する″手段がなかった時、テレビカメラというものは機械仕掛けの″覗《のぞ》き穴″でした。その時には見えるけれども、その記録は後には残らない。だから、その日一日に起こったニュースを記録して、ある一定の時間帯に″ニュース番組″として編集してまとめて流すということは、テレビカメラには出来ませんでした。勿論その頃のテレビカメラには″手持ち″などというハンディなものはありませんでしたから、テレビカメラが外へ出て行くのなら、レントゲン撮影機ほどの大きさのあるテレビカメラをバス一台分の大きさのある″中継車″というものを中継ぎにして、一定の地点から（即ち″動き回る″という機動性を落っことして）ジーッとその対象を映し出すということしか出来ませんでした。こんなことでは今あるような″ニュース番組″を作り出すことは出来ませんから、その初期に於いて、テレビのニュースとは、フィルムを使う映画のカメラによって収められた〝ニュース映画〟を編集して、それをテレビカメラにつないで受像器へ送り出すということでした。

　結局は〝ニュース〟、結局は〝報道〟であるようなテレビが、その初期の段階に於いてはニュース報道というものが出来なかったのです。この頃のテレビニュースは〝映画〟でしたから、テレビ局は映画を作って、それをテレビカメラで流したのです。これでは誤解されますよね。テレビとは〝ニュースもある娯楽番組〟とか、〝寄席のある新聞《ニュース》〟とか思われてもしようがありません。報道であるテレビは、この頃まだ報道をしていなかったのです——というのは、やっぱりまだ誤りですね。というのは、〝ニュース〟を報道出来なかったテレビというのは、チャンと〝娯楽〟というものを報道していたからです。それが〝プロレス中継〟であり〝野球中継〟であり〝舞台中継〟であったりする〝実況中継〟でした。

　テレビというメディアは、世間的には〝娯楽〟として位置づけられるものを報道していたが為に、報道のメディアだとは思われなかったのです。

　〝娯楽〟だって報道はされるのです。テレビは〝機械仕掛けの覗き穴〟ですから、そこにカメラが据えられれば、そしてそれにスイッチが入れば、娯楽は自動的に報道され——〝お客さん〟の側から言えば、〝見れる〟のです。テレビは〝特殊な娯楽〟なんです——いえ、言い直しましょう——テレビは、見る側の態度如何によってそれがなんであるか（〝報道〟か〝娯楽〟か、あるいは〝教養〟か）を決定されてしまうことからも明らかなように、〝特殊な娯楽〟であるようなメディア、〝どんなものでも娯楽になりうる〟という、〝娯楽に関する全く新しい考え方〟を作り出してしまった、それまでとは全く異質な〝メディア（手段）〟なんです。テレビが作り出した〝新しい何か〟とはこれです。テレビは、〝娯楽というものがこれを受け入れる側の態度如何でどうともなるようなものである〟という形で〝娯楽に関する考え方〟を一変させ、そのことによって〝受け手の態度〟というものの変更を、知らない間に迫っていたものなんです。勿論これは〝知らない間に〟です。だって、報道の〝ニュース〟であるテレビはその初め、ニュースであることが不可能であったからです。知らない間に、テレビというものは〝これは報道である〟という全貌を現わして来たんですね。〝芸能ニュース〟というのはそういう意味で最もテレビ的な中途半端だとは思います。

テレビは〝何かを映し出すもの〟です。〝何かを作り出すもの〟ではありません。〝映し出されたもの〟を、それが〝見るに値するものである〟ということを〝見る側〟が決めれば、〝テレビは見るに値するものを送り出した〟——結果的に「テレビは何かを作り出したなァ」というようなことになるというだけです。今のところ、テレビはなんにも作りません。テレビのやったことというのはたった一つ、何かを変えたという、そのことです。

〝歌手〟というものを例にとってみましょう。テレビは、確かに〝歌手〟というものを変えたのです。その結果、日本からは〝現役の歌手〟というものが一人もいなくなってしまったのです。今日本にいるのは〝現役のシロートで度胸よく歌が歌える少年少女〟だけですから。テレビは〝歌手〟というものの性質を、ものの見事に変えたのです。

21 そして誰も見なくなった

テレビには歌手になりたい人を発掘するという、オーディション番組がありました。今でもあるのかもしれません。これは勿論、ラジオの〝素人のど自慢〟のテレビ版ですが、テレビとラジオは違います。ラジオは、黙っていればなんにも聞こえませんが、テレビは、なんにもしないで黙って突っ立っていても、〝なんにもしないで黙って突っ立っている姿〟が映るという違いと同じです。ラジオは、マイクの前で黙れば〝空白〟が生まれますが、テレビの〝空白〟とはただ一つ（又は二つ）〝故障〟か〝カメラの電源が切れている〟かのどちらかだけです。ラジオは何かを作り出すから、作ることをやめれば空白——即ち〝沈黙〟が訪れるというだけなんです。という訳で、ラジオののど自慢はセミプロの歌手を生み、テレビののど自慢は歌手の変質を生みだすということになります。

ラジオには〝芸〟があります。誰かが話をして間をつながなければならない訳ですから、ここではアナウンサーというものに非常に大きな意味がありました。ラジオで〝沈黙〟というものは伝えられませんが、どんなものにも〝沈黙〟というものはあります。たとえば大相撲の実況中継で〝仕切り〟の間、対戦する力士は黙っています。その状態を伝える為に、実況のアナウンサーは「両者、睨《にら》み合ったまま！」という、言葉による説明で、その〝沈黙の状態〟を伝える訳ですね。この、状態を説明するアナウンサーの声は〝誰かがそれを伝えなければならない〟という必要上出される声です。この〝声〟はテレビに於けるカメラと全く同じです。ラジオは、アナウンサーが喋《しゃべ》ることによって〝声の覗き穴〟が開くというようなメディアです。だからこの〝声〟は一定でなければなりません。一定以上であればそれは〝いい芸〟と呼ばれるようなものですが、この〝一定〟とは、ほとんど機械に於ける〝性能〟のようなものです。映りの悪いカメラよりも映りのいいカメラの方がいいという、その伝達する為の〝機械〟の性能がアナウンサーの訓練された喋り方です。ボソボソとしてつっかえつっかえの声で説明されたら聞く方は分りが悪くてしょうがありません。だからラジオのアナウンサーには〝一定以上の喋る技術〟が必要なんです。そして〝一定〟という基準がある以上、ここにはその基準より〝うまい〟〝下手〟という巧拙《こうせつ》があります。

　すべての芸能は、このラジオのアナウンサーとおんなじで、お客様に機械抜きで伝える——即ち、演者は自分の表現するものを自分自身が伝達機械《メディア》となってお客様にお伝えする〝芸〟という一定レベル以上の技術を持っている、持っていなければならないものなのです。だから、芝居の最中に役者がセリフを忘れて棒立ちになってしまったら、お客さんは「なんだ、下手くそ！」「ひっこめ、バカヤロォ‼」と（昔は）罵ったものです。機械《メディア》が壊れたから抗議をしてるんですね。今だってテレビ局が何かの都合で一分に満たない間放送を中断してしまったら、抗議の電話というのが殺到すること、これとおんなじですね。機械が壊れたんだからお話にならない——という訳で〝抗議〟、ということになるんですね。

　ところがテレビはそれ（他の芸能）とは違います。テレビカメラという機械が、〝映し出す〟ということをして、それまで人間が態々《わざわざ》やっていた〝伝える〟という部分の〝芸〟を肩代りしてしまったんです。テレビが中断されて〝空白〟が映るのは機械の都合だけだと言いました。テレビの前で黙って突っ立っていても〝黙って突っ立っている〟という状態が映し出されるだけというのは、人間が〝伝える〟という〝芸〟

を放棄しても一向に構わない。ここには〝一定レベル〟という考え方がない、というだけです。あるように見えて、実はないんです。

テレビ以外の芸能には全部〝一定レベルの伝達技術＝芸〟というものが存在します。だから、ラジオのニュースは〝報道〟である前に〝ニュース原稿を読んで聞かせる〟という話芸（芸能）でした。テレビの一切が〝報道〟であるのと違って、ラジオは基本的なところで〝芸能〟なんです。だから、有名な「前畑ガンバレ！」という一アナウンサーの主観さえもが立派に〝報道〟として罷り通ったのです。テレビでこれをやられたらシラけるだけです。テレビではその〝ガンバっている（であろう）現場〟が実際に映し出されているのですから、そこにかぶさるアナウンサーの「ガンバレ！」などという声援は余分なだけです。冷静である報道の現場におちゃらかしの〝芸能〟が入って来たらうるさいだけというのは、民放テレビ局が「選挙速報をショーアップする」という名目で〝お笑いタレント〟につまらない冗談を言わせているのを見れば分ります。テレビのアナウンサーが「前畑ガンバレ！」をやったらバカだというのはこういうことですね。

テレビというものはそこにあるものを勝手に映しているという、基本的にはそれだけのものですから、映されている〝そこにあるもの〟にとっちゃ、上手も下手も関係ありません。道端の石コロにカメラが向けられたとて、道端の石コロにはそんなもの関係ないというようなものです。道端の石コロがどうして〝上手に道端の石コロを演じる〟などということをやれるでしょうか？　やれません。テレビに上手・下手はないのです。あるのは〝テレビ映りがよいか悪いか〟という、見る側、見られる側の〝主観――即ち、思いこみ〟だけです。テレビ以外のすべてのメディアには上手・下手という〝芸の基準〟があるからこそ――それ故にテレビ以外のすべてのメディアは〝芸能〟なんですが――見る側はうっかり、テレビにもその〝基準〟がある、と思ったのです。

テレビの受像器を通して、落語を演じている落語家の姿が〝報道〟されています。この落語家が〝上手な落語家〟で聴くに値する、見るに値すると思われる芸をそこで演じているのであれば、見る側はそれを〝上手な芸を鑑賞する〟あるいは〝拝聴する〟という、特殊な目的をもって見ることも出来ます。見ないことも出来ます。テレビはただ〝それを報道している〟だけなんですから。その〝報道されているもの〟をどう見るかは、全く視聴者の判断に委《ゆだ》ねられています。上手な落語家の〝芸〟を鑑賞して「おもしろい！」と思うのも自由、下手な落語家の様子を〝おもしろいもの〟として見るのも自由――つまりここには、よそにあった上手・下手がないんです。あっても意味がないんです。上手・下手に意味を見出す特殊な人もいるかもしれないけれども、それはそれで、テレビの本質とは全く関係ないんです。テレビだってやっぱり人間の送り出すものですから、その送り出す側は「見てもらいたい」と思うでしょうけれども、それと見る側が「おもしろい！」と思うことは全く別なんです。テレビから〝つまらない番組〟が流れて来たって、それはテレビの責任ではない――テレビはい、いい、いい作るものではないのですから、映っているものの、質を決める権限はテレビにはないのです。それを「つまらない」と思うかどうかは、全く見る側の判断如何なんですね。テレビが〝視聴率優先主義〟という多数決に傾くのはしょうがないんです。見ている側の人間がロクでもない人間であるということは、テレビ局の責任ではありませんからね。テレビというものは、内に基準がない為に、うっかりとその外側で見ているものを巻きこんで、逆に見ている側に〝基準〟を作り出すことを要求するという、とんでもないものだったんですね（だから、テレビの視聴者というのが文句ばっかり言いたがるというのは、もっともなことでもあるんですね――あんまり面白いことではありませんが）。

ラジオののど自慢がセミプロを生んだというのは、だからラジオに〝上手・下手〟という基準があったからですね。そして、ラジオののど自慢が多くセミプロばかりを生んで、ラジオののど自慢出身の歌手の多くが「うまいけれど面白味に欠ける」という一面を持ち合わせていたのは、ラジオの〝基準〟がほとんど〝上手・下手〟に尽きていたというだけですね。アナウンサーの喋り方に個性がないという、その限界がラジオの限界だったんですね。

という訳でテレビです。テレビの〝のど自慢出身の歌手〟というのは、まァ、いないでしょう。テレビの方は〝オーディション番組出身歌手〟でしょうから。テレビでは、ある程度以上歌えれば、それでいいんです。〝ある程度以上歌えればそれでいい〟ということになりますと、まるでテレビに〝一定〟という基準があるようですが、テレビの〝ある程度以上〟というのは、ほとんど、誰かがテキトーに「いいんじゃないの、それで。歌えてるよ、歌えてる」と言ったから、という程度の、無責任な基準です。

テレビ局の現場にいるプロデューサーなりディレクターなりの責任者が「いいんじゃないの、それで」と言って、周りにいるその下の人間が「いいんですか、それで?」と問い返したとしても、その責任者が「いいさ、視聴者はそれで納得する」「視聴者はそういうのを望んでるんだ」と言えば、それで終りです。「あんなヤツに歌えるのかな?」と周りに危惧《きぐ》の念を抱かせるような人間でも、テレビにはその〝あんなヤツが歌ってる姿〟しか映らないし、その姿も堂々と映る。堂々と天下に映し出されれば「あれにはきっと、何か意味なり魅力なりがあるのだろう」と思うのが世の常ですから、それでいいんです。「善し悪しは視聴者が判断してくれる」というのは、多く〝俗悪番組の悪徳プロデューサーによる無責任な言い逃れ〟ではありますが、残念ながら、テレビというものは元々が〝無責任なもの〟でありますから、それはしようがないんです。テレビというものは、元々〝機械仕掛けの覗き穴〟で、その〝覗き穴の向うにあるもの〟というのは、テレビ局の関知する範囲ではないんです。視聴者の欲望というものは視聴者にしか分らない。覗き穴に、それを覗くものの欲望なんか分らない、ということです。だからテレビは、〝見ている側に基準を作り出すことを要求する〟んですね。

そして、テレビというものが、視聴者の欲望《ニーズ》に阿《おもね》っていたのか、忠実にそれを先取りしていたのかは知りませんが――過去の話で行くならば、それは〝多分〟付きで〝忠実な反映〟の方でしょう。（今は知りませんが）――テレビが堂々と満天下に映し出していた〝下手クソな歌手＝歌えていないにもかかわらず公然と歌っていることによって歌手として扱われている何か〟に代表されるようなものには、やはり何かの意味があったんです。だから、下手クソでも魅力的で、だからこそ「下手だなんて言わないで下さい！」という抗議が、その〝下手クソな歌手もどきのファン〟から殺到なんかしていたんです。〝アイドル歌手〟というのは、もう既にして何年も前から〝歌手〟ではありませんし、それは〝ジョシダイセエ〟がもう何年も前から〝女性の大学生〟ではないというのとおんなじです。テレビはなんにも作らないけど、テレビはすべてを変質させるという、そういう話です。これは、「じゃァ人間は、一体なんの為に他人のドラマを見るのか？」というところから始められます。

勿論、テレビで報道されるものは、すべて〝ドラマ〟です。〝ドラマ〟だから見るんです。〝見る〟ということは、すべて〝そこにドラマを発見する〟という行為です。それが〝報道される価値〟です。テレビの受像器から映し出されるものにはすべて〝報道される価値〟というものがあって、それを見つけられない時、人は「つまらない」と言ってチャンネルを換えてしまうんです。〝道端の石コロ〟がテレビの受像器に映し出されていたら、〝その道端の石コロ〟には必ず意味があるんです。別にその石コロに対して「これが斑鳩《いかるが》の里のナントカ」という説明がつかなくたって、なんらかの意味があるから〝見る〟んです。それを見てなかったら、意味なんかないんです。人は、すべてのものを見るに当って、〝ドラマ〟を探す——だからこそ、すべてのものは〝報道される〟に値する。それがテレビというものです。テレビが明らかにしてしまった〝真実〟です。

人は、何かを見て、それを自分自身の何かに役立てたいんです。だから何かを見るんです。そして、その人が〝それを見て役立てる何か〟の一番究極にあるものが何かといえば、それは勿論、物語《ドラマ》〟〝お芝居《ドラマ》〟という名の〝嘘《つくりもの》〟です。人は、〝物語《ドラマ》〟という〝嘘《つくりもの》〟を見て、なんの役に立てるか？　それは勿論〝そこに夢を見る〟という形で役に立てます。だから（話に少し飛躍があるかもしれませんが）、リアリズム、リアリティーというのは、〝その嘘が実感出来る〟〝その夢の向うには確かに現実があるなァと実感出来る〟――そういうようなものなんです。

夢を現実化させる為の足がかり――それがリアリズムであるというのが芸能の真実です。だから、〝大衆芸能の流れ〟というものは、だんだんリアルになって来て、だんだん〝それまでに陽の当っていない方面（たとえば〝エロ〟）〟に寄って来て、そして最終的にはそれが〝現実〟になって、観客は平気で舞台の上に上って来ちゃうんです。

舞台というのはそれまで〝見るに値する何か〟を〝観客とは別の人間〟が、観客に見せる為に存在する場所でした。そこは、観客の上れる場所ではない。観客が上って行ってはいけない場所であったからこそ、そこは〝舞台〟という特別な名前で呼ばれていた。だから、そこに観客が平気で上って行けるようになったら、そこはもうかつてのような〝舞台〟ではない。ストリップが〝生板本番〟に変ったら、それはもうかつての意味での〝ストリップ〟ではない。〝ストリップ劇場が催すある種の行事〟で、人は金を払ってそれに参加する。テレビの視聴者参加番組に〝素人〟が平気で参加出来て、その参加した〝素人〟の内の一人が〝魅力的〟に見えてしまったら、それはもう〝見られる側の人間〟である〝スター〟の変質が起こっている、ということなんですね。だから、舞台というものは、最終的には〝そこに観客を乗せてしまうことになるもの〟だったのかもしれません。そこには〝見るに値する夢〟がある。それを「見たい」と思うなら、それを見て「面白い」「よかった」と思うなら、それは見る側にとって必要なものです。必要ならどうして、それを手に入れずにすまそうか、というようなものです。

但し、今迄漫然と見ていいただけの人間に「自分に本当に必要なものは何か」という正確な判断が下せるかどうかは又別ですけれどね。観客が舞台に上ったその瞬間、舞台が舞台のままであることは変らないけれども、舞台の上にあるものが変る、変質するというのは、そういうことですね。

テレビというものは、〝人間とは真似をする為に魅力的な他人を見る〟〝人間とは、最終的にはそれを真似したいが為に、魅力的な人間というものを作り出すものである〟ということを明らかにしてしまったメディアなんです。みんな、それを「魅力的」だと思って見てしまったが為に、みんなそれを真似してしまった——だから、今の日本人はみんな〝おんなじ〟なんです。一億総中流の平均化というのはこういうことですね。大勢が〝真似〟の方向に傾いた時、そのスタイルは〝人並み〟という義務に変って、斯くして人間（少なくとも日本人）は〝最終的にはそれを真似したい〟の

〝最終段階〟を突き抜けてしまった。最早、最終段階を通り越して、人間というものは今や〝夢の向う側〟にいるんですね。但し、その〝夢〟が〝いい夢〟か〝悪夢〟かは分りませんけどね。というのは、〝下手くそな真似〟〝失敗した真似〟でも、それは立派に真似であるというのがテレビの根本だからですね。見てもしようがないものが、ただそこに存在しているからしようがない「見てしまおう」になるというのが、テレビの作り出す、〝今〟という現在なんです。

見て、真似て、その結果が歩き出して、舞台の上と下で、ブラウン管の向うとこちらで全く同じものが存在するということになってしまったら、最早誰もそんなものは見ない。だから、大衆芸能の最終的な行き着く先は、自作自演の生撮りポルノVTRの交換ということになるんですね。

ここ――ポルノの交換には全部の要素が揃《そろ》っています。いわく、実際にやったのだから〝リアル〟、いわく、あんまり見られないものをモロ出しにしているから〝鑑賞価値〟がある、いわく、自分でも出来ることだから〝参加〟している。そして、その〝参加〟とは勿論、〝見る〟側と〝演《や》る〟側の両方向への参加です。但し、それをみんながやってみんなが見るようになったら、「結局、みんなおんなじじゃないか」で、誰も見なくはなりましょうね。それでもまだ演らなければ気がすまないのだとしたら、それはその人間の中に問題があるという、それだけの話で、だから、今の日本の現状は「問題があるんだかないんだかよく分からない——そのことで頭をひねってるんだから、多分問題というものはまだ残ってるんだろうなァ……」というようなところなんでしょうね。ところで、それだけ明らさまに書かれて、それでもまだ〝見えない問題〟というのは残っているとお思いですか？　そうお思いでしたら、それはあなたの中の問題……〝頭が悪い〟という、ただそれだけでしょうね。最終段階の向う側にはそういう問題しかない訳で、それをなんとかしたいんだったら、もう一遍〝ふり出しに戻る〟しかないんではないかと、私なんかは思いますです。

22 どうしておばさん達は「まァ……」と言って驚くのか？

人間が真似をするという話をします。今の時代、ちょっと上品ぶりたい時、又は自分のことを上品だと思ってるおばさんは、必ず「まァ」と言って驚きます。大したことでもない時に限って、彼女達は「まァ」と言います。一種の会話の息抜きなのかもしれませんが、いつから彼女達は「まァ……」と言って驚くようになったのでしょう？　勿論、昔の女の人は「あれェ」と言って悲鳴を上げていた訳で、それが〝昔の女の人は〟ということになってしまった以上、驚き方、悲鳴の上げ方にもはやりすたりはあるんですね。昔の女の人が「あれェ」と言って悲鳴を上げていた時に「キャア！」などという訳の分らない動物的な叫び声を上げていた女なんかは〝下女・婢《はした》〟の類で、品がないと言って〝女性〟の内になんか入れてもらえなかったんですからね。じゃァ、「あれェ」という悲鳴はなんなのか？「あれ」ですよね、〝あれ〟。「あれはなんですか？」の〝あれ〟ですよね。〝これ〟よりも、ちょっと遠くにあるものを指す言葉ですよね。〝なんだか分らないもの、分らないこと〟が突然現われて、「あれはなんだか分らない」ということを言おうとして、あまりのことに言葉が出ない――だから、「あれェ」というのは「あれ、あれ、あれ、あれ（がなんだか分らないことにびっくりして言葉が出ないの）」ですね。そういうことなんですよ。驚くと言葉は出ないんですよ。〝息を吞む〟っていうのがありますでしょ？　驚くと息を吞んじゃうから、従って当然、声なんか出ないんですよね。それが、物を考えることを当然とする、人間の習性なんですよね。勿論これは〝習性〟ですから、こういうことを学習してない人は平気で声を出す。昔、高貴な女性、品のある女性が「あれェ（言葉が続かない……）」とやっていた時分に、だから平気で「キャア！」と言っていた女は〝品〟というものがなくて〝女性〟の内には入れなかったんですね。

「驚いた時に声を出すな」というのは、声を出した途端、自分を驚かせたものが一体なんなのかということを見極めようとする集中力が働かなくなってしまう、ということですね。こんなこと、よく考えればお分りでしょう？　ですから昔は、男が驚いた時に声なんか出すのは〝恥〟だったんですよね。〝物に動じない〟というのはそういう考え方に出ているんですけれども、これは「常に臨戦体制であれ」という武士——即ち〝戦士〟の行動様式ですね。

驚いたら理性を失う。だから驚いてはいけない。だから昔は〝肝だめし〟なんていうものがあったんですけれども、常に理性を失わないようにしているということは、常に緊張状態を保ったままでいる、ということですよね。言ってみれば、これは〝抑圧〟を日常として生きているということですよね。まァ、何かあれば「キャア、キャア!」言っていたら冷静な判断能力なんてものはなくなってしまいますから、こちらの方ばかりというのも感心しませんが、〝物事に動じない〟という方だって限度問題だ、という訳です。驚いているにもかかわらず冷静であろうとして努力しているのか、それとも、驚かない訓練ばかりをしていたが為になんにも感じなくなってしまった結果の無表情なのか、それがどちらかよく分らなくなってしまうということだってあります。どっちにしろ、無表情というものは暗いものです——というのが現代ですが、それは別に最近始まったばかりの考えではないというのは、この本のズーッと初めの方に私の書いたことを思い出していただきたいと思います。女性の〝お歯黒〟です。眉《まゆ》を落した結果の無表情というものについての話です。江戸が終って始まった〝チャンバラ映画〟〝時代劇〟というものは、若い女性の顔からお歯黒というものを取り去った、と。これとおんなじことが〝沈黙〟にも言えるのです。高貴な女性が「あれェ」と言うのは、多分お芝居の嘘でしょう。ホントに身分の高い女性だったら、彼女は勿論驚きませんから。「声を出すのは恥ずかしい、それが女性のベッドマナーの基本である」ということが破れたのは、ここ十年、二十年以内のことでしょう。勿論女性は声を出しません。そういう女性の驚きの表情と言ったら、ただ顔色を変えるだけです（それさえも〝恥〟と言ったら恥ですが）。

まず、驚くことが禁じられているという前提があって、次に「驚いてもいいよ」という解放が来た。しかし、いきなり「驚いてもいいよ」と言われたって、今迄驚くことを禁じられていた人間は、そう簡単には驚けない。〝驚く〟という感情を表現することが出来ない。そもそも〝驚く〟ということ自体がはしたない訳ですから、〝はしたなくない上品な驚き方〟というのがよく分らない。よく分らないのも道理、そういうものはない訳ですから分る筈がない。ないんだったらしようがない、それは勿論〝作る〟んですね。

明治でも大正でも昭和の初めでも戦後の昭和でもどれでもいいですけれども、そこではいつも〝時代にふさわしい明るい女の子〟というものが必要ではあった訳ですね。四民平等の世の中にふさわしいとか、大正デモクラシーの『青鞜《せいとう》』の時代にふさわしいとか、大東亜建設を支える銃後にふさわしいとか、明るく自由な戦後の風潮にふさわしいとか、ね。ともかくドラマ作家は大変です。そういう娘が現実にはいないにもかかわらず、そういう〝時代にふさわしい明るい娘〟というのを作り出さなければならない。これは、現実に呼びかける為に絵空事を作り出すという世界ですね。オスカー・ワイルドだか誰の言葉かは忘れましたが「自然は芸術を模倣する」というのがありましたが、日本近代は正にそれで、〝娘〟という自然のままの存在は〝ふるまうべき様式〟が現実にはないから、作り出された虚構——リアリティーを持った、リアリティーを持っていると思われるような〝芸術〟を真似たんです。この〝芸術〟には勿論、ファッション雑誌やスタイルブックだって含まれます。そして勿論、「まァ……」という上品な驚き方も。

昔の日本映画を見れば分るのですが、若い女の子や時代劇だったら〝町娘〟が何人か集って話している。現代劇だったら〝若い女の子のいる団欒《だんらん》の場〟というものでいいでしょう。一人の女の子が「何々さんは、なんとかだそうよ」というような〝秘密の情報〟をこっそりと口にします。すると、その場に居合わせた女の子達は、口を揃えて「まァ……」と言います。現代劇だったら〝「まァ……」という驚き方をマスターした奥さん〟というのもいましょうが、時代劇だとそういうのはいません。驚かない武士の妻とか、「あれェ……」と言って絶句したり「おや」と言って驚く気さくなおカミさんしかいません。時代劇で武士の奥さんが「まァ……」と言えるようになったのは、多分戦後のことではないでしょうか。それぐらい歴史というものは浅いんです。時代劇では女の子しか「まァ……」とは言えなかった。そしてその言い方も、本当にとってつけたような口先だけの「まァ」です。台本に書いてある「まァ」というセリフをそれらしく読んでいるだけで、見ているこちらは「なァにが〝まァ〟だ」の一言も言いたくなります。

驚いた時の「まァ」は、現代の奥さんがお客さんの前で口にする（それ以外は絶対にしないところが〝上品〟の所以《ゆえん》です）のを聞いていれば分りますが、この「まァ」は

「まァ…」

です。イントネーションが下っています。「まァ！」と驚いて、その後「なるほど……」と思って、自分の胸にその新しい〝情報〟を収めるからです。そういうことをすると、必然的にイントネーションは下ります。ちなみに、昔のお姫様の「あれェ……」だって、必ずや

「あれェ…」

です。この「あれェ……」は、「言葉が出ない、言葉が出ない」ということを表わす為に、声に出されたモノローグ（ひとりごと）ですから、必ずや内に下がるのです。ところで、昔の日本映画に出て来る若い娘達の「まァ」は違います。必ずこれは

「まァ」

です。イントネーションが上っています。口先だけで意味のない声を出すとこういうことに、必ずなります。この頃の日本にはまだ、〝若い娘が「まァ」と言って上品に驚く〟という風俗が、実際にはなかったんです。若い娘は、まだ驚きを顔に出せなかったか、さもなければ「キャー!!」と言って驚ける時にしか驚かなかったから——「キャー!!」というお行儀の悪い、はしたない驚き方しか出来なかったから、こんな

にも「まァ」という驚きは空々しいんですね。

空々しいけれども、ともかくもそういうものを見たり演じたりして、彼女達は「この世には〝まァ〟という上品な驚き方だってあるんだわ」ということを学習する。学習したけれども、なかなかそんなものを使う機会もないし（あったらもう少し、昔の日本映画の「まァ……」はリアリティーをもって聞こえて来るでしょう）練習する機会もない——というのでズーッと胸の奥にしまっておいて、結婚して〝妻としての社交的な交際〟というものが登場した時、その「まァ……」が初めて生きるんですね。

私は、今の日本の奥さんの「まァ……」というのは、必ずや彼女達の少女時代の〝思い出のスタイルブック〟の反映だと思ってますよ。だから、この「まァ……」は、近い内に必ず絶滅して、その内日本の奥さんは「ウッソォ！」と言ってにこやかにお客さんの話に相槌《あいづち》を打つようになりますよ。だって、今の日本の映画もテレビも小説もマンガも、ドラマというドラマからは一切、「まァ……」と言って驚く女の子なんてものはいなくなっていますからね。

〝真似る〟ということは、こういうことなんですね。

そして、この〝女性の「まァ……」〟というのはホンの一例ですね。はっきり言って、日本人は長い間日本語を喋れなかったんですからね。「まァ」が作られて教えられて学習されて覚えられた〝話し方〟だとすれば、言葉という言葉は全部そうでしょう。「論理を敷衍《ふえん》して行けば必ずやそのような結果に立ち至りますね」。

右の一行、どうですか？

〝論理〟を〝敷衍〟して行けば〝必ずや〟そのような〝結果〟に〝立ち至り〟ますね。難しい言葉ばっかり、外国語の翻訳語（ロジック→論理）を始めとして、漢字ばっかりですね。大体、近代以前の日本人はひらがなでしか喋りませんでしたものね。右の一行みたいな難しい言葉、昔の日本人には喋れませんでしたからね。口が回らない以前に、どういうことを言っている言葉なのか――それがよく分らないから、口の回しようなんかなかったんですね。今の日本人が平気で使う〝――的〟という言葉を昔喋れた日本人と言ったら、それを使って講義をする大学教授と、それを使って議論をする学生と、そういう言葉を使って書かれたセリフを口にする新劇俳優だけですよ。日本人は、つい最近まで、流暢な日本語なんて喋れなかったんですね。書かれたセリフを読む――それを声に出して喋る――喋っているその様子を見ながら、日本人というものは「いつかそういう風に喋れればいいなァ」と思って、真似をする機会を探して練習していたんですね。ある時期、ヤクザ映画を上映している映画館から出て来る男はみんな肩を怒らしているという話もありましたが、それだっておんなじですね。そういう様式がないから、映画やテレビや芝居で演じられる、その様子を真似しながら、日本人は自分達の様式というのを作って行ったんですね。

それを見て「いいなァ……」と思う――だとしたら見られて「いいなァ……」と思われたそれの側は、見る側にとっての〝カッコいい夢〟〝思わず真似したくなってしまうような夢〟だったんですよね。「カッコいいなァ」と見る側に思わせる為には、「そーいうものは実際に存在するんだ」と人に信じさせるだけの真実性がなければならない。リアリティーというのはその真実性の〝実感〟なんですね。その〝実感〟あったればこそ、日本人の上品なおばさんは、お客さんがいる時に必ず「まァ……」という相槌を打つようになったというだけですね。

23　そして、そこに堅気《かたぎ》はいなくなった

昭和二十年に戦争が終って十九年経ち、日本は〝復興〟というものを達成して繁栄というものをどうやら取り戻しました。「どうやら取り戻したらしいけど、それがどこら辺のものかどうか分らない。という訳で、一つ正式のお披露目《ひろめ》というものをして世界の人々に判断していただこう」というのが、この年に開催された東京オリンピックです――ということは前にお話ししました。そして、この年に一年間に亘って放映されたのがＮＨＫの大河ドラマ『赤穂浪士』で、これが何かの〝卒業試験〟であったというお話も前にしました。これを見た人は確かに何かを「分った」と言ったのです。

言ったからこそ、『赤穂浪士』の次の年には〝現代劇タッチ〟の大河ドラマ『太閤記』が登場したのです。この『太閤記』が格調高い時代劇らしからぬ時代劇であったというお話も前にしました。〝時代劇〟というものの背景になる〝時代〟というのは身分制度という人間の〝上下の関係〟がある——そのことが前提となって出来上っている時代ですから〝上の人〟は上の人らしくなければならない、〝下の人〟は下の人らしくなければならないのです。そうでなければこの時代というものを支えている根本が意味を持たなくなってしまいます。時代劇は〝らしさ〟がすべてであるということを説明する為に、私はこの本で手を換え品を換え「○○というものはそもそもこういうもので」という類いの説明を繰り返していた訳ですが、そこで、〝時代劇らしからぬ時代劇〟です。〝らしさ〟に関して無頓着であった——〝無頓着であることが大目に見られるような時代劇であった〟と言った方がいいかもしれませんが——これが何かと言ったら、見る者が公然とそこに参加出来るような時代劇ということになります。『赤穂浪士』で〝見る〟ことはした。〝見る〟ことによって学んだ。だから次なる段階は「学んだ私達がそこへ参加することである」ということになるのが、昭和三十九年から四十年にかけてのダイナミックな転回です。昭和四十年になって〝参加〟出来るような転回（〝展開〟とは少し違いますね）を見てしまった以上、昭和三十九年段階では〝見る〟という学習、〝見ることによる学習〟は終ったんですね。だから、昭和四十年に〝新幹線の走る『太閤記』〟が登場してしまったという結果から見れば、昭和三十九年に日本人は「分った」と一斉に言ってしまった、ということになるのですね。普通はこの〝結果から見れば〟というようなメンドクサイ分り方、振り返り方なんかをしませんから、すべては「なんとなくいつの間にかそうなってしまった」ということにもなりますが、残念ながら、すべてはなるべくしてなって行くもので、前進態勢が当り前のものになっている時というのは、その〝勢い〟で進んでしまいますから、平気で飛び越してしまったその〝断絶〟というものに、人はあんまり気がつかないんですね。

　ともかく、日本人はその昭和三十九年に「もう、分った」と言ったんです。「もう、分った」――「だからもう、学ばなくていい」、という訳で、日本人はそれから先、積極的に参加して行ったのですね。何に参加して行ったのかというと〝人並みであるように真似る〟ということにです。という訳で、観客は〝生板本番〟に参加して、舞台の上へ上って行った。上って行ったから〝舞台〟というもの、それを見る〝観客〟というものの中味が変質して行ったのですが、しかし、変質して行っても、ストリップ劇場というものはそのままになっていたし、そこにあるものが〝舞台〟と呼ばれているものであることだけは変りがなかった。観客がどんどん舞台の上に上って行けば、そこで上演されるドラマの質が変って行くなんていうことは当り前です。今までプロがやっていたことをどんどんシロートが肩代りして行くんですから。

プロが演じるドラマにシロートが参加して行って、その結果舞台の上のドラマがよりリアルになって行った、という訳では全然ありませんね。シロートがどんどん舞台の上に上って来るものだから、今迄舞台の上にいたプロが、今度は客席に降りて来る。降りて来て、今やシロートしかいない舞台の上を眺める。眺めて「なんてひどいデキだ！」と言って嘆く訳では、もうないんですね。「私達は芸を売っているので、エロを売っているのではない！」と怒って舞台を追われて行った女剣劇や踊れるストリッパー達の怒りと、舞台から降ろされてシロートの舞台を見ている元プロの嘆息とは違うんですね。

そもそも、舞台の上でプロが演じていたものは〝嘘〟です。存在しない〝夢〟とか〝理想〟とか〝極端な状況〟というものをリアルに演じるということがプロの役者・作者達の仕事でしたから、プロというものはそれが根本では〝嘘〟だということを知っています。騙《だま》す方は〝嘘〟だと知っているから騙せるし、騙される方は〝嘘〟だと知らないから騙されるんです。嘘を承知で〝騙す技術〟を磨いて行くものがドラマのプロです。お客は〝うまく騙される〟ことを望んでいるのですから、これが〝ドラマのプロ〟の仕事です。プロはそれを分っているのですが、騙されることを望んでいるお客さんの方は、うまく騙されていたいのですから、こちらは究極的には「嘘でもいいの」から「嘘の筈がないじゃないか」というところまで、うっかりと進化してしまいます。信じこむというのはこれで、こっからすべてが変って来ます。

嘘を承知でいたプロから、それをホントだと思いこみたい（だから思いこんでしまった）シロートへの転換です。プロというのは、嘘を承知で演じるのですから、そのプロの演技には必ず〝わざとらしさ〟があります。どんなに〝迫真の名演技〟であっても、それが〝人を感動させる〟ようなものだったら、必ずそこには〝嘘くささ〟が発見出来ます。他人がそれを見て感動出来るようにという前提に立ってしまえば、どんなに虚心坦懐であっても、そこには〝嘘くささ〟が発見出来ます。その〝嘘くささ〟こそが演じている人間の〝演じている証《あか》し〟ですから、観客は、それがあってこそ初めて感動というものを与えられるんです。演じるというものはそういうことです。「自分とは異質なものをどうやって演じよう」「自分と異質なものを自分が演じる以上、必ずそこに自分と同質なものを発見しなければならない」――これが人間が〝他人〟を演ずるということの真意で、これがあって、初めて〝他人の演技を見る〟ということが意味を持つのです。

という訳で、プロの演技には必ず〝嘘くささ〟が隠されています。名人ほど隠し方がうまく、大根というのは、この隠し方を知らない役者（作者）です。しかし、その〝嘘くささ〟を発見出来ずに「ホントだ……」と思いこんでしまったらどうなるでしょう？　プロというのは「如何にしたらその自分とは異質な存在を〝ホントだ〟と信じこめるだろうか？」ということに腐心するようなものですが（だからこそ〝リアリズム〟というような言葉も存在するのですが）、しかしシロートは、この腐心を一足飛びに越えてしまうのです。初めっから「そうだ！　ホントだ！」と信じこんでいる人間の演技ほど〝演技を超えたリアリティー〟を持っているものはありません。どんなに腕の立つ女優さんだって、ワイドショーの後ろに並んでいる〝着飾った普通の主婦〟の無表情は演じられませんね。「ここではこうしているものだ」という信じこみで、彼女達はなんとも言いようのない無表情を保ち、なんとも言いようのない表情で相槌を打ったり打たなかったりし、なんとも言いようのない表情で笑ったりもする。演技をしているという自覚がないままに演技をしている、その自分の姿を自然だと思ったり「緊張しちゃって（だから上手にお芝居できなかったの）」と言っている人間の姿をリアルに演じられるなんていうことは、今迄の演技術では全く無理です。〝現実を生きることが芝居をすることである〟なんていう状態は、それまでの人類の歴史の中では一遍もなかったんです。そんなことをする〝ゆとり〟なんていうものがなかったから、人は態々《わざわざ》、金を出して他人の演じてくれる〝ドラマ〟というものを見て、それに〝娯楽〟を覚えていたんです。

人類の歴史にとって〝娯楽〟というものは、それまでは常に〝特別〟だったし、あんまり深入りしてはいけないものだったのです。〝見世物〟とか〝混雑〟とか〝御馳《ご ち》走《そう》〟というようなものは〝お祭り〟というような特別な日、特別な場所にしかなかった。それは〝非現実〟の世界に属するようなものだったのです。だから〝芸人〟というものは特別で賤《いや》しいものとされました。だって〝普通じゃない〟んですから。現実は〝毎日がお祭り〟ではないんですから。そういうものが〝現実〟だから、〝特別〟というものはあったんです。〝特別〟に深入りすれば〝現実〟を失います——それが堅気の発想というものです。役者に熱を上げる、小説に読み耽《ふ》ける、芸事に血道を上げる——こういうことを堅気の人間がしたら、それは即〝おマンマの食い上げ〟につながる訳で、こんなことが奨励される訳もありません。〝娯楽〟というのは〝楽しい〟という表の顔の他に〝誘惑〟という裏側を持っていたんですね。だから、それは〝特別〟な場合に限定されて存在していたんです。

〝娯楽〟というものは、人類の歴史の初めからあったような古いものですが、それは〝特別な場合〟〝特別な時〟という〝非現実〟の中にしかありませんでした。現実と娯楽の間には、常に一本の線が引かれていたのです。でも、昭和四十年から始まる〝ゆとり〟というのは、この一線を曖昧《あいまい》にしました。〝ゆとり〟というものは、現実の中に娯楽を貯えて行く、そうしたものでした。その結果どうなったのか？　人は〝ゆとりの住い〟というような現実離れのした外界を持つ、〝宅地〟という名の人工的な空間の上に立った〝マイホーム〟というオモチャ箱に居心地悪く住んで（それは本当の演技を知らないからです）、テレビタレントをそれぞれに養成することになりました。それが〝娘〟であったり〝息子〟です。

観客席にいた人間が舞台に上って、それを現実だと思って、そこで現実生活を営む。あるいは、一度上った舞台の上の〝現実〟を胸にしっかと叩きこんで、再び舞い戻った観客席で、その〝舞台上の現実〟を再現する。それが昭和四十年からの〝生活〟というものですが、これに不安感を感じなかったら、人間はバカです。現実感がある筈のない場所で現実を演じたり、現実感のない現実を演じたりしていたら人間というものは必ず不安になります。何故かといえば――こんなこと、説明するのもバカらしいぐらいですが――それは〝嘘〟だからです。〝血が通っていない〟からですし、〝心〟がないからですね。〝心がない〟というのはこういう状態を言うのですが、しかし残念なことに、世界中が舞台となってしまって、同時に世界中が観客席となってしまったような現実の中ではこういうことが発見出来ません。嘘がホントの尻ッ尾を呑《の》みこんで、ホントが「ひょっとしたら自分は嘘なんじゃなかろうか？」と首をかしげているんですから。それまで舞台の上にいたプロの役者は、シロートの演じる〝信じこみ〟の演技を見て「とてもあのリアリティーにはかなわない」と言っているんですから、そんなことは誰にも分りません。分るのはただ一つ、なんとなく不安だ、ということだけです。分りやすく言ってしまえば、現在の蔓延《まんえん》する不安感の正体とは、「人並みが身にしみない」です。〝人並みじゃない人〟がいてくれたらまだしも、見渡せば周り中がみんな〝人並み〟になってしまった訳ですから――一億総中流というのはそういうことですね――その逃げ出せる先の目安となる〝人並みじゃない状態〟というのは見当がつきません。容赦なく〝人並み〟という状態に落ち着けられて、そこで「身にしみないなァ……、なんとなく……」と言っているのが、現代の最大の不安感というものです。

人間というのはなかなかバカではない訳ですから、不安を感じたら「なんとかしよう……」と思いますし、「何故だろう……?」とも考えます。「何故だろう……」と、自分を包む不安感の原因を探って出た答が、「そうだ、自分達は人生の途中から〝人並み〟になった、その成り上り性が自分達を落ち着かせないのだ」ということで、「だったらどうしよう……」の答が、「私達の子供は〝生まれた時から人並みである〟――という前提で育てよう」です。「自分達の芝居が身にしみないのは、長い間観客席でシロートをやっていて途中から舞台に上ったという、その演技経験の浅さだ」――という訳で、「舞台の上で生まれた子供は生まれながらの演技者である」という、救いのない（少なくとも子供にとっては）結果が生まれます。昭和四十年に生まれた子供は、今二十歳で〝大学生〟なんですよ、男も女も。これだけで、全部お分りでしょう？　非現実を真似するんだったら、現実感のない人間の方が真似はうまいんですよ。真似もうまいし、真似る時間と場所もたっぷりあるんですよ。そのお母さん達が昔、「まァ」という上品な驚き方を発見しても、それをなかなか自分の生活の場で生かしていけるような余裕がなかった――少なくとも自分が〝人並みの上品な奥様〟と呼ばれる迄は――というのとは、今の若い子は違うんですよ。どこにも売れ口のないテレビタレントを自分の家というテレビのセットの中で育てているだけなんですね、今の〝家庭〟というものは。

みんな真似がうまい。真似が出来なければ仲間には入れてもらえない。今の若い人達はみんな、自分の家専用のそして更に、〝自分達〟という仲間内専用のテレビタレントとして育てられているんですね。今や、子供が人並みである状態を指して〝可愛い〟と言う訳ですね。〝可愛い子供〟であることによって、今の子供は立派に親にとってのテレビタレントとなっている訳ですね。今の子供達に生活実感のないのは当り前です。〝現実〟という悪夢のテレビスタジオの中でテレビタレントを生きている訳ですからね。

勿論、この〝悪夢〟がいつ始まったのかといえば、昭和の四十年からです。昭和の三十九年に「分った」と言って学ぶことをやめて――つまり、他人のドラマというものを見るのをやめて、自分を舞台に上げて行ったからですね。勿論、昭和の四十年に日本人の多くがそうなったからといって、全員がそうだという訳ではありません。いくら東京オリンピックが国民的行事だったからと言って、東京オリンピックの中継をするテレビの視聴率が一〇〇%だった訳でもありませんし、『赤穂浪士』を日本人が全員見ていた訳でもありません。見なかった人だって勿論います。見なかった人に、そうした国民的な変化は関係がなかったのかと言えば、勿論そんなことはありませんね。「他のヤツはみんな見てるんだろうな」という、自主的な〝孤立〟という形の参加をします。全然外界のことを知らないで、気がついたら取り残されていたという形で、関わりというものを持たされます。こういう人達が、日本人の多くが舞台に上ってドラマに参加して行く時、観客席に取り残されるんですね。取り残されて「はみだした……」「あぶれた……」という実感を持つんですね。繁栄の下にある〝翳《かげ》り〟とというのは、別に貧しさだけではないんですね。ドラマというものが、悪夢の太陽の下で〝翳り〟というものを濃くして行くんですね。

飛び飛びの話で分り難いかもしれませんが、昭和三十六年の『用心棒』から生まれる〝残酷時代劇〟は二つの流れを持ちます。一つは、海外の映画祭で賞を取る〝社会派〟の芸術映画です。そしてもう一方は、テレビの痛快娯楽時代劇『三匹の侍』です。既に〝現実〟は、自分の家の中に、〝娯楽〟を持っています。テレビが〝娯楽〟を奪ったら、映画はもう〝娯楽〟ではありません。映画が〝娯楽〟となるのなら、それは、一家の団欒の中にある娯楽——そういう一体感から取り残された、特別な人達の為の〝特別な娯楽〟となるしかないのです。

映画が大衆娯楽の王座にあった昭和三十年代を過ぎて、テレビという報道のメディアが娯楽の王座についた時、映画は個人的な娯楽へと落ちました。集団としての一体感を味わえなくなった人間だけが、態々《わざわざ》映画館の暗闇の中へと足を運ぶようになったのです。一体感を失った人の為の娯楽——それが特殊なものであるというのは勿論、その娯楽がすべて悲劇であるという〝特殊な娯楽〟だったからです。

誰が悲劇を求めるのか？　誰が〝救いのない〟ことを〝救い〟とすることが出来るのか？　救われない可哀相な人達だけです。そういう人達が高度成長の下に浮かび出して、ここに〝娯楽としての悲劇〟が復活するのです。復活するというのは勿論その先例あってのことですが、それが何かというと、最初のチャンバラ・ニューウェーブ〝純情青年の妄想『無頼漢改題雄呂血』〟ですね。無頼漢が公然と〝ヤクザ〟になって復活して来たのが、昭和四十年代のヤクザ映画なんですね。

24　結婚して引退して行く最後のヒーロー、緋牡丹お竜は女だった

ヤクザ映画に関して語るべきことは多くありそうで、実はあんまりありません。何

故かというと、そこに出て来る人間は、結局は〝ヤクザ〞だからです。道を踏み外した人間が自己完結して行く——結局最後、殴り込みの後で刑務所へ行く——のを〝娯楽〞として見るというそのことが、私にとってはどうにも不健全不健康なことだとしか思えないからです。言葉を変えて言えば、どうしてヤクザ映画を見ていた男は、自分の能無しには酔っても、自分の能無しぶりには目を向けなかったのだろう？　としか私には思えないからです。なんだかんだ言ったって、結局は現実を切り開かない訳でしょ？　いい人を虐《しいた》げる悪いヤクザを、自分が犠牲になって倒すという、ヒロイズムに酔って、酔ったまま現実から逃避して刑務所に逃げこむ訳でしょ？　男がそれでいいの？　と思うからです。

「ヤクザなんか人間の屑《くず》だ」というのは、道を踏みはずしてしまった主人公の口にする決まり文句ですが、と同時に、ヤクザ映画の根本道徳は「男が立つか立たないか」ですね。〝人間の屑〞が男を立たせる最大の方法は、ヤクザをやめることであるという矛盾の上に初めっから乗っかっている訳ですが、このヤクザ映画というヤツで、しかしこの矛盾が解消された映画に、まずお目にかかったことはない。主人公が「俺ァ、もう、足洗ったんだ」という前提に立っていても、悪玉は決してこれを許さない。さまざまな妨害を繰り返すその結果、「俺ァもうアイツには我慢出来ねェんだ」と言っての殴り込みになるわけですが、それから終始一貫逃げようとして堅気を全うしたヤクザというのは、決して出て来ないんですね。それをやるのは、必ず善意の脇役で、この人は必ず悪いヤクザのなぶり殺しに遭《あ》って、主人公の「もう、許せねェ」の怒りの引き金を引くだけです。はっきり言って、ヤクザ映画の主人公は、悪玉に「我慢出来ねェ」んではなくて、自分がつまらない堅気であり続けることに「我慢がなんねェんだ」なんですね。主人公は常に、「我慢出来ねェ！」と言って両肌《もろはだ》脱ぎになる機会だけをジーッと待っている。「大の男がバカみたい……」という人間が一人ぐらいいてもいいとは思います。幸い、ヤクザ映画の主人公は「笑ってやっておくんなさい」と言っている訳ですから、私としても笑う訳です。「大の男が、他に問題解決の方法を見つけらんないの？」と。〝話し合い〟という解決の方法だってある――およそヤクザ映画の性質を全く無視したイチャモンだってしっかとつくというのは、当の主人公が「ヤクザは人間の屑だ」という矛盾した前提を、平気で受け入れているからですね。

「ヤクザは人間の屑である。しかし――」という説得力のある説明のなされない限り、〝悪夢〟から孤立して、映画館の暗闇の中に慰めを求めに来る人が可哀相です。「私ははみ出してしまった。でも――」というのが、個人的にならざるを得なくなってしまった、映画館へやって来る昭和四十年代の人間の最大の悲しさなんですから、これに応えない限り、ヤクザ映画はこの人達の〝娯楽〟という名に値しません。ヤクザがヤクザのままであるなら、ただ〝叩ッ斬る〟ことだけに満足感を覚えて、ただ首うなだれて監獄へ行く後ろ姿に主題歌が流れて行くというだけなら、それはヒーローの名に値しません。筋を通したのなら捕まらない――それが正義というものです。捕まる正義は正義じゃない。そんなものが〝正義〟だったら、あの、昭和の三十年代にあった、何人斬り倒しても最後は「あっはっは、めでたい、めでたい」ですんでいた正義のヒーロー達はなんだったんだということにもなりますので――まァ、今迄のところの論旨は私らしくもなく、すべてメチャクチャだと思って下さっても結構ですが、肝腎なのはこっから先です――唯一人、捕まらなかったヒーローだけを取り扱います。その人の名は、緋牡丹のお竜。この人こそがヒーローであった。この奇跡のような〝嘘〟こそが、ヒーローというもののすべてを語り尽してしまった存在なのだ――めでたくにこやかに笑って結婚して行くのだということまで含めて――ということを成立させるのが、ヤクザ映画という一大倒錯の逆転した真理なのです。

緋牡丹お竜には、全部〝理由〟があります。どうして彼女はヤクザになったのか？　どうして彼女はヤクザを続けなければならなかったのか？　どうして彼女は最後になる迄《まで》刑務所へ行かないですんでいたのか？　そしてどうして、この〝緋牡丹博徒〟というシリーズは完結したのか。シリーズものが〝完結する例〟というのは実に珍しいことですね。しかし、この〝緋牡丹博徒〟というシリーズはめでたく（？）完結した、のです。私は多分、永遠にこの〝緋牡丹博徒シリーズ〟の最終篇『緋牡丹博徒・仁義通します』の新聞広告を忘れないであろうと思うのですが、その、真っ暗な雪の降る夜道をただ一人走って行く緋牡丹お竜の写真の横には〝シリーズ完結!!〟と謳ってあったのです。一体、毎度お決まりのヤクザ映画のシリーズがどうして〝完結〟ということがありうるのだろうかと、私はその文字を見て悩んだのですが、それは果して〝完結〟しておりました。実に最後、この最後のヒーロー緋牡丹お竜は、雪の花道血に染めて、刑務所へと歩んで行くのです。だから、これは〝完結する〟のです。これは、そういう宿命を持ったシリーズ、そういう宿命を持った、それ故にこそ不死身であったヒーローなのです。

ヤクザ映画とは、そういうものです。刑務所行ったらおしまいだ。だから、軽々に刑務所へは行くな、と。刑務所に行ってその映画は終りになるその瞬間、「あ、この人は出所して来ても絶対にカタギにはならないな」という、そういうヒロイズムを見せてはいけないということを、実にこの『緋牡丹博徒・仁義通します』の緋牡丹お竜は教えてくれたのでした。

刑務所へ行くということは、一切が終るという意味で死に等しい。刑期を終えて出て来た自分は、堅気の女の屈辱に生きるしかないんだ、もう自分にはヤクザを続けて行くことは出来ない――そういうただなる〝絶望〟を全身で表現したのが、あの映画のラストシーンでした。だから、ヤクザであるということは、それほど重要なことだったのです、この緋牡丹お竜という女性にとっては。
日本映画の生んだ最後の〝ヒーロー〟は、だから、女性だったんです。だから、日本映画のヒーローは――という逆算は、まだ早過ぎるというものでしょう――。

緋牡丹お竜はヤクザの娘です。九州は熊本五木・矢野一家の親分の一人娘で、本名を矢野竜子と言います。子供を堅気にしたがる親分はいますが、子供をヤクザにしたがる親分というのはあんまりいませんから、緋牡丹のお竜さんも本当なら堅気の家へお嫁に行くところでした。それではどうして彼女が〝九州でも指折りの呉服問屋〟の若奥さんにならないでヤクザになったのかと言えば、それはお父さんがどこの誰とも知れない人間に闇討ちに遭ったからです。

まァ、ここまではよくあるテと言えばよくあるテです。息子を堅気にするつもりで上級学校に行かせていたヤクザの親分が悪い新興ヤクザの手にかかって斃《たお》れて、その跡を息子が襲《つ》いで〝若親分〟になるという話は大映や日活のヤクザ映画でやってたと思います。東映の場合は大体「家が貧乏でそのまま道を踏み外して」というのがヤクザになる理由ですが、まァ、どっちにしろヤクザになる、ヤクザであるということには〝理由〟がいるんです。〝理由〟がいるんですが、男の場合は〝理由〟というよりも、正々堂々と観客がヤクザをやってる為の段取り、正当化と言った方がいいのかもしれません。結局ヤクザになっている今の自分というのは「ダメなヤツ」なんですから。ところで、緋牡丹のお竜さんは違います。ダメでヤクザをやってる訳じゃない。そうなのかもしれないけど、しかし決して彼女はどうして自分がヤクザになっているのかということは口にしない。どうして自分がヤクザになったのかは口にしても。それは勿論〝親の敵を討つ為〟ですが、緋牡丹お竜はそのシリーズ第一作で親の敵を既に討っている。第四作目の『緋牡丹博徒・二代目襲名』では、既に矢野組を再興して二代目の親分になって一家を構える身になっているけれども、しかし彼女はズーッと〝渡世修行の旅〟に出ている。ヤクザの親分になって一家を構えるというのも、東映のヤクザ映画では立派に〝堅気〟ですね。東映のヤクザ映画では、主人公というのは基本的に一匹狼《ローン・ウルフ》ですから。孤独であることがヤクザの条件であるようなもので、そこに〝道を踏み外したダメなヤツ〟という謙遜、卑屈も効くんですが、踏み外した道なら戻ればいい、戻る才覚のない男なんかヒーローにも値しないという私の非難も生まれます。じゃァ、何故彼は道を踏みはずし続けていなければならないのか——そこには当然、何か積極的な理由があってしかるべきだけれども、男の場合にはそれがない。あるのかもしれないけど口にしない。口にする以前にドスを抜いてしまっている。

ダメだった自分に対しての落し前はこうやってつけるんだと言わぬばかりに血の雨が降る。結局、彼が孤独なヤクザであり続けるのは彼の〝誇り〟の為ではある筈なんですが、それを口には出来ない。自分を排除した社会というものに対しての鋭い対立が〝孤独なヤクザであり続ける〟ということにはなるんですが、しかしそれを口にしない——というよりは口に出来ないんです。

自分は確かに排除されたらしい——その証拠に今の自分は排除された結果のヤクザである、ということだけは分るのだけれども、その明確なる〝排除の構造〟というのが彼にはよく分らない。分らないから〝排除されている〟という受け身を、〝ダメなヤツ〟という自分のせいにするんですね。自分のせいじゃない。はっきり言ってそれは排除した世の中の方が悪いという、そのことが言えないから、沈黙のヒロイズム(殴り込み→刑務所行)へと落ちこむ。ヤクザ映画というのは、結局〝世の中と相容《あい》れない孤独〟というものがその中心にあるから〝孤独なヤクザ〟がヒーローになるんだけれども、孤独なヤクザが出て来て映画が始まって話が進んで行く内に〝孤独なヤクザである自分〟の〝孤独〟が落っこって〝ヤクザの孤独〟という逆転現象を呈してしまう。ヤクザ映画の主人公がみんなダメというのは、この逆転を平気で許してしまうからですね。ここら辺が〝世の中に敗けた〟というところでしょう。大体、ヤクザ映画で〝足を洗って堅気になったヤクザ〟が幸福になるということはない。こういう人間は必ず、主人公を最後の行動に駆り立てる為の生贄《いけにえ》となって、悪いヤクザからナブリ殺しに遭う。主人公が身を寄せる〝善なるヤクザの老親分〟がやっぱり必ずナブリ殺しに遭うというのもこれとおんなじようなものですが、そういうことを見ていると何が分るのかというと、無力な堅気はみっともないという、そのことです。そりゃもう「ひでェことしやがる」と、その凶行に及んだ悪いヤクザを非難する声は画面の中では高まりますが、それはもう、大河ドラマのナレーションみたいなもので、主人公の殴り込みだけを心待ちにしている純粋なる観客にとっては、ただ「だらしねェ」だけです。堅気の善人が虐げられるというのはだらしがなくてみっともないというのは、その為に立つ主人公というのが、そしてそれに思い入れする観客というのが、その堅気の世界から淋しく排除されている〝孤独なヤクザ〟だからですね。排除された結果彼は力を持つ、排除する側に平気で立っている以上彼や彼女は力を持てない——堅気が虐待されるヤクザ映画というのは、こういうことを公然と言っているのです。

という訳で緋牡丹のお竜さんですが、この人は公然と排除をされるのです。父親が殺されると、彼女の縁談は御破算。そして矢野組は解散です。お父さんを闇討ちにしたのは悪人だけれども、その後の彼女の境遇の変化には一切〝悪人〟というものは関与していません。ただ「きたねェ……」と言われるような仕打が襲いかかって来るだけです。

矢野竜子（緋牡丹お竜）の母親は彼女が幼い時に死んで、ヤクザの女房がどんなに大変か、そして娘には決して私の二の舞を踏ませないようにしてほしいという遺言を残します。彼女の父親はその遺言に従って、一人娘にお茶お花に裁縫、そして小太刀（！）の免状を取らせるところまで育てて、立派に彼女が堅気の女房になれるようにした。言葉を換えれば、彼女はチャンバラ映画のヒーローになれるだけの正統なる教育を受けた、ということです。だって、剣の修行をしたヤクザなんて、他にはいないでしょう？　そして、縁談が御破算になる。その理由は一言もなし。父親が死んで、その父親故に成立した〝約束〟というものがそのまんま消滅してしまうなんてことはザラにあります。それが世の中なんです。それが世の中なんですから、彼女はその世の中のあり様に従って、公然と排除されたのです。そして、父親が死んで父親の〝会社〟と一人娘だけが後に残されたらどうなるか？　これも世の中にはザラにあることです。「とてもお竜ちゃんの手にゃアおえねえよ」と言って、さっさと〝会社〟は乗っ取られてしまう訳で、一人娘と組の者だけが残された矢野組もおんなじ運命を辿《たど》ります。堅気の世界からはじき出されたヤクザだって、ヤクザ同士の〝ヤクザの世界〟というのを作っている訳ですから、ここだっておんなじような世の中の仕組というものは持っているのです。という訳で、見事に矢野竜子はヤクザの世界からも排除されて〝旅に出る〟ということになる訳ですね。

旅に出るのはなんの為？　そりゃ〝親の敵を討つ為〟ということも勿論ありましょうが、敵を討ったその後でも彼女が旅を続けるのはなんの為？　彼女はなんにも言いませんが、それは〝世の中が許せない〟それだけでしょうね。彼女は既に世の中の本質というのを見てしまった。どこに悪人がいるという訳でもなく、知らん顔してこちらにはなんにも言えないような方向から〝きたないやり口〟というのがやって来る――それが当り前であるというのが世の中だったら、どうしてそんなところで公然と堅気をやっていられるか、公然とヤクザをやっていられるか？　緋牡丹博徒が特別であるというのはここです。このことをしっかりと、彼女は〝自分が女である〟ということの中に収めている。そして彼女はその旅に出る前、父親の墓の前で「お父っつあん、許してな。あたしは今日から男になっとよ」と言う。

男になるというのはそういうことなんです。あるものが男になる――男以外のものが男になる、男にならなければならないのは何故かといえば、それはその〝男にならなければならないもの〟が世の中というものを見てしまった、知ってしまったからですね。〝男にならなければならないもの〟――それは別に女とは限りません。男の子だって男にならなければならない。

東映という第二次世界大戦後の日本に出来た会社は、一体何でその会社の基盤を固めたのかというと、『笛吹童子』に始まるお子様向けチャンバラ映画のヒットによってでした。この北村寿夫原作によるNHKの連続放送劇（まだこれはラジオです）『新諸国物語』シリーズの『笛吹童子』が中村錦之助主演で昭和二十九年に映画化され、これで東映という会社は一躍大会社にのし上ったのです。お子様向けのチャンバラ映画が続々と作られ、中村錦之助という前髪立ちの似合う美少年は一躍トップスターにのし上りました。戦後出の映画スターというのは全部この中村錦之助の影響下にあると言っても過言ではありません。大映の勝新太郎や市川雷蔵が白塗りのツケマツ毛美少年をやっていたのは、だから、大映のトップスター長谷川一夫の影響ではなく、中村錦之助という美少年スターの影響なんです。勿論戦後に中村錦之助が出て来るということは戦前の長谷川一夫（林長二郎）という先例あってのことですが、しかし戦後という〝太平の御世〟は、中村錦之助をそのまんまアイドルとして位置づけさせたのです。

松竹からデビューした長谷川一夫には日活マキノという対抗馬がいました。男性的チャンバラに対しての女性的チャンバラがデビュー時の長谷川一夫ですが、しかし戦後の中村錦之助にはそうしたライバルがいなかったのです。東映製のお子様向けチャンバラ映画は二本立ての添え物で、一本の上映時間が五十分前後という〝短篇〟でした。言ってみれば、市川右太衛門・片岡千恵蔵という戦前からの映画スターを一家の長とする〝子供部屋の主役〟だったのです。ここにライバルはありません。あるとするなら、それは子供に対しての〝大人〟です。子供が大人を喰って行く、それがある意味での戦後の日本ですが、中村錦之助もそうでした。若く美しいスターが生まれてしまったから、大人も若く美しくなったのです。片岡千恵蔵や市川右太衛門が五十代という年齢であるにもかかわらず若くて独身の主人公を演じ続けていたというのは、この中村錦之助のせいです。彼が一人で、日本映画の主流を変えてしまったのです。

昭和三十年代前半の全盛期、東映がワンパターンのチャンバラ映画を作り続けていられたのは、この要《かなめ》となるスターが、年をとらない本当の意味での〝少年〟だったからです。

彼にはなんの不安もない――それはまだ彼が世の中という現実を知らないでいたから。実際には刀で人を斬ればイヤな音もするし血も出る――そのことを知らないでいられたから、彼は平気で刀を振り回し、颯爽《さっそう》たる活躍を示す。だから世界は明るかった。でも、その明るい世界が実は〝明るい世界〟という作り物だったらどうなるのか？　斬れば血が出るという、残酷時代劇の登場は「お前のやっていることはウソだ」という少年に対しての突きつけでしかないのです。「正義は勝つ！」という単純なる世界観は、複雑なる現実に押し潰されて見る影もない――それは一九六〇年代から始まって今に至るも、です。男の子は、ヤクザにはなっても〝男〟にはならない。世の中に裏切られた女は、〝男〟になる――そしてそれはヤクザになるということだった。他のヤクザ映画の主人公達はみんな〝ヤクザになってしまった主人公〟でしかなかったけれども、緋牡丹お竜だけは、ヤクザ映画の世界に降り立った男《ヒーロー》だったんです。

私ははっきり言って、お子様向けのチャンバラ映画で戦後の幕が開かれたんなら、ヤクザ映画にだってキッチリと〝少年ヤクザ映画〟というものがあったってよかったと思うんですね。ヤクザの家に生まれたけれどもお父さんが「お前だけはヤクザにしたくない」と言ってちゃんと中学校に入れる手筈はしておいてくれたにもかかわらず、お父さんが悪人の手にかかって殺されると中学の方では入学取り消しを言って来た。心の支えとなるお母さんはいなくて、親戚筋の親分衆はお夕メゴカシを言って組を乗っ取っちゃう。もう、くやしさを噛みしめて男の子は一人旅に出て自分を磨かなければならないところに追いつめられて――というのはそのまんま、緋牡丹お竜よりも男の子にふさわしいような話です。チャンバラ映画が衰退してヤクザ映画の全盛期が来たというのは、〝理想の江戸時代〟がもう終って仕方なく、フィルムの中の江戸時代人は近代の夕まぐれに足を踏みこんだというのに等しい訳で、それはそのまんま〝現実〟というものに直面してはねのけられてしまった少年の運命に等しいようなものですからね。

しかし、この日本には赤胴鈴之助のヤクザ版というような〝少年ヤクザ〟はいなかった。それは何故か？ 勿論、世の中には人間同士の〝個人的な関係〟というものがあったからですね。女の緋牡丹お竜とならば男は心を通わせることが出来る。又、女の緋牡丹お竜にだってそのことによって〝信じられる何か〟というものに巡り会うことが出来る。助けるとか助けないという個人的な関係の中には必ず〝愛憎〟という名の〝情〟が潜んでいる。緋牡丹お竜が刑務所に行かないですんでいたのは、「いえ、ここは私が身代りに」と黙って言ってくれる助っ人の男性が常にいたからなんですね。

25 慕情の研究

東映のチャンバラ映画は、基本的に〝男の子の世界観〟で出来上っているものでしたから、とっても禁欲的《ストイック》でした。私なんかはうっかりと「着物を着たまんまで抱き合うと、それだけで子供が出来ちゃうっていうのがホントなのかなァ……、ヘンだなァ？」と思うぐらい、ヤラシイシーンはありませんでした。キスもしないし。女を斬っちゃう『花の吉原百人斬り』の内田吐夢監督は、その後で女を斥《しりぞ》ける『宮本武蔵』の五部作にとりかかる訳ですが、そんなものでした。どんなものかというと「無器用でゴメン」でした。大久保彦左衛門のところへ腰元奉公に上っていたお仲と結婚した中村錦之助の一心太助は、結婚式のその晩――初夜ですね――酒に酔ってそのまんま泊り込んでしまった魚河岸の仲間や長屋の連中のイビキに悩まされて、お仲と一緒に「眠れやしねェ」と頭を抱えます。新郎新婦、共に着衣のまんまです。東映チャンバラ映画の世界では、「やっと二人っきりになれた」と言って抱きあうのが〝結ばれる〟ことで、その先はなかったんです。まだ男の子だったから、事態はそこまででよかったんです。しかし、それが終ってヤクザ映画になるとそうは行きません。世の中っていうのはもっと複雑ですし、孤独ということは淋しいことだからです。人が恋しい、でもこんな自分が人を好きになっちゃいけない――それが東映ヤクザ映画の主人公の根本精神です。日本人のストイシズムというのは必ず〝他人を汚しちゃいけない〟ですから、ヤクザがまともな女の人を好きになってはいけない、必ず迷惑をかけるなんです。そして、それと同時にもう一つ、女と関わりを持ったら必ず、女を幸福にしてやらなければいけない――ということは、その為に所帯を持つ、あの汚いことを平気で許す〝世の中〟と黙って折り合いをつけて行かなければならない。「そんなのいやだ」というプライドだってあるからなんです。

という訳で、女と関わりを持てず、男の作っている〝世の中〟というものとの関わり方で苦悩する東映のヤクザ映画というのはみんな、ホモっぽいんです。〝男心に男が惚《ほ》れて〟じゃありませんが、雨の中を男が二人、傘をさして「私も御一緒します」で歩いて行く。「俺もあいつが許せねェんだ」じゃなくて、この殴り込みに男が二人で御同道というのは、「一緒に死のう」と言う〝心中〟ですね。しようがない、これはもうその二人が世の中からはじき飛ばされているんだもん、孤独な魂が相寄ったら〝情〟というものが湧くに決っているという、そういう世界です。「湧いたところでヤクザ同士、まともな世の中を作っていける訳もない。あァ、俺ァもう疲れたよ」で一緒に死んで行く（あるいは〝刑務所に行く〟）というのと、「俺達二人の間に湧いた信愛の情は、どうにも位置づけようがないぜ。だって、夫婦にゃなりようもねェからな」と言って死んで行くのとどう違うのかと言ったら、主人公同士がそこら辺なんにも言わないで「私も御一緒に」で、その先は主題歌の肩代りで進んで行っちゃうんですから、なんとも判断のしようはないというものです。

別にホモがいけない訳じゃないというのは、これはもう日本の常識ですね。ヤクザ映画は殴り込みで幕ですが、同じくこれは討入りで幕という忠臣蔵以来の伝統で、実に、忠臣蔵ほどホモっぽい色彩に取り囲まれているものはないという話だってあるんです。

まず、元禄の将軍綱吉。この人が「生類憐みの令」を出したのはお世嗣《よつぎ》が出来なかったからですが、将軍綱吉は男の子の方が好きだったんだからしようがない。そして、そのお側用人《そばようにん》柳沢吉保というのは、将軍になる以前の綱吉のお小姓だった。柳沢吉保は〝尻奉公〟と美少年の斡旋《あっせん》で出世の糸口をつかんだという陰口を叩かれる。吉良上野介も晩年は男色家で、浅野内匠頭との喧嘩の原因には「美少年の小姓を渡せ」「いやだ!」という葛藤が二人の間にあったという説があるくらい。そして、別にホモが権力者の悪習でもなんでもないというのは、吉良上野介から「お宅の小姓を下さい」と申し入れられた浅野内匠頭の方だって、というのもある。

浅野内匠頭が死ぬ時に書いた遺書には勿論「大石内蔵助」という名前だって出て来るけれども、江戸にいて色々と気を使ってくれた「片岡源五右衛門」という名前だって出て来る。片岡源五右衛門というのは江戸にあって終始ハラハラと殿様のことを気にしていた〝忠臣〟ですが、実はこの人殿様と同年で、若い頃は殿様の側小姓として奉公を開始した。切腹の田村右京大夫邸の庭先でこっそりと暇乞《いとまご》いをさせてもらって涙を流したり、赤穂に帰ったら復讐の急先鋒に立つこの人は、だから、殿様とそういう関係にその昔はあったと考える方が自然です。同年の十代の少年二人が若殿と小姓でいて、その後も濃密な関係を持続していられるんだったら肉体関係はあった方が自然、ない方が不自然というのが日本の常識ですね。〝武士道の鑑《かがみ》〟『葉隠《はがくれ》』にある〝忍ぶ恋〟というのは相手が少年であることを前提にしているとか、織田信長と森蘭丸というのを持ち出すまでもなく、日本というのはそういう国なんですよ。あ、そうそう、肝腎なのを忘れていた。大石内蔵助が京都で遊んでいた時には、その相手にちゃんと、男の女方役者、瀬川竹之丞ってのもいるんですね。大石内蔵助の書いたラブレターってのも残ってるそうですがね。まァ、日本てのは（近代以前は）そういう国です。

勿論、緋牡丹博徒のお竜さんは男ではなく女ですが、じゃァだからと言って簡単に男は彼女に手を出せるのか？　ということになりますと、それはダメです。近代の――というよりも戦後の昭和の四十年代からという風に凝縮した方がいいでしょう。日本には、結婚はあっても恋愛はなくなりました。恋愛というのは常に〝結婚を前提として〟で、そうじゃないものは〝非道〟か〝遊び〟です。日本人は一人前になって一家に一台以上テレビセットを備えて全部が中流になってしまった以上、もう問題はないんです。問題がないから、若い男女は、若いしばらくの間自由に過して、そしてそのまんま新家庭へとゴールインすればいいんです。結婚式というのは親の道楽で世間体であるというのはそういうことですが、こういう世の中総体の前提というのは何に乗っかっているのかというと〝人間同士は簡単に意志の疎通がはかれる〟という、そういう単純な人間観です。そんな単純なものじゃないからこそ、団欒の場というものからはみ出してしまった人間は一人で映画館の暗闇に足を運んだんですが、じゃァ何故そこへ足を運んだのかといえば、そこには、世の中から排除されてしまった人間同士の〝思い〟というものがあったからですね。「私ははみ出している。あなたもはみ出している。私には誇りがある。でも私の誇りはもう朽ち果てようとしている」――そういう〝思い〟です。それあればこそ男は、緋牡丹のお竜さんに「でも、あなたにはまだ誇りがある。あなたの誇りを支える為なら私は今あなたの踏み台になってもかまわない」と言うんですね——口ではなく、目で。緋牡丹お竜が刑務所に行かないですんでいるのは、必ず助っ人に立つ男が出て来て、その男の言う「私も御一緒に」の中には、実にそれだけの意味合いがあるんですね。

彼女がか弱い女だから助けたいという男のヒロイズムだってそこには勿論ある。でも、それだけじゃないのは、緋牡丹お竜が誇り高い〝処女〟だからなんですね。

彼女が女であることによって、男というものは公然と彼女に対する愛情を（なんらかの形で）表明することが出来る。でも、その彼女には汚されることを拒むような何かがある。だから男は、彼女を口説くことは出来ない。彼女に対して平然といやらしい目付きをしたり口のきき方をするのは、いやらしい悪人だけ、まともな男なら決してそれをしてはならない。

男と女が結ばれるなんていうのは、実に簡単なことです。結婚しちゃえばいい、遊んじゃえばいい——でもそれで一体、何が〝結ばれた〟ということになるんでしょう？　女はポカンと口を開けて〝妻〟という安定した地位を男が用意してくれるのを待っていればいいのか？（又は色々と画策して、男がそうするように仕向ければいいのか？）男は、飢えた性欲のはけ口として、ただ女にのしかかればいいのか？　のしかかった後で申し訳に〝責任〟というものをとればいいのか？　男だってこの世の中に押し潰《つぶ》されているのなら、勿論女だってそのことを感じている。そういう人間にとっての重大な問題をどっかにうっちゃらかしといて、ただ〝淋しい〟というだけで簡単に結ばれちゃっていいのか？　そんなもんじゃないでしょう、人間ていうのは。

緋牡丹博徒の二つの有名なシーン、『緋牡丹博徒・花札勝負』の、雨の堀川端でお竜が高倉健の流れ者に傘を差し出すシーンと、『緋牡丹博徒・お竜参上』の〝雪の今戸橋〟で菅原文太の流れ者に傘を差しかけて蜜柑《みかん》を落すシーン。知らない人は知らないでいいんですが、結局二人の男女は何もしない。『──花札勝負』の高倉健は最後に、その最初の出逢いの時に傘を渡す手と手がほんの僅《わず》かに触れ合ったそのことを「初めて傘を貸していただいた、あの堀川端での手のぬくもりが、忘れてたオフクロの、あったけェ味とおんなじだったからかもしれませんね」と言う。その言葉で彼は、一宿一飯の義理のある悪いヤクザを裏切ってお竜の側についた自分の心情を説明します。この〝オフクロ〟という人は勿論、親不孝な息子を気づかって胸を痛めて貧しく死んで行ったそんな人です。ホラ出たとお思いでしょう。日本の男は乳離《ちばな》れしていないという、よくある話が。でもこの高倉健は、「その手のぬくもりでオフクロを思い出した」と言っている訳じゃありません。「オフクロの、あったけェ味とおんなじだったからかもしれません」と言っているだけですね。つまり、彼がそれまでに純粋な愛情を感じとることが出来た人は〝オフクロ〟と呼ばれるような存在だけだった、ということです。〝純粋な愛情〟というのはなんでしょう？　一方『――お竜参上』の菅原文太の方は〝妹〟です。両親をなくしてたった一人の妹を尋ね歩いていたら、その彼女は女郎になって、そして殺されていた、と。その遺骨を持って故郷に帰ろうとする彼に、緋牡丹お竜は「汽車の中で召し上って下さい」と言って風呂敷包みを差し出すんですね。そこから蜜柑がこぼれ落ちるんですね。〝雪の上に転がり落ちる蜜柑〟というのは正に、うっかりとこぼれ落ちてしまった情愛でしょう。

それがうっかりとこぼれ落ちてしまった。でも、緋牡丹のお竜がこぼしてしまったのはただの蜜柑で、それは情愛ではない。情というのなら既にそれは、彼女が「召し上って下さい」と差し出した風呂敷包みで示されている。彼女はそこから蜜柑を落し、男はその蜜柑にうっかりと溢《あふ》れさせてしまった自分の愛情を見たというのが正解でしょう。彼はそこに、妹に対して注いでいた、注ぎたいと思っていた愛情を見た。そういう愛情と、そしてそれ以上の愛情を。

彼にとって妹というものは、たった一人の身内で、庇護《ひご》してやらなければいけないという義務をも背負った愛情。そして緋牡丹お竜という女性は妹ではない――だから彼の愛情は〝義務〟というものから自由になれる。〝それ以上の愛情〟というのはそういうことです。〝純粋な愛情〟というのは、そんなものだと思って下さい。〝純粋な愛情〟だなんて時代錯誤《アナクロ》でオーバーだな、なんて言わないで下さい。ここにいるのは「無器用でゴメン」という男ですから。しかしじゃァ、「無器用でゴメン」とひとり言を男に言わせるような、その男の前に立っている女というのはなんでしょう？　男が無器用なら唯一言、女は〝鈍感〟なんです。こんなにも男の愛情に対して鈍感だったヒロインは他にいないでしょう。映画のヒロインというものはすべて、男との間で〝恋愛〟というようなシチュエーションを担当するものである以上、恋愛に対して鈍感である筈がない。他はパアでも、そこだけはしっかりしていて、「ウン！　若様の意地悪、人の気持なんか知らないでサ！」と言って、無器用な男に頭の一つもかかせるのが時代劇の町娘であったというのはそういう訳ですね。

じゃァ、その〝気持〟を分ったらどうなるのか？　結局は彼女と所帯を持つだけですよね。女は、そういう打算で男の腕をつねっているのかもしれない。男は、そういう打算を承知して、「その手に乗るかい」と知らん顔して頭をかいているだけなのかもしれない。頭をかけば青春をエンジョイ出来る——それがサマになって許されているのが〝男の子〟というようなところですね。

ところが、この緋牡丹のお竜にはそうした感情方面に対しての察知能力が全然ない。つまり、鈍感であることによって、彼女は女が持たざるをえないような〝打算〟を免れている。打算がないから純粋はありうる——そういう〝崇高なる処女〟が緋牡丹お竜の正体なんですね。〝鈍感な処女〟というのもおんなじです。処女とは鈍感なものである、童貞とは無器用なものである——これこそが男と女の本質ですね。一遍や二遍寝たからっていったって、こんなスゴイ〝本質〟が簡単に消えてなくなる訳ァねェ、いい加減にしろいと、この〝緋牡丹博徒〟の情景は、黙って現代に訴えているようなもんです。

お竜が鈍感になったのは、彼女が〝男〟になってこのシリーズを初めたからでは、ない。彼女が鈍感になったのは、世の中から排除されて、まっとうな人間になろうとして渡世の修行を続けている彼女が、優等生になろうとして絶対に優等生になれない〝劣等生〟だからです。

ヤクザという、落ちこぼれの世界の中で立派な侠客《きょうかく》になろうとして彼女は旅を続けている（多分）。彼女にとって、立派な侠客とはそのまま、立派な人間でもある、ようなもの、でもある筈だとは思うのだけれども……、というようなものです。道が目出度く〝卒業〟に続いているのなら、それに精進を続ければ優等生になれるだろう。しかし、彼女はその行く先が立派な〝卒業〟に続くものだと思っているのだろうか？ここら辺は多分、彼女にも分ってはいない。分ってはいないから、シリーズ物のヒーロー〝緋牡丹お竜〟は定石に従って旅を続けている。彼女が目指すものは〝まっとうな人間〟、彼女が続けているものはその〝修行〟。ほとんどストイックであること、この緋牡丹お竜は宮本武蔵とおんなじです。おんなじですがしかし、彼女の修行は〝剣の修行〟ではない。〝渡世修行〟というヤクザの親分になる為の修行である筈だけれども、しかしホントのところ、彼女がそれをどのように分っているのかは（彼女も含めて）誰にも分らない。はっきりしていることは、彼女には「あ、この人はいい人だ」ということは分っても、それ以上の複雑な男の気持なんかはさっぱり分らない、ということ。彼女がそんなことを分らないということを知っているから、高倉健は「オフクロの――かもしれません」という、訳の分らない表現を使って自分の気持を遠回しに述べる。それを聞く緋牡丹お竜の顔とは、よォく見れば、「一体何を言っているんだろう、この人……?」という、そういう顔なんです。

〝そういう顔〟をなんというか? それを〝あどけない顔〟と言うのです。

鈍感であるということは無垢《むく》であるということだ、その証拠に彼女はこんなにも美しい――それが〝緋牡丹博徒〟のすべてです。だから、汚い世の中のことを知ってしまった――そしてでも、その汚い世の中をどうすることも出来ずに無器用に這《は》い回っている男達は、彼女の前で目をそらさなければならない。「彼女は何も知らない。お願いだから見ないでくれ、俺の目を、俺の胸の内を」というのが、かわりに刑務所へ一人で行く男の真実でしょう。

〝緋牡丹博徒〟のシリーズは、生みの親、鈴木則文を初めとして山下耕作、加藤泰と何人もの監督が撮っていますが、はっきり言ってこれは、誰が撮ってもいいものです。〝緋牡丹博徒〟を撮るに当って、男達に要請されることはたった一つ、「是が非でも彼女を美しく撮れ」と、それだけです。私はそういうものであったと思っています。それくらい、緋牡丹お竜の藤純子は美しかった。〝道を踏み外したヤクザ〟という設定上、他のヤクザ映画の男のヒーロー達がどこかくぐもらなければならなかったのとは違って、この藤純子の〝緋牡丹博徒〟は、「正義とは美しい形である」という言葉の意味通り、正に美しかった。正に美しく、そして〝美しい〟ということは鈍感なのだということを、彼女は文字通り〝緋牡丹博徒〟の中で体現していたのです。

藤純子という人は不思議な女優です。七代目尾上菊五郎夫人・寺島純子となったこの人は、ひょっとしたら自分の旧姓が俊藤純子だったことは覚えていても、自分がかつて〝藤純子〟という名前を持って女優をやっていたなんてことは覚えていないんじゃないかとさえ、私には思えます。彼女の父は、東映ヤクザ映画全盛期の大プロデューサーだった俊藤浩滋ですが、私は、結婚してスッパリと女優をやめてしまった藤純子という人は、好きで緋牡丹お竜をやっていた訳では全然なくて、親孝行の為に女ヤクザを演じていた、ただそれだけじゃないかと思うのです。そうでなければあの鈍感さは説明出来ないし、あのはまり方も説明出来ないと、そう思います。

はっきり言って、藤純子という人は〝大根〟でした。まァ大体〝美人女優〟という人は〝美人女優〟と言われている間は大根なんですね。美人の女優にとって一番重要なことはただ〝美人であること〟だけなんですから、なんにもしない方がいいしなんにも出来ない方がいいんです。近代日本の〝美人〟というものはそういうものでしたから。藤純子も〝緋牡丹博徒〟とそれともう一つの女ヤクザシリーズ〝女渡世人〟以外では、ホントにどうしようもないただの〝美人〟でした。なまじ緋牡丹お竜がよかったばかりに他がワリを喰ったというところもありましょうが、この人には本質的に〝不幸〟なところがないんです。美人につきもののはかなさ、あるいは可憐さに欠けるというのは、この人が元々骨太で大柄な女性だということもあるでしょうが、それ以上にこの人は、おしとやかでありすぎるんです。おしとやかな令嬢はどこか悠然と構えていて機転がきかない。そういう人が稀代《きたい》の女ヤクザに扮したのです、股《また》を割って。

ともかくこの人は真面目な人だと思いますね。真面目に教えられたこと与えられたことはキチンとやった、やろうと努力したと思います。ヤクザが仁義を切る時、脚を開いて腰を落して——即ち股を割って——中腰に構える訳ですが、どうしたってこれは〝お嬢さん〟という名の処女の示す動きじゃありませんね。日本の着物の女性は基本的に内股で、歌舞伎の女方の心得でいけば、処女は膝と膝の間に紙を一枚はさんでいるように歩く、非処女なら、この膝の間には紙一枚がないという微妙なところですが、基本的に女がカパッと脚を開いて腰を落すなんていうことはありえないんです。藤純子以外の女ヤクザはみんな、どう見ても〝男を知っている〟というのはそこら辺ですね。でも彼女は、それを平気でやるんです。それをやらなければ渡世人にはならないからですね。藤純子はこれをキチンとやる。でも、その彼女が芸者をやったらひどいですね。いくら気ッ風《きぶ》がよくったって、芸者というものには〝男を知った女の愛嬌〟というのがある。芸一本の芸者なら、芸に賭けた透明感というものがあるけれどもしかし、芸者としてのそつのない動きをマスターしただけの藤純子にはそれがない。この人は、生硬なまでにも処女のお嬢さんだったんです。でも、それが〝緋牡丹博徒〟には幸いした。キチンと立派な渡世人になって行く為に修行をして行かなければならないひたむきな緋牡丹お竜にはそれが必要だからなんです。

緋牡丹お竜の出身地は肥後熊本の五木ですから、この人は熊本弁を喋ります。「お父っつあん、許してな。あたしは今日から男になっとよ」というセリフ回しがそれです。これだけ方言というものが美しく誠実な響きを持って喋られた例というのもあまりないでしょうが、熊本弁の朴訥《ぼくとつ》さ、言葉を探し探しキチンと喋ろうとする修行中の女ヤクザの注意深さ、そしてあまり器用ではない藤純子のセリフ回しの単調さの三つが一つになって、正に緋牡丹お竜という人間はこういうものであろうかというのをスクリーンに現出しました。ともかく彼女は誠実なんです。誠実で謙虚であるからこそ、藤純子の緋牡丹お竜は美しい。〝緋牡丹博徒〟に出て来る男達はだからみんな「あなたはいい人だ」と言う。彼女はホントにいい人なんだけれども、困ったことに、彼女には男の心理が分らない。それを分るという一項が、渡世修行を続ける彼女の辞書だか教科書だかの中には一行も書いてない（らしい）。だから彼女は、彼女に心を惹《ひ》かれてしまった男の胸の中をマジマジと見てしまう。どうマジマジと見てしまうのかと言うと、「なんて立派な人だろう」「なんとスゴイ人だろう」という風に、尊敬と感動の念で男を見てしまう。藤純子がもしももう十年早く生まれていたのなら、彼女はいい〝娘役〟になったと思いますよ。丘さとみや桜町弘子と並ぶ、明るい翳りのない〝東映城のお姫様スター〟になっていたと思いますね。ということはそれぐらいこの人は感情方面に対して開けっぴろげな人だということにもなりますが、一方では感情の機微ということに関しては全く鈍感ということですね。

女を捨てて男になって、立派な渡世人になる為の修行だけを彼女は心がけている。だとしたら他の一切は邪魔です。邪魔で目に入らないというその一点で、正に緋牡丹お竜はヤクザ社会の優等生です。こんな人に〝尊敬と感動の念〟を持って見られたら、男としてはかなわない。まだ男の子にそういう目で見られた方が始末がいい——というのは、男の子だったら単純な〝憧《あこが》れ〟というものを見せてしまうから。男の子と男の間にはまだ〝大きくなったら〟という時間的な隔りがある。ところが彼女・緋牡丹お竜は年の頃なら一人前の大人であるような女だ。彼女には憧れているという余裕さえない。「至りませんで……」という思いしかない。こんな人に尊敬と感動の念を持って見られたら、見られた男は、それに応えるしかない。道を踏みはずした孤独なヤクザがみんな、緋牡丹お竜の殴り込みに助っ人を買ってでて、そしてその後「この始末は私一人に」と言って死んだり刑務所に入ったりするのは、みんなその為。「彼女は〝現実〟を知らない。彼女に〝現実〟を知らせたくない」――道を踏み外してしまった自分に「この世にはまだ立派なことってあるんでしょ?」と、黙って問いかけて来るそんないじらしい女の目に会ったら、男はそうするしかなくなるんです。

これははっきり言って〝男と女の間にある愛情〟というようなものではありませんね。そんな次元を超えている。「私は生きて行っていいの? 私はこうして生きているけど、それで私の生き方は間違ってないの?」――そう直接に訊いて来る、たまたま〝女〟という形をとった一人の人間と、たまたま〝男〟という形をとった、人間同士の愛情のあり方を探るような、そうした〝二つの生き方〟の問題ですね。

私は生きている、あなたも生きている、そしてそれはなんだか分らないけれども何かを乗り超える為の道のりだ。私達が〝結ばれる〟としたら、その道のりを超えてのことという答しか、この緋牡丹お竜のなんにも言わない目差しにはない。人と人とが生きていれば、そこには自ずと愛情がある、それが当り前でしょう？　と問いかけるような目差し。又はそういう前提の上に乗っかって公然と生きているような人間に対して向けられる〝愛情〟というものは、本来なら人間に対して誰でもが持っている筈の〝純粋なる愛情〟というもの以外ありえない、という断定。そして、無器用な男は、その存在を知っていても、その表現方法は知らないという事実。そして、鈍感な女は、それが〝極上の愛情〟だということを知らないという現実。もしも彼女が〝無器用な男〟なら、そんな愛情がこの世の中にどう転がったって存在させられる筈もないということは分るから、男同士「御一緒に」で死に行くしかない。しかし彼女はそういう男ではない。そんなとんでもない愛情が存在することを当然の如く信じていて、そんな特別な彼女を特別な目で見る男の〝胸の内〟などというものが存在しうるのだということに気づけない〝女〟です。これを殺したら、これを汚したらこの世の中に希望というものがなくなる。男という男がその〝希望〟の為によってたかって支えた最後の星、それが緋牡丹お竜だったんですね。

考えてみれば、全盛期の日本映画のヒーローというのは、みんなこの緋牡丹お竜のような存在だったんですね。観客はこれを見て、正義というものの存在を信じた。でももうそれは信じられない——何故ならば、世の中はもうすべてを「これでよし」としてドラマを捨ててしまったから。それが昭和の四十年代の、映画館という暗闇の中で展開された〝真実〟なんですね。

最早この世に正義はない――何故ならば、私達は世の中からはみ出してここへ来ている。それを言うのは、緋牡丹お竜に力を貸して跡の始末を全部引き受ける渡世人という名の一匹狼、それを見ている観客です。高倉健や菅原文太や鶴田浩二扮する渡世人にとって緋牡丹お竜がスターであったのと同じように、観客にとっても又彼女はスターであった。これが彼女が〝最後のヒーロー〟であったという、その所以ですね。ヒーローというのはそういうものでした。ありうべき嘘にして、信じられる真実であるようなそうした未来の存在、それが青年《ヒーロー》だったんです。

終講

あの笑顔、そしてその笑顔

1　子供の登場と立川文庫の真骨頂

私が今迄《まで》この本の中で言わなかったことが一つあります。今迄チラホラとその影だけは見えていましたが、日本の近代の、殊にチャンバラ映画に代表される文化にとって、実に〝子供〟というものは大きな意味を持っていました。東映のチャンバラ映画がお子様向きの『笛吹童子』から始まったという話はしましたが、実はこの〝チャンバラ〟という言葉は子供が創ったんですね。よろしかったら前の〝沢田正二郎〟のところを見て下さい。

〝「チャンバラ」、こんな言葉が映画ファンのお子様たちから立ち回りの表現語になったのは、私の十四、五歳の頃からだ。私は父（省三）が映画作家だったから、チャンバラゴッコはやらなかったが、よく町の空地で子供らのやっているのはみた。——中略——

私がまだ役者に引っ張り出されない頃に父に聞いてみたことがある。父は笑いながら、「松ちゃん（尾上松之助）は、歌舞伎のケレンからきた立ち回りやね。妻やん（阪東妻三郎）は楽隊屋はんの音にようあうのんや。〽チンチリトチチリ、こんな具

合にや。ほんでチャンバラいうのはその楽隊聞いて、子供はんが作った言葉や」〃
――（マキノ雅裕監修――浦谷年良編著『ちゃんばらグラフィティー』の序文）

牧野省三の長男・雅弘が〃十四、五歳の頃〃というのは大正十一、二年――つまり阪妻の『雄呂血』が公開される前後です。その頃に子供が、サイレント映画の伴奏音楽（西洋式の楽隊と三味線が一緒になった〃和洋合奏〃です）を聴いて、それに合わせて作った言葉が〃チャンバラ〃だと言っています。この引用文の中で牧野省三の言っている〃チンチリトチチリ〃こそが立回りの伴奏音楽として有名になった長唄『筑摩川』の〃千鳥《ちどり》の合方《あいかた》〃の〃口三味線《くちじやみせん》〃です。〃チンチリトチチリ　チチチチ　チチリトチチンチンリン〃と、これはこう続きます。三味線という楽器はその名の通り糸が三本あって、太い方から一の糸、二の糸、三の糸という風に呼びますが、これを左手で押さえて、右手で持ったバチで弾いたりすくったりして音を出して行く訳です。〃口三味線〃というのは、この三味線の手《て》を記号化して覚える為にある訳で、よく時代劇で酒に酔った若旦那なんかが「チリツンシャン、畜生、粋《いき》だね」てなことを言っているのは、この手を口の中で歌にして暗誦しているんですね。左手で何も押さえずに一の糸を弾いたら〃ドン〃、二の糸を弾いたら〃トン〃、三の糸を弾いたら〃テン〃という風にこれは決っています。『筑摩川』の〃千鳥の合方〃の〃チンチリトチチリ〃は、三の糸のあるところを押さえて一拍（チン）、同じく弾いたそのすぐ後で糸を下からすくい上げる（チ・リ）、三の糸を全開にして半拍（ト）、押さえて半拍、半拍、すくい上げ（チチリ）――ということなんです。これが立回りに合わせて演奏されるのを聞いて、子供達は〝チャン〟〝バラ〟と言っていると思ったんですね。〝チャン〟というのは、刀と刀を合わせる音、〝バラ〟というのは刀が離れて空を切る音という、そんなところでしょうか。〝チンチリトチチリ　チチチチ　チリトチチンリン〟というのを〝チャンバラスチャラカ　チャンチャンチャンチャン　チャラスチャラカチャンチャン〟という風に置きかえて、口の中で三遍唱えてみて下さい。立回りの音楽が、自然と聞こえて来るでしょう（聞こえて来る人には）？　大正末期の子供達は〝口三味線〟という三味線音楽に関する専門用語を、そのまんま情景を表わす〝歌詞〟に変えてしまったんですね。〝チャンチャンチャンチャンチャン　チャラスチャラカチャンチャン〟でも〝チャンチャンバラバラチャンバラリ（こちらは『勧進帳』の〝舞の合方〟ですね）〟でもおんなじですが、こうした〝歌詞〟を口ずさみながら原っぱで棒切れを振り回していた子供達にとって、チャンバラ映画というのはそのサイレントの音のない昔から、既にして〝ミュージカル〟ではあったんですね。

チャンバラ映画には実に〝ミュージカルである！〟という一面だってあるんですが、これを最初に把握してしまったのは〝子供はん〟だったんですね。チャンバラ映画の生みの親である牧野省三が〝子供〟を〝子供はん〟という敬称付きで呼んでいるのもダテじゃないんですね。

　チャンバラ映画がそのサイレントの時代から西洋楽器＋三味線という構成の音楽を持っていたということは、フルバンドオーケストラに〝三味線豊静・豊藤〟なんていうおねェさん達が加わっていたある時期の日本の〝歌謡曲〟の奇妙なるハーモニーをチャンバラ映画が生み出した——だからチャンバラ映画と歌謡曲が本質的には相性がいいというのはそこら辺ですが、その話は後回しにして、実は、子供というものは近代大衆文化の生成にもう一つ大きな役割を果しているというのが、有名なる〝立川文庫〟の存在です。

　〝立川《たちかわ》文庫〟（正式には〝立川《たつかわ》文庫〟というそうですが）——それは子供向きの講談本の叢書《そうしょ》で、この叢書は実に大きな影響を近代の大衆文化に与えました。以前に〝講談→新講談→大衆小説〟という〝事実《ファクト》〟が〝嘘《フィクション》〟になって行く過程をお話ししましたが、どうして〝事実（である筈のもの）〟を述べる講談が平気で荒唐無稽なものに変って行ってしまったのかという顚末《てんまつ》は、この立川文庫を作って行った〝一家〟の話がもっと簡単明瞭に語っています。とりあえずはその話です——。

四国に大きな回船問屋があって、そこに一人娘がいたとお考え下さい。彼女は既に養子を迎えて五人の子供があり、一番上の女の子は既に嫁入りして子供まである――孫までいる四十を過ぎたばかりの女性です。この人が巡業中の講談師に惚れて駆け落ちをします。男は彼女より一つ歳《とし》下ですが、主導権は彼女の方にあったと言います。奔放な女の名前を山田敬、男の方を玉田玉麟《ぎょくりん》(後に玉秀斎《ぎょくしゅうさい》)と言います。立川文庫の表紙にはすべて蝶の絵があしらってありますが、これは山田敬の紋所であります。

情熱に駆られた男と女は駆け落ちをしますがその後はパッとしなくなるというのはいずこも同じで、机龍之助とお浜も玉田玉麟と山田敬もその点では似たようなものです。違うのは、山田敬がしっかりもので時代を見る目があったということでしょう。時代は明治の終りで、講談本のブームであります。売れないながらも夫は講談師なのだからこれをほっとくテはないと思い立つのは山田敬。「でもそんな……」と尻込みしている亭主を尻目に、サッサと速記者を連れて来てしまう。講談本というのは、講談師が話したことを速記者が速記するという二人三脚ですから、速記者がいなければ話にはならない。ならないけれども、速記者という、言ってみれば芸能に於けるテレビカメラのような〝メディア〟をつかさどる人間というのは必ずどっかで問題を起こす――というのは、講談から新講談が生まれたその元凶は速記者のストライキであったという話を思い出していただければよいのですが、この山田敬・玉田玉秀斎のコンビと速記者の間もうまく行かなくなった。関係改善の為に山田敬は自分の娘を実家から呼び寄せてその速記者を自分の娘婿にしてしまうということまでやっているのですが、それでもダメ。「さァどうしよう、もう講談本は作れない……」と腕組みしている山田敬・玉田玉秀斎の前に現われるのが、彼女が実家に置きっ放しにして来た子供達。長男はもう三十を過ぎていたと言いますが、この歯医者でもある長男が「お母さん大丈夫だよ、速記なら僕にだってやれる」という、とんでもないことを言い出した。「ホントかい？」というところで「玉田玉秀斎口演・山田酔神（本名・阿鉄《おてつ》）速記」というコンビが始まった。これは大正二年に速記者が「浪花節の速記なんか乗せるな！」と抗議をする以前の出来事でございます。

果して一体、山田敬の三十になる長男阿鉄は速記が出来たのか？　彼の速記能力というのはどれほどのものだったのかというと、この後にすさまじい事態が出現する。「玉田玉秀斎口演・山田酔神速記」の評判がよくて注文が増えて来ると、一人ではそのノルマがこなしきれなくなって、母親の山田敬や阿鉄の弟達までもが〝速記〟を始めて、一家総出になって来る。山田敬という女性に速記術という特殊能力があったんなら、別に頭をかかえずとも初めっから彼女がやればいい――それがここへ来てどうして彼女にそれが可能になったのかというと、これは速記の出来ない阿鉄が速記の質を変えてしまったから。彼は、玉田玉秀斎の講談を一々速記したのではなく、一々速記して行くだけの腕はないから、要約して筆記してしまった。既にここでアレンジ（脚色）というものが出て来る。ここのアレンジですごいのは、速記能力はないからアレンジしちゃったという、そのところ。そして、ここのところで重要なのは、何故そういうものが平気で通用したのかというと、速記にはシロートであった山田親子は、講談というものをよく知っていたということ。山田敬は講談師と駆け落ちした女房だし、息子達も寄席が好きで本（講談師のタネ本となるような歴史書とか小説）を読むのが好きだった。「大体のところは分っている」という、その知り方ですね。重要なものは。

大衆芸能とかいうようなものが一筋縄では行かないところがなんなのかというと、実にこれは〝みんなどれもこれも似たようなもの〟というおんなじさ——つまり〝ワンパターン性〟で出来上っているところ。私はこの本の中で〝全盛期の東映チャンバラ映画はみんなおんなじでした〟といういとも大胆なる断定をしてしまっていますが、実は大衆に受ける大衆芸能というのは、そもそもがみんなそうだからです。いくら膨大な量があっても、みんなどれもこれも似たり寄ったりという鈍感なる雑多性がない限り、大衆というようなものからは受け入れられない。時代時代によって微妙な違いはあるけれども、今のテレビドラマなんて、みんなおんなじですよね。マンガなんか膨大に生産されてるけど、みんなおんなじですよね。〝ノベルズ〟と称される現代風大衆小説だって、お家騒動の昔の大衆小説だって、数多ある〝忠臣蔵〟がみんなおんなじ忠臣蔵の話であって、どれもこれもが微妙に違っているというところで、とっても〝大衆〟なんです。大筋は同じでたんびたんびに目先が違う――大衆芸能・大衆芸術、これは全部そういうものです。そもそもが能というものだって、ただの人間が〝後ジテ〟という形でなにかの精だったり霊になって出て来るというそのところで全部同じでしょう。講談だっておなじなんですね。「大体のところは呑みこんでいる」というところで平気でまとめ上げられちゃうんですね。講談が話されるのを聞いて大体のところは呑みこめてしまうだけの能力（〝素養〟と言いましょうか）、それがあれば、文章としてまとめ上げることは出来るんですね。そのまとめ上げたものを〝速記〟と唱えればいい訳で、こうして玉田玉秀斎の一家の中では速記の質というものが変えられて行った。難しい言い方をしてしまえば、玉田玉秀斎という講談師は自分の家族（妻となさぬ仲の子供達）によって、自分の持っている講談というものの本質を見事に把握されてしまった。山田一家というのは、〝生きている大衆作家〟でしたね。

こうして速記というものは玉田玉秀斎の家の中では〝まとめ上げてサッサと納期に間に合うように書くこと〟というように変り、講談師というものは、口演するものであるというところから微妙に〝監修者〟へと変る。一遍自分の話したものを息子達がまとめ上げて「お義父《とう》さん、これでいい？」と持って来るのを見て「ああ、いいよ」

と言っていれば、それで立派に〝監修者〟ですね。ここにおいて講談師は、一体それが講談になっているかどうかということを判断する役割を持つものということになる。講談師が話したことをまとめ上げて、それを講談師が見て「これでチャンとした講談になっている」と判定した結果が講談本であるならば、講談師が話していなくても、それが講談としてまとめ上げられて講談師がそれを講談だと判断すれば、それもチャンとした講談であるということになる。立川文庫に猿飛佐助という、全く架空の忍術使いが登場して来るのはこれです。筆の勢いが「こういうのがいたっていいでしょう？」でそういうものをうっかり存在させてしまったら、それはもうそれで、実在の人物となってしまう。猿飛佐助はそれです。大体〝忍術使い〟〝妖術使い〟というようなものは、江戸の歌舞伎、草双紙が生み出したもので、児雷也《じらいや》はその一つの典型ですが、それが明治以後も持ち越しで生き延びていたのと違って、この猿飛佐助（あるいは霧隠才蔵）というのは、全く明治のひょうたんから駒です。猿のように飛ぶ身の軽さだから〝猿飛《さるとび》〟だ、あるいは霧が隠すように姿を消すから〝霧隠《きりがくれ》〟だという合理的な命名法は江戸にはないものですね。こんな即物的な命名法は、主役のものではなく下ッ端のものであったのが江戸の命名法ですから、〝猿飛佐助〟というのは全く明治以後の近代の発想です。これが明治の安土桃山（日本のルネサンス）あるいは豊臣ブームの中、智将真田幸村の配下として出て来る。

立川文庫の第五篇『智謀《ちぼう》　真田幸村』――〝ところが此真田《このさなだ》幸村及《ゆきむらおよ》び最期《さいご》の花々《はな〲》しき難波戦記《なんばせんき》などといふは、当今《とうこん》に於《お》いても大分《だいぶん》に口演《こうえん》の上出版《うへしゆつぱん》になって居《を》りまするが、本篇《ほんぺん》は当時《とうじ》の戦記《せんき》又《また》は文書《ぶんしよ》などを充分取調《じうぶんとりしら》べた上《うへ》、いま迄出版《までしゆつぱん》になって居《ゐ》る物《もの》とは全《まつた》くその行《ゆ》き方《かた》を変《か》へ、難波戦記《なんばせんき》の主人公《しゆじんこう》たる真田幸村《さなだゆきむら》を中心《ちうしん》となし、周囲《しうゐ》の事実《じじつ》を口演《こうえん》する間《あひだ》に、難波戦記《なんばせんき》の面白《おもしろ》き処《ところ》を抜萃《ばつすい》して、口演致《こうえんいた》しますれば何卒其御心算《なにとぞそのおつも》りにて、御愛読有《ごあいどくあ》らんことを偏《ひとへ》に願《ねが》ひあげます〟

〝難波＝浪花〟で、〝難波戦記〟というのは大坂冬の陣・夏の陣ですね。まァ、これを読めば講談というものが〝事実《じじつ》〟で〝面白《おもしろ》き処を抜萃《ばつすい》して〟しまうものであるということがお分りになりましょうし、平気で〝全《まつた》くその行《ゆ》き方《かた》を変《か》へ〟てしまえるのも〝事実〟というのには〝周囲《しうゐ》の事実《じじつ》〟という、何やら怪し気な〝事実〟もあるからだということもお分りになるでしょう。なんかの拍子に一行、一語でも〝記録〟されていれば平気で想像力が〝充分取調《じうぶんとりしら》べ〟てくれる、と。〝いま迄《まで》〟とは〝全《まつた》くその行《ゆ》き方《かた》を変《か》へ〟た真田幸村の〝周囲《しうゐ》の事実《じじつ》〟の中に猿飛佐助という部下がいた――いたならばもう、この〝周囲《しうゐ》の事実《じじつ》〟は平気で〝中心の事実に〟にもなるだろう、というところで『立川文庫　第四十篇　真田三勇士　忍術名人　猿飛佐助』の一冊が出る。

猿飛佐助は斯《か》くして、一人の武芸者、一人の勇士となって、実在の〝立派な人〟となる。これが子供達にウケて、尾上松之助の忍術映画となり、立川文庫は似たような〝武勇伝〟〝漫遊記〟を続々と生み出して行くようになる。

どうして続々と生み出せるのかというと、それがみんな似たようなものだからですね。斯くして玉田玉秀斎の一家は机を並べ、机の上には『武鑑《ぶかん》（江戸時代の大名旗本の紳士録）』と道中地図だけを参考書としておいて、朝の七時から夜の九時まで、一家総出の執筆作業になる訳です。大名の家系と地図だけで量産体制が可能になるというところなどは、最早《もはや》大衆文化の生きた見本のようなもので、東映チャンバラ映画のワンパターンは、こうした正に日本大衆文化の王道に則《のっと》ったものであるということが分るのです。

大衆というものは子供ですね。〝チンチリトチチリ〟の音から〝チャン・バラ〟を作ってしまうのと、ファクトから猿飛佐助を作ってしまう玉田玉秀斎一家とは全く同じですね。子供達は、そういうものを呑みこんでしまうし、そういうものを作り出してしまうし、そういうものしか受け容れない——という訳で〝みんなおんなじ〟であるにもかかわらず、いや〝みんなおんなじ〟であればこそ——すべての要素が出揃って「大体分る！」という概括的な把握が可能になって〝みんなおんなじ〟の花盛りがやって来るという、そういう訳なんですね。

2　沢島忠監督と全盛期ゴッタ煮東映チャンバラ映画

全盛期の東映のチャンバラ映画は〝みんなおんなじ〟でしたが、これは正確に言えば、どんなものでも手を変え品を変えて結局みんなおんなじものにしてしまうという、非常に手のこんだ〝みんなおんなじ〟でした。その〝みんなおんなじ〟のワンパターンさは第二講を見ていただければお分りになると思いますが、まァ、あそこは言ってみれば大人の真面目な世界です。大人は新聞だけしか分らない、だからそのワンパターンは猟奇の三面記事から正義の社説へ続くしかないというところもあります。ありますが、どんなものでもワンパターンにしてしまうんだったら、それは別に〝猟奇〟の三面記事を発端にする必要もないんです。真面目な〝優等生〟にとっては自分の〝日常〟を破るのは〝猟奇〟という非日常しかないのかもしれませんが、子供というものはそんなせせっこましいものではないんですね。ブロードウェイミュージカルだって、春風駘蕩《しゅんぷうたいとう》の鯉のぼりだって、みんなおんなじ非日常ですね。子供には日常と非日常の区別なんてないからです。

たとえば昭和三十七年の『ひばりチエミの弥次喜多道中』、これなんか、完全にミユージカルです。江戸の芝居小屋に勤める下足番の二人の乙女、美空ひばりと江利チエミが、ひょんなことから男装して旅に出なければならなくなる――という訳でこの二人が弥次さん喜多さんになる訳ですが、二人とも本職は〝歌手〟ですからねェ、どう考えたって、この二人が正義の刃を振るえる訳はない。立回りになったら、この二人はキャーキャー言って逃げ回るのが一番ふさわしい。ところが若い娘の話なんだから当然〝若侍にホの字〟というシチュエーションは出て来る。出て来りゃ当然、この若侍が〝ただの若侍〟である筈はない。という訳で、二人の女の子が旅に出なければならなかった〝ひょんなこと〟というのは、御家乗っ取りをたくらむ悪家老の密貿易にからまる事件だった、ということになって、最後は正義の若侍と悪家老一味の大立回りで、その間をキャーキャー言って〝ひばりチエミ〟が駆け回るということになる。見事に〝おんなじ〟です。

この映画のトップシーンていうのはすごいですよ。ある種の映画のテクニックが全部収められている。

江戸の芝居小屋で下足番（当時の芝居小屋というのは履物を脱いで、上りますから当然、履物専用のクローク係がいる）の女の子二人――ひばりとチエミが町娘の半纏《はんてん》姿でテンテコ舞いをしている。江利チエミは東宝の〝サザエさん〟シリーズで当てた人だから、当然そそっかしやの三枚目娘というのはうまい。しかし美空ひばりというのは、当時東映のお姫様スターでもあったし、キリッとした男装の似合うチャンバラスターでもあったというところで、江利チエミとはちょっと違う。そのちょっと違うのをどう解消してコメディーの主役に持って行くのかというと、彼女はここでは眼鏡がなければなんにも見えないド近眼という設定にする。赤い柄付きの眼鏡を顔に当ててウロウロオタオタする彼女というのは、とっても可愛いですよ。

芝居が終って観客は下足係の二人に殺到する。翻弄されて二人は大忙しというところは勿論、チャカチャカしたコマ落し。客が去って華やかだった劇場の灯は消えて二人はフーッとため息をつく。

灯の消えた舞台の袖から光が洩れて来る。その光を受けて長く伸びる二人のシルエット。これを俯瞰《ふかん》でとらえたそのシーンはそのまんまブロードウェイのバックステージ物ミュージカルですね。そこに聞こえて来る、美空ひばり扮する〝お君〟の声――

「無残に消えて行く尊い青春。一体どうなるんだろう。……トシ?」

「うん……」と答える江利チエミの〝おトシ〟。はっきり言ってここのところは〝永遠の青春映画〟ですね。そして勿論、昔の青春は暗くなんかない。二人がここで黙りこむ訳もないのは、この二人が〝歌手〟だからですね。

〽来る日も、来る日も、見るものは、下足の札と、足《アッシ》ばっかりィ♬と、そのまんま歌になって、二人の女の子は誰もいなくなった舞台の上で、下足番の二人の仕事を歌いながら演じ始めて〽バラ色の青春は、私達で開くのよ♬と一転、舞台皎々《こうこう》と照り輝くダンスシーンとなる。曲は陽気なルンバでございます。はっきり言って、ここは幻想なのかなんなのかはよく分らないけれどもはっきりしているのは、ここにこういうシーンがなければつまらないということ。虹の舞台に着物姿の踊り子が出て来て、下足番の娘はそれをバックにして踊る。踊りながらいつしか灯はまた消えて、それでも二人はいつものように舞台の上を通って家に帰ろうとすると、花道のスッポンから奈落へ真ッ逆様――するとそこには人相の悪いならずもの達が何やら悪だくみ。トシとお君は悲鳴を上げるがテンポは早い、加賀邦男扮する悪人は「こいつらひねりつぶせ！」と号令をかけて、シーンはすぐ〝追っかけ〟に移る。陽気な音楽まだ続いていて、これに乗ってキャーキャー、ドタバタの追っかけっこに突然、誰もいない客席から千秋実の同心率いる御用提灯の列がラインダンスのように現われる。話は一挙に核心へ進み出すという寸法です。勿論こんな映画をこんな風に作るのは当時の東映きっての〝若い俊才、沢島忠《ただし》（現・正継）〟に決っている。私に言わせれば、ある時期の東映チャンバラ映画はこの人が一人で〝みんなおんなじ〟にしてしまったようなものです。そのくらいこの人はテンポと勢いがあって、どんなものでも、料理が出来た。その沢島忠の魅力を語ってしまえば、東映の全盛期のチャンバラ映画の魅力、ひいては昭和三十年代の日本の〝理想〟というものまでが説明出来てしまうとさえ思うのですが、それを語る前にもう一つ御紹介しておきたい沢島忠の〝傑作〟――（まァ、この人のある時期の作品は〝みんな傑作〟ですね。何故かといえば〝みんなおんなじ〟にしてしまうんですから。みんなおんなじだから、みんな傑作なんですね）——それは昭和三十五年の『暴れん坊兄弟』。

これは山本周五郎の短篇『思い違い物語』を映画化したものですが、この見事に〝東映ワンパターン〟になっている『暴れん坊兄弟』を見て原作者の山本周五郎は、映画化されたものの中で一番好きだと言ったとか。そういうような傑作でもありますが、こんなものでもおんなじにしてしまうのかという、ミュージカルとは違った例——。

『ひばりチエミの弥次喜多道中』は勿論、美空ひばりと江利チエミが〝正義の刃〟を振るう訳ではないですね。正義というのは、それが正義である為には必ず悪に向かってお説教をするという一面を持っている訳で、そんなこと、下足番のお君とトシに似合う訳もない。それならば、主人公が正義の侍で、それが〝近眼のお君〟のように、どこか抜けてのんびりとした男だったらどうなるか？　男が主役だったらやっぱり正義の刃を振るわなければならない。振るって、悪を滅ぼす立回りをリードして行かなければならない。およそそんな風になりにくい主人公を使って見事に、正義の士がお家騒動の悪を倒すという東映チャンバラのワンパターンにまで持って行ってしまったのがこの作品『暴れん坊兄弟』です。ワンパターンであるということが一体どういうことなのか、そしてワンパターンというのにはどれだけのことが可能なのか、そしてワンパターンにする為にはどれほどの把握が必要なのかということを教えてくれるような作品でもあります。知る人ぞ知る隠れた大傑作ですね、これは。

五月の空にゆったりと泳ぐ鯉のぼり。物干台の上でゴロンと昼寝をしている一人の若侍。そこにかぶさる、全く現代っ子であるような青年のナレーション——「皆さん、どうです、この男っぷり。美男で腕が立って頭がよくって気風がよくて、と思われるでしょう。ところがこれが思い違い。全く見掛け倒しなんです」

物騒でもなく不気味でもなく賑《にぎ》やかでもなく、どう転んだってチャンバラなどという活劇が起こりそうもない導入部。寝ているのは東千代之介、喋っているのは若き日の中村賀津雄《かつお》（現・嘉葎雄）で、この二人が典木泰助《のりきたいすけ》・泰三という兄弟に扮します。兄の泰助はのんびりした——もう、ただただのんびりした昼行灯《ひるあんどん》で、立回りをしかけられても「ワアーッ！　ワアーッ！」と大口を空けて怒鳴っているだけの、どこか欠陥があるんじゃないかというような人物であれば、弟の方はこれを補う為か、武士にあるまじく、男にもあるまじく、ただもうせっかちにベラベラベラベラ喋ってばっかりいるようなティーンエイジャーという取り合わせです。この映画〝ゲスト主演〟というような形で中村錦之助が出て来ますが、主演は東千代之介と中村賀津雄のコンビですから、ある意味では〝地味な作品〟ですよね。それでオープニングがのんべんだらりで緊張感のかけらもないんですから、一体こりゃどうなることか？　と思う訳です。

典木泰助はぼんやりした男だけれども、何故か殿様に「見所あり」とされて、殿様のお国入りに先立って一人国元へ行くことを命じられる。殿様の留守中国元では何かが起こっているらしい、と。

国元では勘定奉行井上図書《いのうえずしょ》（悪役・原健策）の汚職が罷《まか》り通って藩政は紊乱《びんらん》している。これに憤《いきどお》る〝青年隊〟というのも結成されている。どうやら話はどこかで、同じく山本周五郎の『日々平安』を原作とする黒澤明の『椿三十郎』に似て来たような気配。

殿様のお留守を預る国元のナンバー1は城代家老で、もう一人ナンバー2には好々爺丸出しの頑固者――典木泰助の父親とは親友だったという山治《やまじ》右衛門というのがいて、これが悪役である筈の進藤英太郎が扮する。悪役の進藤英太郎が好々爺になるとホントに人のよさが丸出しになるとは前にも言いましたけれども、この山治右衛門もホントにそう。この人にはやはり人のいい奥方（岡村文子）がいて、これはもう『椿三十郎』の入江たか子とどっちが上かというぐらいにいいおばさんで、この夫婦には娘が二人ある。姉娘が典木泰助にぴったりであるような、おっとりしたお姫様女優、大川恵子。妹娘が泰助の弟泰三の騒々しさと組み合わせたらさぞ息が合うであろうと思わせる、幸福なる東映きっての町娘スター、ふくよかな丘さとみ。女優陣にはもう一人、村娘お春の役で花園ひろみも出て来ますから、最前私はこの『暴れん坊兄弟』が〝地味だ〟なんてことを言いましたが、とんでもない豪華キャスト。ただ、東千代之介扮する典木泰助がちょっとピントのはずれたヒーローになっているという、ただそれだけのこと。そして、その〝ただそれだけのこと〟がどれほど大きいかという話はこの先——。

はっきり言って、これだけの豪華キャスト（中村錦之助だって出ている）を善人達に揃えた映画で悪の張本人が原健策でつとまる訳はない。原健策というのは、誠実なる田舎の体育教師、あるいはすぐ頭に血の上ってしまうハタ迷惑な正義漢というようなイメージの人だから、この人が勘定奉行とはいえ、この人一人で大悪事なんか企める訳はないというところで当然出て来る悪の張本人は、城代家老・稲葉兵部《いなばひょうぶ》で扮するは勿論、ロンドン生まれの山形勲。斯くして、隠れている悪のナンバー1に、悪の実行者であるナンバー2と、東映ステロタイプの悪役陣は出来上って当然、その下には下ッ端の悪人達もいる。すごいのは実に、この下ッ端連の描き方。

大悪党に騙されて詰め腹を切らせられるトカゲの尻ッ尾に星十郎と阿部九洲男《くすお》。それを見て自分も命が危いと、不正帳簿を持ち出して脱藩をはかった挙句が殺されてしまう、十人の子持ちである書記役が田中春男。

プロレスラーを思わせる阿部九洲男がキッスイの悪役であるのはともかく――しかしこの人が哀れにも詰め腹を切らされるというのはすごい――問題は、星十郎と田中春男の二人ですね。この二人、言ってみれば明るく小狡《こずる》く抜けているという、生ッ粋まじりっ気なしの〝弥次さん喜多さん役者〟だと思えば間違いがない（勿論丸顔の星十郎が弥次さんで、面長の田中春男が喜多さんではあります）。この二人が小狡い下ッ端役人をやる。丸顔の星十郎の方が「なァに、世の中なんてこんなもの、スイスイ渡ってかなきゃバカですよ」と言わぬばかりのお調子者であるなら、十人の子持ちの田中春男の方は、生活苦でうっかりとサラ金に手を出すように、悪事の片棒を悪事と知ってかつぐ小市民タイプ。

実はこの映画、〝みんなおんなじ〟の東映ワンパターンの体裁をとって何を描いているのかというと、〝構造汚職〟と〝自然破壊〟を昭和の三十五年――60年安保のその年に、既に描いている。

勘定奉行が汚職をしているということは悲憤慷慨《ひふんこうがい》をもっぱらにする正義の〝青年隊〟の知るところであるけれども、しかしその彼等は汚職構造の実態がどういうものかは知らない。実はこれ、城代家老以下がこっそりと山の御料林の材木を切り出して横流しをしていて、その実態をつかむべく、殿様中村錦之助から東・典木泰助・千代之介が派遣されて来たという訳。

国元の連中は江戸表から特別に人間が一人派遣されて来ると聞いて、悪い奴は悪い奴なりに、汚職の横行に心を痛める連中は連中なりに、危惧と期待で落ち着かない。当の典木泰助がやって来る前に噂だけが先行して、切れ者、武芸の達人ということになるけど、やって来るのはどっか抜けたような顔をした東千代之介。こういう人が〝正義の主人公〟でやって来る以上、悪人は眉間《みけん》に皺《しわ》を寄せて眼光鋭く睨みつける、悪虐の限りを尽す、という訳には行かない。という訳で、ここに出て来る悪人連中はみんなどこかでしまりがない。ニタニタヘラヘラ笑って、あるいは心配をむき出しにしてオロオロと、ロクでもないことを企む。正義の士に緊張感がない以上、悪人達にもやはり緊張感がない。そして、そのことによって〝不正〟とか〝悪事〟という人間の退廃は、この人間のだらしのない緊張感のなさから生まれるものだということが実によく分る。

「私なんかこれだけ、これだけですよ」と言う竹村健一をもっとのっぺりさせたような、あるいは当今はやりの〝面白CM〟に出て来るひょうきんなサラリーマンを思わせるようなお調子者の小悪党、星十郎が生きて見えるのはその為。典木泰助の後を追って来たおしゃべりな弟泰三によって、勘定奉行は御料林の材木を横流ししていると教えられた〝青年隊〟が星十郎と阿部九洲男の下ッ端を引っ立てて行く。自分達は上役に言われた通りにしただけだから……と逃げようとする二人の前に現われる悪の張本人・城代家老。「儂《わし》の言う通りに書けば命を助けてやる」と言われて、「ヤレ安心、絶対大丈夫だと思ってた」という顔色を見せて書かされる文句が「御料林材木横領の罪を詫《わ》びて、ここに自決す」

ある意味で、最も幸福なる人間の表情が剝き出して登場するこの映画の中では、自決を強要される星十郎も阿部九洲男も〝善人〟です。やれ嬉しや助かったという、そうした人間の素直な嬉しさが突然、持たされた筆の先で「自決す」というものに変ってしまう——世の中のこわさというのは、実にこれですね。この映画にはそういう人間達ばかりが出て来る。

江戸からやって来た〝特使〟典木泰助を歓迎する正義の青年武士〝青年隊〟というのもやはり同じ、詰め腹を切らされる下ッ端役人が〝悪に走る善人〟であるのなら、こちらは〝悪に走れない善人〟でしかない。〝青年隊〟というのが当時（一九六〇年）の学生運動に対する痛烈なる皮肉であろうというのは、実にこの正義の〝青年隊〟なるものが、焚火《たきび》の前で高歌放吟、足踏み鳴らしてスクラム組んで踊っているだけ、ということで分る。

「汚職？」

「そうだッ！　藩政は紊乱し、悪質と不正で充満しているんだッ！」

「そんなに判っているなら、正せばいいでしょう」

そうあっけらかんと言ってのける典木泰助に答える〝青年隊〟の面々。曰《いわ》く「そんな事をやってみろ、たちまち我々微禄《びろく》（薄給）の者は浪人だ」曰く「今の世の中に浪人してみろ、死ぬより外に仕方がない」

これが〝正義〟だったら「ははァ、だから黙っているんですか」と典木泰助に言われてもしようがない。

勿論そんなことを言われりゃ正義の志士は怒る。冷静なリーダーはそこを押さえて「頼む、貴様こそ我々の希望なのだ」と言うけれども、そんな性急な頼み方をされても困る。殿様の密命を受けてやって来たばかりの典木泰助には、まだ肝腎の汚職の構造がよく分らない。分らないから、あっちへ行ったりこっちへ行ったり、様子を探ったり、又は分らない時は分らないまんまでポカンとしているだけだから、分らないものはなんとも言えない。という訳で、青年達の希望の星は「ああ、そうですか、でもむずかしい事は私には判りません」ととんでもない事を言う。「さては勘定奉行に買収されたなッ！」と激昂するのは〝青年隊〟だけれども、厄介な構造を調査する密命を帯びた人間が「自分はそういう使命を持っております」なんていうことを明らかにする訳がないということに、この正義の青年達は気がつけない。構造汚職というのは〝そういうことが許される〟というモラルの隙間が、次第次第に寄せ集って、いつの間にか〝扮れもない悪〟というものになってしまうこと。そこに〝悪人〟はいるけれども〝どこからが悪人なのか〟という一線はにわかには引けない。典木泰助が「ははァ、だから黙っているんですか」と言うのは、そこを指してのこと。「悪を許さない」というその声、態度が〝悪〟に届いて、そしてその結果〝悪〟をたどろがせて初めて、そのたじろがせたものが〝悪〟ではないということが明らかになる――こういう厄介な一線が構造汚職の善悪の境目ですから、届くだけの確証（理由）と届かせるだけの力がない限り、その人間は明らかに〝判断保留〟というぼんやり状態を演じるしかない。それが典木泰助で、それが分らないのが徒党を組んだ教条正義主義者の〝青年隊〟。このファイアストームで〝集会〟ばっかり開いている〝青年隊〟と、上司の為を思って（そして自分の為をも勿論思って）詰め腹を切らされる星十郎の下ッ端役人もおんなじなんですね。

という訳で、構造汚職には糾弾者しかいない。決して声が届かないように、届いても決してそれで危険がないようにしか、糾弾者は声を〝悪〟に届かせない。ここでは実際のところ、糾弾を可能にするモラルというものが作用しないというのは、構造汚職がそもそも〝そういうことが許される〟というモラルの弛緩《しかん》が積み重なって出来て行ったものだから。モラルを弛緩させたというその一点で、その構造の中にいる人間はみんな〝共犯〟。みんなが共犯だから、そこには被害者がいない。あるものは愚痴とやっかみだけだから、正義というものは空疎に空回りをする。そこら辺はこの映画、実に見事です。

ここ迄が見事でその先も見事というのは、構造汚職が〝悪〟であるなら、そこには必ずその被害を受けている人間がいるという、その被害者を連れて来ること――で出て来るのが〝自然破壊〟。散歩がてらに御料林まで典木泰助が足を伸ばすのは、花園ひろみ扮する村娘お春の訴えがあってのこと。

お春「お城の御料林がここ数年毎日切り開かれているのよ。そのために私達百姓は困ってるの」
泰助「どうして？」
お春「だって、山の木がないから洪水ばかり起きるんだもの」
泰助「地質学から言ってもそうだ」

こんなオッソロシクも単純明快な指摘がなされるこの映画は、今から二十五年前の映画ですね。一体この間、日本ていう国は何してたんでしょう？　勿論この映画にはバッサバッサと切り倒されて行く山の木とその結果の禿山《はげやま》というのも、チャンと痛ましく登場する訳ですね。被害者は百姓であると同時に、痛めつけられて行く自然だということをその画面はいとも率直に語ります。

という訳で、被害者はいいて、構造汚職は〝悪〟なのです――いくら呑気《のんき》に笑っていても。

斯くして〝悪〟ははっきりして正義もはっきりするけれども、しかし今迄の一種のんべんだらりとした悠長さの中で、正義の炎というものは性急には燃え上らない。燃え上らない限り、この『暴れん坊兄弟』は〝みんなおんなじ〟である東映チャンバラ映画のワンパターンには、あてはまらないんですね。

すべての人間はだらしなく、その一点でひょっとしたらすべての人間は善人かもしれない。この映画の中でキリッとなるのは、中村錦之助の殿様以外には唯一人、星十郎と阿部九洲男を自決へと追いやる瞬間の悪城代・山形勲だけなんです。「絶対に許さない」と目を真剣に光らせるものは、この映画では保身の瞬間の悪人だけなんです。この映画で〝格調高い〟真面目さは、そこにしかないんです。「格調の高さとはそんな恐ろしいものだ」とさえ、この映画は言っている。だとしたら、典木泰助はどうしたらいいか？　「私利私欲に拠って自然を貪《むさぼ》る憎き奴、天下万民に代って成敗してくれる」なんていうセリフは、絶対にこの『暴れん坊兄弟』の主人公が口にすることは出来ないセリフです。

構造汚職が成立してはびこるということはどういうことかと言いますと、モラルの弛緩であると同時に、これは現実離れのした大義名分が力を失って人がのびのびと出来るようになっているという反面があってのことです。だから『暴れん坊兄弟』に出て来る人は、みんなのんびりとして人間的なんです。自由であることの派生品が構造汚職でもあるんですね。だからここでは、正義のヒーローの格調高い名乗りは効力を持ちません。持ったらそれは恐怖政治になるということを、『暴れん坊兄弟』に出て来る人間達のくったくのない人間くささが口を揃えて言っています。

だから、立ち上るのは〝正義〟ではないんです。立ち上るのは〝喧嘩の勢い〟で、突進して行くのは正義のヒーロー唯一人ではなく、「分った以上、構造汚職は許さないぞ！」という人間みんななんです。

みんなが走る、そして、正義のヒーローは刀を振り回さない――それが『暴れん坊兄弟』のクライマックスなんですね。

星十郎と阿部九洲男の下ッ端役人は詰め腹を切らされ、これを見ていたのが田中春男扮する経理の役人——御存知十人の子持ち男です。この男と典木泰助が夕焼けの城下で顔を合わせるシーンがあります。

江戸から一人やって来てスゴイ奴だという〝噂〟だけが先行していた典木泰助に関する正確な情報が、江戸表から悪人の許に届けられる。「お尋ねの典木泰助なるもの、江戸家中では薄ぼんやり、昼行灯、石仏、大馬鹿侍等と言われ、誰にも相手にされぬ困り者、此度の国詰めは、江戸屋敷に置くをしのびない殿のお情けあるおはからいと存じ候」——あまりのことに悪人達は笑う。悪人達から広がって、家中一同みんなが笑う。その笑い声に好々爺の進藤英太郎はプンプン怒って、典木泰助に八ツ当りする。構造汚職はどっかへ行って、それはそのまんま〝いじめの構造〟ということになる。まァ、そんなことは覚悟の上だけど、典木泰助としてはやっぱり面白くなんかない。ポツンと一人で、石垣の上に腰を下ろして遠くを見ている。そこに通りかかるのが、妻をなくして十人の子供を男手一つで育てている田中春男扮する経理係。赤ン坊をおんぶして、十人の子供をぞろぞろ引き連れての買物帰り。彼は、自分のやっていることがいやなことだとは知っている。知っているけれども、そんなこと誰にも言えないし、言ったってどうにもならないことは分っている。ポツンと坐っている典木泰助に彼は思わず声をかける。

「いいですな、貴男は。実にのんびりして全くいい……。羨しいなァ、馬鹿と言われようとなんと言われようと心が平和でしょう。それに引きかえ、この私は何者かに追っかけられているような毎日です。心のやすらぎがありません」

彼は、典木泰助に何かを話したい。話したいが話す勇気ときっかけがない。石垣の上でもじもじしている二人に向かって、下から子供達が声をかける――「お父さァん、お腹がすいたァ」

「ああよしよし、それでは御免」と降りて行く小役人。「さようならァ」と手を振る泰助と、それに応えて手を振る十人の子供達。やっぱりこの世の中には悪人なんていないんだなと思わせるような、ホントに涙の出るようないいシーンです。

そして、そういうスレ違い方をしたこの経理の小役人が殺される。

おびただしい帳簿と典木泰助宛の手紙を残して脱藩しようとするこの男も殺される。手紙には「奥山御料林の横流し、税金横領の証拠書類一切を典木殿にお渡し致し、脱藩する卑怯者を何卒、十人の子供の為にお許し下さい」とある。

記された手紙を読む典木泰助の弟の表情が変る。一方その小役人は神社の境内で「脱藩者はこうなるんだッ！」と、同僚武士に斬られている。そんなことはなんにも知らない我らがヒーロー典木泰助は、又石垣の上でぼんやりしている――と、そこへ駆けつけて来る子供達。「お父さんが、お父さんが殺される！」

「何ッ！」

斯くして映画は一挙にいつものような展開を見せる。走り出そうとするヒーロー、そこにやって来るヒロインの姉娘。「子供達を頼んだ！」と言ってヒーローは走って行く。駆けつけた主人公の前で善良なる小市民は虫の息、「悪の首魁は城代家老……」「何ッ！」

という訳で、すべての全貌を把握した我らがヒーロー典木泰助は「ウオーッ!!」という訳の分らない咆哮《ほうこう》を発して突っ走って行く。主人公はただただ「ウオーッ!!」という訳の分らない奇声を発して、悪の一味が一件落着の祝宴を開いている料亭目指して突っ走って行く——まるで蒸気機関車のように。

勿論途中には刺客も待ち受けている。それではその夜の材木置き場で無刀の典木泰助は何をもって戦うか？　「ウオーッ!!」一声奇声を発して、彼は、そこにあった身の丈の倍はありそうな大丸太を抱えて振り回す。そして、その丸太を抱えて彼はまたひた走る。

一方は善なる進藤英太郎家老の家。「泰三ッ、グズグズしてはおれんぞッ！」「小父上、私は落ち着いたことはありませんぞ！」と、弟の泰三は好々爺の手を引いて走り出す。同じ時、泰三のＧ　Ｆ《ガールフレンド》である丘さとみの妹娘は仲間と共に別の方向へ走り出す。

主人公が走る。爺さんと青年が走る。娘と仲間も走る。そして、娘に急を知らされた〝青年党〟の面々も、遂にここへ来て走り出す。みんな走って、目指す相手は、料亭の大広間。障子に映る悪党共の哄笑《こうしょう》に向かって奇声一発、典木泰助は抱えこんだ大丸太をぶちかます。

障子をブチ破った丸太に続いて現われる典木泰助。続いて爺さんと弟がなだれ込み、〝青年隊〟もなだれ込む。

〝いつもおんなじ〟とは、こういうことでした。

3　走る、走る――その為の要諦、鍋とゴッタ煮

沢島忠の魅力は一言、走ることでした。走る、走る、みんなが走る――それはほとんど、町を挙げての正義のダンスパーティーに、町のみんなが息せき切って駆けつけて行くのとおんなじことでした。日本じゃある時期、日本中の映画館でこんな〝ダンスパーティー〟が、少なくとも二ヶ月に一遍は繰り広げられていたのでした。

沢島忠監督という人はどちらかと言えば今迄あまりまともに論じられることのなかった監督さんだったのかもしれませんが、ひょんなところで評価されて、ひょんなところにファンがいました。昭和三十六年、イタリアの世界喜劇映画祭で作品賞と監督

賞をとったのが中村錦之助・賀津雄主演の『殿さま弥次喜多』――これは尾張の殿様と紀州の殿様が将軍継承者になるのをいやがって旅に出る、そしてその弥次さん喜多さんの内の喜多さんの方が後に八代将軍吉宗になるというとんでもない話ですが、外人さんにもきっとこの面白さは分ったんでしょうね。そして昭和四十八年『週刊文春』の四月三十日号に〝美空ひばり一座と共に、どっこい生きている元東映花形監督・沢島忠〟なんていう掌論が載りました。こんなところにファンもいたんですね（ちなみに昭和三十四年の同誌十一月二日号に掲載されている〝娯楽映画の新人王早撮り監督のエース沢島忠〟という四ページの記事は、ひょっとしたら今迄のところで一番優れた沢島忠論なのかもしれません。よろしかったらどうぞ）。

その、東映をやめてその後舞台の演出に転じたことを報じる『週刊文春』の記事が最も適切に沢島忠映画の特色を伝えているようなので少し引用してみましょう。

〝だから、昭和32年に一本立ちの監督になってからは、恐ろしいもので、撮る映画のどれも、登場人物が、ひたすら走りに走ってるので、映画批評家も観客もビックリしてしまった。

一心太助が走り、若さま侍が走り、お染が久松の手をひいて野崎村のドテ道をこけつまろびつ突っ走り、ふり袖小僧がふり袖をひるがえして町の中をかけぬけ、弥次さんと喜多さんが命からがら全速力で逃げ、どこかへ行ったむっつり右門の旦那を、泡を吹いておしゃべり伝六が追っかけ、助さん格さんは若いから走ってもフシギはないとして、水戸黄門までがかけだしていたし、爺さんがかけるのは黄門だけじゃなく、大久保彦左衛門までかけ足で、江戸城のなかを、徳川家光まで全速力でつっ走ってるというのだから、沢島時代劇は、下《しも》は横丁の犬から、上《かみ》は公方《くぼう》さままで、ヒタスラムヤミに狂気のごとく走り通しているというので人気がわいた。〟

正にこの通りで、何故か沢島時代劇を語ると、みんな口調が口から唾を飛ばしてというトーンになってしまうのは、正しく沢島時代劇がそういうテンポであったからということなのでしょう。一人の人間が走る、ある一つの集団が走るというのではなく、沢島忠監督のチャンバラ映画は、色んな人間の集団が、色んな方向から大クライマックスへ向けて「大変だ！　大変だ！」の喚声を上げて走り寄って来るからです。その点で、中村錦之助主演の〝一心太助シリーズ〟は正にうってつけでありましたでしょう。「大変だ、大変だ、天下の一大事だ‼」と言って、一心太助が魚河岸の中を走り回る。魚河岸の連中は天下の一大事を救う為に、天秤棒をかついで加勢に走り出す。『暴れん坊兄弟』で典木泰助が大丸太を振り回したってちっとも不思議じゃないというのは、そういう先例があってのことですね。悪人を退治するのは正義の主役《ヒーロー》だけれども、そのヒーローの為に馳《は》せ参じて来る人間はゴマンといる——それが戦後の民主主義でした。戦後の民主主義というのはそういうものだったんだと、私なんかは今でも思っています。

色んなものがワーッと喚声を上げて走って来る。その走って来る為に、色んなものがキチンと〝色んなもの〟として描き分けられている——一緒くたにする為に、ゴッタ煮の材料は豊富に用意されなければいけない、という訳でした。

『ひばりチエミの弥次喜多道中』で、男になった下足番のお君とおトシは旅に出ます。出るとなったら、勿論、歌になります。こんな歌です——。

〽車がないから歩いて行こう
馬で行くのは社用族
品川夜明けの提灯消す
箱根八里は歌で越す
清水港は鬼よりこわい
大ボス小ボスの声がする
越すに越されぬ

ああん、あん、あん、あん
大井川
それ！
ダッドゥダ、ドゥダ、ダ、ドゥダ
ダッドゥダ、ドゥダ、ダ、ドゥダ

一体これだけの歌の中に、どれだけの要素がゴッタ煮になっているのか？〈ちなみに曲はスイング・ジャズです〉

〝自動車《クルマ》がないから歩いて行こう〟――正にごもっともで、ここでまず〝現代〟と〝江戸時代〟がゴッタです。〝品川夜明けの提灯消す〟――これは『お江戸日本橋』で、〝箱根八里〟と〝大井川〟の方は〝箱根八里は馬でも越すがよ、越すに越されぬ大井川〟の馬子唄のもじりで、この間に〝清水港は鬼よりこわい大政小政の声がする〟の広沢虎造の浪曲が入って、〝ああん、あん、あん、あん〟はその節回しで、最後がジャズのスキャットですね。おまけにひばりとチエミの〝男装〟で、〝男〟と〝女〟がゴッタ煮の〝弥次喜多〟である、と。この二人が歌いながら日本晴れの富士山の見える街道を歩いて行くとなったら、「ああ、日本的とは正にこうしたものであろう」ということになりますね。

今では〝演歌の女王〟になってしまった美空ひばりは一体何でデビューしたのか？　笠置シヅ子——ブギウギの女王の物真似ですね。この人は〝演歌〟の所属ではない、ジャズの人です——その出生は。一方の江利チエミ、こちらはある時期日本のジャズ雑誌の女性ボーカリストの一位になっていたジャズシンガーですが、この人が何によって歌に説得力というものを獲得して行ったのかといえば、それは都々逸《どどいつ》の柳家三亀松《やなぎやみきまつ》です。江利チエミはこの人に小節を回すことを習ったんです。なんとも日本というのは不思議な世界ですが、こんなこと、チャンバラ映画の伴奏音楽が、長唄の和洋合奏で、その元の曲が立回りの情景音楽ではなくして踊りの情景音楽（〝舞の合方〟）で、子供がそれを聞いて歌ってしまったという今迄を考えれば簡単に納得出来るものです。日本というのは、そういう国なんです。少なくとも、日本の大衆というものは、そういうものを平気で受け入れてしまうし、そういうものでなければ楽しくならなかった。そういう国なんです。だから、すべてはゴッタ煮にならなければいけない——そうでなければそれは不完全で片寄っている——し、そして材料がゴッタである以上、それを煮る〝鍋〟は一つでいいんです。〝正義は勝つ〟——それだけです。その〝鍋〟に向かってみんなは走りこみ、それで〝正義は勝つ！〟。みんな正義だから、みんなは走り寄って、みんなは晴れやかに笑う。だからみんなおんなじなんです。

それでいいじゃないですか。みんな明るく笑えてたんだから。それで最後は日本晴れだったんですね。

色々問題はあったのかもしれないけれど、みんなは明るく笑えていた。

色々の問題がまだ表沙汰にならなかったから、みんなは平気で笑えていた。

この二つ、正反対のことですけれども、結局はおんなじですね。〝笑えていた〟んだから。

〝笑う〟というのはむつかしいことですね。文楽の方では〝笑い十年、泣き八年〟という言葉がありますけど、これは浄瑠璃語りの太夫が、キチンと泣き声を表現出来るようになる迄には八年かかるけど、笑い声なら十年かかるということですね。心から笑えるというのは、むつかしいことなんですよ。当人が笑えるつもりでいても、周囲との関係が何やらくぐもってくれば笑い顔だって硬張《こわば》って来て、いつの間にか笑えなくなってしまう、笑いがなくなってしまうという、それが〝笑顔〟ですね。

今本当に〝笑顔〟ってあるんでしょうか？　日本の映画から〝幸福な笑い顔〟が消えてもう二十年以上経ちます（私はそのように思っています）。どんな理屈がつこうが、その結果が〝幸福な笑顔〟にならなかったら、そんなものはみんな嘘で贋物《にせもの》だと私は思いますね。今なんか、頭の悪いヤツが無理して納得したつもりになって、それでポカンとしているだけだもんね。もう、理屈なんかいらないね。みんな明るく笑って手を振ってたもん。みんな、喚声を上げて元気に突っ走ってたもん、最後は。それが出来なかったらみィーんな嘘だと思うね、俺なんか（ホラ、文章がゴッタ煮になって来た）。

という訳でみんな、ワンパターンの鍋の中でゴッタになって走っていたのでした。という訳で、〝映画批評家も観客もビックリしてしまった〟〝ヒタスラムヤミに狂気のごとく走り通しているというので人気がわいた〟――この〝ビックリ〟と〝人気〟の間をつなぐ論理が見つからなかったから、うっかりと日本人は、それが「大したものでもないのかもしれない」と、見失ってしまったんでしょうね。はっきりしていることは唯一つ、健全なる身体行動は、うやむやを発散させて〝幸福な笑顔〟というのをもたらすんですよ。それはスポーツとおんなじなんですよ。スポーツには理屈がいらない。ルールと訓練と、それが〝出来る〟という状態がありさえすればいい。〝物語《ドラマ》〟というのは、そのスポーツの為のルールですね。そのスポーツに参加する為の〝人間〟に関するルールですね。だから、講談や新講談や大衆小説や立川文庫や、その他モロモロのドラマは、人を興奮させたんですね。歌や踊り、あるいは走るという運動能力、立回りという演技能力、そしてすべての〝演技〟――それはそうした健全なるスポーツに参加する為の基礎訓練だったんですね。日本人は――日本の大衆文化は、日本人が健全に動けて、その結果〝幸福な笑い顔〟を獲得出来る為に存在したんですね。私はもうはっきりとそれだけを思います。だから、みんなそれを真似したんですね。ただ、それだけじゃカッコつかないなと思った〝青年〟が、メンドクサイこと言ったんですね。みんな料簡《りょうけん》が若かったから、そういう大切なことが分れなかったんですね。

〝そういう大切なこと〟というのは何か？

それは〝娯楽に理屈はいらない〟ということです。理屈抜きで歴史という蓄積だけがあったんです。それが日本の、表沙汰にはならなかったもう一つの〝近代〟だったのです。（〝表沙汰になっていた近代〟というのはだから、〝理屈だけあった〟というそのことですね。理屈だけあって歴史という蓄積がなかった――だから「過ちは繰り返しません」なんていう、余分な心配をするんですね。歴史がないから、ひょっとしたらまた似たようなことになるかもしれないとは思うけども、〝似たようなこと〟っていうのがどういうことなのかが正確には分んなかったりしてね。つまんない幻影に怯《おび》えていないで、さっさと歴史を作って行けるような〝実績〟を生み出しゃいいんだと、私は表沙汰になっている〝公式記録〟の方に訴えたいなんていう余分なことを思いますけどね――まァ、もうどうでもいいですが）。

4　大職人監督マキノ雅弘は、あの阪妻をこう走らせた

〝歴史〟の話です。何もゴッタ煮は沢島忠が始めたという訳ではない。沢島忠という人は、豊富になった材料を全部鍋の中に叩き込んで、ゴッタ煮というものを完成させた人で、そのゴッタ煮には先例があります。勿論それは誰あろう、大職人監督マキノ雅弘です。

ゴッタ煮映画の最初ということになるとなんだかよく分りませんが、多分ここら辺でしょうというのは、ズーッと以前にお話しした、鼠小僧と遠山の金さんが弥次喜多になって旅をするという昭和十三年の日活映画『弥次喜多道中記』――沢島忠監督の〝殿さま弥次喜多〟シリーズ『ひばりチエミの弥次喜多道中』の原型のようなものですが、ここにはディック・ミネと楠木繁夫という二人の歌手が本物の弥次郎兵衛・喜多八になって出て来ます。旅に歌がつきものだというのはここら辺からでしょう。そして昭和十四年には日本最初のオペレッタ映画と言われる『鴛鴦《おしどり》歌合戦』――この中で歌を披露した志村喬がそのあまりのうまさにレコード会社にスカウトされかかったという話もあります。そして翌年には、後に東宝で森繁久彌の出世作ともなった〝次郎長三国志〟シリーズの原型ともいうべき、『清水港　代参夢道中』（脚本・小国英

雄）――〝次郎長三国志〟が広沢虎造《ひろさわとらぞう》の浪曲をナレーション代りに使ったその方法は既にここへ出ています。まァ『清水港　代参夢道中』というのも、日本のチャンバラ映画というのは結局こういうものではなかろうかというようなすさまじいゴッタ煮で、現代と江戸時代がゴッタ煮になったら、それは結局ＳＦだという、とんでもない片岡千恵蔵主演の変則〝森の石松〟です。

現代の東京の劇場で森の石松の芝居を上演する稽古が続けられている。閻魔《えんま》堂で森の石松が都鳥の吉兵衛に裏切られて横死しようとする寸前「だめだ！　だめだ！」と怒鳴りつけるのが背広を着た若き演出家・片岡千恵蔵。台本がひどい、演技がひどいと言って、彼は頭を抱える。頭を抱えている彼に、志村喬扮する劇場の支配人は、主役が死ぬ芝居は昔っから当らないことになってるから話の筋を変えたらどうだろうと言う。冗談じゃない、森の石松が死ぬのは歴史上の事実だと喰ってかかるのがインテリの片岡千恵蔵。関西弁の興行師志村喬はそれに対して平然と「歴史なんかほっといたらいいがな」と言ってのける。極端な話〝歴史なんかほっといたらいいがな〟というのがチャンバラ映画で、それはもう江戸の歌舞伎・浄瑠璃以来の伝統ですが、果してこの映画は〝歴史の改変〟を目指すＳＦになってしまう。もう『バック・トゥ・ザ・フューチャー』ですが。

女秘書の轟夕起子と喧嘩した片岡千恵蔵の演出家は、ウトウトして気がつくと、自分一人江戸時代の清水港にいて森の石松になっている。自分の片目がつぶれていることに気がついた森の石松が鏡を取って覗《のぞ》き込むと、それがそのまんま、四谷怪談のお岩の髪梳《かみす》きのパロディーになっているという、昔の片岡千恵蔵はとんでもないことを平気でやっていたもんですが、石松の方はそうでも、清水港の次郎長一家の人間にとっては、「ここはどこだ？　清水？　だったら東京まで汽車で五時間だ」なんて訳の分らないことを言う森の石松は気が違ったとしか思えない。「一つ息抜きに旅行にでも出すか」と言う親分清水の次郎長が設定した旅行コースは勿論、四国の金毘羅参り。それを聞いて震え上るのは森の石松——「そんなところに行ったら帰りに殺されちまう！」と。

その話を打ち明けられたのが現代の女秘書と瓜二つの、轟夕起子扮する石松の許嫁〝お文〟——「だったらあたしも石さんと一緒に行くわ。そうすれば石さんの言う筋立てとは違って来るから石さんも死なないですむでしょう？」と。もう、正にＳＦです。それに広沢虎造の浪曲師だの、ウグイス芸者美ち奴だのが加わって、森の石松は果して代参道中の帰りに殺されるのか殺されないのかという、とんでもないゴッタ煮映画が出来上る。まァ、最後は目出度し目出度しですが、夢から覚めた演出家が作り出した新しい舞台は、なんとレビュー版の〝森の石松〟だったというオチになる。

既に後年の東映ゴッタ煮時代劇の原型は、この昭和十三、四年のマキノ雅弘作品に全部揃っています。まァ、この昭和の十年代というのが実は太平洋戦争直前でありながら（又は〝ある故に〟か）大衆文化のゴッタ煮が頂点に達した時代でもありまして、江戸っ子の浪曲家（〝浪花節〟というのはその名の通り関西出来のものです）広沢虎造の全盛期であり、これが平気でジャズのブルースと結びついた、川田義雄の〝あきれたぼういず〟の大ブームの時期でもありました。

広沢虎造という人が〝江戸っ子〟と〝浪花節〟のゴッタ煮である浪曲師であれば、この人の奥さん（広沢虎造の三味線を弾く〝曲師〟でした）は滑稽浪曲で人気を博した女流浪曲師の娘だった。つまり、広沢虎造の浪曲そのものが〝明るい笑い〟というものを情緒過剰の浪花節に持ち込んだものでもあった。それが大人気になると、オペラ歌手藤原義江に憧れて歌手になろうと思った川田義雄の中で、今度はジャズ・ブルースと合体されてゴッタ煮になる。この川田義雄は後に〝晴久《はるひさ》〟と改名して〝美空ひばりの育ての親〟というようなことになる訳ですから、もうこれはどう形容していいのかよく分らないから〝現代モダン歌舞伎〟とでも言ってしまいましょうか。そういうような近代大衆芸能の一つの大本流・王道ではある訳ですね。

広沢虎造は、川田晴久経由でジャズと笑いへつながり、これがそのまま美空ひばりを経て東映の沢島時代劇へと続く。広沢虎造は勿論、マキノ雅弘経由でゴッタ煮時代劇へと続く。そしてもう一つ、マキノ雅弘からスイングジャズを経由して阪東妻三郎の〝正統（?）〟チャンバラ映画へと続く『血煙高田馬場』というのだってある。

御存知、堀部（中山）安兵衛の高田馬場での敵討ちを映画化したこの昭和十二年の日活作品がどうしてスイングジャズかというと、この『血煙高田馬場』のクライマックス・シーンである中山安兵衛の1対18の決闘シーンの撮影前日、監督のマキノ雅弘は主演の阪東妻三郎を連れてダンスホールへと行った。そしてそこのバンドにジャズを演奏させて監督自ら、「明日の立回りはこう」と、自らその音楽に合わせて立回りを演じて見せた、と。だから『血煙高田馬場』はジャズなんです。この講談で知れ渡った〝本格チャンバラ物語〟は、あまりに知れ渡り過ぎたその故をもって、平気でジャズのリズムで踊り出した（〝躍り出した〟が本当でしょうか）――ほとんど、ここら辺のノリは、山田敬一家が立川文庫を生み出してしまう、そのノリとおんなじですね。それは既に知り尽している、それならばその次はその料理《アレンジ》だ、と。

この『血煙高田馬場』のバンツマの動きは見物ですよォ。本当に体が動く、動いているというその快感が画面からヒシヒシと伝わって来る。別にトランペットが鳴り響く訳でもない、日本映画特有のどこかメリハリのない伴奏音楽でしかないにもかかわらず、ここで刀を振り回すバンツマの体は、一秒たりともジッとしてはいない。踏みこんで見得を切って、その見得を切った脚が勢いに乗ってタッタッタッとたたらを踏む。踏んだまま首は左右を見返して、そのまんま横っ飛びにはねて行く。前後左右に飛びはねて、ホントにこれで人が斬れるのかどうかという詮索を超えて、その躍動感がそのまんま直《じか》に観客に伝わって来るという、後にも先にもこんな例はちょっとないくらいの〝快感〟です。

昭和十二年というのは、『雄呂血』の成功で一躍〝剣戟王〟の名称を奉られた阪東妻三郎がトーキーでつまずき、自分の独立プロを解散して日活に入社した、言ってみれば彼の生涯で最悪の時期に当ります。「私は最近、することなすことがうまくゆかず失敗を重ねて、本当にイバラの道を歩いて来ました」と彼が言うのがこの年です。それでは、その『血煙高田馬場』が何故いいのか？　これはマキノ雅弘監督が十日で撮り上げた作品だそうですが、しかし、よくも悪くもやはりその結果でしょう。『血煙高田馬場』には、実のところ二人のバンツマがいます。一人は、本当に動くことを心から喜んでいる〝剣戟王〟のバンツマ、もう一人は、重っ苦しく構えてもったいをつけた演技・セリフ回しを平気で露呈している〝古い阪東妻三郎〟です。この人が〝名優〟として生まれ変るのは昭和十六年の稲垣浩監督作品『江戸最後の日』の勝海舟役からですが、この『血煙高田馬場』ではまだそこまで行ってはいません。演技にリアリティーがなく、古いのです。ということは、この人の演技がまだ自分のものにはなっていなくて、その場その場で平気で、一人よがりの型にはまった芝居を見せているということです。セリフを言う時に〝感情〟がない。歌舞伎や、あるいはサイレント映画の弁士のセリフ回しのように、節《フシ》はあっても、それを言う人間のストレートな感情がまだないのです。セリフに節があるから、まだ学芸会の棒読みにはなっていないというだけです。

浪人して裏長屋に住み、酒びたりで喧嘩を買っては〝喧嘩安〟の異名をとっている中山安兵衛。その長屋の住人というのは、御存知、大道易者に辻講釈師、ノリ売りの婆ァに、夫婦喧嘩ばっかりしている大工の夫婦と落語に映画に講談にお馴染《なじ》みの面々。生きた庶民の中で「先生、先生」とアイドル視されている中山安兵衛あったら、それこそ戦後の錦之助のような生のいい〝愛嬌〟というのがあってしかるべきですが、この阪東妻三郎にはまだそれがないのです。追い詰められたものが剣を振るう『雄呂血』以来の〝悲愴美〟それがまだ彼の根本に取り憑《つ》いているのです。映画の中で生きた生活感情（つまり〝リアリティー〟です）をもって喋ろうとするのだけれども、まだそれがつかまえられないから、セリフ回しが大時代《おおじだい》になるしかない。まだ世話物の感覚がつかまえられない歌舞伎の時代物役者のようなものです。チャンバラ映画のゴッタ煮感覚でいけば、浪曲の〝格調〟はつかまえられてもスイングジャズの〝生命感〟は分らない、というところでしょうか。但しそれを、殊に〝中山安兵衛〟の演技に関してはマキノ雅弘は許しているというフシはあります。講談というのはそもそも一本調子でどこか垢抜けない重っ苦しいものである、というように。古臭い講談のヒーロー中山安兵衛だったらその方が似合っているかもしれない——その代り、というのが〝もう一人のバンツマ〟の出番です。

サイレント時代から〝剣戟王〟と呼ばれたバンツマは、ともかくそのことによって運動神経だけはメチャクチャに発達している。喋ることではなく、動くことが映画であるという時期に全盛を極めたのである以上、そのことは当然です。その当然のことがトーキーになって足を引っ張る結果にはなったけれども、喋らずに動いている限り、彼が魅力的であることには変りないという、優れた演出家なら簡単に分る〝引き算〟というものがここにはあります。

中山安兵衛の話というのは非常に簡単な話で、ここで中山安兵衛のやるべきことは、酔って喧嘩をしている、韋駄天《いだてん》走りで高田馬場まで走って行く、そこで大勢を相手に叔父の敵討ちの剣を振るう、この三つだけです。

中山安兵衛には叔父がいて、この叔父には妻も子もなく、身寄りといえばグレて浪人している安兵衛だけです。この叔父が、正月の御前試合で勝った相手の逆恨《さかうら》みを買って果し状を突きつけられる。相手はきっと大勢助太刀というのを引き連れて来るだろう、そういう卑怯なヤツだ、ということを知っている叔父は〝この世の別れ〟と思って安兵衛を訪ねて行くが、どこかで呑んだくれたままの安兵衛は帰って来ない。仕方なく手紙を残して叔父は一人死地に赴くと、すれ違いで帰って来る安兵衛。叔父の残した手紙を読んで愕然《がくぜん》、突っ走って行くところは、ほとんど沢島忠の『暴れん坊兄弟』とおんなじです——というよりも、この高田馬場の中山安兵衛がある種時代劇の典型パターンを作ってしまったと言った方が正解でしょう。

安兵衛が駆けつけると、既に叔父は斃《たお》された後。勇躍、安兵衛は刀を抜いて大勢相手に敵討ちにかかる——その雄姿を見ていた浅野家家中の堀部弥兵衛に見込まれてその娘婿となった中山改メ堀部安兵衛は元禄十五年の十二月十四日、赤穂四十七士の一員として本所松坂町にある吉良上野介の屋敷へ乗り込んで行くというのが『義士銘々伝』の〝堀部安兵衛高田馬場の仇討ち〟の一席ではあります。

話そのものは非常に一直線で簡単な話です、この〝高田馬場〟は。という訳で、その一直線にすべては賭けられた。

叔父の危急を知った中山安兵衛は、一直線に高田馬場目指して走って行く——それを、大職人監督マキノ雅弘はどう撮ったか？

おんなじ所を、何遍も何遍も阪東妻三郎に走らせた。カメラは一点に据えっ放しで、その様子を右から左にパンさせる——首を振って写すだけ。その一定区間の疾走を何遍も何遍も演じさせて、それをそのまんま映画としてつないでしまった。

たかだか二、三十メートルの間です。土手の上に簡単な木の柵だけがある。その道を何遍も何遍も、バンツマの安兵衛は右から左へと走る。それをそのまんま続けると、土手上の延々と続く道を中山安兵衛がひた走りに走って行くように見える。

（しかし本当にそうか？）

正確なところは違いますね。どうしたって〝延々と続く道を走っている〟ようには見えない。彼はただ走っている――そのようにしか見えない。そして、そのようにしか見えないから、この単純な映画の中でその〝走る〟という行動が、正に純粋なる躍動感をもって見るものに伝わって来る。小細工という〝嘘の技術〟が〝純粋なる真実〟というものを生み出してしまう、その芸術の奇跡がこの〝疾走〟です。〝娯楽に理屈はいらない〟と私は言いましたが、しかし〝娯楽〟には〝技術〟というものは絶対に必要なんです。〝芸〟のない娯楽は娯楽じゃない――それは〝まがい物〟であるという、確たる基準がこの〝娯楽〟にはあるんです。

たとえばこの疾走シーンを、伊藤大輔監督の〝鞍馬天狗〟のようにレールを敷いて三百メートルの大移動で撮るとします。「三百メートルの全力疾走をしろ」――役者は勿論、それが出来るかどうかを考えるでしょう。考えて必死になって、ゴールまで辿《たど》り着けるように走る。この場合、スタート地点からゴールまでは〝走っている〟ということで同じです。問題は〝走り抜けるかどうか〟ですから。そして、走り抜いた結果、息は乱れて必死の形相物凄くということになります。一直線に走り抜いて、走り抜くことをした結果〝必死の形相〟というような〝心理〟が深まって行くのです。

一方、たかだか二、三十メートルのところを何遍も何遍も走らされる方を考えてみましょう。三遍も繰り返せば、四遍目には分ることがあります。それは何かというと〝飽《あ》きる〟ということです。二、三十メートルなら簡単に走れる――その単純な行為を繰り返させられたら、人間は必ず飽きて、やる気というものをなくすのです。そして、やる方は飽きてもやらせる方は飽きない――まだ予定の目的には全然達していない。三百メートルの疾走を三十メートルで区切ったのなら、これは十回繰り返さなければならないことだから、まだ予定量の半分にも達していないことになる。やる方はもう飽きているのに、まだ予定としてはそれは続けられなければならない。飽きた時に人間はどうするか？　なんとかして飽きないような工夫をする。ただ走っていただけなのを、肩で息をするような動きを加えて走る。手を前に突き出して「待ってくれ！　待ってくれ！」と言いたいような表現を付け加えて走る。その他色々。つまり、同じ行為を無理矢理繰り返しさせられることによって、その〝走る〟という単純な行為が、〝こうも表現出来る〟〝ああも表現出来る〟という、色々な色彩を付け加えられることが出来るのです。

製作期間十日間という、とんでもない制約だってあったでしょう。「メンドクサイからここで撮っちまえ」というような。それがバンツマに幸いしたんですね。「同じところを何遍も何遍も走れ」と言うことによって、監督はバンツマに、「あなたもっと色々な表現を自分の体の中に眠らせているでしょう。忘れさせているでしょう」ということを言っているのです。「自分の中にはこれだけの可能性がある。これだけの能力が眠っている」——バンツマは何遍も何遍も同じことを繰り返させられることによって、自分の中に眠っているものを一つ一つ解き放って行くのです。だからこの疾走シーンが本当に胸躍るのです。それはまるで、「喋るとかなんとかっていうつまんない理屈に縛られていた自分がウソみたいだ、なんてそんな自分はバカだったんだろう」と、バンツマが全身で言っているのに等しいんです。〝感動〟というものはそういうものなんですね。

「かつて私は動けた。そして今この寸前まで私はそのことを忘れていた、今はその一つ一つを思い出しながら私の体は本当に自由に動いている」——その思いあればこそ、『血煙高田馬場』の阪東妻三郎は真実魅力的に飛び回れるんですね。〝娯楽〟というのはこんなものです。

5　東映版〝ローマの休日〟で美空ひばりは走り出し、そのことによって時代劇は役目を終える

時代劇の終焉《しゅうえん》を語る時が来ました。それは昭和三十八年（一九六三年）――東京オリンピックの前年の東映沢島忠監督作品『ひばりチエミのおしどり千両傘』です。ヘンなところでヘンな風な終り方をするんです、このチャンバラ映画というヤツは。

時代劇の始まりが、近代になって「やっぱり今っていう時代は面白くない。だから〝理想の江戸時代〟を作ってしまおう」であるのなら、〝今っていう時代が遂に面白い〟ということになったら時代劇の〝江戸時代〟は終るでしょう？　そういうことなんです。

『ひばりチエミのおしどり千両傘』は前の『ひばりチエミの弥次喜多道中』に続く〝ひばりチエミ物〟の第二弾ですが、もうこの二人は〝町娘〟ではありません。一方は大名のお姫様、一方は町育ちのその腰元です。おしとやかなお姫様が勿論美空ひばり、お転婆な腰元が勿論江利チエミです。お姫様は自分の日常に退屈している。そして、そのお姫様は御婚儀整って、お輿《こし》入れの旅に出る。ある宿場に泊って、そこでは

お祭りの日。江利チエミから町のお祭りのよさを聞かされていたお姫様は町へ忍び出る。勿論これは東映版の〝ローマの休日〟です。美空ひばりがオードリー・ヘップバーンだけど、勿論ウイリアム・ワイラーの『ローマの休日』には江利チエミなんか出て来ない。『――おしどり千両傘』はじゃァどうなるのか？ ここから先はマーク・トウェインの『王子と乞食』との二本立てになって、江利チエミは身替りのお姫様。江利チエミの腰元には、好き合った仲の（でも喧嘩ばっかりしている）料理番の侍・安井昌二がいて、美空ひばりの方はどうなるのかなァ……と思っていると、股旅姿の水原弘が、町娘に化けたお姫様の前に現われる。今迄の東映チャンバラ映画だったら、もうこの後の展開というのは決ってるんですね。黒い股旅姿の水原弘が（それは勿論、彼が『黒い花びら』のオミズだから）自分は材木問屋の息子で山の木を仕入れる為に旅に出ているなんて言っているけれども、それは真っ赤な嘘で、実は彼こそが美空ひばり扮する〝姫君様〟の許嫁《いいなずけ》の若殿であるに決っている――ということになる（筈）。互いに相手が自分の許嫁だということを知らないお姫様と若殿は、互いに身分を隠したまま恋仲になる。なったところへ、若君姫君の留守をいいことにお家乗っ取りを狙う一味が……、ということになる筈なんだけどもこれがそうはならないというところが、もう時代劇は終ってしまうという東京オリンピックの前の年。

水原弘は、やっぱりただの材木問屋の若旦那だった。という訳で、美空ひばりのオードリー・ヘップバーンは泣く泣く〝お城〟へ帰って行く——。

一方身替りとなってお姫様になっている江利チエミの腰元〝おトシ〟の方にはなんと、刺客がやって来る。やって来たのはどこからかというと、自分のところの大藩の若君とお前のところのような小藩の姫君とでは釣り合いが取れない、だによってお命頂戴という、お輿入れ先のハネ上り分子が襲って来る。〝危うし姫君！〟で本当だったら大立回りになるところがそうはならないのは何故かというと、姫君付きの御家老が「ここでおトシが殺されれば姫君が偽物だということがバレなくてすむ。お家安泰だからいっそ殺してしまえ」とメチャクチャなことを言うから。それを聞いて頭に来たおトシの恋人の料理番の侍、「こんな非人間的な世界はまっぴらだ」と、おトシを助けた後、サッサと侍をやめてしまう。そうなった以上、おトシの方も腰元だのお姫様の身替りだのをやっている理由がない。本物のお姫様がお戻りになったのをいい汐《しお》に、彼女もサッサと奉公をやめてしまう。一人残された美空ひばりのお姫様はどうするのか？　これもサッサとお姫様をやめてしまう（！）。

ラストシーンは、深川木場の通りを挟んで立っている魚屋と材木屋。魚屋のカミさん、江利チエミは天秤棒を肩に威勢がいい。材木屋のカミさん、美空ひばりは道に水を撒《ま》いて甲斐甲斐しい。その水が江利チエミにひっかかった。「何しやがんでェ」と江利チエミ。「ベラ棒めェ！」と、こちらは元お姫様の美空ひばり。

昔、庶民の幸福とは、出世することだった。お姫様になったり若殿様になることが庶民の夢だった。そして、そのかなわぬ夢のひっくり返しが、庶民の暮しに憧れる不自由な若殿様であり、お姫様だった。でも今やそれはなくなった。お姫様は公然と、町の材木問屋のおカミさんになってしまうからというのが、この『ひばりチエミのおしどり千両傘』のラスト。

勿論この映画は〝ひばりチエミ〟だから、二人の唄って踊るシーンはふんだんにある。彼女達は唄えるから唄っているし、踊れるから踊っている。この映画の二人はもう「どうなるんだろう……」と現実を悲観して〽バラ色の青春は私達で開くのよォ♬という、つかの間の夢を見る少女達ではないんですね。いつでも勝手に夢を見ることが出来て、その中ではいつでも唄って踊っていられる。だからこそ、いっそ不自由な金持ちの生活がいやだと思える。つまりもう、普通の人間は、架空の世界を必要としなくなってしまった。そんなものもういらないと言われたら、そんなつまらないものの乗っ取りを画策する悪人達の存在理由もない。悪人がいなければ正義もない。ただ自由な自分達の現実があればいい——そのことが一番重要ということになってしまっていた。それが昭和の三十八年(一九六三年)。もう〝理想の現代である江戸時代〟はいらないんです。いらないから時代劇は終った。それが今から二十二年前。

じゃァその後、私達は幸福になったのか？　『ひばりチエミのおしどり千両傘』で、すましたお姫様をやっている美空ひばりはともかく、本当に水を得た魚のようにのびのびと唄い踊ってアッカンベェをしている江利チエミ。こんなに明るくこんなに魅力的だった人が、どうして二十年後にあんなにも寂しい孤独の死を迎えなければいけなかったのだろうか？　そんなことがフッと思われて来る。

この頃、江利チエミは既にあの東映ヤクザ映画最大のヒーロー、高倉健夫人ではあった。女は「もういい」と、さっさとドラマから降りた。男はやっと、道を踏み外した自分のドラマ——ヤクザ映画に曙光《しょこう》を見出した。なんとも皮肉な二人でした。

世の中は斯《か》くして、一億総中流のスタートラインへつき、映画館は、その日常生活からはみ出してしまったものの個人的感慨を発散する場所となって行くのが、それから続く昭和の四十年代。

さて、それではその昭和四十年代のヤクザ映画では何が描かれるのか？　人間と人間との関係ですね——世の中からはみ出してしまって、ヤクザというところに身を置くより他になくなってしまった人間同士の。実に、昭和も四十年代になって初めて、人間というものはなかなか〝みんな一緒に〟はうまくなれないという重要なことがスクリーンの上で描かれるようになって来る。一緒になって走っていたその〝みんな〟が劇場から遠ざかって、みんなが一斉にそれぞれのバラバラな〝タコ壺〟の中にしかゴールを見出せないような――そんなことがまだ全然分れないような時期に、実は〝みんな一緒に〟というのは〝夢〟だったんだということが明らかになって来る。

実は昭和十二年の『血煙高田馬場』で、息せき切って走っていたのは、阪東妻三郎の中山安兵衛だけではなかった。その後を、応援の旗指し物を掲げた長屋の連中も追っかけていた。追っかけていたのは騒々しい長屋の連中だけではなかった。「お父様、私がお慕いするのはあの方です」という、堀部弥兵衛の娘も、父や乳母と一緒になって走っていた。昭和三十年代の〝みんな〟は、既にここにいた。ただ違うのは、昭和三十年代の〝みんな〟は、あっちからもこっちからもやって来たのに対して、昭和十二年の〝みんな〟は、まるで電車ごっこの子供達のように、一かたまりになって走っていた。そして、昭和三十年代の〝みんな〟が、まるでデモクラシーのダンスパーティーのように、手に手に得物を持って「このやろう!」とそれぞれに大立回りを繰り広げていたのとは違って、昭和十二年の〝みんな〟は、ただ一かたまりになって「安さん、頑張れ!」と遠巻きにして応援しているだけだった。昭和十二年の中山安兵衛は、昭和四十年代のヤクザ映画の主人公のように、単身、複数の敵に立ち向かって行った。ただ違うのは、ヤクザ映画の主人公には、応援してくれる長屋の連中はいなかった。中山安兵衛には「私も御一緒に」という助っ人はいなかった、と。

チャンバラ映画は多分、あまりにも早く終りすぎてしまったのだと、私は思います。

昭和十二年に飛び上り躍り上り跳ね上って刀を振り回す『血煙高田馬場』のバンツマを見た子供達は、どれほどこの真似をしたかったでしょう。でも、それは無理だったんですね。チャンバラ映画で鍛えられたバンツマには、スイングジャズをバックにして刀を振り回すことが出来た。そしてそれを別にジャズというBGMを使わない、現実音しかない野原で再現することは出来ましたけれども、当時、それだけのリズム感を持っていた人間なんかはまだどこにもいなかった。それを自分で演じて見せたマキノ雅弘監督とバンツマがいても、なんでもゴッタ煮になりうる映画界という新しい世界の中にしか、そういうリズム感はなかった。当時の日本で一番リズム感の発達していた人間は、ダンサーなんかではなくてバンツマだったんですね。ラジオからジャズという新しいリズムを持った音楽が毎日のように流れて来るようになるのは、進駐軍がやって来る戦後のことですね。その音をバックに使って、人間というものがどのように動きうるのかということが日常的に分るようになるのは、テレビが日本全国に普及する一九六〇年代からですね。そのことによって日本の子供、若者のリズム感が〝欧米並み〟になった時、既にそのリズム感を生かして動けるような背景――チャンバラ映画というものはなくなっているんですね。

これはどんなことにだって言えることでしょう。いくら美空ひばりと江利チエミが『——弥次喜多道中』や『——おしどり千両傘』で魅力的に唄い踊って見せたところで、それを「すごい！」という声はどれだけあったでしょう？「とても本場のミュージカルにゃ及びもつかない」という、その声だけはあったこと、確実ですね。〝本物〟であることだけをつかまえようとして〝永遠のコピー〟であり続ける——何故ならば、その獲得した技術を生かす〝ゴッタ煮の世界〟はもうないんですからね。

中山安兵衛の後を旗を振り立て「ワッショイ！　ワッショイ！」と陽気に追いかけて行った〝長屋の連中〟というのは、実際にいたんでしょうか？　ジーッと暗い眼で事件を見つめているヤジ馬はいても、日の丸の小旗を振って出征兵士を戦場に送り出して行った民衆の「万歳！」はあったとしても、そんなに底抜けの善人集団なんて、日本のどこにもいなかったんですね。

大衆芸能に於ける〝リアリズム〟が〝夢を現実化すること〟であるのなら、こういう〝現実化されない夢〟はどうなるんでしょう？

60年安保のデモ隊が国会を取り巻いたって、誰もそこでは息せき切って走れなかったし、その後みんなでニッコリ笑う〝日本晴れ〟なんてやって来はしなかった——たとえ〝アカシアの雨〟は降ったとしても。

市民マラソンというのがあちこちで開催されたとしても、まだそれは〝走り抜く〟ことだけで、おんなじところを何遍も何遍も走って遂に飽きてしまって「畜生、これならどうだ！」と、走ることの表現を手を変え品を変えて見せようとした、そのバンツマの〝歓喜の表現〟なんて、まだどこにもないですね。

ようやく出来るようになった時点で、すべてが終ってしまう。出来るようになったら、その先には〝もっと楽しく出来る〟〝もっと深く色々に表現出来る〟という世界があるのに、決してそこへは行かない、そこへ行くということが分らない〝文化〟というのは一体なんなんでしょうね？

ズーッと以前、阪東妻三郎の『雄呂血』を語ることに関連して、映画ベストテンの常勝監督であった弱冠二十歳のマキノ雅弘監督がその後〝なんでもこなす職人監督になってしまった不思議〟ということの内実をお話ししました（覚えていらっしゃるでしょうか？）。もう一度そこのところを引用します――のめり込むように内面を覗き込む〝四分の一歩〟を刻んだこの人は「それだけじゃいやだ」と思ったんです（絶対に）。「それだけじゃなくって、面白い映画も作りたい」と思ったんです（絶対に）。チャンバラの〝叩きつける若さ〟が四分の一歩なら、それにもう四分の一歩を合わせて、正しく〝半歩〟を刻みたいと、この人は思ったんです。

思って作れるだけの〝技術〟がこの人にはありました。娯楽は理屈ではない、かわりに〝技術〟を必要とするんですね。だから平気でこの人は、おんなじところを何遍も何遍もバンツマに走らせたんですね。

そして、そこまでで〝半歩〟です。残りの〝半歩〟は、そうしたことが表現可能になった一人の人間と、そしてそれ以外の人間との関係です。人間の〝内面〟とはこのような関係で必要となって来ます。「楽しくなくっちゃいやだ」という人間がいれば、必ずその外にはそれを見て「バカ」と言う人間だっている。「バカ」と言う人間には〝楽しい〟ということがよく分らない。そして、「楽しくなくちゃいやだ」と言う人間には、それを「バカ」だと言う人間が、どうしてそんなことを言わなくちゃいけないのかということがよく分らない。互いが互いを分らない以上は、これが敵同士になったって不思議はないですね。

東映チャンバラ映画の悪役がインテリであったということはお話ししましたが、これは、ヤクザ映画になってもおんなじです。おんなじで、そしてヤクザ映画はもっと極端になりました。

ヤクザ映画の悪役は知的であることを超えて、こわいんです。東映ヤクザ映画の悪役で新劇出身といったら、小池朝雄、内田朝雄の両〝朝雄〟ぐらいで、後は安部徹、天津敏、大木実と、新劇とはあまり関係のない人達ですね。しかし、この人達が持っているという特徴が一つあるというそれは、洋服が似合う現代的な顔立ちスタイルであるということ。東映のヤクザ映画の敵役は、必ず〝新興ヤクザ〟で、その背景には必ず〝政治家〟という悪役がいたんですね。江戸が終って〝明治の中頃〟あるいは〝昭和の初め〟を舞台とするヤクザ映画では、常に時代を現代の方に進めようとする〝新しさ〟が悪であったというのは、重要なことですね。

崩れ落ちようとする自分達の世界に踏みとどまって、正義の任侠達は「もう少し待って、もう少し待って、時代を先に進めないでくれ」と、そういう風にあがいていたんですね。

チャンバラ映画があまりにも早く終りすぎてしまったのは、そのチャンバラ映画の作り手達が「リアルであれ！」と願って作り出した〝夢〟が、みんな〝通俗娯楽〟という屑籠の中にほうりこまれて、自分達が〝夢の世界〟の中に閉じこめられてしまったからですね。大職人監督であるマキノ雅弘監督の「こんな夢ですが、真剣です」というのは、ちょっと痛ましすぎるような一言ですね。

でもまだ、この先だってあるんです。

6　他人のドラマを見る作法――加藤泰監督の横長ローアングル長回しの世界

かつて〝日本一面白い映画を作る〟と謳われた大職人監督マキノ雅弘は、最後〝日本俠客伝〟〝昭和残俠伝〟を撮るヤクザ映画の巨匠になりました。そしてこの人は、緋牡丹博徒の藤純子の育ての親でしたが、遂に〝緋牡丹博徒シリーズ〟は一本も撮りませんでした。そのことを自著『映画渡世』の中でマキノ雅弘はこう語っています――。

〝『緋牡丹博徒』の純子の立回りを見ると、女の立回りではない。顔は奇麗になったし、姿も奇麗になったと思うが、腰の動きなどを見ていると、誰れか男の立回りを真似しているだけで、みっともないので、

「昔から女は女の立回りがあるんだ。あれじゃァいけないんだ」

と云ってやったのだが、

「でも、みんながいいって云ってくれます」

ということだから、私はあえてそれにはさわるまいということにしたのである。ここまで来たら、もういい、文句はない、と思ったのだ。〟――（マキノ雅弘『映画渡

世・地の巻』）

緋牡丹お竜が〝男《ヒーロー》〟だったのだという話は前にしたのでここでは繰り返しませんが、しかし、昭和四十三年から四十七年まで続く〝緋牡丹博徒〟の時代は、実にウーマン・リブの時代でもありました。まだ多分〝女の自立〟とか〝キャリア・ウーマン〟という言葉が出て来ない前の。まァ、緋牡丹お竜にどれほどの女性ファンがいたかは知りませんが、これもやはりチャンバラ映画の例に洩れず〝早すぎた女性映画〟ではあったのでしょう。自分とは相容れない社会に背を向けて、ただただ一途に自分の行く先、自分の内側だけをどうしようもなく見つめてしまった――そのことによって他人に対して〝鈍感〟とならざるをえなかったこの〝女性《ヒーロー》〟の映画は。女が〝女であること〟から離れようとしていたこの時代、〝純子の立回り〟も〝女の立回り〟ではない〟になっていたんですね。

現実を生きてしまった――そのことによって壁にぶつかり、あるいは道を踏み外して無器用であらざるをえない〝男〟に代表される〝人間〟と、現実を生きようとする――だからまだ現実を知りきれていないその為に自分の中に籠《こも》らざるをえない、自分を見つめることに手一杯でその外側にまでまだ頭の回らない鈍感さを持たざるをえない、〝女〟に代表される〝人間〟の物語は、そのことによって、嚙み合わないままに進んで行かなければなりません。既にして焦点は二つです。鈍感な人間と無器用な人間と、焦点は二つある。一人の人間がある人間と出会うことによって、一方は鈍感さをもう一方は無器用さを露呈してしまう――そのことによって〝相互に〟という食い違いの〝関係〟を持つのなら、この物語の中心というか焦点は二つある、ということになります。「正義は勝つ」という一直線が生きているのなら、どれほどの数の人間が登場して来ても、すべては一つの中へなだれ込んで行く――みんなが対決の場へひた走りに走ることによって、目出度く〝解決〟の運びとなりますが、既にしてこの、焦点が二つある、人間と人間によって演ぜられる一つの物語は、もうそうした一直線さでは物語ることが出来ません。だから〝緋牡丹博徒〟は非常に特殊な語り口を見せるのです。

その語られる視点とは勿論〝美〟という様式です。

昭和三十四年の内田吐夢監督・成沢昌茂脚本の東映映画『浪花の恋の物語』は近松門左衛門の『冥途の飛脚』の映画化ですが、ここには作者である近松門左衛門自身も登場します。扮するのは片岡千恵蔵。『冥途の飛脚』は梅川・忠兵衛の有名な話ですから詳細は略しますが、この『浪花の恋の物語』では、その梅川・忠兵衛の〝事件〟の一部始終を近松門左衛門がジッと眺めていることになっている。次の上演作品の想につまった近松門左衛門の横でこの事件が起きて、近松はこれを脚色してやろうと思う。しかも美しく。それは何故かと言えば、恋に生きた梅川が最後、捕えられて再び女郎屋に見すぼらしい形で連れ戻されるのを彼が見てしまったから。〝封印《ふういん》切り〟――現金為替を扱うものがその金に手をつけて横領してしまったら獄門さらし首が定法ですから、男の忠兵衛は処刑され、心中をはかった女は再び女郎屋に連れ戻される。その痛ましさに近松門左衛門は耐えられない――それをうっかりと見てしまった傍観者の心痛が、実際にはボロボロの形で雪の大和路をさまよった男女に、対の裾模様の晴れ衣裳で道行きを演じさせるという脚色をとる。これが『浪花の恋の物語』の近松門左衛門です。〝美〟というのはこんなところから出て来ます。

という訳で、この映画の最後は、有馬稲子と中村錦之助の梅川・忠兵衛が対の裾模様で歌舞伎風の道行きを演じるということになるのですが、しかしこの〝様式美〟が成功しているかどうかは又別ですね。同じ土俵に上ったら、映画俳優は歌舞伎役者の技倆にはかなわないということもあります。殊に女優と女方を比べたら、初めっから女であるというその一点で、女優は女方に対して表現のハンディを負っているようなものですし、既に完成されてしまった舞台の表現を映画でそのままなぞっても落差は明らかというようなものです。内田吐夢監督は『浪花の恋の物語』と『恋や恋なすな恋』で日本の様式美の再現を狙いましたが――『恋や恋なすな恋』ではアニメまで使ったんですよ――やはりそれは無理でした。

大体、近代の日本の物語《ドラマ》というのはどうしても〝事実〟から離れられない。江戸の人間達は公然と「物語《ドラマ》とは嘘である、だって俺達、現実とは関係ないもんね」と言い放っていたのとは違って、近代の物語《ドラマ》というのは、みんなどこかで現実社会に言い訳をしてるんですね。「これは嘘ではなくて現実の事実です……」と。という訳で、日本映画は何が下手かというと、ファンタジーが下手です。夢が夢として垢抜けない。そういうものを作るのがどこか後ろめたいような落ち着かなさがあって、日本映画のファンタジーほどダサイものはないというところまで行ってしまいます。『浪花の恋の物語』の近松門左衛門ではないけれども、現実の事件があって、それを美しくしてあげるという思いがないと、どうにも美しくはならないという〝律儀〟さがあるのです。日本映画というのはだから、現実と四つに組んだ時、一番の美しさを発揮する訳ですね（だからその〝美〟は必ずどこかで貧乏くさい、というような……）。

緋牡丹博徒の持つ〝美〟というのは、正にこうした種類のものです。現実と四つに組む、美貌の処女の女ヤクザのヒーローという、幾重にももつれたファンタスチックな主人公の物語であるからこそ、これは〝美〟なのです。日本映画はここに至って、初めて完全なる様式美を持ったと言ってもよいでしょう。それは、手を触れることが出来ない。それは介入することの出来ないドラマ。だからこそそれは美しくあらねばならない――そういう世界なんです。

まずその視線です。ヤクザは、目を合わせてはならない。みだりに知らない他人と視線を合わせることは喧嘩を売ることである――〝眼付《がん》け〟というのはそういうことですね。だからそれは何かというと、見てはならないドラマであるという、そういう恐ろしい前提を主人公達がまず背負っているということにもなります。うかつに第三者が介入出来ない人間同士の齟齬《そご》の物語。それを演じる人間達は、うかつに視線を合わせることが出来ない人間達である――だからこそ、まじまじと他人の瞳の中をのぞきこんでしまう緋牡丹お竜の視線は、のぞかれる側にとっては痛いのです。

まァ、ある意味で、すべて他人の物語というものは、第三者が見てはならない物語、神聖にして侵すべからざる世界ではある訳ですね、現実には。だから、ドラマがリアルな様相を呈して来ると、そもそも〝観客〟という名の第三者はどこかいたたまれないような気分になって来るものなんですね。覗き見ジャーナリズムというものが横行してしまった時代にはこういうことが分らなくなってしまいますが、そもそも、他人のドラマというものは、それが他人であるが故に〝神聖〟なものなんですよ。だから、それを見てしまう、拝見させていただくのには、作法というものがあるんですね。

加藤泰監督のローアングルという、低い視点から構えられたカメラの映し出す世界は、それは劇場の観客が舞台を眺め上げる世界だという指摘もありましたが、それはそういうことでもありましょう。神聖だから眺め上げるんですよね。

藤純子の〝緋牡丹博徒〟シリーズはどの監督が撮ってもみんないいということは前にも言いましたが、それは藤純子の緋牡丹お竜が美しかったからですね。そこに美しいものがあれば、それをどう美しく撮るかという工夫が生まれて来る。そして、そのことを可能にする自然条件がヤクザ映画の中にあったのは何かというと、それは博奕《ばくち》を打つ盆茣蓙《ぼんござ》の白さです。白い布で覆った畳を前にして博奕というのは行なわれる訳ですが、その上に電球が吊される。上から照らす明りが、下にある盆茣蓙の白さにはね返って、下からも照り返す。光が上下の二方向から同時に当るというのは、実に、現実にはあんまりないようなファンタスチックな効果をもたらすものなんですね。そもそもがそうした設定になっている状況に〝若く美しい女〟という異様なものが登場したらどうなるか？　これはもう、初めっから美しくなるのが当然となるような設定を持っている世界でした。普段あまり意識されないでいる〝下からの視点〟というのが、こうしてヤクザ映画の中には潜在していたのです。

人は物を見る時には上から見ます。よく見ようとすれば、必ず上から見ます。全体像を見る視点は必ず上です。地球の全体像を見るのなら、遥か上空の人工衛星からというのことになるのはそれです。それでは下からというのはなんでしょう？　というのはもう言ってしまいました。ふり仰ぐのは、それが神聖だからだ、と。しかしローアングルという、低いカメラの位置は、この上・下だけではありません。この中間の〝横から〟という視点だってあるんです。

〝横から〟――それはどういう高さの横か？　地面が〝面〟ではなくて、一本の線になってしまうような〝横〟です。斜め上からものを見れば、そのものとそれが置かれている位置というものが分って、もの相互の〝遠近感〟というものが生まれますが、しかし巧みに設定された〝真横〟というものは、この遠近感を消してしまうのです。ここにあるのは奥行きのある遠近感ではなく、物の形の大小で示される奥行きなのです。

東映の映画が絵画的だ――輪郭のくっきりした浮世絵のような平面的な世界だということは前に言いましたが、東映の加藤泰監督のヤクザ映画は、それをそのままにした上で、更に奥行きを与えたのです。

加藤泰監督の『緋牡丹博徒・お竜参上』で、嵐寛寿郎扮するヤクザの老親分が夜の雨の中で悪いヤクザに惨殺されかかるシーン。

腹にドスを突っ込まれた老親分は、地べたに倒れる。討手の方は気丈な大親分を倒すのに精一杯でこれにとどめを刺すことが出来ない。親分は虚しく、雨の中に倒れている。ここでカメラは低く構えられて、石畳の地面の地平線は親分の頭の上にある。

ローアングルに、更にカメラを固定したままフィルムを回し続ける長回しが加わります。

親分が倒れていて、その向うに地平線がある。そして、これを捉えるカメラのピントは、手前にある親分にではなく、その頭の上のズーッと向うにある地平線の方に合っている。従って、前景で倒れている親分の体は、画面の中でぼやけています。人間の目というものは、物を見る時意識的に見るように出来ていますから、自動的にその目のピントは見るべきものに合っている。だから当然、雨の降る地べたに人間が倒れていたら、この目のピントは、倒れている人間の方に合うのに決っているのです。ところが、この映画の画面はそうならない。何もない、遠くの地平線の一本の夜空と地面を区切る線の方に合っている。それは異常です。こんな異常な見方をされたら、親分は可哀相です。つまり、親分は虚しく倒れているのです。そう見ることによって、そう突っ放しているのです。この映画のカメラは、親分を見ない。そして、この親分の倒れている向う——親分の上を、小さな人影が通る。一つの傘の中に男と複数の女が一緒になって、しかもその酔った男はいい気になって鼻唄を歌っている。女達の嬌声《きようせい》も聞こえる。監督とカメラと、そして観客は、虚しく倒れて冷たい冬の雨に打たれるままになっている老親分を見ないで、それとは全く対極にある、濡れないで浮かれている、そして目を凝らさなければ見えないような小さな人影の方を見る。

親分の体の上を左から右へ傘が通って行くと、その中央まで来て傘がパタッと倒れる。その瞬間カメラは切り換って、傘を落した男がその惨劇を目撃した驚愕《きょうがく》を写す。このシーンで私達が何を見るのかというと〝相互に嚙み合わない複数の人間同士がすれ違う、その瞬間にドラマが生まれる〟という、そういう物語《ドラマ》を見るんです。加藤泰監督のローアングル長回しというものは、そういうものです。

遠景があって近景がある。それは、常に同時に存在している。遠くだからといってぼやけているという訳ではない。遠くのものがぼやけるのなら、同時にそれは近くのものもぼやけるということでしかない。

この物の見方は、ある意味で、室外のドラマを室内から見るというのと同じです。見ている側の人間が室内にあることを示す為に、室内と室外の境には障子があって、その障子が半分開いているから、室内の人間は室外を見ることが出来る。ここまではまず段取りでその後。人間の目というものは意図的に見るものだから、室内の人間が障子越しに室外を見ていたら、いつかその境にある〝障子〟というものは見えなくなる。何故ならば、室内の人間が見ているものは、障子ではなくして〝室外のドラマ〟だから。だから映画で行くのなら、ここでカメラはズーッと室外へ向かって進んで行くことになる訳ですね。これが尋常の観方・観せ方。しかし加藤泰はそうしない。加藤泰は、常に〝境の障子〟を写している。写ったままにしておく。

室内の人間が室外を見ているであった筈のものが、ズーッとその境にある障子が見え続けていたらどうなるか？　それは、〝室内の人間が室外のドラマを見ているドラマ〟ということになる。常に焦点が二つ（もしくはそれ以上）あるんですね。それが加藤泰の長回しです。二つ以上ある焦点が常に等価値で全部存在しているように目の位置を設定する。それが加藤泰のローアングルなんですね。だから、この一点で加藤泰監督の映画ほど〝横長〟のワイドスクリーンがふさわしいものはないということにもなるんですね。

この世の中には複数の人間が存在していて、その存在している人間は常にそれぞれのドラマを持っている。そのドラマは、一方が〝殺される〟というドラマで、一方が〝それを殺す〟というドラマであることもあるけれど、時にそれは、一方が〝殺される〟というドラマで、もう一方は全然関係なく〝通りすぎる〟〝見ない〟〝見る〟というドラマになることもありうる。世の中には、殺し殺されるという向き合って関わりを持つ関係ばかりでなく、〝殺される〟〝見ない〟という、相互に関係のない関係だってある、ということですね。〝関係〟ということになれば、その関係を成立させるものは必ず、AとBという二つの人間。つまり焦点は二つあって、それぞれがそれぞれに（しかも同時に）存在するのだったら、その描かれるスペースは普通の二倍いる。画面の右端に男が立ち、画面の左端に女が立って、その中間が空いている――この距離感が初めてシネマスコープに生かされることになるんです。

世の中というものはそういうものなんです。世の中に複数の人間が存在しているということは、そういうことなんです。だから、人間の目の視野は広い（ワイド）なんです。だから、映画という見世物は、観客に見せるように作られている筈であるにもかかわらず、この加藤泰監督は、この見世物を見せないようにも作るんです。

理由は簡単。他人のドラマは見世物じゃないから。

関係を持てないまま共にあるだけが人間なら、そのドラマはそのように作られなければならないし、そのドラマはそのように見られなければならない。つまり、うかつに見てはならない。この『緋牡丹博徒・お竜参上』の宣伝文句《コピー》がどんなものだったかお教えしましょうか？　それはこうです――。

この着物の下の緋牡丹を
それほど見たいか　見せてもいいが
見たらお命いただきますよ

他人のドラマを見る為には、それぐらいの〝覚悟〟というものが必要なんです。

7 「夢じゃ、夢じゃ」と言う前に、知っておかなければならない、阪東妻三郎の研究

映画でも舞台でもテレビでもそうですが、お芝居というものは、演じられるものです。観客がそれを見る為に俳優は演じるんです。だからこれは、観客と俳優の間に〝演じられた演技〟〝見る為の演技〟という〝嘘《フィクション》〟があるということですね。その〝嘘〟を間に置いて、演者と観客という本来だったらなんの関係もない人間が〝関係〟を成立させている訳ですね。演じるというのはそういうことです。でも、ローアングルの長回しを使う加藤泰監督は違います。役者に演じることを要求しているのではなく、生きることを要求しているんです。「そこで生きろ、見られることを意識するな、見せることを意識するな、見られようと見られまいと、人間というものはともかくも生きているものだから、そのように演じろ、それが生きることだ、それが生きている人間を演じることだ」と、加藤泰監督は言っているようです。生きるということがそういうことなら、又その人間を演じるということもそういうことでなければなりません。そう要求されることによって、藤純子は何を演じてしまったか。最後のヒーロー緋牡丹お竜は何を見せてしまったか、ということを書いておかねばなりません。その

ことによって、最後のヒーローはヒーローの座を降りて〝ただの人間〟になってしまったのですから。

加藤泰監督『緋牡丹博徒・花札勝負』のラスト。立回りの終った後に、残された緋牡丹お竜と一匹狼の渡世人・高倉健。

「この始末はあっしにつけさせておくんねェ」と健さん。「いいえ……」とお竜さん。「行くのはあっし一人で沢山だ」と健さん。お竜さんは何も言わない。「春が来りゃァ、また窓から花が舞いこんで来らァ」と、ひとりごとのように言う健さん。お竜さんは何も言わずにただ健さんを眺めている――「なんてすごい人だろう」と言わぬばかりの顔して、目は潤《うる》んでいる。健さんの目も潤んでいる。

「お竜さん、お達者で」と一礼をして去る健さん。お竜さんはただ黙って、自分の足許を見つめている。彼女はもう、何も言わない。ただその横顔の唇が、どこか震えているように見える。

健さんは刑務所へ行った。ただ「いいえ……」とだけしか言わなかったお竜さんは、どうしてその後を追おうとはしなかったのか？　どうしてただ黙ってうなだれているだけなのか？　うなだれて、一体彼女は何を見つめているのか？

勿論、そういう時の答は一つ。「私には、出来ない……」

この期に及んで、彼女は刑務所に行くのをこわがっている自分に気がついた。それが〝緋牡丹博徒〟シリーズ全八作の内の三作目の終り方。だから、彼女はまたこの後〝渡世修行〟を積まなければならなかった。

彼女には何故健さんが助っ人に来たのか分らなかった。だから彼女は「どうして?」と訊いた。それに答えて健さんは「あの堀川端で傘を貸していただいた掌のぬくもりが――」と言う。そして「この始末はあっしに」と続ける。

お竜さんには正直言って、何がなんだかよく分らない。分るのは、なんだかこの人がすごい人だというそのことだけ。決して自分の気持が分らない女を前にして、だから健さんはひとりごとを続けなければならない。思いが余って、そしてそれを聞いてもらえない時の言葉は必ずひとりごとになる――それが口から出て来たとしても。だから、「春が来りゃァ」と言う健さんを、決して「カッコいい」と言ってはならない。言ったら健さんが可哀相だ。

そして、男のひとりごとに付き合わされて、うっかりとその言葉の中に入って行こうとしたお竜さんは、一切を捨てて刑務所の中に入って行く自分の姿を見てしまう。「とても出来ない……こわい……」と。だから彼女は立ちすくんでいる。だからして彼女はその後の最終篇『緋牡丹博徒・仁義通します』で、雪の花道を血に染めて、始末をつけに行かなければならない。「私はまだ現実を知らない……」と思ってそのまま来て、遂に彼女は現実を知ってしまった。もう、ここで美しいヒーローにはなれない。

　そうした彼女を演じた俊藤純子が本当に輝き渡るような美しさをもって寺島純子となって行ったことは、不思議と言えば不思議だけれども、しかし〝ひょっとしたら彼女は自分が藤純子だったことを覚えていないのかもしれない〟と前に言ったことを、マキノ雅弘監督に補ってもらいましょうか。〝「昔から女は女の立回りがあるんだ。あれじゃァいけないんだ」と云ってやったのだが〟でも彼女はこう言った――〝でも、みんながいいって云ってくれます〟

「私はそうやりたいんです」とも「私はやりたくないんです」とも言わずに、「でも、みんながいいって云ってくれます」と言うところが微妙ですね？

　彼女はやりたかったんだろうか？　やりたくなかったんだろうか？　「女のやることじゃないってことは分ってるけど、でも〝親孝行〟だから……。でもホント言ったら、私はああいうのも好き……だけど……」なんじゃないだろうか、と私は思います。彼女だって、チャンバラ映画で発散というものをしたかったのかも、しれない……。

　やっぱり、女だって男みたいに生きてみたいんじゃないかなと、私は思いますね。男だって派手な恰好をしたいんだから。チャンバラ映画っていうのは、本質的にそういう自由な世界だったんだと、私は思います。やっぱり、現実を知ったその後が〝刑務所〟だというのは、どこかで何かが間違っているような気がするんですよね。チャンバラごっこの後で、子供は刑務所には行かないし、行くしかない現実がそのズーッと後にやって来るんならその現実は間違っているんだし、だからチャンバラ映画はズーッと〝現代〟ではなかった。現代と接近したらチャンバラ映画は終る。刑務所に行くということに直面した瞬間、緋牡丹お竜の〝藤純子〟は「よく考えたらあたしって女だったんだ」と、サッサとヒーロー（男）を降りてしまう。緋牡丹お竜がそのままにこやかに笑う〝寺島純子〟になってしまうのは、非常に象徴的ですね。「虚構と現実とはこんなもの。あたしは分っている」と女は言い、男はそこから取り残される。

チャンバラ映画は根本のところで、やっぱり男の為のものだったんですね。

さてもう枚数がなくなって来ました。遂に、この本の中ではあの中村錦之助の為の独立した一項を立てずに終ってしまいました。

戦後を決定したのは中村錦之助ですよね。男のスターが〝錦ちゃん〟と〝ちゃん〟づけで呼ばれたのは、実にこの人が最初ですから。

でも、考えてみればこの人は不思議なスターです。どう不思議なのかといえば、この人には他のチャンバラスターと違って代表作、代表シリーズというものがないんです。「そんなことはない〝宮本武蔵〟がある、〝一心太助〟だってある」とおっしゃるかもしれませんが、私の言うのは違うんです。

嵐寛寿郎は〝鞍馬天狗〟だった。大河内伝次郎は〝丹下左膳〟だった。市川右太衛門は〝早乙女主水之介〟だった。大川橋蔵は〝若さま侍捕物帖〟だった。月形龍之介は〝水戸黄門〟だった。大友柳太朗は〝快傑黒頭巾〟だった。市川雷蔵は〝眠狂四郎〟だった。勝新太郎は〝座頭市〟だった。長谷川一夫は〝中村雪之丞〟だった。三船敏郎だって〝用心棒〟だった。机龍之助をやった片岡千恵蔵だって〝遠山の金さん〟だった――という、そういう意味での〝ヒーロー〟がこの人にはない。

内田吐夢監督の『宮本武蔵』は、どう考えても娯楽映画ではないでしょう。第一これは、『用心棒』以後の〝残酷時代劇〟の時代の作品です。その前に、東映チャンバラの全盛期があったのに、一体この人は何で人気を得ていたんでしょう？　一心太助は刀を差さない町人ですよ。どうしてこの人にはそうした意味での〝代表作〟がないんでしょう？　不思議なこの人は実に戦前の〝剣戟王バンツマ〟と同じなんです。〝剣戟王〟でなんでもやったし人気の出たヒーロー像はいくつかあったけれども、〝バンツマ〟と言えば「これ！」というのは、結局のところ『雄呂血』になってしまう。

それで行けば中村錦之助は『宮本武蔵』なのか？　それとも中村錦之助は『笛吹童子』なのか？

戦前の日本で、まさか大人の男が〝ちゃん〟づけでは呼ばれなかったから、阪東妻三郎は〝阪妻〟でバンツマになった。苗字で一字、名前で一字を取って愛称にするというのはエノケン――榎本健一も同じだから、やっぱり〝バンツマ〟は〝錦ちゃん〟とおんなじアイドルだった。ただしかし、大正十二年の『雄呂血』から昭和十二年の『血煙高田馬場』まで、バンツマというのは一直線ですよね。刀を振るう浪人から刀を振るう浪人へ、ですから。でも、中村錦之助は違いますね。刀を持たない美少年から、剣に生きる男へ、ですよね。『笛吹童子』で中村錦之助が演じたのは、〝丹波の国満月城の城主の若君〟で、明の国へ〝面作りの修行〟をしに行った、〝面作りの菊丸〟なんですよね。〝天下は麻の如く乱れ〟、〝丹波の国満月城は、野武士の首領、赤柿玄蕃に攻め滅ぼされた〟その急変を聞いて日本に帰国した菊丸は、〝戦乱打ち続いた後の京の都のありさま〟に心を痛めて、刀を捨ててしまうんですね。菊丸の兄で、同じく明の国へ、こちらは〝剣の修行〟で渡っていた萩丸の方は、敵討ちの為に満月城へ乗り込んで行って捕えられ、〝されこうべの面〟をかぶせられて牢につながれる、というところが、戦後の武装解除された後の日本の新しい子供達の為に作られた、NHKラジオの〝連続放送劇〟である『笛吹童子』の正に〝時代〟ですよね。

「兄上、私は剣を捨てます」と言った平和主義者の美少年が、剣にのみ生きる武蔵となり、流れさすらう『瞼の母』の〝番場の忠太郎〟になり、近代侠客、『花と龍』の玉井金五郎になり、そしてズーッと飛んで、昭和五十三年、時代劇復興を賭けた『柳生一族の陰謀』で〝謀略の政治家〟柳生但馬守宗矩《やぎゅうたじまのかみむねのり》になり、遂にはその翌年『真田幸村の謀略』では化け物じみた悪の化身〝徳川家康〟で老けにもなる。昭和六十年に至っては遂に、四十年振りで二本目の現代劇『最後の博徒』でヤクザの親分ですよ。これが戦後の日本の男の変貌なんだ、と言い切ったら間違いかもしれないけど、どこかそう言い切れてしまうようなところもある。将軍家光があろうことかあるまいことか平気で殺されてしまう『柳生一族の陰謀』の最後で、中村錦之助（既に当時、萬屋錦之介）扮する柳生但馬守は、その生首を抱えて、「これは夢じゃ、夢でござる！」と喚《わめ》いていた。これは悪夢で、実際には何事もなかったんだと、そう主張するのなら、早くその〝悪夢〟から覚めてほしい——私はそう思います。だって、こわいんだもん、今の〝錦ちゃん〟は。

「夢じゃ！　夢じゃ！」というそのセリフは一体どっちだったんでしょう？　あのみんなが走って行く〝明るい世界〟が所詮は夢、だったんでしょうか？　それとも、今いるこの世界がただの悪夢なんでしょうか？　私は後者を取りますけどね——というのがこの本の中で言って来たすべてです。

　御参考までに、あの〝バンツマ〟はその後どうなったんだ、ということを書いて、この本を終りにしたいと思います。

江戸城総攻めを前にして苦吟する勝海舟を描いた昭和十六年の『江戸最後の日』から、阪東妻三郎は完全に変りました。ちなみに、その遺作となった昭和二十八年（阪東妻三郎はこの翌年公開になった『笛吹童子』を見ないで死んだんですね）『あばれ獅子』で彼が扮したのは、その『江戸最後の日』の勝海舟の父親、勝小吉でした。これも何かの因縁でしょう。

〝名優〟となった阪東妻三郎はどう変ったのか？　決定的に変ったのは一つ、演じることをやめて、彼はそのまんま〝生きた〟んです。だから、昭和十六年の『江戸最後の日』以降の阪東妻三郎は、他の役者とは決定的に違います。何をやってもそれは阪東妻三郎だし、同時に、そこには〝その人物〟がいるんです。演じるのではなく〝生きる〟というのはそういうことです。

全く自然であり、と同時に平気でクサイ、そんな演技をする人間は、阪東妻三郎の他には一人しかいません。意外なことに、それは歌舞伎から来た中村鴈治郎（二代目）です。

死んだ中村鴈治郎というのもヘンな人で、歌舞伎界のゴタゴタにいやけがさしたと言ってサッサと映画の世界に飛びこんでは、どんな役でもやりました。ホントにどんな役でもやりました。昭和三十五年の大映お正月映画、木村恵吾監督の『初春狸御殿』では、狸のお城の御家老様になりました。顔に狸のメーキャップをして、そしてその上になんと、楠トシエと一緒に歌まで唄ったんです。はっきり言って、この〝人間国宝〟は音痴でしたがね、それでもこの人は平気で唄ったんですね。何故かといえば、それがこの人の演技だったのです。

中村鴈治郎の演技を一遍でも見たことがある人ならお分りでしょう。この人は、平気でセリフにつっかえるんです。そこで間を置いているのか、それともそこで次のセリフが引っかかって出て来ないのか、にわかには判じがたいのが中村鴈治郎の〝セリフ術〟でした。それを見ていると「一体この人はうまいのか、ヘタなのか？」と頭を抱えたくなるようなこともありましたが、この人は全然平気で、全部がそうでした。役になりきっているのか役になりきることを放棄しているのか、どっちかはよく分らないけれども、よォく考えてみれば分るというのは、普通人間というものは、役者じゃないからそんなに流暢には喋らない――喋れない――それが実際だ、ということです。役者は、そういう実際の人間を演じるんです。歌舞伎という、誇張された演技の世界から来た中村鴈治郎は、「私はプロだ、芝居なら全部出来る。私がプロなのだから、私の動きは全部芝居だ。歌舞伎じゃそれが出来ないけど、映画はそれが出来るから、とっても演技の勉強になって嬉しい。だからなんでもやる」――そういう前提で、平気でセリフをつっかえたんです。言葉につまる演技をするというのと、演技しながらセリフにつまるというのは全然別ですね。でも、人間というものは本質的に〝考え考え言葉を選んで喋っているものだ〟という観点に立ってしまえば、平気でセリフにつっかえる芝居は、リアルなんです。こんなことを平気でやってのけてくれる、それが当り前であるなんてことは、よっぽど自分の芝居に自信がなけりゃァ出来ません。だから、中村鴈治郎は、どんな役で出て来ても〝中村鴈治郎〟で、そして同時に、どんな役で出て来ても、それは〝その人〟になっているんです。

阪東妻三郎も、それと全くおんなじでした。晩年のこの人の映画は、どんなにつまらない映画でも、この人を見ていさえすれば感動するというような、そういう映画でした。そういう風に、この人がしてしまったんです。

この人が笑い、泣く、怒る。どれもが自然で、どれもが（ある意味で）嘘臭いんです。人間、そんなに自然には泣いたり笑ったり怒ったりはしません。人間が考え考え言葉につまりながら喋るように、人間は感情を演じながら、感情を吐き出しているんですね、普段の実際は。だからもう、阪東妻三郎の演技には、嘘とホントの区別のつけようがないんです。この人は、その映画の中でその役になって生きているんです。『王将』の坂田三吉も、『無法松の一生』の富島松五郎も、大芝居といえば非常にクサイ大芝居です。でも、坂田三吉とか富島松五郎というのはそういう人間かもしれないじゃないかということだってあります。果して実際そうなんですね。そう思えてしまうのだから〝そうなんです〟。

驚きあきれるようなその芝居の例——。

最後の作品『あばれ獅子』で、貧乏御家人勝小吉が江戸の町の中を歩いて行くシーンです。勝小吉という人は不遇な人で、そのすべてを息子の麟太郎（後の勝海舟）に賭けた、一種の教育パパですが、昔の教育パパというのがどんなに立派なもので、その奥さんというのも又どんなにすごいものだったかは、この映画の阪東妻三郎と山田五十鈴を見れば分ります。別に、過剰な期待を息子にするでもなく、風のように生きているんです。

「勝の御隠居」と呼ばれて人望厚く、隣近所の揉《も》め事を捌《さば》いてやっているこの勝小吉が、女郎屋での揉め事をうまく納めた後、どこへともなく歩いて行きます。このシーンを阪東妻三郎はどう演じたか？

羽織着流しの、その羽織の裾をクルッと丸めて後手に抱え、お尻を突き出したまんま、スタスタフラフラ歩いて行くんです。本当にただそれだけなんですけれども、それだけで、男の自由と男の不遇と誇りと諦《あきら》めと、そうしたものを全部表現してしまえているのです。こんなこと、実際にそう生きた経験のある人間にしか出来ないことです。阪東妻三郎は、実際に正しくそのように生きてしまった経験のある人ですが、しかし、普通一般、そういう落ち方をすると、這《は》い上っては来ないんです。
私が何を言おうとしているかお分りになります？　別に道徳の本じゃないのでこれ以上の発言はさし控えますが、「まだその先だってあるじゃない」と、それだけです。いくら落込んだってその先が。だから人間は生きているんだしサ、と。

映画の中村鴈治郎は本質的にワキ役でしたが、阪東妻三郎は、最後まで〝スター〟でした。とんでもない自然な動きを見せる大名優が最後までスターであったというのは、日本の大衆芸能の本道にのっとったことですが、それではどうしてこの人はスターだったのでしょう？　スターがスターである、その魅力は、彼の場合なんだったのか？

それは勿論〝笑顔〟です。あんなに美しくあんなに優しい笑顔というのはまずありません。それは、平気で他人を包みこんでしまう〝慈悲の笑顔〟です。そういうものを平気で出せる境地までバンツマは行ったんです。そういう笑顔を平気で、将棋バカの坂田三吉や、無教養な富島松五郎や勝の御隠居は見せるんです。そして、それ故にこそその人達がリアルであるというのはなんなのか？　そんな途方もない〝境地〟というものがザラにあっていいものなのか？

勿論、残念ながら、そういうものはザラにあるんです。人間ていうのは大変なもので、実に普段は平気で、そういう笑顔を見せてしまうんです。自分は普段そうやってるくせに、でも少しでも改まると途端にダメになるんです、人間というのは。だから、そんな笑いを平気で笑える、とんでもない境地にいる人のその〝笑い顔〟というのは、とってもとってもリアルなんです。

人間は、つっかえつっかえ喋ったりするのとおんなじように、平気で、そんな包容力を見せてしまうものなんです。だから、まだそれがない限り、人間のリアリズムっていうのは〝終着駅〟になんか辿り着いてやしないんですね。

長くなりました。ここら辺で終りにさせていただきます。ごめんください。

あとがき

まず題名に偽りあり（かもしれない）というところから参りやす。この本の題名の〝完本〟の二字は全く個人的なものでして、昭和五十六年に講談社から発行されたマキノ雅裕監修・浦谷年良編著『ちゃんばらグラフィティー』に収録された〝チャンバラ時代劇講座〟という原稿用紙百枚程度の小文がこの本の元になっておりやす。この小文が〝未完〟だったから、今度こそ〝完本〟でというのがこの本の題名の二字でありやすが、果して如何なるもんでありやしょうか。

この『ちゃんばらグラフィティー』というのは東映の創立三十周年記念で作られた映画『ちゃんばらグラフィティー』の単行本化でありやす。勿論この映画はチャンバラ版の〝ザッツ・エンターテインメント〟なんであるんでやんすが、なんだって俺がそんなとこにいんのかというと、映画『ちゃんばらグラフィティー』の監督でもある浦谷年良という人がみんな悪い。〝大体、浦谷年良という人は、私のところにほとんど無理難題を平気で持ちこんで来る〟というのは僕の本の『桃尻娘プロポーズ大作戦』というシナリオ集の〝まえがき〟にもある文句だけども、子供を25人描き分けるというとんでもない（低視聴率の）テレビドラマの仕事を一緒にした後の話がこれ

――。

「ねェ、チャンバラ映画に詳しい？」と彼。「好きだったけど、別に詳しいとかっていう訳じゃないけど……」と俺。で、その後どうなるのかというと「でもサ、みんな走んの。そんでサ、桜が咲いててサ、東海道歩いてると絶対に『茶っきり節』が流れて来てサ、『殿さま弥次喜多』にダーク・ダックスが川越人足で出て来て、やっぱり天下麻の如く乱れてて、フフフフフ……って退屈のお殿様が笑ってサ、そんでやっぱり俺、『ひばりチエミの弥次喜多道中』が見たいなァ……」という分る人にしか分らないようなことをズラズラ喋り始めてしまったのだった。まァ、口立てで映画『ちゃんばらグラフィティー』の大雑把な構成台本を作り始めたようなもんだけど、しかしよく考えたら、別に僕は「東映のチャンバラ映画で育った！　それこそが僕の少年時代だ！」っていうような人間でもない訳で、これでなかなか俺という人もメンドクサイ。

東映チャンバラ映画でまず「走る！　走る！」が真っ先に来るという話が頭に浮かんだのは何故かというと、これが本文にもある昭和四十八年の『週刊文春』の記事を僕が読んでいたからだった。何よりもまず〝一心太助が走り、若さま侍が走り……〟でエンエンと続いて行く、その〝みんなが走って行く〟という記述で全盛期東映チャンバラ映画の中核をなす沢島忠監督のエッセンスを語りきってしまったその文章に、僕は参ってしまった。「ホントにそうだ」と思って、僕はその時「やっぱり僕の感じていたことは間違っていなかったんだ」と思ったそのことがまず第一。

大体僕はいつも「自分の考えてることはどっか間違ってるかもしれない」と思っている。そして結局、いつだって僕の考えてることはちっとも間違ってなんかいやしないのは何故かというと、結局のところ、僕が根本で時代劇してる人間で、時代劇は〝現代〟じゃない上に〝現実〟でもない〝劇〟だからだ。時代劇は〝時代〟で〝劇〟であるという、その二重のネックで現代生活と関係ないことになっている。「どうしてサ!」とそこで口をとがらせるのは、「自分はちっとも間違ってなんかいやしない」と思う、もう一人の内なる〝私〟である。

私の祖母という人が福島県は会津若松の出身で、という訳でそこは〝白虎隊〟の生産地(?)なのである。田舎に行ったお土産で私が手にするのは〝白虎隊〟と焼印のついた木刀なのである。鍔《つば》がついた刀の恰好《かっこう》をしている木刀なんだが、残念ながら鞘《さや》がない。ホントの刀は〝パチン!〟と音を立てて鞘に収まるのに、この木刀じゃそれが出来ない! というのが内心の不満だけども、それを私が振り回して〽南ィ、鶴ケ城を望めばァ……とやらなかった訳では全くない。ともかく、本物のオモチャの刀を買ってもらう迄は、それが私の唯一の刀だから嬉々としてる。

ウチの母親は三人姉妹の長女で、この人に男兄弟はいない。という訳でウチの父親は入り婿《むこ》なのだが、私の幼少時には母親の他に二人の叔母がいて、私は勿論おばァちゃん子である。そういう環境だとどうしても「刀は危い」ということになるので、私は近所の子が本物の刀を振り回しているのを横目で見て「いいなァ……」と言っているのであるが、しかしウチには祖父と父親という男も二人いるので、いつの日か私のズボンの腰にはしっかかと刀が差されるのである。差されたところで私が又しても内心口をとんがらせるのに決っているのは何かというと、板金を刀なりに打ち抜いたオモチャの刀というのには刃がついてないからである。別に刃がついて人を斬りたい訳でもないけども、刀の峰と刃とがおんなじ厚味だなんてあんまりじゃないかと思うのは人情である。という訳で私は、コンクリートの土台石で刀を磨こうとするのであるが、結果は刀のメッキをはがして錆《さび》だらけにするという、そんだけである。

大体、子供の時の私は〝内心口をとんがらせている〟だけで、ほとんど表立ってむずからないおとなしいイイ子だからそんなことは誰も知らなかろうが、私はそのようにして〝本物志向〟というのを強めて行くのである。この〝本物志向〟がどこに行き着くのかというと、本書に行き着くのである。

もう一つ。私の父親という人は福井県の出身で（ちなみに祖父も福井で、よく考えたら、東京生まれの母親以前はみんな福の神だ）、この人が東京に出て来てどこに下宿していたのかというと、なんと品川は高輪の泉岳寺門前にあるお寿司屋さんの二階である。という訳で私は、正月というと、赤穂浪士の殿様の菩提寺である泉岳寺へ行くことになるのである。昭和の二十年代に、白虎隊の短刀を振り回して、二つ巴《どもえ》の紋のついた山鹿流の陣太鼓をドンドコドンドコ打ち鳴らして、鶏を追っかけながら『ミネソタの卵売り』を声をはり上げて歌って、『東京音頭』を踊っている男の子がいたら、それは私である。そういう人間だから、この俺はこういう本を書くのである。斯《か》くも私は、生きながらのゴッタ煮である。そして、そういう人間が小学校に入る頃、『笛吹童子』が封切られるのである。よくもまァ、道を誤らなかったものだと思うが、しかし私は、チャンと正しく道を誤っているのである。

なんで私がこういう本を書いたのか。八ヶ月の間「今忙しいからいや!」と他の一切を断って、初め四百枚のつもりが七百枚になって千枚を超して、千四百枚になって(これで元の小文のちょうど十倍である)更に「あと五百枚……」とか言い出して、担当の徳間書店文芸書籍編集部・小島浩郎氏の目の前を真っ暗にしたのか(ホントに御迷惑をおかけしました)。「もうこれ以上はダメ」と言われて、私が千六百枚書いた原稿を二百枚も切ったのは何故かといえば、「ああ、この調子で〝二千枚までOK〟になったら、平気で四千枚は行くな。それでいいってことになったら、平気で一万枚は超すな。行き着く先は徳富蘇峰の『近世日本国民史』とはり合うだけの巻数だな。そりゃそうだ、こいつは『近代日本国民史』だもんな。チャンバラ映画ってのはそうだもんな」ということになるからである。そうなって初めて〝完本〟てことになるな、は分るけども、とてもとてもだから、これで一応ケリをつけとこ、というようなとこなんである。まァ、色々と御不満はおありでしょうが、今んとこれが限度ですね。(何をカットしたのかというと、忠臣蔵に拒絶された青年・堀田隼人と忠臣蔵に単純なる好奇心を持つ蜘蛛陣十郎との〝関係〟――即ち〝心の交流〟。東宝は創立三十周年記念の『忠臣蔵』で森繁久彌に大石内蔵助をさせるべきだったという話。それにまつわる旧来演劇の本家・松竹と新興演劇の会社・東宝との葛藤。中里介山は『大菩薩峠』でどういう女を描いているかという話。『用心棒』の仲代達矢は、どうして芸者の左褄《ひだりづま》になるかとか、忠臣蔵は全部〝オール・スター映画〟だったから、話の内容はダイジェストで一向にかまわなかった、とか。予定枚数からそれて書かれなかったことは、日本の小説が物語性をなくして行くきっかけとなった、昭和二年の教養革命〝円本ブーム〟の話。日本ヌーベル・ヴァーグを切って〝青春〟というものを葬り去った、日本で唯一戦前から無傷のまま来た松竹という会社の社長が、その後、自分の息子に愛想をつかして自分の家に火をつけるということに象徴される、日本的な〝家〟の因果話とか、もう、その他イロイロ歌謡曲の話ももう少しキチンとしたかったとか……。あァ、もう、千々に乱れる我が心)。

でももう、そんなことどうでもいいやと思うのは、そのゴッタ煮性をもっと、詳しく書くことが完全への道ではないかもしれないと思うから。そのゴッタ煮性をもっと豊かに作って行くという道だってあるし、多分そっちの方が僕には向いてると思う。そっちの方が好きだ。

　この本にある〝チャンバラごっこの話〟は、勿論、自分の小学生時代の話が基になっている。チャンバラごっこが何故面白いのかといえば、僕にとって全部をひっくるめての理由は一つ――即ち、それは自分達でルールを作りながら演じて行くメチャクチャなドラマだから。

　小学校のある時期――それは四年生から五年生へかけての頃だけども、僕は毎日、近所の原っぱで棒っきれを振り回していた。振り回すのは棒っきれだけじゃない。細いのは柳の枝の〝鞭《むち》〟から、太いのはそこに転がっている丸太ン棒まで（ああ、典木泰助だ）。おまけに僕はその頃〝剣道〟なんてのを習ってたから、本物の竹刀だって持ってたんだぜ（もっとも、それを振り回すと剣道の先生に怒られるから、ホントになんでも家から持ち出してったゴッタ煮の王者は、「どうしたらこれを円満に、あのチャンバラごっこに持ちこめるだろうか？」と、頭を痛めていた）。

　剣道は、親からやらせられてたもんだから、ホントの話、好きじゃない（そこら辺は三島由紀夫とは違う）。大体、スポーツというのは好きじゃない。何故かというと、ルールが初めっから決ってて、ルールを付け加えたりはずしたり、自分達で勝手にルールを作って行くことが許されないから。「剣道やれてうれしい！」と思ったのは、自分と赤胴鈴之助の間に一線を画すことが出来なかった——そういう風に僕はいつだって妄想的に生きてる——自分だけど、剣道がなんでつまんないかというと、「メーンッ！」の稽古台になってくれる先生が、絶対に「ちょ、ちょこざいな小憎め、名、名を名乗れ！」とは言ってくれないからだ（当り前だけど）。でも僕は、そう言ってもらえて初めて「赤胴、鈴之助だッ!!」と怒鳴れるし、それがなかったらつまんないんだもん。「赤胴、鈴之助だッ!!」って、大声で名乗りを上げられれば、それでもう試合には勝ててる。だから僕としては、上達することの先にその正義の勝ち名乗りがない上達というのに、なんの意味も見出せない。ドラマが好きだ。ドラマしか好きじゃない（あー、ルードヴィヒ二世だなァ）僕は、正義さえあればなんとでもなると思ってる。正義があるということは、「赤胴、鈴之助だッ!!」と怒鳴れることで、怒鳴ってカッコよくてみんなに愛される、それこそが正義のヒーローだと、本気で思ってる。正義がないかわりにルールが初めっから決ってるってのは、ホントにつまんないのね。僕は、はっきり言って、ガッコの勉強が苦になったという経験が一遍もない。ほっときゃ人並みにはなる——それが学校だと思ってるから、馴《な》れたら平気。馴れたら平気になった、そのチャンバラごっこに日を送っていたある頃、算数の応用問題というのがさっぱり分んない。分んなくても、僕は平気で困りやしないけど、そういう時には必ず、親や教師の方から「応用問題が解けなくちゃだめ！」という叱責《しっせき》が飛んで来る。という訳で、僕はその後、「最終的に応用問題が解けりゃいいんだな」とだけ思ってた。だから、その後の僕は〝応用問題〟しか解いてない。自分でゴッタ煮にして、そのゴッタ煮の構造分析をしているのが僕で、結局はそれやって、人生という更なるゴッタ煮を豊かにして行きたいだけなんだ、この僕は。

俺、はっきり言って〝優等生〟なんて嫌いだね。あいつらにはルールの案出能力がないんだもん。チャンバラごっこをやったことのない、そしてチャンバラごっこの必要性を身にしみて分ってない男と女が、絶対にこの日本をダメにしたんだと思うもんね。お家乗っ取りの悪家老と淫婦の悪巧みなんて、俺、絶対に許せないもんね。〝知性が悪である〟っていうよりも、ロクでもない人間の知性はロクでもないものにしかなんないというのが、日本の正義の考え方だもんね。〝剣は心〟なんだもんね。もう、はっきり言って、俺は大学っていうのがズーッと嫌いだったね。入る前も入ってからも、出た後も。ここに来る奴は、絶対にチャンバラごっこの〝正義〟を正しく把握してないと思ったもんね。俺なんか、十で鈍感、二十で変人、三十過ぎたらただの神童だから、そういう〝正義を分らない人間〟っていうのがいやなのね。正義を冗談にして平気でいられる人間見ると「ウゾウ、ムゾウの蛆虫《うじむし》めら！」とか、本気で思っちゃう。「正義は人を裁くからいやだ」っていうのは戦後の軟弱な考えだけど、〝人を裁く正義〟なんていうのは二流の正義だ。ホントの正義は人を自由にする。笑顔のない正義は嘘だし、正義のない笑顔はいやだ。正義がなければ笑顔は立たない——もうこれだけ。

僕のチャンバラ体験というのは、白虎隊→赤穂浪士→笛吹童子という風に進む。笛吹童子から後は〝霧の小次郎〟の忍術使いの世界だからいいのだけども、白虎隊と赤穂浪士は、最後が〝切腹〟だからこわい。

はっきり言って、子供の時の僕にはこの〝切腹〟というのがよく呑《の》みこめなかった。「どう考えたってあれは痛い」「平気で笑っていられる人が、どうしてあんな痛いことが我慢出来るのかが分らない」、結局、切腹というのは時代状況がもたらす一つの限界だということが後には分るのだけれども、ともかく「切腹はいやだ」ということをチャンバラごっこのルールに確立するのはすごく大変。〝ごっこ〟という子供の世界と、〝現実〟という大人の世界との間にある矛盾を如何に解消するかということだから。〝格調の高さの研究〟というところであんなにもヤッキになる（ホントだったらもっともっとヤッキにはなってたんだけど）。学生時代に例の「とめてくれるなおっかさん　背中のいちょうが泣いている」というヤクザ映画もどきのポスターを描いた人間が「ヤクザ映画嫌い！」と言うのは意外かもしれないが、それはもう、切腹したくない、刑務所には行きたくない——昔だったらともかく、この〝今〟という時代に、一切が御破算ということが分り切ったままそっちへ行くというのはバカだとしか僕には思えない。という訳で〝青年の研究〟というのはかくもしつこい（そしてともかく〝刑務所へ行く〟ということがその当時の運命であるならば、そこまで行かなきゃ『仁義通します』ということにはならないというその一点で、緋牡丹博徒は最高に好き）。

大学時代、僕のやってたのは歌舞伎の、四代目鶴屋南北の研究であった。この鶴屋南北という人は、江戸の文化文政という時代一杯を生きて〝天保〟という時代の寸前にいなくなる。という訳で、この単純なる決めつけ人間の僕は〝天保〟から後は「どこかクサイ」と思ってほっぽり出していた。僕の江戸時代は鶴屋南北で終っているというのが、大学時代二年がかりで書いた卒論を頭に置いての結論だけど、奇しくもこの本は〝その後〟に直接つながる。この、行ったり来たりの本書は、実に時代的には七代目市川団十郎の天保十一年の『勧進帳』の初演から始まる。大学時代と今と、現代と歌舞伎とのギャップがどうやらつながった（じゃァ〝歌舞伎〟とはなんなのかということになると、実に僕には『歌舞伎の図像学』という中絶している連載もあるんだけどね。ヒッヒッヒ。そういや作家になりたての頃、「僕のライフワークは日本の歴史だもん！」と口をとんがらせていたけれども、どうやらそれは嘘ではない、らしい)。

大学に行ってなんで〝歌舞伎〟というのを専攻したのかというと、これはもう理由ははっきりしている。大学の国文科には〝チャンバラ映画〟という専攻がなかったからだ。そしてもう一つは「あのチャンバラ映画の〝元〟というのはなんなんだろう……?」と僕が思っていたからだった。

この本を書くのに当った八ヶ月というのは一体なんだったのかはよく分らないけれども(ひょっとしたら、原稿書く間中、ズーッとあの〝原っぱ〟のことを考えていたのかもしれないけれども)しかし、それは〝調べるのに大変〟だった訳ではない。はっきり言って、この本を書くのにそんな調べものというのはしてない。こういう本を書くに当って参考文献というのを挙げるべきなんだろうけれども、しかし困ったことに、僕はあんまりその参考文献というのを知らない。チャンバラ映画関係の本で読んだのは、本文中で引用した『聞書アラカン一代／鞍馬天狗のおじさんは』(この本は或る時期、山田風太郎の『戦中派不戦日記』と並んで、僕の〝心のささえ〟となっていた)『映画渡世』『ちゃんばらグラフィティー』の三冊だけ。後はどういう映画関係の本が出ているかは知らない。参考文献で行くと、事実関係を確認する為の事典、年表の類だけ。

ちなみにそれで行くと、まず『演劇百科事典』(平凡社)、『キネマ旬報増刊』の

『日本映画監督全集』『同・男優全集』『同・女優全集』『同・作品全集』、真鍋元之編『増補大衆文学事典』（青蛙房）、正岡容『日本浪曲史』（南北社）、新国劇関係は雑誌『演劇界』の昭和四十二年と四十三年の共に三月号――これだけに『日本史分類年表』（東京書籍）。「参考文献て全然ないんですよね」てなウカツなことを言った僕に、「そんなことはない」とおっしゃって、大井広介著『ちゃんばら芸術史』（実業之日本社）を貸して下さった小林信彦さん（すいません……まだ読んでないんです……）――というこのテエタラク、はなんなのかというと、ともかく僕は〝常識〟というものを押さえておきたかった。

大体僕は、チャンバラ映画少年であった訳でもない。東映のチャンバラ映画はウチの父親が好きで連れてってくれた――ということは、我家は正に昭和三十年代の日本中流の典型を演じていたということになるのだけれど――その程度。僕なんかよりも、もっと熱心に映画館に通っていた同世代というのは一杯いるだろう。僕は、テレビの舞台中継を見るのにいそがしかったし、チャンバラごっこやるのにいそがしかったし、紙芝居（！）見に行くのにいそがしかったし（紙芝居に走って行った、僕は最後の世代だろう）、それこそ勉強以外、僕はあれやこれやでいそがしかった。勿論東宝の特撮だって〝サザエさん〟だって見たかったたし、国際劇場にレビューの〝実演〟だって見に行かなきゃいけなかったし、ウチは、牛乳屋でお菓子屋でアイスクリーム屋だったから、お店番もしなけりゃいけなかったし……（ちなみに、自分の家がお菓子屋やってる子は、紙芝居が来ると困る。お菓子屋の子供が五円玉持って「おじさん、アメちょうだい」は実家の手前出来ないからだ。出来ないからと言ったってしない訳ではない。台所のひき出しとかお母さんの財布の中には、五円玉の一つや二つは必ず落ちているからだ。斯くして私は手癖の悪いことネズミ小僧次郎吉なのだが、紙芝居の拍子木がチョンチョンと鳴ったり、ラジオが『赤胴鈴之助』のテーマ音楽を流したりすると、どこにいても飛んで来るという、そういう敏捷性だけは備えていた。私の父親などは、未だに私がそういう人間だとどこかで思っている)。

私は実のところ、本格的教養とは無縁なのである。チャンバラ映画見たさに映画館に通いつめた訳でもないし、剣豪の出て来る講談・大衆小説の類を読み耽《ふけ》っていた訳でもない。私が真田十勇士を知るのは、杉浦茂のマンガである――既にして私はそういう世代である。大体俺、本読むのは好きじゃない。本読み始めたのは、ホントに二十歳すぎてからだから。大体、本を読んで興奮する十代・小学生というのがほとんどない。私の読書体験は、「ねェ、おばァちゃん、本読んで」の、幼稚園以前の講談社の絵本に尽きているというのが、困ったことには真実である。しかしながら、講談社の〝絵本〟がそのメンタリティーに於いては立派に講談であること間違いはない。小学校へ上がる前に〝中江藤樹〟という人のことを知っていたのはそのせいだろう。まア、中江藤樹はいいとして、だとすると私は、どうして〝荒木又右衛門の奉書試合〟を知っているのだろう？　荒木又右衛門が神前に備えてあるお神酒徳利の口に突っ込んであるメガホン状の奉書を取って、それで相手と対峙《たいじ》したという、その話はどこから私の頭の中に入って来たのか？　不思議である。私はその昔、「大きくなったら荒木又右衛門になりたい」と思っていたのである。既にして自分は赤胴鈴之助だから、その前提に立って未来を見ると、もう荒木又右衛門になるしかなかったのである（勿論その以前には、大きくなったら忍術使いになりたいと思ってたし、その前は大きくなったら赤穂浪士になりたいと思っていたのである）。こんなことを口に出して言ったってしょうがないと思ってる私だからそんなことを言いもしないので誰も知らないが、実に私は、「大きくなったら過去の人」という矛盾を平気で侵していたのであった。平気で侵して、それでも平気というのはなんなのかというと、大学時代に〝例のポスター〟を描いた私は、既にして同時に、メチャクチャど派手なセーターを編んでいたのであるが、そのルーツを辿《たど》れば『笛吹童子』の忍術使い、霧の小次郎の着ている、黒地に銀の蜘蛛の巣の縫いとりのある陣羽織だったのである。結局なんだかんだ言っても作っちゃうのは私だから、「どうして荒木又右衛門になりたいという進路志望が公然とは口に出来ないのだろう？」という訝《いぶか》り方を私が内心していても不思議ではない。結局大きくなるということは、そういうことなのだと、やっぱり今ここへ来て私がそう思っているのは動かしようのない〝事実〟だからどうしようもない。私がとんでもなくドラマチックが好きだというのは、最早知る人ぞ知るだが、しかし人生というものは、明らかに、もう、初めっからそういうもんだったんだもん。

どこから仕入れて来たのかさっぱり分らない〝荒木又右衛門〟が身内に宿るというのはそういうことだから、この本に書かれてあることの七割方以上はみんな〝常識〟である。参考文献の挙げようがないというのは、私がどこでどうやってそれを覚えて来たのかよく分らないからである。私の外にはそうした事に関する〝常識〟という濃密な空気があって、それがあるからこそ、私は物語の断片だけをとらえて〝全部〟が分るのである。「こんなに全部が分るのに、どうしてその全部は一向に明確にならないのだろう?」と思っていたのが、子供の時からの私だった。ある筈なのに、一歩を踏みだすと、そういう〝常識〟は雲散霧消してしまうというのが、チャンバラ映画というゴッタ煮に結晶する、日本という国の文化の質なのである。「一体、これはどこで始まって、どこでどのように変り、こうなっているのだろう」――そういうことが全部知りたかった。それが分れば、この〝教養〟は消え失せない。人間というものは確固とする。そう思っているから私は、この本にそうした成り立ち成り行きを全部叩き込んだ（叩き込まんとした）のである。私の大本追求欲というのは、ほとんど幼児期性欲の変形のようなものである。

僕が言いたいのはただ一つ——知ってる筈じゃん！　忘れてるだけじゃん！　洋服を着るようになる常識が消えてなくなるというのはそんなことだろうと思う。洋服を着るようになることが進歩だという考えが定着した時、着物は既に〝過去の遺物〟となるように運命づけられていた。それが日本の近代だ。しかし、この近代から現代という「流行遅れ」「はやらない」という理由だけで一切を葬ってしまう時代はメチャクチャである、と僕は思う。流行《はや》らないという理由だけで、なんで正義がなくなるのか？　みんなが平気で忘れてくから、この本はこんなになったんだと、私は「あー、疲れた」の腰をさすりながら思う。

大体だなァ、人のことを映画館に連れてって、みんなで一目散に走ってく、そういう映画を見せた父親がだなァ、現実逃避の毎週毎週どうしようもないチャンバラテレビを、平気で見てていいのかよッ!!　と、私は言いたい。そんなもんが面白かったら、あの〝正義〟はどうなるんだよ？　と、私は言いたい。ああ、もう何がなんだか分らなくなって来たが（大体こんな本の〝あとがき〟ってことになったら、それだけで本は一冊書けるんだ。それぐらいの膨大さは持っているんだぜ）、これだけははっきりしているというのは、実に今これを書いている日がなんと、昭和六十年、あの十二月十四日だということ！

やったね！

所は本所松坂町、ではないけどサ。もうこれだけで赤穂浪士になったみたいなもんだ。

結局僕は、大石内蔵助になりたいし、阪妻になりたいし、従って僕は、宮本武蔵で佐野次郎左衛門で弁天小僧菊之助で遠山の金さんで緋牡丹お竜で机龍之助で中村雪之丞で旗本退屈男だったんだということは既に明らかになってしまった。ザマァミロ、ちっとも間違ってなかったじゃないか、とそう思う。

本文中に〝『週刊文春』の沢島忠論を書いた人は誰だか分らない〟ということは書いたけれども、実は僕にはその心当たりがない訳でもない。学生時代〝例のポスター〟で週刊文春の取材を受けて、その時の人がそうじゃないかと思う。その人が〝沢島忠〟のことを書いて、続いてその人が〝花柳啓之〟という、今は亡い日本舞踊の振付師（ある時期の日本の映画・テレビの舞踊シーンの振付はみんなこの人だった）の取材をしていた時の署名を見て、確かにその名前がおんなじだったから、「え！　あの人、沢島忠のファンだったの?!」と、それを読んだ僕は思った。大体取材相手の人間のことなんかスグに忘れてしまうこの僕が、なんだってその人の名前を覚えていたのかというと、学生運動と全然関係のないこの僕が、その人と会ったその時『並木正三集』なんていう歌舞伎の戯曲集を持っているのを見て、その人が「そういうのを若い内に読んで置くと役に立ちますよ」と言ったからだった。

勿論、僕はもうその時「荒木又右衛門になれる」なんて思ってはいなかったから「そうですかァ……」としか言わなかったのだけれども、そう言った人は、沢島忠のファンだったのだ（と、勝手に思っている）。そういう人が〝一心太助が走り――〟でズーッと、ただ〝走る！　走る！〟を書き連ねて行けるなら、それはもう、この世に〝足長おじさんはいる〟というようなものだ。

結局、みんな走っていたのだ。そのことをよしとする人間は、実に隠れて一杯いるのだ。そういう人達を隠したり埋れさせたりするのは悪であると、もう、はっきりホントにそう思う。

という訳で、「俺もう、全部分ってるからね！」と、私はここで言うのである。ここから先がクライマックスの大立回りだ、と。まだ人生は色々ある。切腹するのはやっぱり痛いので、今日が十二月十四日でありながら、まだこの先生きて行ける僕は嬉しい。まだまだやることは一杯あるので、更に更にこの先は、もう、まだまだ揺ぎなく、ドンドンドンドン、ゴッタ煮であろうと思う昭和六十年十二月十四日の夜はシンシンと更けて行くのであった！（雪が降らないのは新暦という近代のせいだ）

本書は一九八六年に徳間書店より刊行された作品を文庫化したものです。文庫化に際し、二分冊とした上で、明らかな誤りは改めたほか年表と写真は削除しました。

完本《かんぽん》
チャンバラ時《じ》代劇《だいげき》講座《こうざ》2

二〇二三年 一 月一〇日 初版印刷
二〇二三年 一 月二〇日 初版発行

著　者 橋本治《はしもとおさむ》
発行者 小野寺優
発行所 株式会社河出書房新社
〒一五一-〇〇五一
東京都渋谷区千駄ヶ谷二-三二-二
電話〇三-三四〇四-八六一一（編集）
〇三-三四〇四-一二〇一（営業）
https://www.kawade.co.jp/

ロゴ・表紙デザイン 粟津潔
本文フォーマット 佐々木暁
本文組版 株式会社創都
印刷・製本 中央精版印刷株式会社

Printed in Japan ISBN978-4-309-41941-1

桃尻語訳　枕草子　上

橋本治　40531-5

むずかしいといわれている古典を、古くさい衣を脱がせて、現代の若者言葉で表現した驚異の名訳ベストセラー。全部わかるこの感動！　詳細目次と全巻の用語索引をつけて、学校のサブテキストにも最適。

桃尻語訳　枕草子　中

橋本治　40532-2

驚異の名訳ベストセラー、その中巻は——第八十三段「カッコいいもの。本場の錦。飾り太刀。」から第百八十六段「宮仕え女（キャリアウーマン）のとこに来たりなんかする男が、そこでさ……」まで。

桃尻語訳　枕草子　下

橋本治　40533-9

驚異の名訳ベストセラー、その下巻は——第百八十七段「風は——」から第二九八段「『本当なの？　もうすぐ都から下るの？』って言った男に対して」まで。「本編あとがき」「別ヴァージョン」併録。

絵本　徒然草　上

橋本治　40747-0

『桃尻語訳　枕草子』で古典の現代語訳の全く新しい地平を切り拓いた著者が、中世古典の定番『徒然草』に挑む。名づけて「退屈ノート」。訳文に加えて傑作な註を付し、鬼才田中靖夫の絵を添えた新古典絵巻。

絵本　徒然草　下

橋本治　40748-7

人生を語りつくしてさらに“その先”を見通す、兼好の現代性。さまざまな話柄のなかに人生の真実と知恵をたたきこんだ変人兼好の精髄を、分かり易い現代文訳と精密な註・解説で明らかにする。

花咲く乙女たちのキンピラゴボウ　前篇

橋本治　41391-4

読み返すたびに泣いてしまう。読者の思いと考えを、これほど的確に言葉にしてくれた少女漫画評論は、ほかに知らない。——三浦しをん。少女マンガが初めて論じられた伝説の名著！　書き下ろし自作解説。

花咲く乙女たちのキンピラゴボウ　後篇

橋本治　41392-1

大島弓子、萩尾望都、山岸涼子、陸奥A子……「少女マンガ」がはじめて公で論じられた、伝説の名評論集が待望の復刊！　三浦しをん氏絶賛！

シェイクスピア&カンパニー書店の優しき日々

ジェレミー・マーサー　市川恵里〔訳〕　46714-6

文学と恋と人生——。パリ・左岸にある伝説のシェイクスピア&カンパニー書店に偶然住みつくこととなった、カナダから来た元新聞記者による回想記。本好きにはこたえられない奇跡の書店の物語。

瓦礫から本を生む

土方正志　41732-5

東北のちいさな出版社から、全国の〈被災地〉へ。東日本大震災の混乱の中、社員2人の仙台の出版社・荒蝦夷が全国へ、そして未来へ発信し続けた激動の記録。3・11から10年目を迎え増補した決定版。

伝説の編集者　坂本一亀とその時代

田邊園子　41600-7

戦後の新たな才能を次々と世に送り出した編集者・坂本一亀は戦後日本に何を問うたのか？　妥協なき精神で作家と文学に対峙し、〈戦後〉という時代を作った編集者の軌跡に迫る評伝の決定版。

無言館　戦没画学生たちの青春

窪島誠一郎　41604-5

戦時中に出征し戦死した画学生たちの作品を収集展示する美術館——「無言館」。設立のきっかけや日本中の遺族を訪ね歩き、思い出話を聞きながら遺作を預かる巡礼の旅を描く。

画狂人北斎

瀬木慎一　41749-3

北斎生誕260年、映画化も。北斎の一生と画風の変遷を知る最良の一冊。古典的名著。謎の多い初期や、晩年の考察もていねいに。

アトリエ　インカーブ物語

今中博之　41758-5

知的障がいのあるアーティストが集う場所「アトリエ インカーブ」。世界的評価の高いアーティストを輩出した工房は何の為に、いかにして誕生したのか？　奇跡の出会と運命、そして必然が交錯した20年。

デザインのめざめ

原研哉　41267-2

デザインの最も大きな力は目覚めさせる力である――。日常のなかのふとした瞬間に潜む「デザインという考え方」を、ていねいに掬ったエッセイたち。日本を代表するグラフィックデザイナーによる好著。

20世紀ファッション

成実弘至　41791-2

20世紀、ファッションは何をなし遂げたのか。どう発展し、社会や身体とかかわってきたのか、その創造性を問う、まったく新しいファッション文化史。ポワレからマルジェラまで10人を取り上げ考察する。

バレリーナ　踊り続ける理由

吉田都　41694-6

年齢を重ねてなお進化し続ける、世界の頂点を極めたバレリーナ・吉田都が、強く美しく生きたいと願う女性達に贈るメッセージ。引退に向けてのあとがき、阿川佐和子との対談、槇村さとるの解説を新規収録。

都市のドラマトゥルギー　東京・盛り場の社会史

吉見俊哉　40937-5

「浅草」から「銀座」へ、「新宿」から「渋谷」へ――人々がドラマを織りなす劇場としての盛り場を活写。盛り場を「出来事」として捉える独自の手法によって、都市論の可能性を押し広げた新しき古典。

空間へ

磯崎新　41573-4

世界的建築家・磯崎新。その軌跡の第一歩となる伝説の単著がついに文庫化。一九六〇年代を通じて記された論文・エッセイをクロノジカルに並べ、状況と対峙・格闘した全記録がここにまとまる。

時代劇は死なず！　完全版

春日太一　41349-5

太秦の職人たちの技術と熱意、果敢な挑戦が「新選組血風録」「木枯し紋次郎」「座頭市」「必殺」ら数々の傑作を生んだ――多くの証言と秘話で綴る白熱の時代劇史。春日太一デビュー作、大幅増補・完全版。

演劇とその分身

アントナン・アルトー　鈴木創士〔訳〕　46700-9

「残酷演劇」を宣言して20世紀演劇を変え、いまだに震源となっている歴史的名著がついに新訳。身体のアナーキーからすべてを問い直し、あらゆる領域に巨大な影響を与えたアルトーの核心をしめす代表作。

ベンヤミン・アンソロジー

ヴァルター・ベンヤミン　山口裕之〔編訳〕　46348-3

危機の時代にこそ読まれるべき思想家ベンヤミンの精髄を最新の研究をふまえて気鋭が全面的に新訳。重要なテクストを一冊に凝縮、その繊細にしてアクチュアルな思考の核心にせまる。

ベンヤミン　メディア・芸術論集

ヴァルター・ベンヤミン　山口裕之〔訳〕　46747-4

いまなお新しい思想家の芸術・メディア論の重要テクストを第一人者が新訳。映画論、写真論、シュルレアリスム論等を網羅。すべての批評の始まりはここにある。「ベンヤミン・アンソロジー」に続く決定版。

澁澤龍彥　日本芸術論集成

澁澤龍彥　40974-0

地獄絵や浮世絵、仏教建築などの古典美術から、現代美術の池田満寿夫、人形の四谷シモン、舞踏の土方巽、状況劇場の唐十郎など、日本の芸術について澁澤龍彥が書いたエッセイをすべて収録した決定版！

澁澤龍彥　映画論集成

澁澤龍彥　40958-0

怪奇・恐怖映画からエロスまで、澁澤の強い個性を象徴する映画論『スクリーンの夢魔』を大幅増補して、生前に発表したすべての映画論・映画評を集大成したオリジナル文庫。

ユングのサウンドトラック

菊地成孔　41403-4

気鋭のジャズ・ミュージシャンによる映画と映画音楽批評集。すべての松本人志映画作品の批評を試みるほか、町山智浩氏との論争の発端となった「セッション」評までを収録したディレクターズカット決定版！

服は何故音楽を必要とするのか？

菊地成孔　41192-7

パリ、ミラノ、トウキョウのファッション・ショーを、各メゾンのショーで流れる音楽＝「ウォーキング・ミュージック」の観点から構造分析する、まったく新しいファッション批評。文庫化に際し増補。

憂鬱と官能を教えた学校 上 【バークリー・メソッド】によって俯瞰される20世紀商業音楽史　調律、調性および旋律・和声

菊地成孔／大谷能生　41016-6

二十世紀中盤、ポピュラー音楽家たちに普及した音楽理論「バークリー・メソッド」とは何か。音楽家兼批評家＝菊地成孔＋大谷能生が刺激的な講義を展開。上巻はメロディとコード進行に迫る。

憂鬱と官能を教えた学校 下 【バークリー・メソッド】によって俯瞰される20世紀商業音楽史　旋律・和声および律動

菊地成孔／大谷能生　41017-3

音楽家兼批評家＝菊地成孔＋大谷能生が、世界で最もメジャーな音楽理論を鋭く論じたベストセラー。下巻はリズム構造にメスが入る！　文庫版補講対談も収録。音楽理論の新たなる古典が誕生！

『FMステーション』とエアチェックの80年代

恩藏茂　41838-4

FM雑誌片手にエアチェック、カセットをドレスアップし、読者欄に投稿——あの時代を愛する全ての音楽ファンに捧ぐ！　元『FMステーション』編集長が表も裏も語り尽くす、80年代FM雑誌青春記！

ヒップホップ・ドリーム

漢 a.k.a. GAMI　41695-3

マイク１本で頂点を競うヒップホップの精神とそれを裏切るシーンの陰惨なる現実。日本語ラップを牽引するラッパーが描く自伝的「ヒップホップ哲学」に増補を加え、待望の文庫化！

著訳者名の後の数字はISBNコードです。頭に「978-4-309」を付け、お近くの書店にてご注文下さい。